宗教認知科学入門

——進化・脳・認知・文化をつなぐ

クレア・ホワイト 著

藤井修平　石井辰典　中分遥
柿沼舞花　佐藤浩輔　須山巨基　訳

keisō shobo

AN INTRODUCTION TO THE COGNITIVE SCIENCE OF RELIGION 1e
by Claire White

Copyright © 2021 by Claire White
All Rights Reserved
Authorised translation from the English language edition published by Routledge,
a member of the Taylor & Francis Group
Japanese translation published by arrangement with Taylor &
Francis Group through The English Agency (Japan) Ltd.

献　辞

　2006 年、ある雨の降る土曜日にベルファストの認知・文化研究所にて、5 人の研究者が私の学術的な行く末について考査した。彼らの決断と継続的なサポートにはいつまでも感謝している。本書は私の博士論文の審査委員会のメンバー、ジェシー・ベリング、エマ・コーエン、トーマス・ローソン、パウロ・ソーザおよび、私の指導教員であるハーヴィー・ホワイトハウスに捧げる。

目　次

献辞

序文

謝辞

第 1 章　宗教認知科学とは …………………………………………………………1

行動主義への反発を発端とした 1950 年代の認知革命　3

1990 年代の文化研究への反発としての宗教認知科学　4

CSR の初期の開拓者が提起した当時の文化研究への異論　5

宗教研究への新たな認知的アプローチのはじまり　14

CSR の草創期における進化的アプローチの影響　17

今日の CSR の形成　18

本章のまとめ　19

第 2 章　前提となる知識 ……………………………………………………………23

古典的な宗教の概念化　23

CSR における宗教の概念化　25

CSR における信念の概念化　33

本章のまとめ　38

第 3 章　解き明かすべき問い ……………………………………………………43

なぜある種の宗教的な考えや行動は途絶えることがないのか　43

宗教的な考え・行動を支える認知的・心理的基盤　47

人の持つ認知的傾向はどこから生まれるか　53

文化と認知はどのように相互作用して宗教を生み出すのか　63

本章のまとめ　67

iii

第 4 章　研究方法 ……………………………………………………71

方法論的仮定　71

   1.　宗教は科学的な方法で研究できる　71

   2.　方法論的自然主義　72

   3.　方法論的多元主義　72

   4.　CSR における学際的な統合　78

本章のまとめ　84

第 5 章　世界のあり方 ……………………………………………91

現実世界の起源と成り立ちの説明　92

なぜ人々は進化論を拒否し、創造論を支持するのか　94

進化の理解を妨げ、創造論を好む認知バイアス　98

直観と科学的事実が衝突するとき　105

宗教的思考と科学的思考の合理性　109

世の中の出来事を説明する――併存的思考　111

世の中の出来事を説明する――道徳的正義の思考　115

本章のまとめ　123

第 6 章　死後の世界 ………………………………………………129

死後の世界に関する認知論　129

死後の世界についての文脈論　133

死後の世界の信念を支える直観　138

永遠の生を希求する人々――死後の世界についての動機論　151

死後の世界の存在についての認識論的含意　157

本章のまとめ　158

第 7 章　超自然的行為者 …………………………………………165

超自然的行為者概念の獲得と発達　166

大人の超自然的行為者概念の表象　171

目　次

超自然的行為者概念の広まり——反直観的バイアス　183

超自然的行為者概念の広まりについての認知的説明　189

超自然的行為者の認知的理論の持つ哲学的含意　196

本章のまとめ　198

第 8 章　道徳 ……………………………………………………209

道徳はどこから来たのか　209

宗教は現代社会においてどのように道徳的な意思決定と行動に影響を
与えるのか　216

宗教と道徳の関係に関する進化認知科学の視点　224

宗教と道徳への新たな分解アプローチ　227

本章のまとめ　235

第 9 章　儀礼 I——儀礼の学習・表象・伝達 ……………………241

儀礼とは何なのか　242

いかに儀礼は学習されるのか　247

儀礼はどのように表象されるのか　249

儀礼はどのように伝達されるのか　254

本章のまとめ　262

第 10 章　儀礼 II——儀礼の機能 ………………………………267

儀礼は個人のために何をするのか　268

儀礼は集団のために何をするのか　271

本章のまとめ　283

第 11 章　まとめと今後の方向性 ………………………………287

CSR の哲学的・神学的意味合い　290

評価と意味合い、将来の方向性　296

本章のまとめ　309

訳者あとがき

凡例

- 訳注や訳者による補足は〔　〕に入れた。
- 原注の表記はより正確なものに修正し、文献に確実にたどり着けないものは削った。また同じ箇所にある注はまとめた。
- 日本語訳では、下記の箇所を割愛した。
  Key points
  Figure の一部
  第 6 章の Chapter Summary の 1 つ
  Glossary（用語解説）
- 次の箇所は日本語訳からは割愛し、勁草書房のウェブサイト（https://www.keisoshobo.co.jp/book/b659878.html）に掲載した。
  Participation（体験課題）
  Discussion questions（議論のための問い）
  Further reading/Selected further reading（読書案内）

  右の QR コードからアクセスできる。

- Figure の削除にあわせ、本文を書き換えた部分がある。

序　文

　2012年、私は米国の宗教学科において宗教認知科学（CSR）の分野でテニュア
トラックの地位〔終身雇用資格を獲得できる立場〕に就いた最初の人物となった。
その後すぐに知ることになるのだが、学生たちは「宗教認知科学」が何を意味す
るのかをよく理解しておらず、取り組むのに尻込みしていた。CSR関連の資料
は専門家に向けられたものが主なため、初学者はもっと学ぼうとする意欲をくじ
かれていた。

　本書は、CSRの簡潔な概要を提示し、その研究課題や批判を通してこのアプ
ローチの有望さを示すことで、この偏りを正そうと意図したものである。本書は
CSRという分野全体の解説を行っているわけではないが、各章は当分野に関係
する多くのアイデアや研究の理解を読者に可能とするようにデザインされている。
各章に設けられた体験課題やケーススタディ、議論のための問いおよび読書案内
は、学生がこれらのトピックを理解し取り組むのに役立つだろう〔凡例参照〕。
本書があらゆる読者の心を刺激するものになることを願っている。

謝　辞

　本書は、私の母校であるカリフォルニア州立大学ノースリッジ校の多くの人々、とりわけ私の専門課程を指導してくれたリック・タルボットとエリザベス・セイの助けなしには完成しなかっただろう。また同大学のリサーチアシスタントたち、特に私の原稿を校正してくれたエイドリアン・コンウェイ、アンドレア・ベラスコ、イリアナ・メイジン、ポール・パレット、コリン・フンメル、モイーナ・マース、サンドラ・キンタナおよび、Huma 620 コースの生徒たちに感謝したい。

　また、本書の各章にコメントや批評をし、改善してくれた私の家族、友人、同僚たちにも心から感謝している。それらは次の人々である。アダム・バイメル、アラ・ノレンザヤン、アンドリュー・シュトゥルマン、ベンジャミン・プルジキ、シンデル・ホワイト、デイヴィッド・クーパー、デボラ・ケレメン、エマ・コーエン、ヘレン・デ・クルス、ジャスティン・バレット、ジェシー・ベリング、イェベ・イェンセン、ジョナサン・ジョン、ジャスティン・マクブライヤー、ジョディ・マイヤーズ、ジョン・シェーバー、イェスパ・サーンセン、ルーサー・マーティン、ラリサ・ハイフェッツ、マンヴィル・シン、マイケル・バーレヴ、ミッチ・ホッジ、ニコラ・ボマール、オリバー・カリー、ポール・ブルーム、パスカル・ボイヤー、ポール・ハリス、ロバート・マコーリー、ライアン・マッカイ、リチャード・ソーシス、リック・タルボット、スチュアート・ガスリー、ショーン・ニコラス、エドワード・スリンガーランド、ウィル・ジャーベイ。

　複数の章を読んでくれた同僚、トーマス・ローソン、クリスティン・レガーレ、ハーヴィー・ホワイトハウスにはとりわけ感謝している。研究課題と方法の事例を提供してくれたアーミン・ギアーツと、全体に関して徹底した有用なフィードバックをくれたディミトリス・クシガラタスと他の匿名のレビュアーにもお礼を申し上げたい。

　本書の執筆にはオフィスと自宅で多くの時間を費やした。執筆の手助けをしてくれた夫ブライアン・クラヴェットと、執筆のための時間を確保させてくれた義母ミュリエル・クラヴェットにはとても感謝している。

入門書を執筆するというこの試みの性質上、重要な主題と理論、研究者を完全な形では扱いきれず、省略せざるを得なかった。そうした省略はすべて私の責任である。本書の全体を通してできるだけ参考文献を記載したが、読者にはその参考文献や章末の読書案内〔凡例参照〕をぜひ利用してほしい。

第 1 章　宗教認知科学とは

　宗教認知科学（Cognitive Science of Religion: CSR）は 1990 年代に、認知科学の下位分野として創出された。今日では、さまざまな分野の研究者が CSR に加わっている。そこには宗教学、認知人類学、文化人類学、進化人類学、進化心理学、発達心理学、認知心理学、社会心理学、社会学、哲学、神経科学、生物学、行動生態学、考古学、歴史学などの分野が含まれる。宗教認知科学者はそうした分野それぞれの前提や方法を用いつつ、宗教的な思考と行動に人間の認知が果たす役割に焦点を合わせる。CSR 研究者は、認知科学の視点に沿い、人が宗教的表象に関わり反応する仕方は決してランダムではなく、認知プロセスの影響を受けそれに制約されることを認めている。進化心理学の視点に沿い、CSR 研究者はこの認知プロセスが私たちの進化史を反映するような構造によって形作られたことに同意している。そうした認知プロセスの多くは、祖先が暮らした環境に繰り返し現れる問題を解決するために進化したのである。

　宗教はどのようにして生まれたのだろうか。宗教はなぜ世界中に見られるのだろうか。宗教的な思考や実践をうまく広める要因は何であろうか。宗教的な実践が参加者にもたらす影響はどんなものだろうか。CSR 研究者はこのような問いを扱い、回答しようと取り組んできた。中でも、CSR 研究者は（a）どの情報に注意を払うよう人の心は作用しているのか、（b）情報に注意が向くのはどのような文脈か、（c）宗教的な思考と実践が生じる際に、どのように情報が貯蔵され・処理され・作用するのか、これらを理解することに関心を持っている。彼らはまた、（d）宗教的な信念と実践が、それに関わる人に与える影響についても関心を抱いている。宗教認知科学の最終的な目標は、いかにして人類集団の中で宗教的な思考、信念、行動が生まれ、繰り返されてきたのかを、進化、認知、脳、行動に関する知識を用いて説明することにある。

　今日では、CSR は発展を続ける学際的分野となっており、その研究も急速に増加している。例えば、2000 年と 2011 年を比べると、文献数は 314 パーセント増加し、年間 3000 本を超えるまでになっている[1]。そうした文献には、認知科

学、心理学、人類学、歴史学などの分野において主要な学術雑誌に掲載されたものも含まれている。加えて、論文集や雑誌の特集、「宗教認知科学の進歩 Advances in the Cognitive Science of Religion」や「宗教、認知、文化 Religion, Cognition, and Culture」などのブックシリーズもあり、さらには *Journal of Cognition and Culture* (JCC), *Religion, Brain and Behavior* (RBB), *Journal of the Cognitive Science of Religion* や *Journal of Cognitive Historiography* といったこの分野の専門学術誌もある。CSR は「国際宗教認知科学会 The International Association for the Cognitive Science of Religion (IACSR)」という学会も有しており、「米国宗教学会 American Academy of Religion」、「国際宗教学宗教史学会 International Association for the History of Religions」などの宗教学の主要な国際学会、および心理学や認知科学の学会においても研究発表が行われている。

CSR の研究を専門にした研究所も同様に増加している。「認知・文化研究所 Institute of Cognition and Culture (ICC)」が2004年に北アイルランドのベルファストに設立されて以来、多数の研究所が設けられている。デンマークのオーフス大学には「宗教・認知・文化 Religion, Cognition, and Culture (RCC)」研究ユニットが設けられ、オックスフォード大学には「人類学と心のセンター Centre for Anthropology and Mind (CAM)」および「認知・進化人類学研究所 Institute of Cognitive and Evolutionary Anthropology (ICEA)」が設けられた。ロンドン・スクール・オブ・エコノミクスには「国際認知・文化研究所 International Cognition and Culture Institute」があり、パリには「ジャン・ニコ研究所 Institut Jean Nicod」が、カナダのブリティッシュコロンビア大学には「人類の進化・認知・文化センター Centre for Human Evolution, Cognition, and Culture (HECC)」が存在している。また米エモリー大学には「心・脳・文化センター Center for Mind, Brain, and Culture」が、チェコのマサリク大学には「宗教の実験的研究所 Laboratory for the Experimental Research of Religion (LEVYNA)」が、ボストンの「精神文化センター Center for Mind and Culture」内には「宗教生物学・文化学研究所 Institute for the Bio-Cultural Study of Religion (IBCSR)」がある。

CSR に対する研究助成もまた増加しており、近年では3年間の「宗教を説明する (EXREL)」プロジェクトに欧州委員会から200万ユーロ、4年間の「儀礼、共同体、対立 (RCC)」プロジェクトには英国経済社会研究会議から400万ポンド、ブリティッシュコロンビア大学の「宗教の進化と道徳」プロジェクトには補

助金と合わせて700万カナダドル、3年間の「宗教のモデリングプロジェクト」にはジョン・テンプルトン財団から200万ドルが助成されている。

　この状況は今後も続いていくと思われる。人類学者のハーヴィー・ホワイトハウスが米国宗教学会主催のビデオ会議の開会の辞で述べたように、「今は、宗教の科学的研究にとって好機である」。以下では、CSRの歴史を振り返ろう。

行動主義への反発を発端とした1950年代の認知革命

　宗教の心的基盤についての関心はCSRによって生み出されたものではなく、CSRはそれを再活発化させたのである。人類学者のディミトリス・クシガラタスとライアン・マッカイが述べているように、宗教に対して人の心が果たしている役割への関心は、

> 少なくとも、心理学、社会学、人類学といった分野の草創期にまで遡る。しかし、文化学や行動主義、および宗教と文化は独自のものとみなす視点が支配的だった時期には、心的プロセスは無視されていた。そうした長い日照りの時期の後で、1950年代の認知革命がこうした種を発芽させるための雨をもたらしたのだ[2]。

彼らが言及している「認知革命」は、1950年代に起こった知的な変化である。その当時、科学的心理学において支配的だったのは行動主義であった。行動主義の中心的な主張は、人間と動物の行動は学習された条件づけによって説明できるため、心的プロセスを仮定する必要はないというものであった。行動は、過去の経験に基づくものであり、ある環境で与えられる刺激への反射や反応によって構成される。ゆえに行動主義者が人間の行動を説明するために着目したのは、環境要因であった。

　認知革命は何よりも、人類学、人工知能、コンピューターサイエンス、言語学、経済学および心理学を含む心の研究の専門家が主となり、行動主義に反発したことで起こった。これらの研究者は、人間はいかなる生得的な心的内容も持たない「空白の石板〔blank slate あるいは tabula rasa と呼ばれる、経験主義哲学に由来する考え方〕」ではなく、認知プロセスが存在し人間の行動に影響を与えていると主張した。彼らは、心を複雑で相互作用的なシステムとみなし、そのシステムは入

力を受け取り、出力を生成するコンピューターのように機能すると考えた。こうした人の心に関する考え方の革命が、心とそのプロセスに関する学際的研究を生み出し、その研究は認知科学と呼ばれるようになった[3]。

1990年代の文化研究への反発としての宗教認知科学

認知革命は諸科学における行動主義的原理への異論をもたらした。宗教認知科学も同様で、とある革命を印づけるものであるが、それは人類学や歴史学といった分野の宗教の文化研究に対する革命である。認知革命から約40年後、何人かの社会科学者が、宗教に関する複数のプロジェクトを進めていた。これらのプロジェクトはほぼ同時に、別々の研究者によって独立して始められたが、その内訳は次の通りである。

A. 『宗教を再考する——認知と文化をつなぐ』[4]　儀礼の構造に対して言語の規則理論を適用した、儀礼の形式への認知的アプローチ
B. 『雲の中の顔——宗教の新理論』[5]　宗教の起源について認知的視点を応用した包括的アプローチ
C. 『宗教的観念の自然性』[6]　どのような宗教的概念がうまく伝達されるかについての説明
D. 『儀礼の内側』[7]　民族誌的フィールドワークと、認知心理学の知見に依拠した宗教概念の伝達の理論

これらの研究は方法や理論、射程は異なっていたが、当時の宗教に関する支配的な視点に不満を抱いていた点で一致していた。認知革命が諸科学における行動主義的前提への反発だったのと同様に、CSRは宗教の文化研究に存在していた前提への反発だった。続く節では、彼ら初期の開拓者が問題視した前提について詳細に論じよう。

CSR の初期の開拓者が提起した当時の文化研究への異論

1. ポストモダニズム、文化決定論、極端な文化相対主義の原則

(a) ポストモダニズム

CSR が生まれる以前は、人類学ではポストモダニズムが席巻していた。ポストモダニズムは、人は決して客観的になることができず、世界は複数の競合する物語が生み出す社会的構築物にすぎないと主張していた。ポストモダニストにとって諸文化は本来的に異質なものであって、それらを把握し比較する試みはすべて不毛だとされた[8]。

(b) 文化相対主義

CSR が生まれた当時、宗教研究の分野は文化相対主義に傾きすぎていた。穏当な形態の文化相対主義は、文化はそれ自身の言葉によって理解すべきで、自らの文化の基準で異文化を判断すべきではないと主張する。このような視点の有益さは、宗教認知科学者の多くが認めるところである。しかし、1990 年代に支配的だった文化相対主義はさらに極端なものであり、ある人の行動はその人の文化と結びつくもので、その特定の文化の観点でしか理解できないとみなしていた。

(c) 文化決定論

文化決定論者は、極端な文化相対主義を支持している。文化決定論は、人の行動は多かれ少なかれ文化によって決定されるとみなしており、この見方は当時の文化研究において支配的だった。すなわちそれは、諸集団の中の人々の行動は、環境的入力の産物であるとの考えである。そのため多くの研究者、とりわけ社会人類学者は、いかに社会・文化的環境が人の行動を作り上げるかにのみ関心を払い、心がそうした環境的入力をどのように処理するかについては無視していた。文化決定論の考え方は、認知科学の研究とは正反対のものである。認知科学においては、人は行為者と物体を区別する能力のような認知バイアスや偏好を自然的に有し、それは文化的要素には依存しないことを明らかにしてきている。

文化決定論の原則に従うと、私たちは人間の行動一般を決して説明できず、特定の文脈の下での行動しか説明できないことになる。ある人が特定の行動をする仕方と理由を理解するためには、それぞれの人が属する文化における個々の信念、

価値、実践について理解しなければならない。また、それぞれの集団は独自であるため、ある人間集団の行動を理解するために他の集団と比較することもできない。文化決定論と極端な文化相対主義は、宗教学者も含む社会科学者が文化を理解する際に長らく用いられてきた。そうした研究者は、人間の行動に関する「空白の石板」の見方を好んでいた。人間行動の科学が繁栄する傍らで、心的生活の科学は衰退していた。

　宗教認知科学の初期の開拓者たちは、それぞれの分野でこうした前提に異議を唱えた研究者に刺激を受けていた。そうした刺激の源の1つが、フランスの社会・認知人類学者ダン・スペルベルの著作である[9]。スペルベルは当時の社会人類学における文化の記述的方法と解釈学的扱いに対し重要な批判を行い、観念を伝達する際の認知の役割に着目した。彼の提唱した「表象の疫学」理論は、いくつかの観念は人の心の特性を利用しているため、他の観念よりも符号化や貯蔵、再生がされやすいという主張を中心としている。

　医学における疫学が生物の身体の研究なしには病気の発生と伝播を研究できないのと同様に、社会科学者もまた、人間の心を理解しなければ文化的観念の普及と伝播を研究できないとスペルベルは述べている。より具体的には、人が個人あるいは集団で、共同体の内部（水平伝達）および世代間（垂直、および斜行伝達）において、情報をどのように獲得し、処理し、伝達するかということを理解する必要がある。スペルベルによれば、心は空白の石板でも、あらゆる文化的入力を吸収するスポンジでも、環境の入力と同じものを複写するコピー機でもない。むしろ人は、自らを取り巻く世界から能動的に情報を選別し、歪めているのである。そうした情報には、宗教的考えや行動も含まれる。

　スペルベルは、人の心に関する最新の研究と、厳密で科学的な方法は、多くの科学を変えた認知革命と同様に文化研究においても革命を起こせると考えている。初期のCSRの開拓者たちは、いかに文化的観念が伝達されるかを理解するためのスペルベルの視点を拡張し、宗教研究に対しても同様の批判を行った。そのような批判は、CSRの創出者とみなされている宗教学者E・トーマス・ローソンと、彼の共著者の哲学者ロバート・マコーリーによって幅広く行われている[10]。

2. 宗教的考えと行動の解釈的記述の推進

　文化研究のポストモダニズム、文化相対主義および文化決定論への傾倒の1つの帰結は、宗教をどのように研究し、どのような方法を用いるかということに表

れた。よく知られているように、こうした傾向は文化への説明的アプローチを否定し、人間的現象の解釈的記述に依拠する結果をもたらした。文化は記号とシンボルのシステムとみなされ（記号論）、研究者の課題は、この複雑な記号の網を探究および発見し、宗教的シンボルの意味を解読することだとされた。文化が言説の一形態ならば、方法としてテクストの解釈が選ばれることになる。学者は、人の行動の背後にある理由とその意味をできる限り詳細に説明することに携わるようになった。「厚い記述」と呼ばれる方法である。

　象徴人類学を推し進めたことで有名な人類学者クリフォード・ギアーツは、この方法を説明するのにウィンクの事例を挙げている[11]。ウィンクを送るという行為には、いろいろな解釈ができる。その人が単に素早くまぶたを閉じただけだろうか。その人はあなたと親しくなりたいということを示しているのだろうか。あるいはウィンクであなたを騙しているのだろうか。それぞれの行動が持つ意味には、さまざまな可能性があるということを考慮して、宗教学者は無数に存在するように見える文化的実践の説明を行ってきた。そうした説明それぞれは魅力的ではあるものの、それらの記述は宗教を説明するための信頼のおける基盤にはならない。そうした記述は曖昧で、説明力を欠き、競合する解釈の中でどれが正しいのかを経験的に評価することができず、行動に関して与える答えよりも多くの問いが生まれてしまう。

　宗教認知科学者の多くは、宗教研究におけるこれまでのアプローチのこうした限界を指摘し続けている。例として、第7章で扱うように、人類学者エマ・コーエンは霊の憑依について、数十年の間、社会人類学で支配的だった社会学的説明を疑問視している。憑依の発生は、階層的、男性中心的な社会における権力への反応としてしばしば表されてきた。理論家は、トランスの物語は周縁化された人々が、その他の方法では社会に参与できないために、トランス状態に入ることによって自らを表現する機会だと述べてきた。別の研究者はこれとは異なり、トランスは自らの従属的な地位の指標といった権力の反映だと述べている。

　『憑依された心 *The Mind Possessed*』においてコーエンは、宗教を体系的に把握し調査する試みを妨げる、これらの社会学的理論の2つの主な欠点を指摘している[12]。第一に、これらの理論は曖昧である。つまり、これらは憑依の逸話を信じる要因を明確に概念化できていない。これらの理論は、社会的要因がどのように因果的に有意か、厳密に言えば相関（つまり関連）するかについて特定していない。それらは、憑依の逸話を信じることの原因（つまり独立変数）と結果

第1章　宗教認知科学とは

（つまり従属変数）を十分に区別できていない。同様にそれらは、信じることに影響を与える要因がどのように社会的成功と関わるかについての予測のような、信じることの十分条件と必要条件を示しておらず、その主張をテストする方法や、その仮説は何によって反証されるかといったことも述べていない。

　コーエンが指摘する第二の主な欠点は、これまでの社会学的説明の多くが、相互に対立する仮説となっていることである。例えば、トランスは権力の誇示であるという理論と、トランスは権力への抵抗の表明であるという理論はどちらも、同じ予測を行っている。ここではどちらの仮説からも、周縁化された人はトランスの物語に参与するという予測が導かれる。これらの理論はまた、1つの決定要因（不平等の発生など）に着目しているが、そのほとんどは一部の状況には当てはまるものの、憑依行動の特徴の多くを記述し損ねている。さらに、社会学的理論はこれらの状態がどう働くかのメカニズムについてほとんど触れていない。例として、トランス的なものへの参加は、不安を緩和する一種のセラピーなのだろうか。あるいは、社会変革を目指したコミュニケーションが行われる場面での組織的な反抗なのだろうか。こうした難点が、文化を超えて繰り返し現れる憑依の信念の認知的基盤の研究へとコーエンを駆り立てたのである。

　ローソンとマコーリーは、宗教を解釈的に扱い、説明を避ける風潮を問題視している。彼らは、文化研究の学者による解釈対説明の対比は、誤った二分法だと指摘する。人の思考と行動を説明するためには、解釈も説明も用いられる。あらゆる説明はデータの解釈に依存しているし、解釈はそれを支える説明的理論に依拠している。コーエンらの例では[13]、「ジュリアは水を飲んでいる」といった行為は、信念や欲求といった内的状態からどういった行動が生まれるかという暗黙の因果的理論（すなわち説明）に依拠することなしでは、記述することがほとんど不可能だと述べられている。この例では、ジュリアはのどが渇いていたからである。人の内的状態の推測に関する理論は、心理学では「心の理論（ToM）」と呼ばれている。つまり、宗教の解釈は、宗教の説明を必要としているのである。

　なんと、説明の使用に反対している研究者でさえ、すでに説明を行っているのである。コーエンらは[14]、1779年にクック船長がハワイを訪れたことに対して行われた儀礼についての歴史的証拠の人類学的説明から、その例を提供している。クックはハワイ人によって、はじめは神として歓迎されたが、その後彼は殺害されることになった。ここにこれらの出来事の歴史的説明がある。人類学者は、歴史的出来事の解釈だと思っているものを提示しているが、その解釈は儀礼に関す

る著名な理論（すなわち説明）に依拠している。クック船長が神の顕現として扱われたという見方は、「神話実践」理論に沿ったものである。それは、神話の実践が、人々の集団の集合的意識の中に存するパターンに沿うという理論である。加えて、彼がハワイ人の戦争に協力するために雇われたという推定は、ウェーバーの「目的合理性」、すなわち信念は目標に向かう手段として合理的になるという見方を援用したものである。

3. 時代遅れの人間心理の理論に依拠している、あるいはそうした理論がないこと

ローソンとマコーリーが指摘しているように、これまでの研究者はすでに宗教の説明を試みていた。しかしそうした説明の多くは、初期フロイト派の精神力動理論のような時代遅れの認知のモデルに依拠している。その理論は、専ら無意識の心の力（恐怖や欲求）が、行動を形成するとみなすものである。また別の研究者は、人間心理の「ブラックボックス」理論を前提としているが、これは心についても、それを支える心理メカニズムについても論じない(15)。この点に関しても、多くの認知科学者がこうした既存のアプローチの宗教研究に対する限界を指摘している（図 1.1 を参照）。

例えば、生まれ変わりに関する私の研究（第 6 章で扱う）は、人類学者ガナナート・オベーセーカラが提示した、生まれ変わりの信念について広く受け入れられてきた説明の限界を示している。オベーセーカラは、死者が現世に還ってくるといった、生まれ変わりの信念に注目している。これらの信念はしばしば、亡く

図 1.1　人の思考と行動を説明するためのモデルのうち、心を含むものと除外するものとの比較。心を除外するモデル（上）は、入力（環境での報酬を得ることなどの刺激）と出力（その行動を繰り返すことなどの反応）の間に、人々の行動を説明するのに役立つような妥当で能動的な処理（フィルター処理や情報の歪曲など）をまったく含まずに、出力を生んでいる（上）。入力と出力の間に心が働く場所がない（ブラックボックスである）ために、こうしたモデルは社会科学では「ブラックボックス」理論と呼ばれる。これとは対照的に、宗教認知科学などが用いる人の心を含むモデル（下）では、人が周囲の環境になぜ、どのように反応するのかを説明する認知プロセスに関する妥当な理論を含んでいる。

なった最愛の人が、別の身体を得て生まれ変わったのを見つけることができるという観念を伴っている。彼は、人々が最愛の人の生まれ変わりを見つけることができると信じるのは、そうした人を特定し、その人を見つけたという確信が得たいからだと述べている(16)。私はこの種の説明を生まれ変わりの信念のフロイト的な願望充足の面からの説明と分類し、その説明では不十分だとみなした。

何よりこのような見方では、2人の人間の間で特定の身体的・心理的特徴が似ていることが、世界中のまったく異なった文化において、なぜ生まれ変わりの証拠とみなされているのかが説明できない。専門家が新たに生まれた子どもの判定を行う場合や、誰が誰に生まれ変わったのかがすでに文化的に規定されている場合においても同様の判断基準が用いられているのである。こうした状況ではよく、人々は子どもの目立つ身体的特徴や、過去の出来事の記憶を調べ、別の人のアイデンティティを有していることの証拠とする。こうした特徴が生まれ変わり前と後のアイデンティティの一貫性の証拠として他の特徴よりも優れているという考えは、まったく異なったいくつもの文化においてどのようにして現れ、広まるのだろうか。このような疑問が残ったことが、私を生まれ変わりの体系的・通文化的研究へと向かわせたのである(17)。

4. 宗教の体系的理論よりも個人レベルの説明を特別視すること

初期の CSR の開拓者たちは、宗教研究が体系的・説明的理論よりも、個人レベルの説明と解釈に偏っていると述べている。というのも標準的な学術的宗教研究は、宗教的多様性を記録し、記述することに関心を払ってきた。文化決定論（個人の行動は文化によって決定されるとするもの）と極端な文化相対主義（人の行動はその人の文化に依存するものでしかないとするもの）は、集団内の人々の行動は、環境的入力の産物であるという考えに至らせた。これらの前提により、宗教学者は特定の伝統の知識を専門とするようになった。ほとんどの研究者は、豊かで独自の社会的・文化的文脈に取り巻かれた人々の集団の教義と行動を理解することを目指すようになり、宗教伝統に対する地域研究の研究手法が米国の宗教研究の特徴となった。

既存の文化のモデルは、通文化的パターンよりも宗教的多様性を特別視し、宗教間の差異を過大視している。宗教学者エドワード・スリンガーランドが述べているように、宗教研究の分野は宗教を説明的枠組みに置こうとせずに無限の多様性を記録する、宗教鑑賞科目となっているも同然である(18)。さらに、宗教理論

と呼ばれているものの典型は、実際には宗教哲学と言うべきなのかもしれない。その宗教「理論」はたいてい実証的なテストの余地のない、断定の形を取っているためである[19]。今日でさえ、宗教学部門の理論と方法の授業の多くは、方法についての議論をほとんど含んでいない。

5. 宗教は独自であり還元できないという前提

宗教研究には、還元主義を唱える人物に対する強い抵抗が存在してきた。還元主義とは、複雑な現象に対し、より単純ないし基礎的な水準に属するとされる現象の面から記述および分析を行うことである。例えば、化学者はガスの振る舞いを分子の振動の面から説明するであろうし、生物学者は形質の遺伝を遺伝子とDNAの複製から説明するだろう。還元主義は科学的方法の土台となり、宗教認知科学者にも用いられている一方で、批判者はそれを宗教研究における間違ったアプローチだとみなしている[20]。

伝統的な宗教学者の多くが誤って還元主義を軽蔑する理由は、主に2つある。第一に、宗教学の学生は、しばしば宗教は唯一無二（sui generis）であり、宗教以外のものに還元したり、それらと比較したりすることはできないと教わってきたし、現在もそう教わっている。第2項で触れたように、宗教に関する議論のほとんどは、すでに何らかの還元を含んでいるにもかかわらずである。

説明という行為は、高次の水準から低次の水準へと因果関係をたどり、隠れた関係を明らかにするものであるために、還元は避けられない。一般的に、宗教についての説明のほとんどは、説明の対象を、その背後にあるより詳細な基礎的説明と結びつけることによって「なぜ」という問いに答えている。このことは、CSRが登場する以前の宗教についての説明にも当てはまる。エドワード・スリンガーランドが述べているように、相手が還元主義だとする批判は「空虚な用語の乱用であり、どのような説明も、ある種の還元を含んだ説明と呼ぶに値する[21]」。言い換えれば、還元主義を批判している宗教学者もまた、すでに還元を用いているのである。彼らはしばしば人間の認知の役割を無視し、人の心の時代遅れのモデルに依拠しているために、宗教的思考と行動に対して不十分な還元的説明を行っているということである。

宗教を説明する際の還元主義の使用が批判される第二の誤った理由は、還元主義についての理解の不十分さにある。還元主義にはさまざまな種類があるが、それを否定する宗教学者のほとんどは、宗教の科学的研究を、最も極端な還元主義

である存在論的還元主義と同一視している。この種の還元主義は主に、現象はより低次の水準の実体に照らしてのみ説明することができると考える。例えばある理論が、宗教的経験は「すべて心の中のこと」であり、〔脳の電気信号のような〕神経認知的状態に「すぎない」と述べる場合などである。宗教の通俗的な言説においてはこうした理論はよく見られるものの、実際はそのような理論は宗教認知科学には存在しない。

　宗教認知科学者は、複雑な現象に対し、より単純ないし基礎的な水準に属するとされる現象の面から記述および分析を行うという、諸科学におけるより穏当な形態の還元主義を用いている。この過程は、他の水準の分析を締め出すことはなく、実際に他の水準に補完的な役割を与えている。例えば、〔光について考えるとき〕私たちは日常的に人工的な光に接しており、明るさや色のような基本的要素について語ることがよくある。あるいは、私たちは進行方向、光度、コントラストのような光のより根本的な特徴について研究することもできる。物理学者であれば、可視光線あるいは不可視光線の何らかの波長の電磁放射を調べる。これらの説明の水準は、光というもののより確かな理解のために、それぞれが役に立っているのである。

　同様に、科学者は人間の関わる現象についても、より単純ないし複雑な水準から記述と分析を行う。図1.2はそうした水準のいくつかを表したものである。例えば、多くの文化において、人々は宗教的経験について語っている。神経科学者は、宗教的経験の際に個人の脳で起こっていることを追跡し、マッピングする（生物学的説明）。心理学者は、宗教的経験に先立つ個人の動機づけや情報の処理と解釈（心理的説明）および、体験が起こった後の影響（行動的説明）について調査する。他の社会科学者は、宗教集団の影響やその人が宗教的経験を得た環境における社会化など、宗教的経験を誘発し頻発させる他の集団的要因に着目する（社会的・文化的説明）。これらの説明の水準は、宗教的経験のより確かな理解のために、それぞれ役に立っている。

　還元の方法を用いることは、検証の手段をもたらすことでもあり、複数の説明の水準の間でバランスを保つことにもなる。研究者はまず各水準を切り離し、説明の鎖をたどっていくことで一貫性を検証することができる。高次の説明の水準の構造は低次の構造から生まれるか、それに依存しているものであるため、両者は密接に関係している。例として、分子は無機体と有機体の基礎的な原理に従って振る舞うために、もし分子生物学の仮説が十分に確立された物理化学的原理と

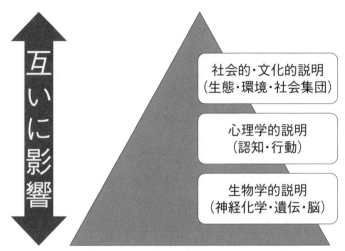

図1.2 人間行動をそれぞれの水準で説明するための還元主義の例

衝突するならば、その仮説が誤っているか、物理化学的原理を見直す必要があるかのどちらかである(22)。

　初期のCSR研究者は、宗教をいくつかの構成要素に分解するような形の還元主義を提唱してきた。儀礼的行動の反復のようなそうした構成要素は、行動の生物学的、心理学的、社会的帰結について知られていることに依拠している。それでも宗教認知科学は、生物学的、神経学的、認知的、文化的水準といった多数の水準の複雑さと相互作用も認めており、宗教の説明を1つの水準のみに還元することはない。これは、CSRの研究者は説明的多元主義を推進していることを意味する。説明の諸水準の相互依存と相互作用は自然科学においても受け入れられているし、事実それは自然科学的探究を推し進める主導的原理の1つとなっている。しかし、こうしたアプローチが宗教に対して用いられると、議論を呼ぶものとなる。初期のCSR研究者は宗教現象が創発的特性、つまり全体が部分の総和以上となるような性質を持っていることは認めているが、宗教と関わる考えや実践は科学的探究の射程外にあるわけではなく、科学的方法で研究可能だと考えてきた。

CSR の初期の開拓者が提起した文化研究のトレンドへの異論のまとめ

1. **ポストモダニズム、文化決定論、極端な文化相対主義の原則**
   すべての事実は主観的であり、客観的研究は不毛であるという考えと、人間の行動は専ら文化のみに規定され、個人の行動を理解するためには特定の文化の観念を検討しなくてはならないとする考えが、宗教的考えと行動に対する心理学の役割を軽視することになった。

2. **宗教的考えと行動の解釈的記述の推進**
   説明的理論のない宗教的考えと行動の記述は曖昧であり、説明力を欠いている。

3. **時代遅れの人間心理の理論あるいはその不在**
   観念の処理と伝達の際の心の役割や、そうしたプロセスについての現代の理論を扱い損ねていることが、不十分で誤った宗教の報告をもたらしている。

4. **宗教の体系的理論よりも個人レベルの説明を特別視すること**
   個人を取り扱った説明の特別視により、通文化的パターンよりも宗教的多様性を重視するようになっており、宗教間の差異を過大視している。その結果、宗教の説明的理論よりも特定宗教の哲学に近づいている。

5. **宗教は独自であり還元できないという前提**
   もし宗教が他に還元できず、比較できないならば、科学的・説明的研究は行えなくなってしまう。しかし実際には、科学者は科学的アプローチを用いて、他の文化的現象を説明してきている。

宗教研究への新たな認知的アプローチのはじまり

　宗教研究への新たな認知的アプローチの何よりの目標は、宗教のより良い解釈を提供することではなく、それを説明することにある。説明は、心の仕組みに関する最新の理論を応用することと、科学的方法によって理論をテストすることによって行われる。初期の CSR の開拓者はこうしたアプローチを提唱しただけではなく、そうした研究を実施することも行った。例えばローソンとマコーリーが提示した CSR の最初期の理論の1つでは、さまざまな文化において人がいかに儀礼を概念化するかについて扱っている。
　ローソンとマコーリーは言語学者ノーム・チョムスキーの研究に影響を受けた

が、その研究は行動主義に反対する認知革命（本章冒頭で触れたもの）の中で生まれたものである。チョムスキーは、人はこれまでに学んだもの以上の新しい文を無数に生み出し、理解することができると考え、このことを「刺激の貧困」と呼んだ(23)。簡単に言うと、人は学んだ以上のことを知っているということである。彼は、子どもは文法と規則の群を内面化しなくてはならないが、その際には言語の獲得において心理的能力による内的準備が行われているという理論を立てた。そうした能力は「言語獲得装置」と呼ばれ、そこから「普遍文法」が生まれるとされている。言い換えれば、チョムスキーは生得的なものも含む心理プロセスによって、一見して無数の文化的形態を取っているように見える現象、つまり言語の安定性を説明することができると提唱した。

　ローソンとマコーリーは、このアプローチを儀礼研究に応用した（「儀礼形式仮説」と呼ばれるもので、第9章で扱う）。彼らは、社会人類学者が儀礼と呼ぶ行動は一見して無数の独自の形態を取っているように見えるが、人々がその行為を直観的に儀礼だと認識できるような、識別可能なパターンが存在していると主張している。ここでも同じく、人は学んだ以上のことを知っているということだ。この理論はまた、人々がある儀礼を「宗教的」とみなす固有の構成要素を特定しており、そのことが、ある儀礼はどれほど効果がありそうかなどの他の特徴の予測を可能にしている。換言すれば、人々がいかに行為を表象するかに注目することによって、ローソンとマコーリーは人々が儀礼についての仮定をなぜ生み出すのかを説明し、そうした仮定がいつ生み出されるのかを予測することを可能にした。

　この理論は、儀礼実践の多様性を記録し記述してきた標準的な学術的宗教研究とは大いに異なるものだった。諸伝統を体系的に比較することすら、大胆な試みだったのである。ローソンとマコーリーはさまざまな文化に見出される宗教の特徴を、環境ではなく人々の行為の認知的処理の仕方に依拠して説明することを提案した。この発想は革命的だった。

　同様に、CSRの開拓者は、宗教研究への新たな認知的アプローチの説明力の強さを学界で説こうとしていた。彼らが積み重ねてきた研究が、それが可能であることを示していた。そこには、CSRのアプローチの明確な提唱（『宗教を再考する——認知と文化をつなぐ Rethinking Religion: Connecting Cognition and Culture』(24)など）、宗教への新たな認知的アプローチの利点を示すことを意図した幅広い宗教理論の提案（「宗教の認知的理論 A Cognitive Theory of Religion」(25)、『宗教的観念の自然性 Naturalness of Religious Ideas』(26) など）や、認知心理学の成果が伝統的

な人類学における説明を促進させる可能性を示すこと（『儀礼の内側 *Inside the Cult*』[27] など）が含まれている。

こうした試みにより、この宗教研究への新たな認知的アプローチは認知科学の下位分野とみなされるものへと洗練されていった。2000 年に、この宗教研究のアプローチは、「宗教認知科学」という言葉によって確立されることとなった[28]。次に示すローソンがはじめて CSR の概要を伝えた論文では、こうした初期の研究者の感覚が伝えられている。

> 宗教認知科学は宗教のような象徴的・文化的システムについてより深い洞察をもたらすために、（行う価値があるという意味で）必要である。宗教認知科学は、文化的形態に影響を及ぼす認知的制約についての理解を深める可能性を確かに示している。文化相対主義や、そのいとこである文化決定論を奉じる人は、私たちの心にも、それが生み出す文化的産物にもいかなる制約もないという印象をしばしば表明している。私たちは、そのような印象が正しくないことを、認知科学の成果を通して理解するようになった。文化的多様性（そして宗教的多様性はなおさら）には制約があるのである[29]。

CSR は支配的な社会科学的原則と、哲学への傾倒、体系的な方法論的アプローチの不足への反発として始まった。そうした社会科学的原則には、宗教的行動の強調、空白の石板仮説、文化決定論、極端な文化相対主義が含まれる。CSR が異議を唱えた方法論は、宗教に対する人の表現を扱う際の文化の記述的・解釈的方法である。初期の開拓者は、宗教研究への新たな認知的アプローチを切り拓き、その後自らの考えを発展させ、洗練させていった。2000 年代には『宗教を再考する』に続くものとして『儀礼に心をもたらす *Bringing Ritual to Mind*』[30] が、『宗教的観念の自然性』に続いて『神はなぜいるのか？ *Religion Explained*』[31] が、『儀礼の内側』に続いて『宗教性の二様態 *Modes of Religiosity*』[32] が刊行されている。CSR が学界において勢いを得ると、研究者は人の心や宗教的考えと行動の発達についての社会化と文化の役割についての最新の哲学を取り入れ、古いモデルと入れ替えるようになった。

CSR の草創期における進化的アプローチの影響

　今日では、CSR 研究者の多くは生物学的、心理学的、文化的水準などさまざまな水準において、人の行動を説明するために進化的アプローチを用いている。他方で、CSR の開拓者による初期の進化的アプローチは心理的水準に着目したものだった。それは、人の心というものが祖先の生活環境で繰り返し現れる問題に対処する過程でいかに形成されたかに関心を払っていた。進化的アプローチは、初期の研究では人類学者スチュアート・ガスリーの『雲の中の顔 Faces in the Clouds』(33) や人類学者パスカル・ボイヤーの『神はなぜいるのか？』(34)、人類学者スコット・アトランの『われわれは神を信じる In Gods We Trust』(35) に見られる。また、専ら人の心の起源について論じたスティーブン・マイズン、マーリン・ドナルド、テレンス・ディーコンなどの著作にも刺激を受けている。

　CSR の理論的基盤となったとりわけ重要な著作は、人類学者ジェローム・バーコウとジョン・トゥービー、心理学者レダ・コスミデスによる 1992 年の『適応した心 The Adapted Mind』(36) である。本書は、進化心理学の成立を告げる著作として知られている。著者らは、文化決定論のような哲学は時代遅れにもかかわらず、「標準社会科学モデル（SSM）」の一部として人間行動の説明に用いられていると指摘する。彼らは、人間行動を説明するために「統合因果モデル（ICM）」を提唱しているが、それは人の心の進化と環境との相互作用とを考慮に入れるものである。ICM モデルは、それを支える哲学からして SSM と異なる。認知科学における主張と同様に、ICM は心が空白の石板やスポンジ、コピー機であることを否定する。

　それでも ICM は、これまでに科学者が示してきた心の見方に対しても異議を唱えている点で新しい。それ以前は、科学者は心をあらゆる情報を同じ速度で処理する汎用的なコンピューターとして捉えていた。このような心の見方は、領域一般的学習メカニズムと呼ばれる。バーコウとトゥービー、コスミデスは心は何かに特化した装置を備える小さなコンピューターの集まりか、十徳ナイフのようなものであり、進化史の観点からもそのように考えるのがふさわしいと述べている。彼らは、人の心が汎用コンピューターでない理由は、私たちが生まれつき感情的、動機的、認知的傾向性を有しているためであるとする。

　例えばある研究者は、言語は人が生き残るのに役立つよう進化したために、あ

らかじめ獲得されていると主張している。チョムスキーらは、言語は単に脳の進化による物理的な構造の変化により得られたか、あるいは道具制作や規則の学習に用いられる認知的部位が複雑なコミュニケーションのためにも転用できたために進化したと述べている。こうした説明は一般的に、生得的な言語能力をもたらす脳の構造として仮定される言語モジュールの存在を指摘している。言語の起源に関する議論は今日もなお続いているが[37]、この例は脳が何らかの課題を扱うために特化しているという基本的な考えを示していることがわかるだろう。

　バーコウとトゥービー、コスミデスは人の認知的傾向は概ね石器時代の頃に進化したとみなし、その期間を「進化的適応環境（Environment of Evolutionary Adaptedness: EEA）」と呼んでいる。そこで形成された認知的傾向は、今日の私たちの心の働きにも影響を及ぼし続けている。こうした認知的傾向は、何かに特化した学習装置であり、領域固有モジュールと呼ばれている。言い換えれば、特定の入力を扱うようプログラムされた小さいコンピューターや、野外で役に立ついろんな道具を備えた十徳ナイフのように、心もまた周囲の環境における問題に対し迅速かつ直観的な対応が行えるようプログラムされているということである。このようなアプローチを支持している研究者が、必ずしも言語などの問題処理のための解剖学的部位の存在を仮定しているわけではないことに注意してほしい。バーコウらは、こうした傾向性は、人が周囲の環境に効果的に適応するのを助けるがゆえに獲得されたと考えている。こうした傾向性の存在は、人が言語などを概ね一致した仕方で素早く獲得することができるのはなぜかという疑問に答えてくれる。

　宗教認知科学者の多くは、ICM として記述した、進化心理学の示す心と文化についての基礎的な哲学を採用している。彼らはこの見方を文化の一要素としての宗教に適用している。これらの原則からは、宗教的考えと行動は私たちの進化した心理的傾向と文化的・環境的影響との相互作用によって生まれ、そうした認知と文化の影響は常に宗教的表現を制約するという考えが導かれる。

今日の CSR の形成

　本章では、宗教認知科学（CSR）として知られるようになったアプローチのはじまりを追ってきた。今日では、進化や脳、認知、文化の視点から宗教の出現と存続を説明する方法と理論が多数存在している。その結果、CSR に貢献してい

るとみなせる研究者と研究プロジェクトもまた、無数に存在している。本書は宗教認知科学を扱った他の著作よりもできるだけ柔軟に、幅広い研究者を宗教認知科学者とみなしている。以下の章で言及する研究者は、それぞれの第一の分野に沿って人類学者、哲学者、心理学者、社会学者などとみなされている人物も、宗教認知科学者に含めている。

本章のまとめ

　CSR は文化研究における標準的な宗教の扱いへの反発から生まれた。最も注目すべき点は、初期の研究者が文化決定論と極端な文化相対主義の考えを疑問視したことである。極端な形態においては、これらの考えは人々が宗教的考えと行動をどのように、なぜ獲得し、表現し、伝達するかということについて、文化のみがそれを説明できると主張し、宗教はある人の文化に照らしてのみ理解でき、その他の基準では判断できないとする。とりわけ、私たちが文化から宗教を獲得するということを真剣に否定する人はほとんどいないのに対し、当時のモデルは環境的入力（文化）のみを考慮し、こうした入力を心がいかに処理して（宗教的に）出力するかということはほとんど無視されていた。文化や時代を通して宗教の識別可能なパターンが存在することと、近年の認知科学の研究が人間の心は観念を能動的に処理していると示していることを踏まえ、初期の宗教認知科学者は宗教の認知的基盤を探究する科学的研究を提唱したのである。

注
（1）　Xygalatas, Dimitris and Ryan McKay, "Announcing the journal for the cognitive science of religion." *Journal for the Cognitive Science of Religion* 1, no. 1 (2013): 1-4.
（2）　Xygalatas, Dimitris and Ryan McKay, "Announcing the journal for the cognitive science of religion." *Journal for the Cognitive Science of Religion* 1, no. 1 (2013): 2.
（3）　詳細な議論については、Pinker, Steven. *The blank slate*. Viking, 2002（山下篤子訳『人間の本性を考える――心は「空白の石板」か』日本放送出版協会、2004 年）、Geertz, Armin W. "Cognitive science." In M. Stausberg and S. Engler (Eds.), *The Oxford handbook of the study of religion*. Oxford University Press, 2016, 97-111 を参照。
（4）　Lawson, Thomas E. and Robert N. McCauley, *Rethinking religion: Connecting cognition and culture*. Cambridge University Press, 1990.
（5）　Guthrie, Stewart E. *Faces in the clouds: A new theory of religion*. Oxford University Press, 1993.
（6）　Boyer, Pascal. *Naturalness of religious ideas: A cognitive theory of religion*. University of California Press, 1994.
（7）　Whitehouse, Harvey. *Inside the cult: Religious innovation and transmission in Papua New Guinea*. Oxford University Press, 1995.
（8）　Spiro, Melford E. "Postmodernist anthropology, subjectivity, and science: A modernist critique." *Compara-*

20

tive studies in society and history 38, no. 4 (1996): 759-780.

(9) Sperber, Dan. *Explaining culture: A naturalistic approach.* Blackwell Publishers, 1996(菅野盾樹訳『表象は感染する──文化への自然主義的アプローチ』新曜社、2001 年); Sperber, Dan. *Rethinking Symbolism.* Cambridge University Press, 1975(菅野盾樹訳『象徴表現とはなにか──一般象徴表現論の試み』紀伊國屋書店、1979 年)も参照。

(10) Lawson, Thomas E. and Robert N. McCauley, *Rethinking religion: Connecting cognition and culture.* Cambridge University Press, 1990.

(11) Geertz, Clifford. "Thick description: Toward an interpretative theory of culture." In *The interpretation of cultures.* Basic Books, 1973.(吉田禎吾ほか訳『文化の解釈学』岩波書店、1987 年)

(12) Cohen, Emma. *The mind possessed: The cognition of spirit possession in an Afro-Brazilian religious tradition.* Oxford University Press, 2007.

(13) Cohen, Emma, Jonathan A. Lanman, Harvey Whitehouse, and Robert N. McCauley, "Common criticisms of the cognitive science of religion—answered." *Bulletin of the Council of Societies for the Study of Religion* 37, no. 4 (2008): 112-115.

(14) Cohen, Emma, Jonathan A. Lanman, Harvey Whitehouse, and Robert N. McCauley, "Common criticisms of the cognitive science of religion—answered." *Bulletin of the Council of Societies for the Study of Religion* 37, no. 4 (2008): 112-115.

(15) Cohen, Emma, Jonathan A. Lanman, Harvey Whitehouse, and Robert N. McCauley, "Common criticisms of the cognitive science of religion—answered." *Bulletin of the Council of Societies for the Study of Religion* 37, no. 4 (2008): 112-115.

(16) Obeyesekere, Gananath. "Foreword: Reincarnation eschatologies and the comparative study of religions." In A. Mills and R. Slobodin (Eds.), *Amerindian Rebirth: Reincarnation among North American Indians and Inuit.* University of Toronto Press, 1994, xi-xxiv.

(17) White, Claire. "The cognitive foundations of reincarnation." *Method & Theory in the Study of Religion* 28, no. 3 (2016): 264-286.

(18) Slingerland, Edward. "Back to the future: A response to Martin and Wiebe." *Journal of the American Academy of Religion* 80, no. 3 (2012): 611-617.

(19) Slingerland, Edward and Joseph Bulbulia, "Introductory essay: Evolutionary science and the study of religion." *Religion* 41, no. 3 (2011): 307-328.

(20) McCauley, Robert N. "The naturalness of religion and the unnaturalness of science." In F. C. Keil & R. A. Wilson (Eds.), *Explanation and Cognition.* The MIT Press, 2000, 61-85; Edward Slingerland, "Who's afraid of reductionism? The study of religion in the age of cognitive science." *Journal of the American Academy of Religion* 76, no. 2 (2008): 375-411 参照。

(21) Slingerland, Edward. "Who's afraid of reductionism? The study of religion in the age of cognitive science." *Journal of the American Academy of Religion* 76, no. 2 (2008): 375-411.

(22) Slingerland, Edward. "Who's afraid of reductionism? The study of religion in the age of cognitive science." *Journal of the American Academy of Religion* 76, no. 2 (2008): 375-411.

(23) Chomsky, Noam. "Rules and representations." *Behavioral and brain sciences* 3, no. 1 (1980): 1-15.

(24) Lawson, Thomas E. and Robert N. McCauley, *Rethinking religion: Connecting cognition and culture.* Cambridge University Press, 1990.

(25) Guthrie, Stewart E. "A cognitive theory of religion," *Current Anthropology* 21, no. 2 (1980): 181-203.

(26) Boyer, Pascal. *Naturalness of religious ideas: A cognitive theory of religion.* University of California Press, 1994.

(27) Whitehouse, Harvey. *Inside the cult: Religious innovation and transmission in Papua New Guinea.* Oxford University Press, 1995.

(28) Lawson, Thomas E. "Towards a cognitive science of religion." *Numen* 47, no. 3 (2000): 338-348 および Barrett, Justin L. "Exploring the natural foundations of religion," *Trends in cognitive sciences* 4, no. 1 (2000): 29-34 は、「宗教認知科学」の語が用いられた最初の論文である。

(29) Lawson, Thomas E. "Towards a cognitive science of religion." *Numen* 47, no. 3 (2000): 342.

(30) McCauley, Robert N. and Thomas E. Lawson, *Bringing ritual to mind: Psychological foundations of cultur-*

al forms. Cambridge University Press, 2002.

(31)　Boyer, Pascal. *Religion explained: The human instincts that fashion gods, spirits and ancestors.* Vintage, 2002.（鈴木光太郎、中村潔訳『神はなぜいるのか？』NTT 出版、2008 年）

(32)　Whitehouse, Harvey. *Modes of religiosity: A cognitive theory of religious transmission.* Rowman Altamira, 2004.

(33)　Guthrie, Stewart E. *Faces in the clouds: A new theory of religion.* Oxford University Press, 1993.

(34)　Boyer, Pascal. *Religion Explained: The human instincts that fashion gods, spirits and ancestors.* Vintage, 2002.

(35)　Atran, Scott. *In gods we trust: The evolutionary landscape of religion.* Oxford University Press, 2004.

(36)　Barkow, Jerome H., Leda Cosmides, and John Tooby, eds., *The adapted mind: Evolutionary psychology and the generation of culture.* Oxford University Press, 1995.

(37)　Richerson, Peter J. and Robert Boyd. "Why possibly language evolved." *Biolinguistics* 4, no. 2-3 (2010): 289-306.

第2章　前提となる知識

　宗教認知科学（CSR）は、1990年代に成立して以来急速な発展を遂げ、現在もなお成長を続けている。それでも、CSRの核となる部分——この分野が始まる原動力となった認知革命に由来するいくつかの前提——は、こうした発展を経ても変わらないままである。その前提の一例として、宗教は文化だけでなく認知によっても形作られ、科学的な研究が可能だという考え方がある。また、CSRは宗教と信念について独自の概念化をする点も特徴的である。では、CSRの視点に基づけば宗教とはどのようなものだと言えるのか、CSRの研究者は宗教をどのように定義し、測定しているのか、そして、CSRは宗教的信念をどの程度まで説明できるのか。本章では、こうした重要な問いについて検討する。

古典的な宗教の概念化

　宗教は、幅広く見られ、人を動かす、謎の多い力である。私たちが生活する日常を超えた超自然的な世界についての信念は、あらゆる人間文化に普遍的に見られる根強い特徴であり、今日では世界の何百万もの人々が儀礼のような宗教的実践に携わっている。また多くの人が宗教の原則を守って生活しており、時には宗教のために戦い、死ぬことさえある。こうした宗教が世界の著名な知識人たちの心を魅了し、彼らの洞察が宗教研究を推し進めてきたことも、驚くにはあたらない。おそらく、宗教学者が抱く最も一般的な疑問は、「宗教とは何か」というものだろう。宗教とは個人のスピリチュアルな探求のことなのか、それとも世界の確立された諸宗教を指すものなのか、あるいは文化的実践を表現したものなのか。それは道徳と密接に関わるものなのか。宗教はこのうちのどれかなのか、それともこのいくつか、あるいはすべての組み合わせなのか。実際に、初期の宗教研究では、宗教の本質的な共通要素を突き止めようとする議論や試みが行われてきた。

　表2.1は、近代の宗教研究を形成する役割を果たした8人の理論家の説をまとめている。これらの代表的な知的巨人たちは、宗教をどう概念化しているかと

表2.1 8つの古典的宗教理論

	研究者名	専門分野	宗教の定義
1	エドワード・タイラー	人類学	宗教は不可解な経験・観察を理解する試みから生まれた。宗教は「霊的存在への信念」である[1]。
2	ブロニスワフ・マリノフスキー	人類学	宗教は私たちの最大の恐怖に関わる。個人や社会は、宗教によって死のような感情的なストレスに対処することができる。宗教儀礼は苦しみを感じているとき、とりわけ決断の結果として何が得られるのかが不明瞭な場合に実施される[2]。
3	ジークムント・フロイト	心理学	宗教は罪悪感に起源を持つ。それは人の示す神経症であり、希望的観測という幻である。神が存在するといった宗教的信念に人々が固執するのは、そうであってほしいと思っているためである[3]。
4	エミール・デュルケム	社会学	宗教は社会秩序を象徴的に表現している。「宗教とは、聖なるもの、すなわち分離され禁止された事物と関係する信念と実践との統一的な体系、教会と呼ばれる1つの道徳共同体に、これに帰依するすべての者を結びつける信念と実践である」[4]。
5	カール・マルクス	社会学	宗教は階級の抑圧の道具として現れた。それは不公正な経済的抑圧と疎外の表現であり、これらから生まれる苦しみへの抗議である。宗教は幸福という幻想を与えるゆえに、「民衆の阿片なのだ」[5]。
6	ウィリアム・ジェームズ	心理学	宗教とは宗教的経験のことである。それは、「個々の人間が孤独の状態にあって、いかなるものであれ神的な存在と考えられるものと自分が関係していることを悟る場合だけに生ずる感情、行為、経験である」[6]。
7	ミルチャ・エリアーデ	宗教史	宗教は聖なるものへの応答である。宗教は集団的・社会的表現というよりも、それ自体が1つの現象である。それは信仰者の視点からのみ理解することができる。宗教は独自であり、それ以外のいかなるものにも還元できない[7]。
8	クリフォード・ギアーツ	象徴人類学	宗教は文化システムであり、世界観である。「宗教とは、一般的な存在の秩序の概念を形成し、これらの概念を事実性の層をもっておおうことによって、人間の中に強力な、浸透的な、永続的な情調と動機づけを打ち立たせ、情調と動機づけが、独特、現実性を持つようにみえるように働く、象徴の体系である」[8]。

いう点で、多くの違いがある。例えば、タイラーの最小限の定義とデュルケムの幅広い捉え方は対照的であり、またジェームズとギアーツの定義も、個人の経験と文化システムのどちらに焦点を合わせるかという点で好対照である。さらに、マルクスは宗教を人類にとって負の力として、フロイトは罪悪感の産物として、タイラーは問題解決のための知的試みとして、マリノフスキーは恐怖と不安から生まれるものと捉えている。なおジェームズとタイラーによる宗教の概念化は、

より具体的である分、エリアーデのものよりも実際的な宗教研究につなげやすいものである。

CSR における宗教の概念化

何が宗教を構成しているかという議論には終わりが見えない。こうした定義に関する議論は宗教的思考と行動についての重要な洞察を与えてくれるものの、宗教認知科学者は、定義にこだわることが研究を停滞させてしまう可能性を指摘している。他の多くのアプローチとは異なり、CSR 研究者は、何が宗教（または特定の宗教）を構成しているかについての一般理論を提唱することに注力したり、ある 1 つの方法が宗教の核心に最も迫れると思って、それにこだわったりすることはない。また、宗教認知科学者は、諸宗教（イスラム教、仏教、キリスト教、ヒンドゥー教、ジャイナ教、シク教、ゾロアスター教など）を比較の単位として研究で用いることもない。

CSR では、こうした宗教的な諸伝統が必ずしも、明確で境界のはっきりした実体だとは考えていないのである。その上、多数の宗教的観念と実践は組織宗教の成立以前から存在しており、迷信や原始宗教（オーストラリアの先住民、アフリカのヨルバ人、北米の平原先住民、中米アステカ人の宗教など）といった別の名称で呼ばれてきた。そのため CSR では、西洋文化との目に見える差異に基づいて研究対象となる文化を選ぶといったことはしない。むしろ、文化比較においてその文化が理論的に重要な側面を持つかどうかに基づいて対象を選択する。例えば、人類学者リタ・アストゥーティとポール・ハリスが死についての推論の研究にマダガスカルの農村部の共同体を選んだのは、この地域では子どもが日常的に動物の死に遭遇しており、米国の子どもに比べて死に接する機会が多いためであった。こうした比較によって研究者は、死に接することが死および死後の世界の概念化に与える影響を理解することが可能になる[9]。

CSR の研究者は、宗教の科学的研究において提起された、重要な抽象的・哲学的問いに対しても貢献してきた。同時に、CSR 研究者はそのような問いを認知的・文化的環境という観点から取り扱うために、宗教についてのデータを集める際に経験的な研究を重視する。宗教認知科学者はしばしば、宗教という一般的なカテゴリーに当てはまると思われている、繰り返し現れる観念と行動についてのデータを体系的に収集し、分析する。こうした試みの目的の 1 つは、ボトムア

ップの科学的宗教理論を作り上げることにある。このボトムアップのアプローチは、宗教の一般理論を提唱してからその基準に沿った現象を検討するという、トップダウンのアプローチとは対照的である。以下では、こうした CSR における宗教の概念化の基礎となる中心的な前提について解説する。

1. 宗教は単一の現象でも、自然発生する現象でもない

宗教学者の多くは、宗教は単一の現象でも、自然発生する現象でもないと考えている[10]。世界には、学者たちが「これが宗教だ」と示せるような観念や行動の単一ないし一貫したカテゴリーは存在しない[11]。宗教は星や人間といったものとは異なり、むしろそこに何が含まれ、何が含まれないのかが曖昧だという点で、スポーツやピクニックの概念に近いものである。その上、宗教の概念は家族的類似（Family resemblance）が当てはまるものといえる。

家族的類似という言葉は、遺伝的に共通している人々の間で物理的特徴や、人格的特徴が似ている傾向にあることを表している。本章では家族的類似を、哲学的な用法に基づき、部分的に共有される要素がいくつもあるために、あたかもすべてに共通する1つの特徴が存在し、それゆえに互いが似ているように見えるという状態を指すものとして用いる。例えばカードゲーム、ボードゲーム、球技などいろいろな種類のゲームについて考えてみてほしい。こうしたゲームにはいくつか部分的な共通点はあるが（競うこと、カードを使う、娯楽であるなど）、ゲームを定義するただ1つの共通要素が存在するわけではないだろう。

同様に、宗教も1つの本質的な共通要素によって結びついていると考えたくなるものである。しかし、私たちが宗教と呼んでいるものは、いくつかの重なり合う類似性の集まりによって結びつけられており、あらゆる宗教に共通の要素があるわけではない。それでも、CSR 研究者は宗教は人間の心が個々の文化的環境と作用して生まれたものだということを重要な点として認めており、そうして生まれた特定の思考体系や行動のパターンを理解するためには、宗教という用語は便利なラベルだと考えている。つまり、私たちが宗教的とみなす観念と実践は、文化の中に見出され、容易に伝達されているものなのである。

2. 素朴概念は、宗教の科学的理論を作り上げる際には信頼のおける手段にならない

宗教の学術的な諸概念はしばしば、学者が世界をどう認識しているかに左右さ

れる（これを素朴概念という）。例えば学者はよく、宗教とは何であるかの定義を提示し、その視点に沿うような事例、すなわち興味深い逸話や民族誌的事例研究などを挙げる（これはトップダウンのアプローチである）。もちろん、世界についての理論はある程度は、直観や洞察などの人間の認知に従って形成されるものであり、そうした見方は不可避だといえる。それでも、こうした見方のほとんどは、分類学的な洞察よりも個別現象の記述からの理解を多く反映したものである。

　私たちの直観は、世界の科学的理解を助けることもあるし、それを妨げることもある。重要なのは、素朴理論は現象を分類するための信頼のおける手段にはならないし、（少なくとも検証なしには）説明上の妥当性があると考えるべきではないということである。1つ例を挙げると、進化生物学の知見は、動物の種間の差異を正確に描き出すためには、分類学的な種の差異ではなく、遺伝的近接度合いの違いを考慮する必要があることを示している。種は、その見た目以上に近縁であるということがありうるのだ。例えばオスのハゲガオカザリドリは、遺伝的にはほぼ同一な同じ種の中でも見た目や鳴き声に大きな違いがある[12]。そのため、素朴理論は必ずしも、宗教も含む物質世界の仕組みについての科学理論を発展させるための有用かつ正確な概念的基盤とはならないのである[13]。

　学者は多様な現象を宗教とみなすことで、超自然的行為者についての観念や儀礼、道徳的義務などの観念と行動のパッケージ同士が何かしら因果関係を持っているか、あるいは本質的に関わりあってさえいるものとみなしてきた。しかし、このような関連性の主張は多くの場合、体系的に検証されたことはない。宗教の素朴定義は、思考と行動、伝統および組織の間の有意味な関連性を指し示すものというよりは、人がこうした見方を持つ傾向にあるということを伝えているだけかもしれない[14]。

　トップダウンの定義は、宗教の類似性よりも多様性を優遇し、伝統間の差異を強調・誇張することになりやすい。このような定義は、人の持つバイアスや傾向性に左右されやすい。そうしたバイアスの例としては、他の宗教伝統を説明する際に自らの西洋的世界観に基づいて考える傾向（すなわち自民族中心主義）や[15]、自分たちが他集団よりも特権的であると考える傾向が挙げられる[16]。ある鳥が、遺伝的には似ているにもかかわらず素人目にはまったく異なって見えるように、宗教伝統もまた、私たちが慣れ親しんでいるものとはまったく異なる、遠く離れたものに見えることがあり、そうしたものは宗教ではないと認識されている[17]。

　あるいは、他者の概念、行動、システムを、超常現象、迷信、呪術、超自然な

第 2 章　前提となる知識

どと呼んで、「自分たちより劣った」カテゴリーに押し込めることもある[18]。組織化された宗教の出現は、比較的新しい現象なのである。不運を超自然的な原因により説明することや儀礼実践など、宗教的な観念と信念の他の特徴は、そうした組織宗教が確立されるよりもずっと前から存在していた。宗教的な観念と行動に繰り返し現れる特徴を考慮に入れれば、宗教の性質はより豊かに理解することができるだろう。

3. ボトムアップの分解アプローチは、宗教を説明するための信頼のおける方法である

宗教を定義するというこれまでのアプローチの限界を踏まえ、CSR の研究者は、宗教的とみなされる人間文化の諸側面の中で、繰り返し現れる特徴や関係を体系的に比較するようになった。科学的なアプローチを用いれば、私たちの理解を洗練させることができる。このアプローチは、「宗教」というラベルの下に含まれうるものすべてを網羅的に説明しようとするものではない。その代わり、CSR の研究者は、宗教という用語をイデオロギー的構築物であり汎用的なラベルとして解釈している。そうしたラベルは、生物学的な死の後も生命が続くという考え方や、自然界に影響を与える人間以外の行為者についての仮定など、特定の観念や行動、システムを記述するのに役立つものである。人類学者のパスカル・ボイヤーはこのように述べている。

> 宗教研究は、「非純粋科目」、つまり中心的ないし公的な主題が科学的対象ではない科目である。確かに、「宗教」は身近に存在するし、「諸宗教」もあるかもしれない。そして、山もキリンも存在する。しかし、キリンも山もそれ自体では、適切な科学的対象を構成しない。山やキリンの特定の側面のみが科学の対象となるのであり、そうした側面は、山ではないものやキリンではないものとも共有されている。このことから、山やキリンに特有の研究方法がないのと同様、宗教研究においても特権的な「方法」や「理論」は存在しないことになる。しかし、宗教的な観念や実践の特定の側面の研究においては、とりわけ適切な理論や方法は存在しうる。[19]

CSR の研究者が実証的に研究を進めるための方法の１つは、宗教システムをその構成要素に分解することである。研究者はまず、宗教を通文化的に繰り返し現

表2.2　本書で人間の思考の傾向を記述するのに用いる用語

認知的基盤		
心理的性向 (psychological propensities)	傾向性 (predispositions)	内在的バイアス (inherent bias)
偏好 (predilections)	直観 (intuitions)	直観的バイアス (intuitive bias)
認知的制約 (cognitive constraints)	心理的傾向性 (psychological tendencies)	認知バイアス (cognitive bias)

れると思われる側面に分解する。それは例えば、超自然的行為者（幽霊、神々、祖先、妖精など）の概念、死後の世界に関する観念、不幸（死、病気、災害、苦しみ、不正義、喪失など）に対する超自然的な力や神を用いた説明、個人および共同体による、超自然的行為者への参与の表現（供物、供犠など）および、儀礼的な行動などである[20]。

　次に研究者は、これらのカテゴリーを生み出す基礎となる認知的基盤に従って、これらをさらに分解する。こうした認知的基盤は、汎人類的な心理的傾向やバイアス、制約を指す（**表2.2**参照）。つまり、それらは人間がどのように考える傾向があるかを示している（本書では簡略化のため、これらを認知的基盤、あるいは心理的基盤と総称する）。例えば、神や祖先といった超自然的行為者に関する概念は、一般的な人間に関する概念と多くの点で類似している。人間以外のものに人間的特徴を与えることは、擬人観として知られる認知バイアスの一部である。したがって、超自然的行為者の観念は、擬人観の心理的傾向によって支えられている。この研究手法の根底にあるのは、繰り返し現れる観念と実践（超自然的行為者など）は、さまざまな心理的傾向（擬人観など）に支えられており、文化的環境の中でその影響・制約を受けながら形作られることによって現れるという仮定である。

　この分解法を広く適用すると、見た目上は大いに異なるように見える諸宗教伝統が、思っている以上に類似しているかもしれないことが明らかになるだろう。図2.1に示す架空の例では、文化的に伝達された超自然的罰の観念について、「祖先が復讐しようとしている」とする宗教伝統Aと「神が私たちを罰している」とする伝統Bは、「カルマの結果である」とする伝統Cよりはお互いに似ている。しかし伝統Aと伝統Bは観察者には非常に異なって見えるかもしれない。伝統Aは身近な環境にいる祖先について述べており、伝統Bは全能の神を讃え

第2章　前提となる知識

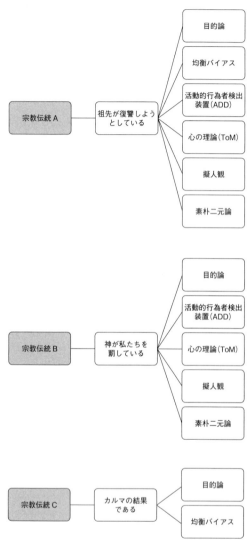

図 2.1 さまざまな宗教伝統において不運の説明のような文化的表象がいかに引き起こされ、認知的性向によって制約されるかを示す、分解法の例。例えば、「祖先が復讐しようとしている」という主張は、偶然の出来事に理由を求める直観（目的論）、不運の度合いはそれに先行する過ちに等しいとする観念（均衡バイアス）、思考能力（心の理論、ToM）を持ち、人間に似ている（擬人観）が、不可視である（素朴二元論）、周囲の行為者（行為者検出装置、ADD）といった認知的性向と関連している。

ているかもしれないからだ。同様に、「カルマの結果である」というカルマ的伝統Ｃに属する人々は、根本的には対人的公平性の直観（すなわち均衡バイアス）に依拠しており、このことがカルマと道徳を課す超自然的な力の双方に関する文化情報の伝達を促す可能性がある[21]。宗教の諸要素の科学的再構成は、伝統内や伝統同士の比較の際のより厳格な立脚点を与えてくれるものである。

　この分解法は、宗教の多くの側面についてより深い理解を与えてくれた（本書における主題の例については表2.3を参照）。例えば、神々や超自然的行為者[22]、自然界のデザインや起源[23]、生まれる前の生命や死後の世界など[24]、宗教に典型的である現象について、子どもたちがどのように、なぜ推論し、反応するのかが挙げられる。進化的・認知的研究は、さまざまな宗教的概念を大人がどう表象し、反応するのかについても明らかにしてきた。この中には、宗教的観念の伝達[25]、神々や超自然的行為者[26]、病気の超自然的原因[27]、自然界の起源と創造主[28]、祈り[29]、人生の出来事に関する目的論的推論[30]、死後の生の継続[31]、霊の憑依中の自己と他者の表現[32]、生まれ変わりにおける個人のアイデンティティの継続[33]、および儀礼的行動[34]が含まれる。特定の種の宗教的観念と行動の説明に加え、CSRはより広範な宗教理論を提唱してもいる。例えば、儀礼のダイナミクスと社会的・政治的条件の関係や[35]、大規模な向社会的宗教と道徳を課す神々の出現などである[36]。

表2.3　CSRにおける研究トピックとそれを扱う章

	トピック	扱う章
1	病気の超自然的原因	第5章
2	自然界の起源と創造主	第5章
3	人生の出来事の目的論的推論	第5章
4	死後の生の継続	第6章
5	生まれ変わり後のアイデンティティの継続	第6章
6	祈り	第7章
7	宗教的観念の伝達	第7章
8	神と超自然的行為者	第7章
9	霊の憑依の際の自己と他者の表象	第7章
10	大規模な向社会的宗教と道徳を課す神の登場	第8章
11	儀礼行為	第9章・第10章
12	儀礼のダイナミクスと社会的・政治的状況の関係	第9章・第10章

第2章　前提となる知識

4. 観念と行動の間に因果関係を作り上げることは、宗教を分類するための信頼のおける方法となる

　宗教認知科学者は、宗教を1つの総体としてトップダウンに定義し説明するのではなく、宗教システムを実証的に分析可能な単位に分解することを試みている。そうすることによって最終的には、宗教システム全体、すなわち独自な観念と実践の社会的・文化的なパッケージを捉え直し、説明する可能性も生まれるのである[37]。

　この説明的アプローチでは、さまざまな分野の研究者の協働と、質的データと量的データの集成が行われる。そのためには、文化システムに見られる認知的傾向性とその表現の間の関係性に対する体系的な検証が必要である。こうした検証により、研究者は、宗教的とみなされるものに対するより頑健な説明を提供する、と主張できる。こうした試みは、他分野との協力を行えばより容易に進展できる。その例として挙げられるのは、認知科学および進化学の新たな理論的洞察や、人間の認知と文化の関係性の把握の進歩、さまざまな分析方法の発展などである。

　重要なこととして、CSR研究者は、自分たちが宗教とみなしてきたものが、その考えからは予想だにしなかった因果関係を持つ言葉や観念による家族的類似にすぎないことが判明するという可能性も考慮している。研究者は宗教というカテゴリーの存在を正当化したいのではなく、いかに認知が文化と相互作用し、観念と行動を生み出すかを理解したいと考えているゆえに、この可能性を認めている。この点について心理学者のジャスティン・バレットは次のように述べている。

　　　（CSRは、）「宗教」の定義という長年の問題を回避することができる。この分野の研究者は、宗教とは何かを特定し、それを全体として説明しようとするのではなく、一般に「宗教」を諸要素に分解するアプローチを用いて、「宗教的」とみなされうる人間の思考や行動のパターンを特定し、そのパターンがなぜ文化を超えて繰り返し現れるのかを説明しようとしてきた。その説明が「宗教」のより大きな説明の一部であることが判明すればそれでよいし、たとえそうでなくても、有意味な人間の現象が厳格に扱われていることになる。[38]

　まとめると、宗教という概念は、それが文化間および文化内で繰り返し現れる特徴の集まりを特徴づけるとみなせるゆえに、CSRにとってはよい出発点であ

る。宗教の概念は、私たちが何を科学研究の対象にすればよいかを指し示してくれる、専門的ではないが簡便なポインターであるといえる[39]。言い換えれば、それは研究の出発点であって、目的地ではない。次節では、CSRの主要な研究課題、方法、CSRを支える重要な諸前提について検討しよう。

CSRにおける宗教の概念化を支える主要な前提のまとめ

1. 宗教は単一の現象でも、自然発生する現象でもない

世界には、宗教の境界を画定するような、単一で自然発生する思考と行動のカテゴリーはない。宗教という用語はあくまで便利で汎用的なラベルである。

2. 素朴概念は宗教の科学的理論を作り上げる際には信頼のおける手段にならない

学者が作り上げた宗教の概念は、その学者がいかに世界を認識しているかに基づいている（つまり素朴概念である）。そうした概念は、科学理論や世界のモデルとしばしば異なるような現象の境界を画定するための信頼のおける手段にはならない。

3. ボトムアップの分解アプローチは、宗教を説明するための信頼のおける方法となる

CSRは宗教システムを構成要素に分解し、その繰り返し現れる特徴と、要素間の関係を体系的に比較検討する。

4. 観念と行動の間に因果関係を作り上げることは、宗教を分類するための信頼のおける方法となる

「宗教」とみなされる一群のデータを説明するための1つの信頼のおける方法は、文化システム内およびシステム間に見られる認知的傾向性とその表現の間の関係性を体系的にテストすることである。

CSRにおける信念の概念化

信念もまた、宗教研究の歴史の中で広く議論されてきた扱いの難しい概念である。一般に、信念という用語は、命題的に表現された何らかの考えを正しいとみなす態度を指すのによく使われる。例えば、超自然的行為者が世界に関与するという考えや、儀式の実践が意図した結果をもたらすという考えなどである。CSRは信念の概念について、心がどのように情報を処理するかに関する認知科学的理解に基づいた、独自の視点を有している。次に挙げるのが、CSRにおける信念の概念化を支える主要な前提である。

1. 直観的な仮定は、命題的な信念とは異なる認知過程に依拠する

CSR 研究者はしばしば、心の二重過程モデルを採用してきた[40]。このモデルでは、2種類の過程を区別する（表2.4参照）。最初のものは、直観的な過程（システム1または「非内省的」信念と呼ばれる）である。これらは素早く自動的で、潜在的である。つまり、私たちは直観的な期待〔expectation：心理学においては肯定的なものに限らず、未来の予測一般を指す〕を意識することはない。

世界に関する内在的仮定は、意識的な内省なしで自動的に生まれ、システム1に依拠している。例えば、「物を落とせば下に落ちる」という仮定は、必ずしも内省を踏まえているわけではない。この仮定は、普通の人が子どもの頃にほとんど教えられることなしに身につける直観的物理学の原理に基づいている（他の直観の例については、第7章の表7.1参照）。CSR では、このような推論は私たちの直観的思考から生まれると考える。言い換えれば、システム1に依拠した観念は人間がどのように考えやすいかを例示している。CSR の研究者は、まさにそうした観念に大きな関心を寄せている。なぜならこれらの観念は、人間の心がどのように宗教的な観念や行動を形成するかをしばしば明らかにしてくれるからである。

心の二重過程モデルにおける第二の過程は、内省的過程（しばしばシステム2と呼ばれる）として知られている。その過程は、遅く意識的で、顕在的である。例えば、「運命を信じますか」と聞かれたら、あなたは一旦立ち止まって答えを考え、その後で自分の立場について説明を続けるだろう。CSR の観点からは、このような内省的な反応は信念に固有の要素である。つまり、信念とは高次の水準における意識的な、メタ表象的な心の状態であるため[41]、一般的にシステム2の過程に依拠している[42]。CSR の研究者はこの種の信念にも関心を持っているが、それはこうした信念が、人の心がいかに文化と相互作用して、宗教的信念と行動を形成するかを明らかにしてくれるからである。

便宜上、観念（idea）と信念（belief）の区別を、世界についての直観（システム1の観念）と内省（システム2の信念）の違いによるものとしよう。システム1

表2.4　心の二重過程モデルの特徴

システム	心の過程	特徴	便宜上の名称
1	直観過程	素早く自動的で潜在的	直観的観念
2	内省過程	遅く意識的で顕在的	命題的信念

とシステム2の両方が、「宗教的」とみなされる人々の思考や行動を動機づけ、維持することに関わっている。人類学者や心理学者などの研究者は、命題的信念（システム2）と関係する自己報告や質問紙などの方法に頼る傾向がある。もしこうした方法を、信念がどのように、なぜ発達していくのかを理解するための唯一の測定手段として用いるなら、この方法ではその他の影響についてはほとんど明らかにできない。人類学者のディミトリス・クシガラタスは、博士課程において南ヨーロッパで2年間の民族誌的フィールドワークを行った際に、このことに気づいたと述べている。クシガラタスは何百もの人々に、彼らがなぜ火渡りのような苦痛やストレスの多い行為に参加するのか尋ねた。しかし、彼らのほとんどは、それが自分たちの伝統であるということ以外、何ら具体的な答えを出すことができなかったのである[43]。

　彼らが回答できないからといって、誰が責めることができるだろうか。別の文化の人が次のように尋ねたらあなたはどう答えるか考えてみよう。「木を叩くことで、どうして災難を防ぐことができるんですか」「なぜ幽霊は夜になると活動的になるんですか」「13日の金曜日に悪いことが起こるのはなぜですか」。何かをなぜ信じるのかという理由を説明するよう求めることは、尋ねられた人が利用ないしアクセスできないかもしれない洞察を求めることになる。実際、タイ北部のアカ人のような文化では、地元の人々は、宗教的実践に重点を置いており、信念という考え方は重要ではないとみなしている[44]。宗教研究の科学的アプローチにおいては、顕在的な推論（システム2）にのみ依拠していると、人々がどのように、なぜ宗教を取り入れ、存続させるのかについて、理解できることが限られてしまう。

　信念はしばしば行動の予測因子としては不十分であることを考えてみよう。つまり、自分が何を信じていると言っているか（システム2）と、どのように行動しているか（システム1）が異なっているのである。例として、アイルランドでよく知られている「木には妖精（シーと呼ばれる）が宿る」という民間伝承を取り上げよう。この木を傷つけたり切り倒したりすると一生不幸に見舞われるということは、現地人のほとんどが知っているが、妖精の存在を信じていると実際に認める農家は、アイルランドにはほとんどいない。

　それでも、アイルランドを旅していると、見事に耕された畑の中央に、妖精の木が手つかずで残されているのをよく見かける。農家のこの行動を説明するには、たとえ（妖精により不幸が訪れる）可能性が低くても、そのような行動（妖精の木

を切り倒さない）をするコストも相応に低くなっているという、危害を避けるための直観的バイアスを理解する必要がある。これらの行動は、人類の祖先の歴史の中で問題を解決するために進化した直観に基づいている。進化心理学的な理解があれば、このような場合の実践に対し、農家への質問だけよりも満足のいく説明をすることができる。

　別の例も考えてみよう。あなたは幽霊を信じるだろうか。たとえ信じていない人でも、フランスのトレセソン城（敷地内に生き埋めにされたという若い女性が化けて出るとされる）やインドのモルガンハウス（かつてそこに住んでいて拷問を受けた妻の霊が今も現れると言われている）のような幽霊屋敷で一晩を過ごすことは望まないのではないだろうか。勇気を振り絞って一泊したとしても、慣れない宿に警戒し、夜中の物音に背筋が寒くなる経験をするかもしれない。

　幽霊屋敷に一泊するという想定でのあなたの体験は、おそらく幽霊に関する仮定に基づくものだろう。たとえ物理的に見ることができなくても、あなたは死者がどこかにいると思うかもしれない。もちろん、このような観念は、長らく言い伝えられてきたものである。こうした観念は文化的に受け入れられてきたものではあるし、それゆえ幽霊映画も人気を博しているわけだが、それらは私たちが一般に行為者に対して考えている空間性や物理性についての直観的な期待に基づいているゆえに、意識的な内省なしで、より素早く受け入れられる。これらは、直観に基づく観念なのである。先ほど述べたように、こうした直観はしばしば、祖先の時代における問題を解決するために進化したものである。宗教認知科学者は、進化学における諸理論および、人々の顕在的な信念だけでなく直観にも触れるための方法を用いている。

　こうした理由により、CSR の研究者は、直観的過程がどのように宗教的観念を生み出すかを検討することに最も関心を持っている。彼らの多くは、このような暗黙の過程を探るために、時間制限を設ける、あるいはあまり深く考えずに判断するよう求める、および異なる状況下での人々の行動を測定するなどの方法を用いている。

2.　CSR は宗教的観念の伝達可能性を説明する

　文化を超えて繰り返し現れる宗教的観念や行動は、もちろん文化的に伝達されるものである。しかし CSR は、多くの一般的な信念や実践が広く受け入れられているのは、人々がそれが妥当であると直観的に考えるためだと主張している。

CSRの研究者は信念の形成にも関心を持っており、信念を生み出すような認知的・文化的入力の組み合わせは多く存在する。直観的観念が顕在的となり、認知的に手が加えられ、他者によってある程度支持されるようになると、それは信念になる（図2.2参照）。例えば、死後も意識が続くという観念は、諸宗教伝統に共通するもので、宗教的概念の存在を支持ないし否定する根拠を検討することから生じたものではない。こうした観念はむしろ、世界に関する特に疑われることのない直観を内省的に洗練させたものであることが多い。

　時には、世界についての汎人類的な直観に反する（つまり反直観的な）信念が形成されることもあるが、こうした信念が広まるためには、認知の水準（繰り返しや精緻化など）や文化の水準（社会化、強化など）でより多くの支持を必要とする。一部の仏教伝統における「無我」（アナッターあるいはアナートマン）の教義を例に考えてみよう。不変で永続的な自己は存在しないというこの考えは、人間に関する基本的直観に反している。多くの仏教徒がこの信念を有している理由を説明するには、その特定の伝統における歴史的、文脈依存的な要因を考慮した説明が必要である。要するに、認知（直観や内省）と文化（社会化や環境など）が宗教を創り出すが、それぞれの構成要素の厳密な配分は、信念や実践によって異なるということである。ある考えが急速に広まるために必要な直観性の最適値がどれほどかについては、CSR内でも意見が分かれている。このような議論のいくつかは、第7章で詳しく検討する。

　宗教認知科学者は、世界についての直観がいかに宗教的観念を支えているかということや、このことがなぜ、宗教伝統内あるいは伝統間において、この直観にある程度依拠する特定の信念をよりうまく広まるようにするのかということの解明に重点を置いてきた。本書の随所で触れるように、CSRの一般理論は、人間の心に関する知見に依拠し、（その他の条件が同じ場合に）なぜ宗教的観念が広ま

図2.2　観念から信念に至る認知的・文化的な道筋の例

第2章　前提となる知識

るのかの説明を目指している。この理論は、宗教的見解の伝達可能性についてのものである。宗教的観念が伝達される文化的・歴史的文脈を理解した上で、研究者がこの理論を用いてその特定の文脈に適用することで、宗教的信念のより包括的な説明が行える。

CSR における信念の概念化を支える主要な前提のまとめ

1. 直観的仮定は、命題的信念とは区別される

命題的信念は意識的で、メタ表象的な心の状態である。信念は、しばしば意識的な内省なしに自動的に生まれる、世界についての直観的仮定とは区別される。いくつかの信念がより早く広まるのは、それが世界についての直観的仮定に依拠しているためである。その他の信念は、繰り返し接する機会などの社会的支持を必要とする。

2. CSR は宗教的観念の伝達可能性を説明する

CSR は宗教的観念の伝達可能性を説明する。文化を超えて繰り返し現れる信念は、しばしば直観を内省的に精緻化したものに依拠している。この種の信念は、認知的視点による研究の最も明確な対象となる。

本章のまとめ

CSR における宗教および信念の概念化は、特徴的なものであるといえる。本章では、CSR は宗教の定義にこだわって脇道に逸れることをせず、繰り返し現れる観念と行動を実証的に把握しようと試みていることを論じてきた。認知科学者と進化学者は信念を世界についての命題的な考えとみなしている。それは通常の発達過程の人がほとんど指導なしで身につける生来的観念とは対照的なものである。

注

（1） Tylor, Edward Burnett. *Primitive Culture: Researchers into the Development of Mythology, Philosophy, Religion, Language, Art, and Custom*, 2 vols., 4th edn, rev. John Murray, 1903 [1871], 1:424. (奥山倫明、奥山史亮、長谷千代子、堀雅彦訳、松村一男監修『原始文化』国書刊行会、2019 年)

（2） Malinowski, Bronislaw. *Magic, science and religion*, Doubleday, 1954 [1925]. (宮武公夫、高橋巌根訳『呪術・科学・宗教・神話』人文書院、1997 年)

（3） Freud, Sigmund. *The Future of an Illusion. The Standard Edition of the Complete Psychological Works of Sigmund Freud* (translated from the German under the General Editorship of James Strachey). Hogarth Press, 1961. (吉田正己訳『宗教論──幻想の未來』日本教文社、1977 年)

（ 4 ） Durkheim, Emile. *The elementary forms of the religious life*, tr. Joseph Ward Swain, Macmillan, 1915, p. 47.（古野清人訳『宗教生活の原初形態』岩波書店、1975 年、85 頁）

（ 5 ） Marx, Karl. "Critique of Hegel's philosophy of right" in *Niebuhr, Marx and Engles on Religion*, Schocken Books, 1964, p. 42.（中山元訳『ユダヤ人問題に寄せて／ヘーゲル法哲学批判序説』光文社、2014 年、162 頁）

（ 6 ） James, William. *The varieties of religious experience: A study in human nature*, Modern Library, 1936 [1902], pp. 31-32.（桝田啓三郎訳『宗教的経験の諸相』岩波書店、1969 年、52 頁）

（ 7 ） Eliade, Mircea. *Patterns in comparative religion*. tr. Rosemary Sheed, World Publishing Company, 1963 [1949].（堀一郎監修、久米博訳『宗教学概論 1-3』せりか書房、1974 年）

（ 8 ） Geertz, Clifford. "Religion as a cultural system." In *The interpretation of cultures: selected essays*, Basic Books, 1973, p. 90.（吉田禎吾ほか訳『文化の解釈学』岩波書店、1987 年、215 頁）

（ 9 ） Astuti, Rita and Paul L. Harris. "Understanding mortality and the life of the ancestors in rural Madagascar." *Cognitive science* 32, no. 4（2008）: 713-740.

（10） Lindeman, Marjaana and Annika M. Svedholm. "What's in a term? Paranormal, superstitious, magical and supernatural beliefs by any other name would mean the same." *Review of General Psychology* 16, no. 3 （2012）: 241-255; Smith, Jonathan Z. *Relating religion: Essays in the study of religion*. University of Chicago Press, 2004; Taylor, Mark C.（Ed.）, *Critical terms for religious studies*. University of Chicago Press, 1998.（奥山倫明監訳『宗教学必須用語 22』刀水書房、2008 年）

（11） Atran, Scott. *In gods we trust: The evolutionary landscape of religion*. Oxford University Press, 2002; Boyer, Pascal. "Explaining religious concepts. Lévi- Strauss the brilliant and problematic ancestor." In D. Xygalatas & W. W. McCorkle（Eds.）, *Mental culture, classical social theory and the cognitive science of religion*. Acumen, 2013, 164-175 などを参照。

（12） Retrieved 12 April 2020, from: www.allaboutbirds.org/news/how-can-9-species-look-so-different-yet-be-genetically-almost-identical/.

（13） Cohen, Emma. "Out with 'religion': A novel framing of the religion debate." In W. Williams（Ed.）, *Religion and Rights: Proceedings of the Oxford Amnesty lectures 2008*. Manchester University Press, 2011.

（14） McCauley, Robert N. and Emma Cohen. "Cognitive science and the naturalness of religion." *Philosophy Compass*, 5, no. 9（2010）: 779-792.

（15） McKay, Ryan and Harvey Whitehouse. "Religion and morality." *Psychological Bulletin*, 141, no. 2（2015）: 447.

（16） Willard, Aiyana K. and Ara Norenzayan. "Cognitive biases explain religious belief, paranormal belief, and belief in life's purpose." *Cognition*, 129, no. 2（2013）: 379-391; Gelman, Susan 'A., and Cristine H. Legare. "Concepts and folk theories." *Annual Review of Anthropology*, 40（2011）: 379-398; Kelemen, Deborah, and Cara DiYanni. "Intuitions about origins: Purpose and intelligent design in children's reasoning about nature." *Journal of Cognition and Development*, 6, no. 1（2005）: 3-31; Atran, Scott. "Folk biology and the anthropology of science: Cognitive universals and cultural particulars." *Behavioral and brain sciences*, 21, no. 4（1998）: 547-569 など。

（17） Franek, Juraj. "Has the cognitive science of religion（re）defined 'religion'?" *Religio*, 22, no. 1（2014）: 3-27; McCutcheon, Russell T. *Manufacturing religion: The discourse on sui generis religion and the politics of nostalgia*. Oxford University Press, 1997.

（18） Lindeman, Marjaana and Annika M. Svedholm. "What's in a term? Paranormal, superstitious, magical and supernatural beliefs by any other name would mean the same." *Review of General Psychology*, 16, no. 3 （2012）: 241-255.

（19） Boyer, Pascal. "Religion as an Impure Subject: A Note on Cognitive Order in Religious Representation in Response to Brian Malley." *Method & theory in the study of religion* 8, no. 2（1996）: 212.

（20） Boyer, Pascal. "Religious thought and behaviour as by-products of brain function." *Trends in cognitive sciences*, 7, no. 3（2003）: 119-124 などを参照。

（21） White, Cindel J. M., Ara Norenzayan, and Mark Schaller. "The content and correlates of belief in Karma across cultures." *Personality and Social Psychology Bulletin* 45, no. 8（2019）: 1184-1201; https://psyarxiv. com/39egn も参照。

（22） Barrett, Justin L. and Rebekah A. Richert. "Anthropomorphism or preparedness? Exploring children's God concepts." *Review of Religious Research* (2003): 300-312; Knight, Nicola. "Yukatek Maya children's attributions of belief to natural and non-natural entities." *Journal of Cognition and Culture* 8, no. 3-4 (2008): 235-243; Piazza, Jared and Paulo Sousa. "Religiosity, political orientation, and consequentialist moral thinking." *Social Psychological and Personality Science* 5, no. 3 (2014): 334-342.

(23) Evans, E. Margaret. "Cognitive and contextual factors in the emergence of diverse belief systems: Creation versus evolution." *Cognitive psychology* 42, no. 3 (2001): 217-266; Kelemen, Deborah. "Are children 'intuitive theists'? Reasoning about purpose and design in nature." *Psychological Science* 15, no. 5 (2004): 295-301.

(24) Astuti, Rita and Paul L. Harris. "Understanding mortality and the life of the ancestors in rural Madagascar." *Cognitive Science* 32, no. 4 (2008): 713-740; Bering, Jesse M. and David F. Bjorklund. "The natural emergence of reasoning about the afterlife as a developmental regularity." *Developmental Psychology* 40, no. 2 (2004): 217; Harris, Paul and Rebekah Richert. "The ghost in my body: Children's developing concept of the soul." *Journal of Cognition and Culture* 6, no. 3-4 (2006): 409-427; Emmons, Natalie A. and Deborah Kelemen. "The development of children's prelife reasoning: Evidence from two cultures." *Child development* 85, no. 4 (2014): 1617-1633 など。

(25) Boyer, Pascal and Charles Ramble. "Cognitive templates for religious concepts: Cross-cultural evidence for recall of counter-intuitive representations." *Cognitive Science* 25, no. 4 (2001): 535-564.

(26) Barrett, Justin L. "Cognitive constraints on Hindu concepts of the divine." *Journal for the Scientific Study of Religion* (1998): 608-619; Bering, Jesse. "Intuitive conceptions of dead agents' minds: The natural foundations of afterlife beliefs as phenomenological boundary." *Journal of Cognition and Culture* 2, no. 4 (2002): 263-308; McKay, Ryan, Charles Efferson, Harvey Whitehouse, and Ernst Fehr. "Wrath of God: Religious primes and punishment." *Proceedings of the Royal Society B: Biological Sciences* 278, no. 1713 (2011): 1858-1863; Purzycki, Benjamin Grant. "The minds of gods: A comparative study of supernatural agency." *Cognition* 129, no. 1 (2013): 163-179.

(27) Legare, Cristine H. and Susan A. Gelman. "Bewitchment, biology, or both: The co-existence of natural and supernatural explanatory frameworks across development." *Cognitive Science* 32, no. 4 (2008): 607-642; Legare, Cristine H., E. Margaret Evans, Karl S. Rosengren, and Paul L. Harris. "The coexistence of natural and supernatural explanations across cultures and development." *Child development* 83, no. 3 (2012): 779-793.

(28) Järnefelt, Elisa, Caitlin F. Canfield, and Deborah Kelemen. "The divided mind of a disbeliever: Intuitive beliefs about nature as purposefully created among different groups of non-religious adults." *Cognition* 140 (2015): 72-88.

(29) Barrett, Justin L. "How ordinary cognition informs petitionary prayer." *Journal of Cognition and Culture* 1, no. 3 (2001): 259-269.

(30) Heywood, Bethany T. and Jesse M. Bering. "'Meant to be': How religious beliefs and cultural religiosity affect the implicit bias to think teleologically." *Religion, Brain & Behavior* 4, no. 3 (2014): 183-201.

(31) Bering, Jesse M. "The folk psychology of souls." *Behavioral and brain sciences* 29, no. 5 (2006): 453-462.

(32) Cohen, Emma. *The mind possessed: The cognition of spirit possession in an Afro-Brazilian religious tradition*. Oxford University Press, 2007; Cohen, Emma and Justin Barrett. "When minds migrate: Conceptualizing spirit possession." *Journal of Cognition and Culture* 8, no. 1-2 (2008): 23-48.

(33) White, Claire. "Establishing personal identity in reincarnation: Minds and bodies reconsidered." *Journal of Cognition and Culture* 15, no. 3-4 (2015): 402-429; White, Claire. "Cross-cultural similarities in reasoning about personal continuity in reincarnation: Evidence from South India." *Religion, Brain & Behavior* 6, no. 2 (2016): 130-153; White, Claire, Robert Kelly, and Shaun Nichols. "Remembering past lives." *Advances in Religion, Cognitive Science, and Experimental Philosophy* (2016): 169-195; White, Claire. "Who wants to live forever?: Explaining the cross-cultural recurrence of reincarnation beliefs." *Journal of Cognition and Culture* 17, no. 5 (2017): 419-436.

(34) Atran, Scott. *In gods we trust: The evolutionary landscape of religion*. Oxford University Press, 2002; Cohen, Emma, Roger Mundry, and Sebastian Kirschner. "Religion, synchrony, and cooperation." *Religion, Brain & Behavior* 4, no. 1 (2014): 20-30; Fischer, Ronald, Dimitris Xygalatas, Panagiotis Mitkidis, Paul Reddish, Penny Tok, Ivana Konvalinka, and Joseph Bulbulia. "The fire-walker's high: Affect and physiological respons-

es in an extreme collective ritual." *PloS one* 9, no. 2 (2014); Legare, Cristine H. and Rachel E. Watson-Jones. "The evolution and ontogeny of ritual." *The handbook of evolutionary psychology* (2015): 1-19; Konvalinka, Ivana, Dimitris Xygalatas, Joseph Bulbulia, Uffe Schjødt, Else-Marie Jegindø, Sebastian Wallot, Guy Van Orden, and Andreas Roepstorff. "Synchronized arousal between performers and related spectators in a fire-walking ritual." *Proceedings of the National Academy of Sciences* 108, no. 20 (2011): 8514-8519.

(35) Whitehouse, Harvey. *Modes of religiosity: A cognitive theory of religious transmission.* Rowman Altamira, 2004.

(36) Norenzayan, Ara. *Big gods: How religion transformed cooperation and conflict.* Princeton University Press, 2013.（藤井修平、松島公望、荒川歩監訳『ビッグ・ゴッド——変容する宗教と協力・対立の心理学』誠信書房、2022 年）

(37) Boyer, Pascal. "Religious thought and behaviour as by-products of brain function." *Trends in Cognitive Sciences* 7 No. 3 (2003): 119-124; McKay, Ryan and Harvey Whitehouse. "Religion and morality." *Psychological Bulletin* 141, no. 2 (2015): 447.

(38) Barrett, Justin L. "Cognitive science of religion: What is it and why is it?" *Religion Compass* 1, no. 6 (2007): 768.

(39) Taves, Ann. "2010 Presidential Address: 'Religion' in the Humanities and the Humanities in the University." *Journal of the American Academy of Religion* 79, no. 2 (2011): 287-314; Whitehouse, Harvey. "Cognitive evolution and religion"; "Cognition and religious evolution". In J. Bulbulia, R. Sosis, E. Harris, R. Genet, C. Genet & K. Wyman (Eds.), *The Evolution of Religion: Studies, Theories, and Critiques.* Collins Foundation Press, 2008; Boyer, P. "Explaining religious concepts. Lévi-Strauss the brilliant and problematic ancestor." In D. Xygalatas & W. W. McCorkle (Eds.), *Mental Culture, Classical Social Theory and the Cognitive science of religion* (pp. 164-175), Acumen, 2013. McCauley, Robert N. and Emma Cohen. "Cognitive science and the naturalness of religion." *Philosophy Compass* 5, no. 9 (2010): 779-792; Barrett, Justin L. "Cognitive science of religion: What is it and why is it?" *Religion Compass,* 1, no. 6 (2007): 768-786 などを参照。

(40) Tversky, Amos and Daniel Kahneman. "Prospect theory: An analysis of decision under risk." *Econometrica* 47, no. 2 (1979): 263-291.

(41) Sperber, Dan. *Explaining culture: A naturalistic approach.* Blackwell Publishers, 1996（菅野盾樹訳『表象は感染する——文化への自然主義的アプローチ』新曜社、2001 年）; Baumard, Nicolas and Pascal Boyer. "Religious beliefs as reflective elaborations on intuitions: A modified dual-process model." *Current Directions in Psychological Science* 22, no. 4 (2013): 295-300.

(42) Pyysiäinen, Ilkka. "Intuitive and explicit in religious thought." *Journal of Cognition and Culture* 4, no. 1 (2004): 123-150.

(43) https://items.ssrc.org/insights/strong-interdisciplinarity-and-explanatory-pluralism-in-social-scientific-research/.

(44) Tooker, Deborah E. "Identity systems of Highland Burma: 'belief', Akha zan, and a critique of interiorized notions of ethno-religious identity." *Man* 27 no. 4 (1992): 799-819.

第 2 章　前提となる知識

第3章　解き明かすべき問い

　宗教認知科学（CSR）が宗教研究の中でも特徴的なアプローチになっている理由の１つは、CSR研究者の立てる問いにある。例えば、宗教的な考えや行動（つまり、宗教に関連する概念や考え方、あるいは慣習、儀礼など）の中には、歴史や文化を通じて途絶えることなく現在も残っているものがある。なぜそうしたものは、途絶えることがなかったのだろうか。また、宗教的な考えを心に表象するには、特別な心・認知的基盤が必要なのだろうか。そうした心・認知的基盤はどのようにして生じてきたものなのだろうか。さらに、宗教が生まれるには、心と文化がどのように相互作用する必要があるのだろうか。こうした問いは、書籍や論文の中で、必ずしも明確に述べられるわけではなく、読者の目にとまらないことも多い。そこで本章では、こうしたCSR研究者が立てる問いについて解説していきたい。

なぜある種の宗教的な考えや行動は途絶えることがないのか

　ある種の考えや行動は、歴史を通じて、また文化の枠を超えて、比較的安定した形で絶えることなく存続する。それは一体なぜなのだろう。CSRはこの問いを解き明かすことに関心を向けてきた。このように、特定の考えや行動が時間や場所を問わずに繰り返し現れる（反復する）理由を説明することは、宗教の多様性を考慮すると、特に重要である[1]。というのも、世界には、さまざまな異なる形態の超自然的行為者（の概念）がある。ということは宗教的な考えは文化によって多様である見込みが高い。それにもかかわらず、超自然的行為者が人間のような特徴を持つものとして表象される点など、共通点もある。つまりある種の考えが反復されている。これは、日々の経験が私たちの概念や思考を制約する部分があるためである。

　いずれにしても、こうした文化を超えて繰り返し現れる考えと行動は多くの場合、分かちがたく結びついて、研究者が「宗教的」とラベルをつけるようなシス

テムを形成している。そこでCSRは宗教を、第2章で論じたように、文化を超えて繰り返し現れる考えや行動の形に分解する。ここには、懲罰的神という不可視の行為者の概念や、死後も生命は継続するという考え方、儀礼的行動などが含まれる[2]。そしてこうした考えや行動がなぜ生まれ、なぜ存在し続けるのかを解き明かすことが、「宗教」を説明するという言葉の意味である。さまざまな宗教で反復されている考えや行動を突き止めるため、CSR研究者は、考古学、歴史学、民族学のデータを活用し、また自ら実験データを収集する。そしてこうしたデータの分析を通じて、反復するパターンについて検討を行う。

1. 日常的な宗教と神学的な宗教

　CSRは、宗教的観念が文化の中でどのように伝達されるのか（文化伝達）を解明することに関心がある。その際、神学的な意味での宗教と、普通の人々にとっての日常の中にある宗教とを区別する。そしてCSR研究者が特に説明しようとしているのは後者である。つまり、ほとんど教えられることがなくても比較的容易に生まれ、幼少期に確立されるような宗教的観念を説明することに関心がある。この種の考えは、直観的プロセス（すなわちシステム1）から生まれるものと言える。第2章で取り上げたように、システム1から生まれる観念は、素早く、自動的に、そして潜在的に進行する。哲学者のロバート・マコーリーは、このようなタイプの宗教的観念を「成熟に伴う自然（maturationally natural）」と呼んだ（表3.1）。つまり、多くの普通の人々が素朴に理解する宗教とは、成熟に伴う自然的な観念であることが多いといえる（成熟に伴う自然的な観念を支える直観の詳細な例については、第7章の表7.1を参照）。

　では、神学的な意味での宗教が私たちの直観的プロセス（システム1）に反するとしたら、専門家が神学的教義をたやすく暗唱できるのはなぜだろうか。マコーリーはこれに関わる能力を「練習された自然的状態（practiced naturalness）」と呼んだ（表3.1）。練習された自然的状態は継続的な訓練によって獲得されるものであり、通常の心身の発達から生まれたり、あるいは教えられることなしに生じたりするようなものではない。それは、例えば楽器の演奏や車の運転を学ぶのと同じで、自分のものにするには繰り返しの練習などの継続的な努力を必要とする。したがって、直観に反するような神学的な意味での宗教的観念は、顕在的に保持され、意識的にアクセス可能な（つまり、自分がそうした考えを持っていることをはっきり意識できる）ものだといえる。これは言い換えると、神学的教義を

表 3.1 宗教的な考えの特徴

関連する 認知システム	心的過程	特徴	しばしば見られる 宗教の形態
システム 1	成熟に伴う自然的状態	ほとんど教育を受けていない幼少の頃から、すぐに現れる。	日常的な宗教
システム 2	練習された自然的状態	認知的努力や文化的圧力〔身につけることが当該文化内で推奨されるなど〕によって強化される。	神学的な宗教

正確に暗唱できるのは思い出したり考えたりする時間があるときであるし、また練習した教義しか暗唱できないということでもある。

　なお CSR 研究者たちは、神学的観念が形成されるのに必要な社会・文化的な条件に関心を持つが、その際には人間の認知機能の役割を重要視する。多くの神学的な考えは、複雑で人々の直観とは反する側面を持つというのが CSR 研究者の見解である。例えば、キリスト教の三位一体の教義では、神は 3 つの異なる位格（すなわち父、子、そして聖霊）を持ちながらも同じ 1 つの存在であるとしているが[3]、この考え方は、個人は 1 つの人格しか持たないという私たちの通常の理解（直観）とは反するものがある。そして CSR 研究者は、こうした神学的観念が、大衆的・日常的には人々にどのように理解されているかを探ろうとしている。これにより、宗教的観念を理解しようとする際にどのような認知機能（直観やバイアスなど）が働くのかを知ることができるためである。

2. 神学的に適切な概念と不適切な概念

　CSR 研究者が説明しようとしているのは、神学者たちが定義するような形式的な宗教というより、普通の人々にとっての日常的な宗教の中で絶えることなく存続している観念であるという点は、先述の通りである。ただし、普通の人々が持つ宗教的観念の中には、神学を拠り所としたものも多くある。例えば、仏教におけるカルマ（因果応報）の概念など、神学的な宗教に見られる考えを信じていると公言する人も多くいる。CSR 研究者はこうした概念を「神学的に適切な（theologically correct）」概念と呼ぶ（表 3.2）[4]。なお、このようにある観念に「神学的に適切」とラベルをつけるのは、どのような教義の解釈が正しいか、真実であるかを決めるためではない。そうではなくこの呼び名は、人々が顕在的に、神学的な意味での宗教における考えを参照することがある、ということを意味している。もちろん、ある概念が神学的に適切であるかどうかについては（宗教・

宗派などによって）さまざまな見解があり得るのだが、CSR 研究者にとって重要なのは、熟慮する時間が十分にあるときに、人々は自分が何を信じていると公言するのかという点である。

　人が、さまざまな文脈を通じて、神学的に適切な考えを一貫して信じ続けるというケースは確かに存在する。こうしたとき、人々はよく、教えられたことを信じ続けているだけだと主張する。しかしながらこうしたケースばかりではなく、教えられたことを無意識のうちに、より直観的に理解しやすいものに（つまり、成熟に伴う自然的な概念に）変えてしまうことも、よくある。例えば多くの仏教徒は、彼らの信じるカルマの教義とは相容れないにもかかわらず、運の存在も同様に信じているとされる[5]。CSR 研究者たちからすれば、これらの考えは「神学的に不適切」ということになるだろう（**表 3.2**）[6]。

　このような、公言された信念（例えば、カルマの信念）と実際に信じていること（例えば、運の存在）との乖離は、さまざまな状況で起こる。そして以下の 2 つの条件下では特に起こりやすいことが知られている。1 つ目は、答えを出すのに時間制限があるなど、短時間で認知的な処理を済ませる必要があるときである。例えばある研究によると、第 7 章でも述べるように、キリスト教徒の参加者は「神は全能である」と顕在的には考えていても（神学的に適切）[7]、時間制限がある場合には「神は（普通の人間と同じように）能力に限界があり、好みもある」と答える傾向があった（神学的に不適切）。

　乖離が生じやすい 2 つ目の条件は、苦境に陥るなどして、強い情動を経験しているときである。例えば、多くのキリスト教徒は、神に対して怒りを向けることは道徳的に許されないと考えるはずである（神学的に適切）。それにもかかわらず、癌の診断を受けるなどの予想外の苦境を経験すると（「なぜこんなことを」と）発作的に神への怒りを経験する人もいるという[8]（神学的に不適切）。繰り返しになるが、CSR 研究者が最も関心を持つのは、時と場合によって、人々が信じること・考えることが変わるという現象である。なぜこうした乖離が起こるのかを解き明かすことで、宗教的観念の処理にどのような認知機能が役割を果たしているのかを明らかにすることができるためである。

　本章ではここまで、CSR のさまざまな側面を取り上げてきた。CSR には、心や文化を研究する他の学問分野と重なる側面があるが、異なる側面もある。例えば、宗教的な考えや行動を説明するために心理学の理論や方法を適用する点で、CSR は宗教心理学とよく似ている。しかし CSR 研究者は（宗教心理学者のよう

表 3.2　宗教的な考えの特徴

関連する認知システム	名称	定義	どのような条件下で見られやすいか
システム 1	神学的に適切	信奉する宗教的信念と一致する考え	内省する時間が十分にあるとき
システム 2	神学的に不適切	信奉する宗教的信念と矛盾する考え	内省する時間が少ないとき、情動的になっているとき

に）個人の心を説明することを重視しない。例えば、「ある人物がなぜ宗教的になるのか」といった問いに答えることにはあまり関心を示さない傾向にある。むしろ CSR の研究者は、人々がどういったものを信じやすいのかについての通文化的なパターンに関心があり、例えば、「なぜ人々は直観的に、神も（超常的な力を備えながらも）人間のような行為者であると表象するのだろうか」といった質問に答えようとしている。

宗教的な考え・行動を支える認知的・心理的基盤

　人々の間で受け継がれる可能性のある考えや行動が数多く存在する中で、なぜある種の宗教的な考え・行動が特に繰り返し現れるのか、CSR はこの問いを、人間の認知的傾向に関する研究知見を援用することで説明しようとする。ここまで触れてきたように、人間の心や文化は無限とも思えるほどに多様な観念を生み出すが、途絶えることなく受け継がれているものはその中のごく一部にすぎない。例えば、なぜ多くの人々は、あらゆる出来事は偶然ではなく理由があって起こるのだと考えるのだろう。なぜ身体が滅びても生命は終わることなく続くと思うのだろう。なぜ幽霊のような超自然的行為者はよく、心を持たない非人間的な存在というよりも、心を持った、ただし目には見えない通常の人間として理解されるのだろう。なぜ神は、日々の生活で起きるさまざまな出来事の中で、特に道徳的な行いに関心を寄せる存在として描かれるのだろう。なぜさまざまな文化において人々は、宗教的儀礼には特に積極的に参加するのだろう。これだけに留まらず、さらに多くの問いが、この本で紹介するような CSR 研究の原動力となっている。

1.　認知的基盤を特定する方法

　CSR が発する問いの核心にあるのは、「宗教的観念を表象し、それに応じた振

る舞いを可能にしているのは、どのような心か」という疑問である。専門的な言葉を使うなら、概念の表象や行動の実行に必要となる心理的傾向や認知バイアス、あるいは制約を探究することと言える。そしてこうした認知的・心理的基盤を特定するために研究者たちは、認知科学において確立された研究方法を用いる。そしてさまざまな異なる文化圏において、子どもや大人を対象にした研究を実施するのである(9)。こうした方法論により、人々がどのような反応をするのか、またそこにどのようなメカニズムがあるのかを検討することができる。もし、文化によって優勢な視点が異なるにもかかわらず人々が似た思考をするのであれば、その思考の背後には（共通の）認知的基盤が存在することが示唆されるのである。

　実際、各章で取り上げるように、宗教的な考えや行動を支える多くの認知的基盤がすでに特定されたり、あるいは提案されたりしてきた。例えば、目的論的思考（この世界のものごとはすべて目的を持ち、その目的のために生まれたものと見てしまうバイアス(10)）、素朴二元論（心は身体とは別の独立した存在であるという直観的理解(11)）、擬人観（人間以外の存在に、心的状態や気質などの人間が持つ特徴を帰属する傾向(12)）、公平性あるいは均衡バイアス（自分の行動には、それに釣り合った結果が伴うと考える傾向(13)）、血縁関係を拡大して、想像上の血縁者とアイデンティティを融合させる能力(14)などが挙げられる（より広範なリストは表3.3参照）。

　それではどのようにして、こうした宗教に関わる認知的基盤を特定するのだろうか。ここではその一例として、神への祈り（祈禱・祈願）を取り上げてみよう。祈りは、世界で数え切れないほどの人々が日々行っているものであり、ありふれていて、とても複雑な行為には見えないかもしれない。ただこの行為を行う際、人々はしばしば自然に、特に考えることなく、以下のようなことを前提としている。

a.　神は存在する。
b.　神は人々が願ったかどうかを知ることができる。
c.　神は人々の願いの内容を理解することができる。
d.　神は結果に影響を与えることができる。
e.　神は結果に影響を与える意志がある。

　こうした前提は、さらに細かな要素に分解することができる。例えば、(b)や(c)の前提が成り立つためには、人が「神は心的状態（信念、願望、意図な

表 3.3 宗教的な考えを支え、影響を与える認知的基盤

ただしこれは例であり、網羅的なものではない

#	認知的基盤	説明あるいは例	扱っている章
1	目的論的思考	世の中のものごとには目的があり、その目的のために作られていると考えること。	第5章
2	心理的本質主義	あるカテゴリーのメンバーには、彼らを彼らたらしめている根源的な共通点があると考えること。	第5章
3	内在的正義〔応報的思考〕の推論	良いことは良い人に起こり、逆に悪いことは悪い人に起こりやすいといった推論。	第5章
4	素朴二元論	心は肉体から分離・独立していると考えること。	第6章
5	シミュレーション制約	何かを想像できないこと。例えば、精神状態を持たない状態を想像することは難しい。	第6章
6	オフライン社会的推論	その人が物理的に存在しないときに、別の世界に存在していると考える能力。	第6章
7	身体化	超自然的領域〔死後の世界〕に存在すると表象される場合でも、身体を持つものとして人間を考える傾向。	第6章
8	擬人観	心的状態や特性など、人間に似た性質を人間以外のものに帰属させること。	第5章・第7章
9	最小反直観的伝達の優位性	世界についての素朴な予測と一致するが、わずかにその予測を裏切る考えに注意を払い、記憶すること。	第7章
10	均衡バイアス	行為と結果が釣り合うものであると考えること。	第8章
11	模倣の忠実性	ある行動を他の行動よりも忠実に真似る社会的学習戦略。	第9章
12	行為表象システム	儀式的な行動は、日常的な行動を処理するのと同じ認知システムによって処理される。	第9章
13	記憶効果	儀式を行う頻度が、儀礼の内容や手続きの認知の処理（記憶など）に影響すること。	第9章
14	危険予知〔脅威検出〕システム	自然発生的な儀式化行動は、環境に脅威を感知したときに起こる。	第10章
15	情動効果	儀式が不安を軽減すること。	第10章
16	親和効果	儀式の場で痛みを経験することで、人は集団の絆により協力的になること。	第10章
17	親族関係検出とアイデンティティ融合	親族と同様のつながりを他者との間に感じ、一体感（アイデンティティの融合の感覚）を得ること。	第10章

ど）を持つ」と考えていることが条件となる。加えて、「神は自分とは異なる心的状態を持つ」という理解も必要になるだろう。つまり、祈願者が考えていることと神が考えていることは同じではないし、祈願者の信念・願望・意図とまった

第3章　解き明かすべき問い

く同じものを神が持つ必要もないという理解が必要である。

これは神に対する擬人観、つまり心的状態や人格などの人間が持つ特徴を神にも帰属させる認知能力の一例であるといえる。また、他者を自分とは異なる心的状態を持つ存在として理解する能力は、よく「心の理論（Theory of Mind: ToM）」、あるいはより一般的にはメンタライジング（mentalizing）と呼ばれるものである。

もし人間が、願望や意図のような心的状態を持つ行為者を表象（想像）できなかったとしたら、神に祈って出来事の結末を変えてほしいと願う行為は、人間の文化にはそう簡単には現れなかっただろう[15]。

一般的に人の基本的な認知的傾向は、文化によって現れ方が異なることもあるものの、教育をほとんど受けていない幼少期に現れはじめると考えられているため、そうした子どもたちを観察することで確認することができる[16]。そしてそれが、宗教に限らない一般的な「成熟に伴う自然的」な観念をはじめ、さまざまな認知バイアスを生む。例えば、メンタライジング能力は幼少期から現れ、これが現れないケースというのは稀である。自閉スペクトラム症を持つ人々はこうしたケースに該当するといわれており、他者の望みや意図を理解することに困難があることで、しばしば社会生活が円滑には送れなくなるそうだ[17]。宗教を支えるこうした認知的傾向は、宗教以外の領域でもしばしば現れ、もちろん日常の社会的相互作用にも深く関わっている。

2. 宗教は通常の認知発達の結果として出現する

宗教に関わるさまざまな考えや行動を支える認知的・心理的基盤の例は、枚挙にいとまがない。こうした基盤は、もちろん宗教以外の領域の考えや行動をも支えるものである。次のようなケースを考えてみよう。

- 音楽フェスにおいて幻覚剤を使用すると超越感（feeling of transcendence）を覚えた。
- 広大なグランドキャニオンにいるときなど、自然の驚異に遭遇したことで畏怖の念（state of awe）を抱いた。
- チームスポーツをしているとき、集合的沸騰の感覚（sense of collective effervescence）を覚えた。
- 劇場でのダンサーがみんな、決まった動きを厳密にしてみせた。
- 子どもたちがクリスマス・イブに、サンタクロースのためにクッキーとミルク

を注意深く、きっちりと用意した。

●暴力をたきつけたり正当化したりするのに愛国心という聖なる価値観（Sacred values of patriotism）が使われた。

　もし宗教的な考えや行動を支える認知的・心理的傾向が、非宗教的な考えや行動を支える傾向と変わらないのであれば、それはつまり、宗教的な考え・行動を（他の領域のものとは異なる）独自のものとみなす仮定は、もはや必要がないことになる。例えば、宗教的儀礼における行為者やその行為には（日常とは異なる）特別なものがあるが、こうした行為は、基本的な構造という点では、日常の中で見られる行為と根本的に同じはずである。人類学者のピエール・リエナールや宗教学者のトーマス・ローソンが言うように、「儀礼において、儀礼的な太鼓を儀礼的に叩く太鼓奏者は、結局のところ太鼓を叩く太鼓奏者にすぎないのである」[18]。宗教が認知バイアスに支えられていると考えるなら、宗教的観念は通常発達する認知の一部であり、そこに含まれるといえる。宗教的観念や行動は、ほとんど教育されることなしに生じてきて、社会的環境の中で広まっていく。音楽や芸術、言語と同じように、宗教は認知的に自然なものなのだ[19]。

3.　それぞれの宗教的伝統は、宗教的な考えや行動を独自に組み合わせているかもしれないが、それらは同じ心理的傾向を利用している

　宗教も非宗教的なものも、その基盤となる認知的・心理的傾向に変わりはないと言える。ただし、宗教は複数の認知的・心理的傾向が特殊な形で結びついたもので構成されていると考えられる。例えば、変性意識状態〔神秘体験、催眠状態、瞑想などの際に、さまざまな感覚が普段とは変わること〕がさまざまな宗教体験を支えているし、また仲間集団で同じ動きを繰り返そうとする衝動（第10章参照）が宗教儀礼を支えている。そしてこうした構成要素（認知的・心理的傾向）が異なる見え方・現れ方をすることもある。例えば、儀礼がなぜ、どういった意味で行われるのかについての説明は、社会や文化によって異なることがある。

　さらに、そうした構成要素をどう組み合わせるかも、それぞれの宗教によって異なるかもしれない。例えば、ある宗教集団は個人の変性意識状態に焦点を合わせるかもしれないし、また別の集団は儀礼化された行動を説明の中心に据えるかもしれない。ただいずれにしても宗教のシステムは、同じ認知的・心理的傾向を利用しており、結果的に似たような構成要素（例えば、死後も続く意識、変性意識

状態、儀礼化された行動）を持ちやすいのだと考えられる。

　この点を理解するために、おもちゃのブロック（レゴ）を想像してみてほしい。ブロックを使えばいろいろなものが作れて、2つのまったく異なる形も作れるだろう。この2つの形は見た目はかなり違うが、使われているブロックは同じである。結局のところ、ブロックが同じ箱から取り出されているので、作れるものはさまざまであるが、その数には限界がある。言い換えれば、構成物に共通のブロックが使われるのは必然的なことである。

　このようにCSRでは、宗教は類似した認知的・心理的傾向から構成されているという考え方をする。これはCSRの初期の先駆者たちが（当時の）宗教研究の前提に異議を唱えた理由でもある。すなわち、当時の宗教研究では、それぞれの宗教は唯一無二（sui generis[20]）であり、互いに比較できないほど異なっている（極端な文化相対主義）という前提を置いていたのである。

　認知バイアスを持ち出すことで、ある考えや行動が理論的に生じうること〔possible：理論的・概念的に起きることが予測されること〕だけでなく、それらが実際にどのような形で現れるのか〔probable：現実的に起きる見込みがあること〕も予測することが可能になる。例えば、第7章で取り上げるように、幽霊や先祖霊、神などの超自然的行為者は、特殊な状態にある人間として認識されることが多い。つまり、人間の声を聞き、コミュニケーションが取れるといった、私たちが普通の人々に期待するのと同じような期待を、超自然的行為者にも抱いているのである。ただしその一方で、超自然的行為者が普通の人間に対して抱く期待に反する可能性があることも理解している。例えば人々は、幽霊は壁を通り抜けることができるだろうと思っているはずだ。

　超自然的行為者のような文化的に受け入れられている概念は、文化内でも文化を超えても、人から人へ伝達されやすいことが知られている。これは、こうした概念が、人間が持つモノのカテゴリーについての直観的な期待を基盤としているためである。ここでいうカテゴリーとは、直観的な存在論的カテゴリーとして知られているものを指していて[21]、例えば人間、動物、人工物といったカテゴリーがある[22]（第7章の表7.1も参照）。そして、こうした概念は、人の持つ行為者に対する直観的期待に沿わない概念よりも、伝達される可能性を秘めている。CSR研究者は、このような概念の伝達可能性が高いことを内容バイアス（content biases）と呼んでいる。

　もう1つ、人間の認知的傾向や認知バイアスを特定する際に考慮しておくべき

ことがある。それは、ある考えや行動を取ることが人々にどのような影響を与えるのかという点である。例えば、超自然的行為者の概念にはよく、人間がどのように振る舞うべきかの指針・方針が含まれており、人々はそれに従わない場合には良くないことが起きると感じる。あるいは第10章で詳しく論じるが、文化的儀礼への参加は、通文化的に繰り返し現れており、また人々に参加を遵守させるような強制力を持ちうる。儀礼への参加は、個人が所属集団に献身的になっていることを示す偽りのないシグナルになるという点で、重要な機能を持っているし、「神が見ている」という信念は、社会的な監視（誰かに見られている）の感覚を人々に持たせることになる。したがってこのような考えや行動は、特に大規模な社会において、人々の間の協力を促進するという形で、影響を与えているのである[23]。

人の持つ認知的傾向はどこから生まれるか

　では、人間が持つさまざまな認知的傾向やバイアスの源泉はどこにあるのだろうか。言い換えれば、ある考えや行動を支える認知的傾向やバイアスは、なぜこれほど生じやすいのだろうか。

1.　認知的説明

　何かしらの概念が発達の早期に出現するということは、人間の認知にある種の自然な傾向があることを示すといえる。つまり、教えられることがなくても、人間はある特定の方法で世界を表象する素因を持つということだ。認知的な素因がさまざまな考えの基盤となっていることは、異なる文化で暮らす人々であっても似たような概念や考えを抱きやすいという事実によく現れている。文化的環境によって、人々がどのような考えを持つか修正されることがあるものの、それを支える共通の認知的素因が存在するのである。この点は心にとめておくべき重要な点であろう[24]。

　例えば、第1章で取り上げた言語習得の理論をもう一度考えてみよう。チョムスキーは、人間は、それまで学んだことがないような文章でも無限に作り出し、それを理解できると指摘している。そして、人間の心の中には言語習得のための内的な準備状態（認知的素因）が備えられているとの理論を提唱したのである。言葉は無数に生み出されるように見えても、そこには安定的な基盤があるという

第3章　解き明かすべき問い

ことが、心的過程とそこに内面化された規則（文法）の存在を仮定することで説明できるのである。加えてこうした認知的説明では、さまざまな異なる言語が存在し、それが学習されることも想定されている。この例と同様に、認知的素因がさまざまな認知的傾向やバイアスを生んでいるという認知的説明を取ることで、多様な宗教的観念・行動の背後にも、安定的基盤があると考えることができる。そしてこうした説明は、宗教には自然に生じてくる側面があるということを支持するものである。なおこの宗教の認知的説明は、（チョムスキーの言語理論と同様に）さまざまな異なる宗教的観念・行動が存在し、また文化的に学習されるという事実から導き出されたものでもある。

2. 認知・進化的説明

　第1章でも述べたように、CSR はその形成期において進化的アプローチの影響を受けた。今日でも、なぜある種の考えや行動は、誰に教えられることもなく生じるのかを説明するため、CSR は認知的説明を拡張して、進化学の知見を援用している。そしてこうした認知・進化的説明では、そうした考えや行動の源泉は、進化した領域固有システムにあるとしている。人間の進化の産物であるシステムそのものが、発達初期に出現するバイアスを生じさせたというわけである。

　ここでもう一度、神に祈るという例について考えてみよう。私たちが持つ「神」の概念は、宗教の領域にとどまらないより一般的な直観的・認知的なバイアス、すなわち擬人観（人間の特徴を人間以外の事物や事象にも当てはめること）の表れであると議論されている[25]。人間の生物学的な祖先が生きた時代には他個体との相互作用が一層複雑化したとされるが、この擬人観はこうした事態への適応の結果として獲得されたと考えられる[26]。というのも、他個体の意図や願望を推測できたり、そしてより広くは、他個体の将来の振る舞いを予測できたりすることは、個体の生存にとって有利になりうるためである。現代社会においても、周囲の他者の意図・願望を理解することは社会生活上、重要な能力である。こうした認知能力が、神のような想像上の行為者にも適用されたというわけである。

　CSR は、進化学に基づき検証可能な仮説を立て、それにより宗教を説明しようとする点で他の宗教研究のアプローチと一線を画すものといえる。進化的説明は、なぜ宗教的観念が生まれ、また途絶えることなく続いているのかという問題について、その背後にある究極的な要因を解き明かそうとするものである。人間の心についての研究は、宗教に繰り返し現れる特徴を生み出す至近要因（直接の

表3.4　認知・進化的説明の特徴

種類	特徴	関連する質問	由来
至近的説明	直接的な原因に焦点がある。	「how」質問	認知的
究極的説明	究極的・根源的な原因に焦点がある。	「why」質問	進化的

原因となるもの）を明らかにするのに役立つのだが、進化的説明はそれに加えて、その究極要因（遠因）に焦点を合わせているのである。別の言い方をするなら、至近要因とはある機能がどのようなメカニズムで達成されているのか（「how」質問）を説明するものであるが、究極要因とはそれが進化の過程においてどのような機能を発揮したか（「why」質問）を説明するものであると言える（表3.4）。

　この点を例示するために、ある船が傾いて沈没したときのことを想像してみてほしい。なぜ船は沈んだのだろうか。1つの要因として、船底の穴が挙げられるだろう。その穴があるために船への浸水が起こり、浮いていられなくなったというわけである。これはどのように船が沈んだのかというメカニズムを説明しており、至近要因に当たるものである（「how」質問）。一方で、そもそも船の自動操縦の精度が悪く、岩に衝突したために船が沈んだのかもしれない。そうだとすると、これは穴が開いて船が沈むというメカニズムが生じる究極的な要因ということになる（「why」質問）。この例と同様に、進化論に基づく宗教研究者は、宗教的な考えや行動を理解するために、それらが生じる心理的・生理的メカニズム（至近要因）とともに、その進化的理由（究極要因）を検討するのである。

　祈りとは別の例も考えてみよう。住む地域や共同体によっては、例えば火のついた木炭の上を裸足で歩く「火渡り」のような、苦痛を伴う儀礼が慣習的に行われることがあるが、こうした儀礼には多くの人々が参加する。それはなぜだろうか。至近要因として考えられるのは、社会的な追放への恐怖である。つまり、地域・共同体の人々から排斥されてしまうことを恐れて、人々はそうした儀礼に参加すると説明ができるかもしれない。これに対して、究極要因を考えることもできる。人類の祖先は生存のため小集団で互いに協力しながら生活していたとされるが、こうした時代には、社会的排斥は個体の死に直結し、また互いの協力がなければ種としての人類は滅んでしまったと推察される。苦痛を伴う儀礼への参加などを通して個体が所属集団に深く献身していると示すことは、その個体にとっても、集団にとっても、適応上のメリットがあるといえる（個体は排斥されない、集団にとっては協力者が増える）。したがって、そうした時代を生き抜いた個体の

表 3.5　ティンバーゲンの 4 つの問い

#	説明の対象	問い	説明の種類
1	メカニズム	形質の構造は？	至近的
2	個体発生	その形質はどのように個体で発達するのか？	至近的
3	系統発生	その形質の進化の歴史は？	究極的（進化的）
4	適応的意義	形質の変異は適応度にどのような影響を与えたのか？	究極的（進化的）

子孫である現代の人々は、社会的排斥を避けようとする強い動機を持つというわけである。このように至近要因と究極要因の両方を補完的に考えることで、宗教現象をより深く理解することができる。

　この至近要因に関わる質問（「how」質問）と究極要因に関わる質問（「why」質問）は、それぞれさらに 2 つの質問に分けることができる（表 3.5 参照）。この分類は、生物学者であるニコ・ティンバーゲンが動物行動の説明のために行ったもので、現在では「ティンバーゲンの 4 つの問い」[27] として知られている。そしてこれは、多くの認知・進化的な立場に立つ宗教研究者の指針ともなっている。至近要因に関わる 2 つの質問とは機構（メカニズム）と発達（個体発生）のことで、これらは多くの CSR の研究者が用いている。究極要因に関わる質問として系統発生（進化）と機能（適応的意義）の 2 つがある。認知・進化論の視点に立つ研究者は、こちらをより探究しているといえる。

　そして「ティンバーゲンの 4 つの問い」に対するすべての答えを見つけることができれば、宗教的な考え・行動のメカニズムだけでなく、その発達や進化史、そして適応的意義についても説明できるようになるのである。

　例えば、「神を人間と似た特徴を持つ存在とみなす」という理解の仕方は、さまざまな異なる文化圏で比較的共通して観察される。具体例として、たとえ全知全能の神という神学的な見方を支持する人々でも、神の能力には限界があるという風に、人間に似た姿として理解するケースがあるという。ではなぜ、神は擬人化されるのだろうか。またなぜ、この種の神の概念は、他の種類の神の概念（例えば全知全能である神）よりも、さまざまな文化で急速に広まったのだろうか。以下では、この疑問に対する CSR での説明を概説したい。詳細については第 7 章で議論するので、そちらを参照してほしい。

● メカニズム：心理的傾向性の構造

　成人は、認知的な負荷がかかっているときや時間的な制約があるときに、神を人間に似ていると考える傾向があると報告されている。こうした知見は、神のような超自然的行為者を人間と似た存在だと考える方が、それとは違う（全知全能の）存在であると考えるよりも認知的な努力が少なくてすむことを示している。つまり、神を擬人化する傾向は人にとって自然的だということを示している。

● 個体発生：心理的傾向性の個体内発達

　成人だけでなく幼い子どもたちも神を擬人化する。これは、神を擬人化するのは自然的な傾向であるという主張を裏づけるものである。

● 系統発生：進化の歴史

　人々が超自然的行為者をどう表象するかは、そもそも人間一般をどう表象する（ように進化してきた）かによって制約を受ける。

● 適応的意義：変異が適応に与える影響

　意図的行為者についての検出・推論・判断は、進化の過程において捕食者を避けたり獲物を捕ったりするのに役立ってきたはずだが、こうした適応の一部として擬人化のバイアスを位置づけることができる。ただし、擬人化で生まれる神の概念が適応的とは限らない。人間は（神の概念をはじめとした）自然選択の対象にはならないような概念も獲得することができるのである。私たちは、一般的な普通の行為者（人間など）についての概念を用いて、超常的な行為者（神など）について理解しようとする。したがって、神を擬人化することは、一種の副産物でしかない。

　認知・進化的視点に立つ CSR 研究者は、宗教を説明するために、これら 4 つの問いすべてに答えようとしている。例えば、どのようにして宗教的な考え・行動は、文化を超えて似たような形で繰り返し現れるのだろうか。またそうした繰り返し現れる考えや行動は、基本的には似ていても、文化によって少しずつ異なる特徴を持つことがある。では、人々の認知的な傾向や素因が環境とどのような相互作用を起こすと、そうしたバリエーションが生じるのだろうか。CSR はこうした問いに取り組んでおり、それゆえ本書の副題は「進化・脳・認知・文化をつなぐ」となっている。

　実際には、CSR 研究者は、その専門性に基づいて、4 つのうちのいずれかの問

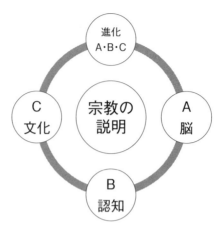

図 3.1 CSR の目標は、4 つの領域を結びつけることによって宗教を包括的に説明することである。進化論は、脳、認知、文化という他のレベルにも適用可能であり、そのため多くの学者が進化論を複数の領域を通じた統一的アプローチとしている。

いに焦点を合わせることが多い。例えば、(A) 脳：認知神経科学者や認知科学者は、メカニズムの解明（どのような構造を持つか）に焦点を合わせる傾向がある。(B) 認知：発達心理学者は、個体発生（個体内でどのように発達するか）を検討する。これらに加えて、進化生物学者、人類学者、心理学者などの進化学 (A、B、C) に詳しい者は、系統発生（どのような進化の歴史を持つか）や形質の適応的意義（その変異は適応度にどのような影響を与えたか、また文化はどのようにその形質を形成したのか）についても検討をしている（図 3.1）。

　宗教に関する認知・進化的研究を専門とする学際的な研究所の数が増えていることを考えると、次世代を担う大学院生たちは、幅広い方法論と視点を受け継ぐことになると思われる。この研究の学際性・方法論の多様性は、今後より重要になるだろう。なぜならそれによって、4 つの問いに対する答えを提供することができ、宗教に関わる認知的傾向・素因とその文化内での表れについて、体系的に理解することができるようになるからである。すべての問いに等しく注意が向けられてきたわけではないし、検討が進んでいる問いもあれば、そうでもない問いもある。加えて、どのような答えが相応しいかについて、意見の相違が見られる問いもある。最終的には、4 つの問いすべてに答えるための認知的・心理的基盤とデータが提供されることになるだろう。この試みは、現在も進行中である。

　ここまで、進化的説明とは進化の中で果たしてきた機能（「why」質問）に注目する究極的説明であると述べてきた。個体発生や系統発生、そして形質の適応的

意義を考慮することで、メカニズムの水準を超えた包括的な説明が可能になる。そしてこれが多くのCSR研究者が求めることでもある。もちろん（先ほども触れたように）、宗教についての「ティンバーゲンの4つの問い」にどう答えるかについて、CSR研究者の中でも意見が対立することがある。また宗教的な考えや行動の歴史的起源は何か、現在における機能は何かといったことだけでなく、そうした考えや行動に対する自然選択が遺伝的レベル、個人レベル、集団レベルのいずれで起こるかについても意見が分かれることがある。

　このうち歴史的起源や現在の機能についての議論から、宗教の出現や伝播における進化の役割についての2つの説明が生まれた。1つは適応主義的な議論であり、これは宗教システムには、集団や個人の適応度を高めるような生物学的および／または文化的適応の側面があると説明するものである。自然選択の中で、宗教的な考えや行動（死後の世界、インテリジェント・デザイン、道徳的義務）を支える認知的傾向が現在まで残ったのは、それらが個人や集団の適応度を高めたからだというわけである。適応度が高まるというのは例えば、社会的に望ましい態度や行動が獲得されたり、身体的健康が促進されたりすることを指す[28]。実際に、宗教への傾倒や儀礼への参加が精神的健康だけでなく、身体的健康の改善と関連しており、虚血性心疾患や高血圧、脳卒中、免疫系機能不全、癌などの罹患率や、総合的な死亡率が低いとの報告がある[29]。

　一方で、宗教システムの適応的側面を強調するのではなく、むしろ宗教を認知能力の副産物（すなわち意図しない結果）とみなす説もある。宗教とは何の関係もない領域で適応をもたらしたために進化した認知的な傾向やバイアスが、副産物として、宗教のさまざまな特徴を生み出したというわけである。例えば、（環境内に）目に見えないが監視している超自然的行為者がいると考える傾向は、環境に行為者を見出そうとする人間の傾向の意図せざる結果であると解釈することができる。この傾向は、過活動行為者検出装置（hyperactive agency detection device: HADD）、あるいは最近では単に行為者検出装置（agency detection device: ADD）と呼ばれている[30]。この傾向は、もともと捕食者や獲物の発見を容易にするために進化したのであって、幽霊や神を知覚するために進化したわけではもちろんない。

　適応主義的説明と副産物説は対照的ではあるが、必ずしも矛盾するものではない。なぜなら、形質の起源（表3.6）と形質の機能は、時間の経過とともに変化しうるからである。つまり、ある形質が現代においてどのように機能しているか

表3.6 宗教の起源と機能に関する2つの説。歴史的起源と現在の機能に関する多くの組み合わせの可能性があることに注意。

タイプ	歴史的起源	現在の機能	理論の例
適応主義的説明	個人または集団の生存・繁殖の確率を高めるような形質の獲得。	個人または集団の適応度を高める。	儀礼への参加は幸福感を高める。
副産物説	適応の意図しない結果。	なし、あるいは中立：個人や集団の適応度とは関連しない。	意図的行為者を検出する能力は、そうした行為者に関する宗教的概念（神、精霊など）の広まりに貢献する。

は、必ずしもそのもともとの機能と同一ではない。

例えば、適応とは多くの場合、副産物やスパンドレル〔spandrel：特に適応的ではないが、有害でないために残っている形質〕として始まる。そしてもしそれが有用である場合には利用され、進化の過程で維持されることになる。これは生物学的形質でも同じである。例えば、鳥が飛ぶために用いている羽毛は、もともとは飛ぶことのない恐竜が持つものであったとされる。したがって羽毛は、別の目的（配偶者にアピールするため、保温のためなど）のために進化したものだったと推測される[31]。そしてその後、羽毛は現在の鳥にとって飛ぶのに必要なものとなったのだろう〔「飛べる」のは、別の目的で進化した羽毛を持つことの副産物と位置づけられるが、有用であるので自然選択の中で残っている。これは外適応 exaptation と呼ばれる〕。これと同様に、儀礼も何かの副産物として社会の中で生まれたのかもしれない。ただ、不安の軽減など、儀礼が何かの役に立つとすれば、自然選択の中で維持されることになっても不思議ではない。宗教に対して進化的な説明をする上でもう1つ考えなくてはならないのは、選択がどのレベルで生じるか（適応の違いを支える遺伝的変異）という問題である。CSRでは、遺伝的、個人的、集団的の3つのレベルを考慮する。

ここでもう一度、儀礼への参加を例にして考えてみよう。前述したように、適応主義的説明によれば、宗教へのコミットメント（献身）と儀礼への参加は身体的健康を高めるので、選択された（維持された）のだとされる。これは個人の利益に関わるものであり、個人レベルの選択ということになる。一方、集団レベルの適応主義的説明もある。これによると儀礼は集団の生存を高めるため、文化的に成功したとされる。小規模で伝統的な社会では、集団の一員であることが生存に不可欠であったが、それと同時に集団生活は、集団に協力しないフリーライダー（集団に献身的ではないが集団生活の利益だけは享受する者）が現れることで崩壊

しかねない〔例えば狩猟には参加しないが誰かが狩猟した肉にはありつこうとする者が増えると、狩猟に行く者が減り、集団で狩りをすることにメリットがなくなる。また諍いなども起こり、集団生活はうまくいかなくなる。つまり集団はフリーライダーを排除する必要が出てくる〕。儀礼に参加することは、個人が集団に深くコミットしていること、そして集団の成員として信頼の置ける存在であることを皆に伝えるサイン（コストリー・シグナルあるいは信憑性強化ディスプレイ）として機能していると考えられる〔逆に言えば、儀礼に参加しない個人はフリーライダーである可能性がある〕。このように集団の利益に関わる集団レベルの説明も存在する。もちろん、儀礼には個人の利益に関わる側面、集団の利益に関わる側面の両方があるだろう。これに加えて、宗教的な考えや行動の中には適応的な機能を持つものも、単なる副産物であるものも両方あると考えられる。この点で宗教の説明はより複雑になっていく。

　宗教を副産物とする説は、CSR の成立に大きな影響を与えた。一方、現在では、宗教的な考え・行動の進化的起源に関するどの理論や研究を重視するのかは、研究者によって異なる。こうした進化的アプローチでは、果たして宗教は異なる領域でまったく別の目的のために進化した認知的傾向や行動の副産物であるのかどうか、そしてもしそうであるとしたらどの程度まで副産物として理解できるのかといった疑問が探究されている。

　これまでのところ本章では、選択のメカニズムが「自然選択」に該当する例、つまり生存と再生産に関する個体差が遺伝的形質の違いに起因すると説明できる例を中心に扱ってきた。しかし、選択のメカニズムはこれだけではないことに注意する必要がある。例えば、性選択（再生産に成功しやすい形質の進化に関する理論）や、文化選択（文化進化。集団内の文化的構成の時間を通じた変化に関する理論）などがある。

　文化選択は、宗教に関する進化理論を構築する CSR 研究者の中で、自然選択に次いで2番目に支持者の多い考え方である。この文化選択のモデルは自然選択によく似ている。大きな違いは、自然選択が遺伝子の継承に関するものであるのに対し、文化選択は文化の継承に関するものだという点である。文化の継承は、遺伝子の継承と異なり、生殖とは無関係に生じる。例えば遺伝的に無関連な個体間で、何らかの行動（文化の一部）が伝播するのはよくあることである。

　文化の進化は、遺伝的な進化よりも短い期間で起きる。そのため文化進化は、遺伝的な進化に影響を及ぼすことがある。例えば、多くのヒトは5歳までに、牛

乳に含まれる糖分であるラクトースを体内で分解できなくなるのが一般的である。これは乳糖不耐性と呼ばれる特徴で、乳糖を分解する酵素であるラクターゼ（lactase）を持たないことが原因である。ただし大人になってもラクターゼが働く（ラクターゼ活性持続性がある）のであれば、牛乳を消化することができる。そしてこのラクターゼ活性持続性が起きるかどうかは、遺伝的に決まる部分がきわめて大きい。一方で、そもそもラクターゼ活性持続性がヒトにおいて出現したのは、約1万年前の牛の家畜化という文化的出来事がきっかけである。この出来事によってヒトは、牛乳から栄養を摂取できるようになり、生存に有利になった。この例のように文化は遺伝子に影響を与えうるのである。文化選択の支持者たちは、遺伝子よりも文化の重要性を唱えている。宗教に関わる文化選択の理論としては、前述した、儀礼への参加が集団メンバーの相互協力を培い、集団の利益になるというものがある。

　まとめると、進化的説明は、宗教の誕生や存続についての究極要因を扱うものである。ただし、選択の起きるメカニズム、選択の起きるレベル（遺伝子、個人、集団）、そしてその選択メカニズムの起源や機能といった点で、意見が一致しな

表3.7　宗教の進化的説明でしばしば取り上げられる選択のメカニズム[32]

#	選択のメカニズム	説明	例	代表的な研究者
1	自然選択	適応：宗教は、自然選択の過程から生じた適応の結果という側面を持つ。	宗教に献身的に参加することは適応上の利益がある（身体的健康が促進されるなど）。	a) ジョセフ・ブルブリア b) リチャード・ソーシス
		副産物：宗教は、人が持つ認知機能の傾向あるいはバイアスの副産物という側面を持つ。		a) パスカル・ボイヤー b) E・トーマス・ローソンとロバート・マコーリー
2	性選択	宗教は、人間が自らの遺伝子を拡散させるのに役立つ。	宗教性は、個人が貞節などに関してどのような価値観を持つかを伝えるシグナルとなる。そして宗教は異性へのアピールを容易にし、配偶者の確保を容易にする。	a) D・ジェイソン・スローンとジェームズ・A・ヴァン・スライク b) ジェイソン・ウィーデン、アダム・B・コーエン、ダグラス・T・ケンドリック
3	文化選択	文化選択は、文化内に存在する考えや行動が伝達される程度に影響を与える。	宗教は集団成員の間の協力を促進することで、成員個人あるいは集団全体に利益をもたらす。	a) ジョセフ・ヘンリック b) アラ・ノレンザヤン

いこともある（表3.7）。本章の目的は、宗教についての進化的説明には、いくつかの種類があり、それらがどのような点で異なるのかについて、読者に理解してもらうことにある。ただこれ以上の議論は、CSRの入門書の範囲を超えている。興味があれば、表3.7に挙げられている研究者の書籍などを参照してほしい。

　宗教的な考え・行動の起源や機能とはどのようなものだろうか。またそうした考え・行動に進化がどのような役割を果たしたのだろうか。こうしたテーマについては、現在も議論が続けられている[33]。ただ、宗教そのものをよりよく理解するためには、宗教的な考えや行動を生んだ進化的要因を探究することが重要であるという点は、多くの研究者が同意するところである[34]。つまり、概してCSR研究者は、宗教に対する認知的な説明には進化学が必須だと考えているわけである。ただ一方で、進化学は認知科学とは別のものであり、相互に補完的なものであると議論されることもある[35]。こうした立場の人々は、認知科学と進化学の両方を捉えるために「宗教に対する認知・進化的アプローチ」と呼ぶことがある[36]。

文化と認知はどのように相互作用して宗教を生み出すのか

　第1章で取り上げたように、CSRの先駆者たちが主張したのは、当時の宗教研究が個人的・解釈的なものに偏っており、体系的・説明的な理論が欠けているということだった。そして説明的な理論を構築することで、このバランスを是正しようとしたのである。CSRのこの試みは、マコーリーが指摘するように、決して解釈的な研究がもたらす洞察を否定しようとしたものではない。むしろ説明的な理論を補完的に導入することで、宗教の理解をより豊かにすることが目的であった[37]。こうした試みの中で、人々の心と環境とがどのように相互作用するか（そして宗教現象が生まれるのか）の検討も行われ、社会文化的な側面からの宗教の理解も進められている。実際、CSRの初期の研究、例えばハーヴィー・ホワイトハウス[38]やスチュアート・ガスリー[39]の研究では、宗教の歴史的・文化的な特徴が強調されている。トリッグとバレットが言うようにCSRは、「認知科学を活用することで、人間の汎文化的な心の傾向が、自然環境や社会環境と相互作用しながら、どのように宗教的考えや行動を特徴づけ、規定しているのかを明らかにしようとしている」のである[40]。

第3章　解き明かすべき問い

1. 内容バイアスと文脈バイアス

　心と文化の相互作用を明らかにするため研究者たちは、繰り返し現れる考えや行動が生じるよう文化的環境について考慮しながら、人が示す認知バイアス（これが内容バイアスを生み出している）について知見を蓄積している。例えば、第7章で取り上げるように進化人類学者のジョセフ・ヘンリックらは、宗教的な考えや行動の時間的・文化的な安定性あるいはその変化を説明する上で内容バイアスを考慮することが重要であると述べている。ただしそれだけで十分だとされているわけではなく[41]、ヘンリックは文脈バイアス（context bias）の必要性も指摘している[42]。文脈バイアスとは、情報の内容ではなく、むしろそうした情報が伝達される文脈に注目するものである。例えば、情報を伝える人物が信頼に値する場合には内容に関わらず伝達されやすくなったり、あるいは情報が発生する社会文化的文脈によって伝達が生じるかが変わったりすることを指す。

　第7章で触れる次の例を考えてみよう。歯の妖精（tooth fairy）やサンタクロースは、西洋文化で広く存在が信じられている超自然的な行為者である。こうした存在は、神に似た性質を持つように描かれることがあるものの、神として信じられているわけではないし、神に対するのと同じようなレベルで人々から信奉されているわけでもない。そもそも、歯の妖精が実在するかについて論争が起きることさえない。他にも、ゼウスはどうだろう。神としての特徴を備えていながら、やはり、もはやそのようには信奉されているわけではない[43]。こうした例は、次のような疑問を生む。結局のところ、伝達されやすいような特徴を持ち、内容バイアスを喚起するような超自然的行為者であっても、それが強く信奉されることもあれば、されないこともあるのは一体なぜなのだろうか。ここには、（歯の妖精やサンタクロースの例を見ると）子どもが親の信じることをそのまま受け入れる傾向があることが関わるように見えるが、そうした傾向を持つのはなぜだろうか。さらに（ゼウスの例を見ると）何が信じられるかは時代によって変化するようだが、それはなぜだろうか。

　こうした疑問に答えるためヘンリックや他の研究者たちは、文脈バイアスを含む、さまざまな文脈的要因を検討すべきだと指摘する。この文脈的要因には、「宗教的」とラベルのつけられた思想の歴史――そうした思想がどのように生まれたのか、どのような文化的背景の中で広まり、また変化していったのか――を知ることも含まれる。例えば、哲学者のヘレン・デ・クルスらは、神学的な思想や直観（すなわち自然神学）と、神学的概念の歴史的な発展や伝播との関係につ

いて概説している[44]。別の文化的要因として、集団間葛藤を挙げるものもいる。すなわち、集団間の対立が宗教間の違いを際立たせ、相互理解を難しくした可能性が議論されている。例えば、神学者のヒュー・ニコルソンは、仏教の無我の教義とキリスト教の三位一体の教義の出現した頃に、どのような認知的バイアスや集団間対立が人々を取り巻いていたかを考察し、それがこうした教義の出現と関わっていることを指摘している[45]。

　文化的学習が私たちにもたらす知識というのは、非常に多いといえる。どのような人が情報を伝達するのかによって、その情報が受け入れられやすくなったり、逆に受け入れられにくくなったりすることがよく起きる。例えば、カトリックの教皇のように古くからの権威や名声を持つ人の言葉は、そうしたものを持たない人（例えば、ミサ中に出会った見知らぬ人）の言葉よりも強く私たちに響く。その結果、人々は権威や名声を持つ人の考えを受け入れやすい。同様に、第10章で取り上げるように、信憑性強化ディスプレイ（自分の信念や考えに忠実な行いをすること）を示す人の考えは、やはり人々に受け入れられやすい。このような文脈バイアスを考慮することで、内容バイアスだけよりも、CSRで説明できることはより豊富になる。さらに、第11章で取り上げるように近年のCSRでは、人間の認知機能は遺伝子と文化の2つが相互作用しながら共進化をした結果であるとする議論（二重継承理論）が発展しており、従来の進化的説明の範囲を広げている[46]。

　このようにCSR研究者は、伝達のバイアスがどのような社会文化的な文脈で現れるのかを理解しようとしてきた。したがって、文脈バイアスが起こることや、社会文化的な環境が宗教に影響することを認めているのである。そして、自身の専門的知識を用いたり、フィールドに出て長期の民族誌的な調査を行ったりすることでこうした理解を達成しようとしている[47]。

CSR は何を解き明かそうとしているのかのまとめ

1. なぜ、ある種の考えや行動は絶えることなく存続するのか
　宗教的な考えや行動といっても多様で、さまざまな種類がある。ただその中でも、絶えることなくさまざまな文化で繰り返し観察される（反復する）ものがある。研究者たちはまず、そうした考えや行動がどのようなものであるかを特定し、次にそれらがなぜそこまで広範に観察されるのかを問う。

2. 宗教的な考え・行動を支える認知的・心理的基盤は何か

　宗教的な考えや行動が文化を超えて広く浸透している1つの理由は、それに人間の考え方の傾向が関係しているためである。加えて、宗教的な考えや行動は、個人的・社会的に重要な影響を及ぼす可能性があるため、記憶され、受け継がれていると考えられる。

3. 人の持つ認知的バイアスはどこから生まれるか

　人間がどのように考える傾向にあるのかを特定する方法として、異なる文化圏の子どもや大人を対象にして、発達の初期から現れる認知的バイアスを調べることが挙げられる。また、そうしたバイアスや行動の起源や適応的機能に関わる進化の歴史を調べることも重要な方法である。

4. 文化と認知はどのように相互作用して宗教を生み出すのか

　宗教的な考えや行動は、環境とうまく噛み合っているので、特定の文化を超えて広く浸透している。一方、それ以外の考えは、文脈によって大きく異なったり、あるいは社会文化的条件によって変化したりする。文化がどのように心と相互作用するかを理解することは、宗教について、より実りある説明を与えてくれる。

CSR の基本的前提のまとめ

1. 宗教は認知的に自然である

　宗教的な考えや行動を支える認知バイアスは、教えられることはなくても発達の初期から現れる。宗教的な考えは、通常発達する認知機能から生まれるものであり、社会に導入されると急速に広まる。

2. 宗教は独自のものではない

　確かに特徴的な宗教システムは存在するが、すべての宗教システムは基本的な認知的・心理的なバイアスを含んでいる。宗教的な考えや行動を支えるバイアスは、宗教以外の領域でも見られるものである。

3. 宗教は科学的に説明できる

　宗教は決して、単一で、自然発生的に生じる現象ではない。宗教は、文化を超えて繰り返し現れる考えや行動から構成されている。そしてそうした構成要素に分節化することで、なぜそうした考えや行動が生まれ、存続するのかを説明することができる。宗教に関する理論は、反証可能な仮説を立て、統計的な分析を行うといった科学的な方法によって検証することができる。

4. 宗教は、認知と文化の双方の理解を深めることで説明できる

　なぜ、またどのようにして特定の考えが生まれ、それがさまざまな文化で繰り返し現れるのかを説明するには、認知バイアスを考慮に入れること、またそうしたバイアスがどのようにさまざまな文化的文脈において現れ、形成されるかを考慮することが必要である。

本章のまとめ

　CSR によれば、宗教を説明するためには、2つのことが必要である。1つ目は、認知科学や進化学から明らかになる人間に共通の認知、つまり、人間がどのように情報に注意を向け、処理し、記憶するかについての知見を活用し、なぜ宗教的な考えや行動が持続するのか（内容バイアス）を説明することである。もう1つは、社会的・文化的環境についての専門家の知識を活用し、どのようにして宗教的な考えや行動のパターンが特定の文脈（文脈バイアスやその他の社会文化的条件[48]）において現れるのかを説明することである。このような CSR の視点は、宗教社会学のような学問分野と CSR を区別するものでもある。宗教社会学は、宗教的な考えや行動のバリエーションを説明するのに、社会のダイナミクスに焦点を合わせる傾向が強く、社会・文化的環境と認知メカニズムの相互作用に注目することは少ない。

注
（1）　Sperber, Dan. *Explaining culture: A naturalistic approach*. Blackwell Publishers, 1996.（菅野盾樹訳『表象は感染する――文化への自然主義的アプローチ』新曜社、2001 年）
（2）　McKay, Ryan and Harvey Whitehouse. "Religion and morality." *Psychological Bulletin* 141, no. 2 (2015): 447-473.
（3）　Nicholson, Hugh. *The spirit of contradiction in Christianity and Buddhism*. Oxford University Press, 2016.
（4）　Barrett, Justin L., and Frank C. Keil. "Conceptualizing a nonnatural entity: Anthropomorphism in God concepts." *Cognitive Psychology* 31, no. 3 (1996): 219-247.
（5）　Slone, Jason. *Theological incorrectness: Why religious people believe what they shouldn't*. Oxford University Press, 2007.
（6）　Slone, Jason. *Theological incorrectness: Why religious people believe what they shouldn't*. Oxford University Press, 2007.
（7）　Shtulman, Andrew. "Variation in the anthropomorphization of supernatural beings and its implications for cognitive theories of religion." *Journal of Experimental Psychology: Learning, Memory, and Cognition* 34, no. 5 (2008): 1123-1138.
（8）　Exline, Julie Juola and Alyce Martin. "Anger toward God: A new frontier in forgiveness research." In E. L. Worthington, Jr. (Ed.), *Handbook of Forgiveness*, Routledge, 2007, 97-112.

(9)　White, Claire, Maya Marin, and Daniel M. T. Fessler. "Not just dead meat: An evolutionary account of corpse treatment in mortuary rituals." *Journal of Cognition and Culture* 17, no. 1-2 (2017): 146-168; Emmons, Natalie A. and Deborah A. Kelemen. "Young children's acceptance of within-species variation: Implications for essentialism and teaching evolution." *Journal of Experimental Child Psychology* 139 (2015): 148-160; Cohen, Emma, Emily Burdett, Nicola Knight, and Justin Barrett. "Cross-cultural similarities and differences in person-body reasoning: Experimental evidence from the United Kingdom and Brazilian Amazon." *Cognitive Science* 35, no. 7 (2011): 1282-1304; Astuti, Rita and Paul L. Harris. "Understanding mortality and the life of the ancestors in rural Madagascar." *Cognitive Science* 32, no. 4 (2008): 713-740; Malley, Brian. *How the Bible works: An anthropological study of evangelical biblicism.* Rowman Altamira, 2004; Whitehouse, Harvey. *Inside the cult: Religious innovation and transmission in Papua New Guinea.* Oxford University Press, 1995.

(10)　Kelemen, Deborah. "Are children 'intuitive theists'? Reasoning about purpose and design in nature." *Psychological Science* 15, no. 5 (2004): 295-301.

(11)　Chudek, Maciej, Rita McNamara, Susan Burch, Paul Bloom, and Joseph Henrich. "Developmental and cross-cultural evidence for intuitive dualism." Unpublished manuscript.

(12)　Barrett, Justin L. *Why would anyone believe in God?* United Nations Publications, 2004; Guthrie, Stewart E., Joseph Agassi, Karin R. Andriolo, David Buchdahl, H. Byron Earhart, Moshe Greenberg, Ian Jarvie, et al. "A cognitive theory of religion [and comments and reply]." *Current Anthropology* 21, no. 2 (1980): 181-203.

(13)　Baumard, Nicolas and Pascal Boyer. "Explaining moral religions." *Trends in Cognitive Sciences* 17, no. 6 (2013): 272-280.

(14)　Swann Jr., William B., Michael D. Buhrmester, Angel Gómez, Jolanda Jetten, Brock Bastian, Alexandra Vázquez, Amarina Ariyanto, et al. "What makes a group worth dying for? Identity fusion fosters perception of familial ties, promoting self-sacrifice." *Journal of Personality and Social Psychology* 106, no. 6 (2014): 912-926; Atran, Scott. *Talking to the enemy: Violent extremism, sacred values, and what it means to be human.* Penguin UK, 2010; Hamilton, William D. "The genetical evolution of social behaviour. II." *Journal of Theoretical Biology* 7, no. 1 (1964): 17-52.

(15)　Norenzayan, Ara, Will M. Gervais, and Kali H. Trzesniewski. "Mentalizing deficits constrain belief in a personal God." *PloS One* 7, no. 5 (2012); Johnson, Dominic, and Jesse Bering. "Hand of God, mind of man: Punishment and cognition in the evolution of cooperation." *Evolutionary Psychology* 4, no. 1 (2006): 219-233.

(16)　McCauley, Robert N. *Why religion is natural and science is not.* Oxford University Press, 2011.

(17)　Baron-Cohen, Simon. *Mindblindness: An essay on autism and theory of mind.* MIT Press, 1997.（長野敬、長畑正道、今野義孝訳『自閉症とマインド・ブラインドネス』青土社、2002年）

(18)　Liénard, Pierre and E. Thomas Lawson. "Evoked culture, ritualization and religious rituals." *Religion* 38, no. 2 (2008): 157-171.

(19)　McCauley, Robert N. *Why religion is natural and science is not.* Oxford University Press, 2011; Barrett, Justin L. "Exploring the natural foundations of religion." *Trends in Cognitive Sciences* 4, no. 1 (2000): 29-34.

(20)　Idinopulos, Thomas A. and Edward A. Yonan, eds. *Religion and Reductionism: Essays on Eliade, Segal, and the challenge of the social sciences for the study of religion.* Brill, 1994.

(21)　Boyer, Pascal and H. Clark Barrett. "Domain specificity and intuitive ontology." In *The handbook of evolutionary psychology,* Wiley, 2005, 96-118.

(22)　De Cruz, Helen. "Religious concepts as structured imagination." *International Journal for the Psychology of Religion* 23, no. 1 (2013): 63-74; Barrett, Justin L., and Melania A. Nyhof. "Spreading non-natural concepts: The role of intuitive conceptual structures in memory and transmission of cultural materials." *Journal of Cognition and Culture* 1, no. 1 (2001): 69-100; Boyer, Pascal. *The naturalness of religious ideas: A cognitive theory of religion.* University of California Press, 1994; Ward, Thomas B. "Structured imagination: The role of category structure in exemplar generation." *Cognitive Psychology* 27, no. 1 (1994): 1-40.

(23)　Norenzayan, Ara, Azim F. Shariff, Will M. Gervais, Aiyana K. Willard, Rita A. McNamara, Edward Slingerland, and Joseph Henrich. "The cultural evolution of prosocial religions." *Behavioral and Brain Sciences* 39 (2016); Sosis, Richard and Eric R. Bressler. "Cooperation and commune longevity: A test of the costly signaling theory of religion." *Cross-cultural Research* 37, no. 2 (2003): 211-239.

(24)　McCauley, Robert N. *Why religion is natural and science is not.* Oxford University Press, 2011.

(25) Guthrie, Stewart E. *Faces in the clouds: A new theory of religion.* Oxford University Press, 1993.

(26) Brüne, Martin and Ute Brüne-Cohrs. "Theory of mind—evolution, ontogeny, brain mechanisms and psychopathology." *Neuroscience & Biobehavioral Reviews* 30, no. 4 (2006): 437-455.

(27) Tinbergen, Niko. "On aims and methods of ethology." *Zeitschrift für Tierpsychologie* 20, no. 4 (1963): 410-433.

(28) 例えば Bering, Jesse M. "The folk psychology of souls." *Behavioral and Brain Sciences* 29, no. 5 (2006): 453-462; Bulbulia, Joseph. "Nature's medicine: religiosity as an adaptation for health and cooperation." In P. McNamara (Ed.), *Where god and science meet: How brain and evolutionary studies alter our understanding of religion* (Vol. 1, pp. 87-121). Praeger Publishers.

(29) Koenig, Harold G., Michael E. McCullough, and David B. Larson. *Handbook of religion and health.* New York: Oxford University Press, 2001.

(30) Barrett, Justin L. *Why would anyone believe in God?* Altamira, 2004.

(31) Retrieved 4th June, 2020, from: https://www.livescience.com/25948-dinosaurs-feathered-tails-shake.html.

(32) Adapted from Figure 2: McCauley, Robert N. "Recent trends in the cognitive science of religion: Neuroscience, religious experience, and the confluence of cognitive and evolutionary research." *Zygon* 55, no. 1 (2020): 97-124.

(33) Bering, Jesse M. "The folk psychology of souls." *Behavioral and Brain Sciences* 29, no. 5 (2006): 453-462; Bloom, Paul. "Religious belief as an evolutionary accident." In J. Schloss and M. Murray (Eds.), *The believing primate: Scientific, philosophical, and theological reflections on the origin of religion.* Oxford University Press, 2009, 118-127; Bulbulia, Joseph, Richard Sosis, Erica Harris, Russel Genet, Cheryl Genet, and Karen Wyman. *The Evolution of Religion: Studies, Theories, & Critiques, Collins Foundation Press,* 2008; Henrich, Joseph and Richard McElreath. "The evolution of cultural evolution." *Evolutionary Anthropology: Issues, News, and Reviews* 12, no. 3 (2003): 123-135; Richerson, Peter J. and Robert Boyd. *Not by genes alone: How culture transformed human evolution.* University of Chicago Press, 2005; Sosis, Richard. "The adaptationist-byproduct debate on the evolution of religion: Five misunderstandings of the adaptationist program." *Journal of Cognition and Culture* 9, no. 3-4 (2009): 315-332; Wilson, David. *Darwin's cathedral: Evolution, religion, and the nature of society.* University of Chicago Press, 2010.

(34) Bloom, Paul. "Religious belief as an evolutionary accident." In J. Schloss and M. Murray (Eds.), *The believing primate: Scientific, philosophical, and theological reflections on the origin of religion.* Oxford University Press 2009, 118-127; Sosis, Richard. "The adaptationist-byproduct debate on the evolution of religion: Five misunderstandings of the adaptationist program." *Journal of Cognition and Culture* 9, no. 3-4 (2009); Bulbulia, Joseph, Richard Sosis, Erica Harris, Russell. Genet, Cheryl Genet, and Karen Wyman. *The Evolution of Religion: Studies, Theories, & Critiques.* Collins Foundation Press, 2008; Henrich, Joseph and Richard McElreath. "The evolution of cultural evolution." *Evolutionary Anthropology: Issues, News, and Reviews* 12, no. 3 (2003): 123-135.

(35) Barrett, Justin L. "Cognitive science of religion: Looking back, looking forward." *Journal for the Scientific Study of Religion* 50, no. 2 (2011): 229-239.

(36) Barrett, Justin L. and Roger Trigg. *The roots of religion: Exploring the cognitive science of religion.* Ashgate Publishing Group, 2014; Watts, Fraser and Léon P. Turner, eds. *Evolution, religion, and cognitive science: Critical and constructive essays.* Oxford University Press, 2014.

(37) McCauley, Robert N. *Philosophical foundations of the cognitive science of religion: A head start.* Bloomsbury Publishing, 2017.

(38) Whitehouse, Harvey. *Inside the cult: Religious innovation and transmission in Papua New Guinea.* Oxford University Press, 1995.

(39) Guthrie, Stewart E. *Faces in the clouds: A new theory of religion.* New York: Oxford University Press, 1993.

(40) Barrett, Justin L. and Roger Trigg. *The roots of religion: Exploring the cognitive science of religion.* Ashgate Publishing Group, 2014: 4.

(41) Richerson, Peter J. and Robert Boyd, *Not by genes alone: How culture transformed human evolution,* 1st ed. University of Chicago Press, 2006; Henrich, Joseph. "The evolution of costly displays, cooperation, and re-

ligion." *Evolution and Human Behavior* 30, no. 4 (2009): 244-260.

(42) Gervais, Will M. and Joseph Henrich. "The Zeus problem: Why representational content biases cannot explain faith in gods." *Journal of Cognition and Culture* 10, no. 3-4 (2010): 383-389.

(43) Gervais, Will M. and Joseph Henrich. "The Zeus problem: Why representational content biases cannot explain faith in gods." *Journal of Cognition and Culture* 10, no. 3-4 (2010): 383-389.

(44) De Cruz, Helen and Johan De Smedt. *A natural history of natural theology: The cognitive science of theology and philosophy of religion.* MIT Press, 2014.

(45) Nicholson, Hugh. *The spirit of contradiction in Christianity and Buddhism.* Oxford University Press, 2016.

(46) Henrich, Joseph and Richard McElreath. "The evolution of cultural evolution." *Evolutionary Anthropology: Issues, News, and Reviews* 12, no. 3 (2003): 123-135.

(47) Cohen, Emma. *The mind possessed: The cognition of spirit possession in an Afro-Brazilian religious tradition.* Oxford University Press, 2007; Whitehouse, Harvey. *Inside the cult: Religious innovation and transmission in Papua New Guinea.* Oxford University Press, 1995; Whitehouse, Harvey and Luther H. Martin, eds. *Theorizing religions past: Archaeology, history, and cognition.* Rowman Altamira, 2004; Xygalatas, Dimitris. *The burning saints: Cognition and culture in the fire-walking rituals of the Anastenaria.* Routledge, 2014.

(48) Gervais, Will M. and Joseph Henrich. "The Zeus problem: Why representational content biases cannot explain faith in gods." *Journal of Cognition and Culture* 10, no. 3-4 (2010): 383-389; Henrich, Joseph and Richard McElreath. "The evolution of cultural evolution." *Evolutionary Anthropology: Issues, News, and Reviews* 12, no. 3 (2003): 123-135.

第4章　研究方法

　宗教認知科学（CSR）は、用いる方法の多様性と柔軟性を特徴としている。一方、この多種多様な CSR の研究方法を統合する核となるいくつかの仮定がある。それは、（1）宗教は科学的な方法で研究できるという確信と、（2）方法論的自然主義と（3）方法論的多元主義の採用である。以下でこれらの仮定について詳しく考察する。

方法論的仮定

1.　宗教は科学的な方法で研究できる

　前章で議論したように、初期の宗教認知科学者が持っていた1つの確信は、宗教的な考えや行動は、他の種の人間現象と同様に、科学的に研究できるということであった。宗教認知科学者は、宗教的な考えや行動に関する理論を作り、過去、現在、未来の状況について予測を立てる。これらの理論が科学的であるということは、それらが科学の正式な方法を用いて検証される（あるいは検証できる）ことを意味する。CSR 研究者はしばしば、形式化された方法（例えば、数学的確率論に基づいて数値やデータを解釈する統計的分析手法）を用いて、検証可能な予測（すなわち仮説）を生成する。これらの宗教に関する予測は、検証可能性と既存のデータとの適合度という原則に基づいて、確証されたり、あるいは修正されたりするのである。

　例えば、多くの CSR の研究者は、儀礼行動[1]や死後の世界[2]などのトピックに関して、さまざまな分野の専門家からのフィードバックを受け入れる。場合によっては、研究課題そのものが共同研究や検証、そしてフィードバックによって形成・修正されていく。例えば、人類学者ハーヴィー・ホワイトハウスは、実験心理学者と協力して、自分の提唱する宗教性の二様態（MoR）理論を競合理論と比べて実証的に検証できるように作り上げた[3]。彼はまた、歴史家に自分の理論を先史時代やギリシア・ローマ時代やキリスト教の事例などに適用してモデルを

検証するよう求め[4]、証拠に基づいて自らの理論を修正してきた[5]。

2. 方法論的自然主義

前項で、仮定 (1)「宗教は科学的な方法で説明できる」ということを示した。しかし、より正確に言えば、CSR の研究者は「宗教のある側面は科学的な方法で研究できる」という意見を持っている。これは、CSR の研究者が方法論的自然主義を採用するという点によって一致しているからである。方法論的自然主義とは、宗教的な考えや経験の「人間の側」だけが自然主義的な観点から研究できるという基本的な考えである。この境界設定は、宗教認知科学者が何を研究するかに影響を与える。

宗教認知科学者は、宗教とみなされる考えに対して人間がどのように、なぜ反応するかを理解しようとしている。これは、存在論的な命題が真か偽かを明らかにすることではない。CSR の研究者は、神などの宗教的な対象が存在するかどうかという問いについては、方法論的にも（どうやってそれを検証できるのか？）、理論的にも（なぜ検証する意味があるのか？）科学的な研究の射程外であるとみなす。したがって、「超越」や「聖なるもの」といった宗教的な概念は、それらが操作化されて実証的に研究できる限りにおいて意味を持ってくるものである。

特に神経科学者は、自分たちの研究が宗教にどのような影響を与えるかということをよく尋ねられる。例えば、神経心理学者ウーフェ・シュットと彼の研究チームは、キリスト教の神に向けられた日常的な祈りが脳内の社会認知領域を活性化させることを発見した。シュットは自らの研究目的が、参加者が宗教的実践で用いている基本的な神経処理を記述することであると明言している[6]。しかし、彼はしばしばインタビューで、これらの発見は神や宗教の実在性について何も言っていないこと、そして言及しているのはこの特定の実践で活性化される脳領域だけであることを明示にすることを余儀なくされている[7]。これらの問題については、この本の結論（第11章）で詳細に扱う。

3. 方法論的多元主義

宗教が単一の実体ではないとすれば、1つの方法だけでは十分な洞察を得ることはできないことになる。したがって、CSR の研究者は研究課題に答えるためにさまざまな方法を採用する（これを方法論的多元主義という）。CSR の研究者が研究課題に答えるために用いる研究方法の例を**表4.1**に示す。これらは例示的

表 4.1　CSR の学術的問いや方法論の例

#	問い	方法	研究の要約	研究の成果
1	認知とは何か	科学哲学的分析、民族誌、実験	古い世代と新しい世代の認知科学者の間で意見の相違がある。	CSR 研究者は認知とは何かについて意見が分かれている。一部の人は、認知とは主に形式論理的な心的表象だと主張し、他の人々は感情や身体化、文脈、文化にも認知を拡張する(8)。
2	どのような認知バイアスが宗教的信念や超常的信念、人生の意味の信念を説明するのか	統計的モデリング	認知バイアスとさまざまな種類の超自然的信念の間の関係性を解析するパスモデル	心の理論の拡張（擬人観、心身二元論、目的論）が、心の理論のさまざまな超自然的信念への影響を媒介する。擬人観は超常現象への信念の増加を予測するが、神への信念は強めない。擬人化傾向は宗教的な地域に住んでいることによっても負の影響を受けるが、そのことによって神への信念は強くなる(9)。
3	人々は霊の憑依をどのように表象するか	民族誌（参与観察やインタビュー）	ブラジル北部におけるアフリカ系ブラジル人の宗教的伝統の18 か月に及ぶ参与観察とインタビュー	身体と心に関する直観は、霊的憑依に関する考え方の魅力を高め、広まりを促進する(10)。
4	同じ出来事に対する自然な説明と超自然的な説明を、人々はどのように統合するのか	実験、フィールド調査、民族誌	複数の設定での個別・集団実験、シナリオ調査、調査、フォーカスグループでの討論、重要人物とのインタビュー、民族誌	人々は、複数のレベルの因果関係を理解するために自然的説明と超自然的説明を調和させて用いる。自然的説明は何かがどうやって起こったかを説明するためによく使われ、超自然的説明はなぜそれが起こったのかを説明するためによく使われる(11)。
5	なぜシャーマンはコストのかかるタブーを遵守するのか	フィールド調査（自己を規制する・しないシャーマンに関する物語を参加者に提示し、彼らの推論を測定する）	インドネシアのシベルト島（ムンタワイ地域）の参加者に、シャーマンに関する物語を提示し、彼らの推論を測定	ムンタワイ地域の人々は、自己を規制するシャーマンはより協力的で超自然的な力が強く、自身の信仰に真摯であると推論した(12)。
6	なぜ神々は私たちの行為を気にかけるのか	自然な文脈での調査。自由列挙データ、さまざまな尺度構成技術、異文化比較	米国キリスト教徒の学生とシベリア南部の仏教アニミストのトゥバ人を対象とし	通文化的に、神々は限られた事柄に対し関心を持ち罰する。ただし人々に直接尋ねてみると、その地域で信仰されてい

#	問い	方法	研究の要約	研究の成果
			た調査とインタビュー	る神々は、道徳的な違反に関心を持ち、罰すると答えた(13)。
7	人間の認知システムはどのように儀礼行為を処理するのか	実験的研究。参加者は機能的、または非機能的な（儀礼的）行為の流れのビデオを見て、行為を自然で有意味な行動として分割すべきと判断した時点でボタンを押した。	デンマークの大学生に、機能的、非機能的（儀礼的）行為を観察したときどのように一連の行為を分割し、表象するのかについての2つの異なる実験を実施した。	人々は認知負荷を増やし、記憶の記銘を阻害するような形で儀礼行為を処理する。それにより、期待（予測処理）を刺激する(14)。
8	なぜ人々は苦痛を伴う宗教的儀礼に参加するのか、それはどのような効果があるのか	生理学的な測定（心拍数、血圧、インピーダンス法および呼吸）、顔の表情の撮影、痛みを伴う電気刺激、スキャン前のテストやスキャン後の面談、経済ゲームを用いた実験室実験と自然実験	苦痛を伴う宗教的な儀礼の心理的および社会文化的な機能を特定するため、デンマーク人、スペイン人、モーリシャス人参加者に対しさまざまな実験を実施した。	過激で苦痛を伴う宗教的儀礼は、儀礼を行っている参加者だけでなく、そうした高い負荷のかかっている参加者を観察する人々に対しても、向社会性を促進する。苦痛を伴う儀礼は、鎮痛状態や解離症状を引き起こすことがある。これらは時に神の現前として経験される。また、認知の消耗は記憶にも影響を与える。祈りは、痛みの予測、強度、および不快さを調整する(15)。
9	儀礼の特別な要素がどのように記憶の形成に影響を及ぼすのか	フィールド実験	直接測定できる興奮度や事後的再生を用いたフィールド実験	高興奮度の儀礼的行為に関する参加者の記憶の記銘は阻害され、それが出来事とその意味の事後的な社会的（再）構築を生み出す(16)。
10	過激な宗教的儀礼に参加することは負担の大きなシグナルになるのか	民族誌的フィールドワークと現地での実験、経済ゲーム実験、インタビュー、そして歴史的文献の統計分析	世界のさまざまな地域で行われた複数の実験によってコストリーシグナル仮説を検討	基本的に過激な宗教儀礼への参加は負担の大きなシグナルになる。しかし、フィールド調査は過激な宗教的儀礼だけでは不十分で、習慣的に寺院や教会に出席していることで効果が高まることを明らかにした(17)。
11	感情的に強烈で写象的な儀礼はどのように集団を結びつけるのか	数理モデル、オンライン実験	数理モデルが生成した予測を心理学者と専門家のチームが共同で密接につながった集団（例：退役軍	人生観を変えるような個人的（記憶しやすく、有意味で、自分を変えるような）経験を集団の成員と共有することでアイデンティティ融合（集団

#	問い	方法	研究の要約	研究の成果
			人、スポーツファンと選手、双生児）を対象にオンライン実験を通して検討した。	に利するような行動を促す一体感の直感的な感覚）を生み出す(18)。
12	儀礼の機能は何か	発達研究と比較文化研究	集合的儀礼への参加が及ぼす影響を測定するため、儀礼に参加した子どもとそうでない子どもの内集団と外集団に対する態度を測定した。	儀礼は実践的（例：問題解決）、心理的（例：不安の軽減）、そして社会的（例：協力、通過儀礼）機能といったさまざまな機能を果たす(19)。
13	宗教経験に関連する神経回路は何か	神経科学（スキャン前の心理テストやさまざまな実験条件を設けた機能的磁気共鳴画像法（fMRI）、またスキャン後のインタビュー）	デンマークの異なる宗派（主にインナーミッションルーテル派とペンテコステ派）の参加者と世俗的な統制群（主に人文学の学部生）を対象に、3つの異なる実験を実施した。	宗教的経験を生み出す特有の神経回路は存在しない。祈りなどの単純な現象さえも、脳のさまざまな領域とメカニズムが関与し、個人の期待（予測処理）に影響を受ける(20)。
14	話者のカリスマ的能力の予期が情報処理にどのように影響するか	神経科学、質問紙調査	キリスト教信者の間で治癒能力を持つと信じられている話者への反応をfMRIで測定した。	参加者が話者からカリスマ的権威を認識すると、実行機能が低下することによって、カリスマ的影響への感受性が高まる(21)。
15	実験によって宗教経験（現前の感覚、癒し、奇跡）や超常的な信念を誘発することは可能か	カードゲーム、インタビュー、催眠、感覚遮断、仮想現実、視線追跡、fMRI	オランダ人やデンマーク人のサンプルを用いたさまざまな実験や観察研究	実験の結果、暗示を用いることで宗教的および超常的な体験が誘発された。感覚を操作すると、文化的および個人的な期待に合致するよう脳の予測処理が機能する(22)。
16	幼い子どもたちは、神を人間と同じようなものと考えるのか	発達、比較文化研究。心の理論における知―無知の課題	4か国（英国、イスラエル、ドミニカ共和国、ケニア）に住む3〜7歳児の子どもが古典的な誤信念課題に参加した。	未就学児は神を人間と同一視することもあるが、必ずそうするとは限らない。4つの異なる文化の子どもたちは、自分の母親が何を知っていて何を知らないかをしっかりと理解する前に、神の知識と母親の知識を区別している(23)。
17	人々は最小反直観的概念（MCI）をより記憶しやすいのか	15種類のMCIを用いた記憶実験	西洋と非西洋文化圏の参加者を用いて記憶課題を実施した。	賛否両論の結果。互いに矛盾する結果が得られており、認知構造は予想されているものよりも複雑だとわかる(24)。

第4章　研究方法

#	問い	方法	研究の要約	研究の成果
18	人は過活動行為者検出装置（HADD）を持つのか	生物学的運動知覚課題、光点表示、民族誌的証拠、脅威誘発実験、および仮想現実実験	アメリカ人、オランダ人、そしてデンマーク人の参加者が錯覚的な行為者検出を示すかを実験した。	先行研究は、人々が曖昧な状況で行為者を検出することがあると示しているが、脅威的状況で行為者検出が強まるという証拠はまだない。よって、「過活動」の要素は保証されない(25)。
19	なぜ人々は記憶の継続（前世からの記憶など）を示唆するような物理的な印や行動を探すのか	場面想定法を用いた比較文化実験	イギリスとインドの参加者を用いた複数の実験。物理的な印の特徴量やエピソード記憶を操作した。	人々はさまざまな理由で、物理的な印や過去の人生を思い出させる行動を生まれ変わりの強い証拠として用いる。また彼らは体が変わりつつも残り続けることを潜在的に仮定している(26)。
20	宗教性の二様態にはどのような文化進化的歴史があるか	民族誌、歴史的、考古学的データ	地域的およびグローバルな民族誌的、歴史的、考古学的ソースからのデータの定量的分析	儀礼・儀式は小規模集団の結束と関連し、一方、教義的実践は、農業の集約度の増加やより大規模で複雑な社会形成の台頭と関連する(27)。
21	古代ローマにおけるミトラス崇拝（紀元2から4世紀）の通過儀礼はどうすれば理解できるか	歴史文献と図像	図像などの描写に基づいてミトラス崇拝の通過儀礼の説明を見直した。	歴史上に記録された通過儀礼は、儀礼参加者を「恐怖の儀式」にさらす。これらの儀礼は記憶に残るものだが、その意義は地域ごとに異なっている(28)。
22	先史時代および古代の宗教は、宗教性の二様態理論を支持するか	歴史的文献や図像、考古学的データの複合	歴史学者や考古学者によって、宗教性の二様態についての是非を論じた多くの研究が公表されている。	賛否両論の結果である。因果関係の問題（認知的制約が儀礼組織の様態に影響を及ぼすかどうか）が扱いにくい点が指摘されるが、理論は概ね許容されている(29)。
23	中国において心身二元論は存在するのか	哲学的分析、質的・量的テキスト分析	3つの異なる自然言語処理（古代中国のテキストの単語の共起、階層的クラスタリング、トピックモデリングの分析）	一般に中国思想は西洋思想と根本的に異なるものとして描かれるが、文献的証拠は、心身二元論が存在することを示している(30)。
24	数学によって神話を分析できるのか	ビッグデータの系統樹分析	神話や民話のコーパスの概念マッピング、バイオインフォマティクス、成分分析、	さまざまな文書の系統樹分析は、伝統的な方法では検出が困難、あるいは不可能な関係・パターンを明らかにする。また、神話に関する理論の対

#	問い	方法	研究の要約	研究の成果
			およびソーシャルネットワーク分析	立を解消することもできる(31)。
25	宗教の進化理論を検証することはできるのか	宗教の進化に関する対立した仮説を統計的に検証するために、先史時代から現在までの特定の地域に関するすべての関連情報からなる大規模なデータベースが開発されている。	対立する仮説を検証するために、Database of Religious History(32)と Seshat: Global History Databank(33)という、2つの主要なデータベースが開発されている。例えば、1)道徳を課す神々が複雑な社会の発展に因果的な関係を持つという仮説と、2)複雑な社会が道徳を課す神々の信仰より前に発展したという仮説を検証できる。	結論は出ていない。2つのデータベースのそれぞれが、それぞれの研究チームの仮説を支持している。意見の不一致は、非常に複雑な統計手法に由来している(34)。
26	コンピューターシミュレーションで宗教の変化や進化をモデリングできるのか	エージェントベースの統計的モデリング	国際比較調査(ISSP)宗教部門と人間開発報告書(HDR)のデータの統計分析	モデリングは、非常に多くの国々や時代における実存的安全性と宗教性の変化を正確に予測する(35)。また、宗教を適応的システムとしてシミュレートすることもできる(36)。
27	宗教学の理論をコンピューターシミュレーションで検証できるか	コンピューターモデルとコンピューターシミュレーション	ローソンとマコーリーの儀式能力理論やロドニー・スタークの宗教運動の理論、ロバート・ベラーの軸時代の理論など、CSR理論や宗教学全般の理論に対して、多くのモデリング研究が適用されている。	コンピューターモデルを開発するために必要な手順には、特定の宗教理論における中間的な仮定についての慎重かつ詳細な考察が必要である。モデリングは、どの理論が最も頑健であるか示し、さらに新たな予期せぬ研究課題につながる可能性がある(37)。

第4章 研究方法

なものであり、網羅的なものではない。

4. CSR における学際的な統合

宗教の人間的側面は科学的に研究できるという仮定は、CSR の研究者が行う研究の範囲に境界線を設けている。この科学的で自然主義的な枠組みの内側で、多種多様な進化的、認知科学的研究が実施されており、それらは諸分野や方法の統合によって特徴づけられている。対照的に、ほとんどの学術組織で行われる研究は細分化され、研究者は自らの視点の中にとどまる傾向にある。例えば、社会学者は主にグローバルなことについて語り、文化人類学者は多様性を記述することに焦点を合わせ、認知心理学者は特殊性よりも普遍性に興味を持つといった傾向である。

分野間の不一致の多くは、各分野の哲学的・イデオロギー的背景の違いや、それぞれのアプローチの歴史に由来するものである。しかし、宗教研究において認知的アプローチを提唱した初期の研究者たちは、宗教学、哲学、人類学、心理学など、多くの分野にまたがりさまざまな方法を学んできた人々であった。そして、こうした分野では引き続き、学際的視点から宗教の研究が進められている。CSRの究極的な目標は、進化、脳、認知、文化に関する知識を統合して、宗教を説明することにある。そしてこの CSR における学際的統合には、以下のような 4 つの重要な次元がある[38]。

(a) 統合の単位

統合の単位とは、統合が行われる水準を指している。そして CSR も複数の水準で学際的に統合されている。第一の水準は個人単位での統合で、個々の研究者は複数の分野で研究の技術や手法を習得している。ただ、このような 1 人の研究者が分野横断的に知識を獲得するような種類の学際性は、もちろん研究における洞察を提供してくれるのだが、それだけが CSR が学際的になる唯一の方法ではない。というのも、このアプローチだけでは CSR は器用貧乏になってしまい、どの分野も専門化できないからである。そのため、CSR ではチームによる研究を推進することによって、個々の学者の内部にとどまらない、より高次の単位での学際的統合もまた行われている。このことは、今日の認知科学や進化学で発表されている多くの共著論文を見れば明らかであろう。

以下では、宗教認知科学者の学際的チームが「宗教とみなされる観念や行動は

なぜ、どのようにして広まるのか」という問いに取り組んでいる場合に、このチームベースのアプローチがどのように機能するかを例示する。このチームは進化心理学者、神経認知科学者、認知心理学者、その他の社会科学者から構成されている。

1）進化心理学者

　進化心理学者は、直観的な反応がどのようにして生じるかという問いに関心を持っている。直観的な反応は、進化の過程で選択された普遍的なメカニズム、制約、形質などに基づいている可能性が高い。ある反応が直観的なメカニズムに基づいているかどうかを理解するために、研究者はそれぞれ異なる文化で実験を行う。もし彼らが受け入れている文化が異なっているにもかかわらず、人々が似たように考える傾向があるならば、そのことは進化的なプロセスもその反応に影響を与えていることを示唆している。

2）神経認知科学者

　神経科学者は、認知機能や感情状態の神経的基盤や、それらの間の神経的接続を理解しようとしている。このような姿勢は、観念と行動の神経生物学的基盤、さらには進化的な由来を持つ基盤の解明を目指している。神経科学者は、宗教的活動によってどの脳領域が活性化されるかを知るために、ニューロイメージングなどの手法を用いる。

3）認知心理学者

　認知心理学者は、直観的な処理が用いられる条件に関心を持っている。例えば、彼らは人々の内省的な反応ではなく、即興的で直感的な反応に基づいて回答がなされるような巧妙な実験を設計する。

4）その他の社会科学者

　この仮想的な事例に関与する他の多くの社会科学者も、宗教的概念の広まりと安定性を研究する能力を有している。その中には、人類学者、認知科学者、歴史学者、心理学者、哲学者、社会学者、宗教学者などが含まれる。これらの研究者は、考古学的調査、歴史学的分析、文献読解[39]、自己報告、面接、物語再生課題、行動課題、経済ゲーム、実験的および準実験的なフィールドワーク[40]および、コンピュータモデリングなどの手法を組み合わせて研究を行う。

　文化的プロセスに関心のある研究者は、社会化や文化的入力が直観的・内省的

思考の双方をどのように変化させ形成するかを理解するために、環境の役割も考慮する。例えば、子どもと大人の比較研究や大規模な通文化的・歴史的調査がこれに該当する。残念なことに、人間心理について知られていることの大部分はWEIRD（西洋の、教育水準の高い、産業化された、裕福な、民主主義的な）な国々のみから得られている[41]。CSR は多くの異なる文化において、宗教的概念が繰り返し現れる理由を解明するために、非 WEIRD 伝統も含めた比較文化研究を行っている[42]。

社会科学者はまた、既存の考古学的・歴史学的・民族誌的データや大規模な社会調査を用いて、自らの理論の適合度を検証する[43]。また、既存の民族誌的・歴史的データベース（例えば標準比較文化サンプル（SCCS））や地域別人間関係資料[44]（HRAF）および宗教史データベース[45]（DRH）の二次分析を行う研究者もいる。このようなデータベースを使うことで、宗教的観念や行動を、社会間の歴史的接触の影響（いわゆるゴールトン問題）を統制しながら、通時的・共時的に分析できるようになる。こうしたデータベースはまた、研究者が宗教的観念や行動の側面に関する確率モデルを検証することも可能にする。

確率モデルは、データの統計的傾向を扱い、研究者が世界中に見られる信念や行動の頻度に関する予測を立てられるようにする。言い換えれば、こうしたモデルは世界がどのような傾向にあるのかという主張を合理的に行うための補助となるのである。そうしたモデルを用いた研究には、遺体処理の儀礼的準備の際に親族が遺体との物理的接触を行う傾向や[46]、儀礼のダイナミクスと特定の社会政治的状況の同時発生[47]、そして高位の神々が道徳的行動に関心を持っているという表象の研究などがある[48]。

それと同時に、これらの研究領域と関連する手法は、宗教とみなされる信念や行動が、なぜ・どのように広まるのかについて研究者のチームが理解することを可能にする。もちろん、ここで挙げた手法の例がすべてではない。例えば、多くの研究者は CSR 理論を哲学的・歴史学的・考古学的・神学的に検討してもいる。

この学際性と方法論的多元主義のため、CSR 研究者とそうでない人との間には明確な境界線がない。本書においては、各研究者は、それぞれの主要な専門分野（人類学者、心理学者など）の研究者として紹介されている。第 1 章で議論したように、CSR 研究者とみなせるかどうかという基準は、本書の第 1〜4 章で概説した主要な原則の採用や、そこから典型的に導かれる研究の性質によって決まるのである。

（b） 統合の射程

　統合の射程とは、分野間の類似の程度を指している。狭義の学際性は、考古学と歴史学など、密接に関連した分野間の協力を意味する。一方、CSR は広義の学際性を採用している。というのも、そこでの協力は文学と神経科学など、主要な観念や前提、研究方法が異なる傾向がある分野間で行われているからである。

（c） 統合のタイプ

　統合のタイプとは、さまざまな分野の主要理論がどのように統合されるかを指している。多分野間（multidisciplinary）研究では、研究者はそれぞれ異なる分野の視点から共通の課題に取り組む。こうした協働ではしばしば研究分担が行われ、知識が集積されるが、必ずしもその知識が統合されるとは限らない。宗教学は多分野間研究の一例である。その学生たちは宗教に関するさまざまな視点を教わることで、そうした視点から利益を得られるにせよ、それによって分野自体が変化することはほとんどない。対照的に、宗教認知科学者は互いに方法や概念や理論を借用している。この種の学際性は、多分野性（pluridisciplinarity）という形での相互作用をもたらす。

　CSR はそこからさらに一歩進み、単独分野でのアプローチとは質的に異なる方法、概念、理論の統合を生み出すことを目指している。この究極的な目標はまだ途上だが、こうした最も影響力のある形の学際性により領域横断的な新分野が生まれた先行例として、行動経済学や認知科学が挙げられる。

（d） 方法論的統合

　分野固有のアプローチに依拠し続けることの不幸な帰結の 1 つは、それらから外れることに研究者が消極的になることであり、宗教の特定の側面に焦点を合わせる研究者はしばしば、狭い範囲の道具のみを用いている。「金づちしか持っていなければ、すべてを釘かのように扱いたくなる」ということわざもある[49]。強い学際性は方法論的統合を必要としている。

　多くの宗教研究者は、学際性を知識を増やすための手段であると述べる一方、他分野の学者から効率的にデータを得る手段として捉えることがある。このアプローチによりもちろんデータは増えるだろうが、異なる文脈で同じ研究手続きを実施することは、その研究プロトコルに誤りがあった場合に、その誤りも再現されてしまう。人類学者ディミトリス・クシガラタスは「問題なのはデータが得ら

れないということではなく、それらのデータが何を意味するかが本当にはわからないことだ」[50]と指摘している。

　宗教認知科学者は、宗教を研究する予め定められた、唯一の正しい方法はないと認めている。宗教は、神経化学（neurochemistry）や脳や文化など、さまざまな水準で扱うことが可能である。CSR研究者は、「宗教的」とみなされる観念や行動の持続性と普遍性に関する問いの種類に応じて、最も適切な方法を用いる。前述のことわざで言うなら、自らの分野的境界にとどまる研究者は宗教研究における諸問題に金づちで取り組む傾向があるのに対し、認知科学者は道具箱を持っているのである。

　宗教認知・進化学の研究は、孤立したジェネラリストによる協力を欠いた奮闘ではなく、専門家の集団間および集団内でのチームワーク、協働、継続的な交流を伴っている。これは方法論的多元主義と統合をもたらす。この形式においては、研究者たちはしばしばさまざまな分野の伝統に由来する方法論を組み合わせて、ある研究課題に取り組む。図4.1は、学際的な視点がどのように宗教現象のよりよい説明を提供するかを示している。表4.2は、儀礼行動のメカニズム、個体発生、系統発生、適応的意義というティンバーゲンの4つの問い（第3章で詳

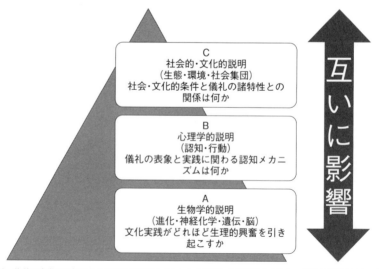

図4.1　複数の水準の分析やそれぞれの水準にふさわしい手法がいかに儀礼のよりよい説明を提供するかの例。例えば、研究者は現地で行われる儀礼の参加者と観衆の生理学的な反応を測定する（A）[51]。他の研究は儀礼行為の効果の認知的表象に焦点を合わせ[52]、儀礼における同期を調査している（B）[53]。また他の研究は儀礼の諸特性と宗教の社会政治的ダイナミクスの関係を研究している（C）[54]。

表 4.2　ティンバーゲンの 4 つの問いに答える形で、学際的研究がどのように儀礼のよりよい説明を提供するか[55]

#	対象と説明の種類	儀礼に対するティンバーゲンの問い	研究知見、適用された理論と問いへの答え	
	メカニズム（至近）	儀礼を支えるメカニズムは何か	儀礼は不安を低減する。儀礼による同期は結束を高める。儀礼の効果は文脈に依存する。	生物・心理・社会的なメカニズムが儀礼の効果を支えている。
	個体発生（至近）	儀礼行動はどのように個人の中で発達するのか	儀礼に参加することで、子どもは誰が信頼できるか、誰が社会的地位が高いかという社会における区別の仕方を学ぶ。	儀礼を学習することは社会集団に所属したいという気持ちに動機づけられている。
	系統発生（究極）	儀礼にはどのような進化的起源があるか	野生のギニアヒヒやノドジロオマキザルで儀礼行動の痕跡が観察されているが、大型類人猿にはない。考古学的な記録からは旧人の歴史上の儀礼の証拠が見つかっている。	儀礼は現代の環境の産物ではなく、人間は儀礼に参与する心理的な傾向がある。
	適応的意義（究極）	儀礼の機能は何か	儀礼は信頼を促進し、個人や集団の不安の軽減などの心理的な利益がある。	儀礼は集団成員を特定させ、集団規範への参与を保証し、集団への協力を促進し、集団の結束を高める。

述した）に答えることで、学際的研究がどのように儀礼に関するよりよい説明を提供するかを示している。

CSR の方法論的仮定とアプローチのまとめ

1.　科学的方法

　研究者は科学的方法の使用という点を忠実に守っている。それには、検証可能な仮説の形成や、宗教的観念と行動の傾向性を見出すための統計的検証の実施が含まれる。

2.　方法論的自然主義

　CSR 研究者は、方法論的自然主義の採用という点でも一致している。これは、科学者は宗教的観念や行動の発生と影響は研究できるが、これらの観念が真か偽かを判断することはできないという基本的な姿勢である。

3.　方法論的多元主義

　宗教認知科学者は、宗教についての疑問に答えるために多様な方法を用いている。研究者は、その問いの種類にふさわしい方法を用いる。それは主に、神経科学（脳イメージングなど）、進化学（通文化的研究など）、心理学（行動実験など）、人類学

（民族誌的フィールドワークなど）の分野で一般的なアプローチである。

4. 学際的統合

　CSR では、考古学者、人類学者、心理学者、哲学者、宗教学者、歴史学者などさまざまな分野の研究者が協働して、宗教についての疑問に答えている。CSR における統合は、学際性の単位、射程、タイプによって特徴づけられる。

本章のまとめ

　CSR は、今日ではその理論（学際性）と方法（方法論的多元主義）において多様である点によって特徴づけられている。この組み合わせはあまり見られないものだが、ある意味では CSR がそのような特徴を有しているのも不思議ではない。なぜなら、心や人間の思考を研究している多くの研究者が、さまざまな理論や方法、アプローチを持ち寄り、その研究を豊かにしているためである。一般的に言えば、宗教認知科学者は進化と人間の心、認知と文化の理解に関する分野のいずれかを専門化しつつ、宗教的形式の安定性と多様性を説明するためにこれらの4つの領域すべてに依拠することを究極的な目標としている。

注

（1）　Boyer, Pascal and Pierre Liénard. "Why ritualized behavior? Precaution systems and action parsing in developmental, pathological and cultural rituals." *Behavioral and Brain Sciences* 29, no. 6 (2006): 595-613; Schjoedt, Uffe, Jesper Sørensen, Kristoffer Laigaard Nielbo, Dimitris Xygalatas, Panagiotis Mitkidis, and Joseph Bulbulia. "Cognitive resource depletion in religious interactions." *Religion, Brain & Behavior* 3, no. 1 (2013): 39-55; Norenzayan, Ara, Azim F. Shariff, Will M. Gervais, Aiyana K. Willard, Rita A. McNamara, Edward Slingerland, and Joseph Henrich. "The cultural evolution of prosocial religions." *Behavioral and Brain Sciences* 39 (2016): e1.

（2）　Bering, Jesse M. "The folk psychology of souls." *Behavioral and Brain Sciences* 29, no. 5 (2006): 453-462.

（3）　Atkinson, Quentin D. and Harvey Whitehouse. "The cultural morphospace of ritual form: Examining modes of religiosity cross-culturally." *Evolution and Human Behavior* 32, no. 1 (2011): 50-62.

（4）　Whitehouse, Harvey and Luther H. Martin eds. *Theorizing religions past: Archaeology, history, and cognition*. Rowman Altamira, 2004.

（5）　Whitehouse, Harvey and Robert N. McCauley eds. *Mind and religion: Psychological and cognitive foundations of religiosity*. Rowman Altamira, 2005.

（6）　Schjoedt, Uffe. "The religious brain: A general introduction to the experimental neuroscience of religion." *Method & Theory in the Study of Religion* 21, no. 3 (2009): 310-339.

（7）　Schjoedt, Uffe, Hans Stødkilde-Jørgensen, Armin W. Geertz, and Andreas Roepstorff. "Highly religious participants recruit areas of social cognition in personal prayer." *Social Cognitive and Affective Neuroscience* 4, no. 2 (2009): 199-207.

（8）　Boyer, Pascal. *The naturalness of religious ideas: A cognitive theory of religion*. University of California

Press, 1994; Boyer, Pascal. "Cognitive tracks of cultural inheritance: How evolved intuitive ontology governs cultural transmission." *American Anthropologist* 100 no. 4 (1999): 876-889; Donald, Merlin. "The slow process: A hypothetical cognitive adaptation for distributed cognitive networks." *Journal of Physiology* 101 (2007): 214-222; Donald, Merlin. "The first hybrid minds on earth." In A. W. Geertz and J. S. Jensen (Eds.), *Religious narrative, cognition and culture: Image and word in the mind of narrative.* Equinox Publishing, 2011, 67-96; Geertz, Armin W. "Brain, body and culture: A biocultural theory of religion." *Method & Theory in the Study of Religion* 22, no. 4 (2010): 304-321; Jensen, Jeppe S. "The complex worlds of religion: Connecting cultural and cognitive analysis." In I. Pyysiäinen and V. Anttonen (Eds.), *Current approaches in the cognitive science of religion.* Continuum, 2002, 203-228; Jensen, Jeppe S. "Normative cognition in culture and religion." *Journal for the Cognitive Science of Religion* 1, no. 1 (2013): 47-70; Klocová, Kundtová E. and Armin W. Geertz. "Ritual and embodied cognition." In R. Uro, J. J. Day, R. E. DeMaris, and R. Roitto (Eds.), *The Oxford handbook of early Christian ritual.* Oxford University Press, 2019, 74-94; Lawson, E. Thomas. "Counterintuitive notions and the problem of transmission: The relevance of cognitive science for the study of history." *Historical Reflections/Reflexions Historiques* 20, no. 3 (1994): 481-495; Lawson, E. Thomas and Robert N. McCauley. *Rethinking religion: Connecting cognition and culture.* Cambridge University Press, 1990; McCauley, Robert N. *Why religion is natural and science is not.* Oxford University Press, 2011; Newen, Albert, Leon de Bruin, and Shaun Gallagher eds. *The Oxford Handbook of 4E Cognition.* Oxford University Press, 2018.

（9） Willard, Aiyana K. and Ara Norenzayan. "Cognitive biases explain religious belief, paranormal belief, and belief in life's purpose." *Cognition* 129, no. 2 (2013): 379-391.

（10） Cohen, Emma. *The mind possessed: The cognition of spirit possession in an Afro-Brazilian religious tradition.* Oxford University Press, 2007.

（11） Gelman, Susan and Cristine Legare. "South African children's understanding of AIDS and flu: Investigating conceptual understanding of cause, treatment and prevention." *Journal of Cognition and Culture* 9, no. 3-4 (2009): 333-346.

（12） Singh, Manvir and Joseph Henrich. "Why do religious leaders observe costly prohibitions? Examining taboos on Mentawai Shamans." *Evolutionary Human Sciences* 2 (2020): e32. https://doi.org/10.1017/ehs.2020. 32.

（13） Purzycki, Benjamin G. "The minds of gods: A comparative study of supernatural agency." *Cognition* 129, no. 1 (2013): 163-179; Purzycki, Benjamin G. "The evolution of gods' minds in the Tyva Republic." *Current Anthropology* 57, no. S13 (2016): S88-S104.

（14） Nielbo, Kristoffer L. and Jesper Sørensen. "Spontaneous processing of functional and non-functional action sequences." *Religion, Brain & Behavior* 1, no. 1 (2011): 18-30.

（15） Jegindø, Else-Marie E., Lene Vase, Jens Jegindø, and Armin W. Geertz. "Pain and sacrifice: Experience and modulation of pain in a religious piercing ritual." *International Journal for the Psychology of Religion* 23, no. 3 (2013): 171-187; Jegindø, Else-Marie E., Lene Vase, Joshua C. Skewes, Astrid J. Terkelsen, John Hansen, Armin W. Geertz, and Troels S. Jensen. "Expectations contribute to reduced pain levels during prayer in highly religious participants." *Journal of Behavioral Medicine* 36, no. 4 (2013): 413-426; Konvalinka, Ivana, Dimitris Xygalatas, Joseph Bulbulia, Uffe Schjødt, Else-Marie Jegindø, Sebastian Wallot, Guy Van Orden, and Andreas Roepstorff. "Synchronized arousal between performers and related spectators in a fire-walking ritual." *Proceedings of the National Academy of Sciences* 108, no. 20 (2011), 8514-8519; Xygalatas, Dimitris, Panagiotis Mitkidis, Ronald Fischer, Paul Reddish, Joshua Skewes, Armin W. Geertz, Andreas Roepstoff, and Joseph Bulbulia. "Extreme rituals promote prosociality." *Psychological Science* 24, no. 8 (2013): 1602-1605; Xygalatas, Dimitris, Uffe Schjoedt, Joseph Bulbulia, Ivana Konvalinka, Else-Marie Jegindø, Paul Reddish, Armin W. Geertz, and Andreas Roepstorff. "Autobiographical memory in a fire-walking ritual." *Journal of Cognition and Culture* 13, no. 1 (2013): 1-16.

（16） Xygalatas, Dimitris, Uffe Schjoedt, Joseph Bulbulia, Ivana Konvalinka, Else-Marie Jegindø, Paul Reddish, Armin W. Geertz, and Andreas Roepstoff. "Autobiographical memory in a fire-walking ritual." *Journal of Cognition and Culture* 13, no. 1-2 (2013): 1-16.

（17） Bird, Rebecca B. and Eleanor A. Power. "Prosocial signaling and cooperation among Martu hunters." *Evolution and Human Behavior* 36 (2015): 389-397; Bulbulia, Joseph. "Charismatic signalling." *Journal for the*

Study of Religion, Nature and Culture 3, no. 4 (2019): 518-551; Bulbulia, Joseph and Richard Sosis. "Signalling theory and the evolution of religious cooperation." *Religion* 41, no. 3 (2011): 363-388; Brusse, Carl. "Signaling theories of religion: Models and explanation." *Religion, Brain & Behavior* 10, no. 3 (2020): 272-291; Power, Eleanor A. "Discerning devotion: Testing the signaling theory of religion." *Evolution and Human Behavior* 38 (2017): 82-91; Sosis, Richard. "Religious behaviors, badges, and bans: Signaling theory and the evolution of religion." In P. McNamara (Ed.), *Where God and science meet: How brain and evolutionary studies alter our understanding of religion. Volume 1: Evolution, genes, and the religious brain.* Praeger Publishers, 2006, 61-86; Sosis, Richard and Eric R. Bressler. "Cooperation and commune longevity: A test of the costly signaling theory of religion." *Cross-Cultural Research* 37, no. 2 (2003): 211-239; Sosis, Richard and Bradley J. Ruffle. "Religious ritual and cooperation: Testing for a relationship on Israeli religious and secular kibbutzim." *Current Anthropology* 44, no. 5 (2003): 713-722.

(18)　Whitehouse, Harvey, Jonathan Jong, Michael D. Buhrmester, Ángel Gómez, Brock Bastian, Christopher M. Kavanagh, Martha Newson, et al. "The evolution of extreme cooperation via shared dysphoric experiences." *Scientific Reports* 7 (2017): 44292.

(19)　Wen, Nicole J., Aiyana K. Willard, Michaela Caughy, and Cristine H. Legare. "Watch me, watch you: Ritual participation increases in-group displays and out-group monitoring in children." *Philosophical Transactions of the Royal Society B* 375, no. 1805 (2020): 20190437; Watson-Jones, Rachel E., Harvey Whitehouse, and Cristine H. Legare. "In-group ostracism increases high-fidelity imitation in early childhood." *Psychological Science* 27, no. 1 (2016): 34-42. など。

(20)　Schjødt, Uffe, Hans Stødkilde-Jørgensen, Armin W. Geertz, and Andreas Roepstorff. "Rewarding prayers." *Neuroscience Letters* 443 (2008): 165-168; Schjoedt, Uffe, Hans Stødkilde-Jørgensen, Armin W. Geertz, and Andreas Roepstorff. "Highly religious participants recruit areas of social cognition in personal prayer." *Social Cognitive and Affective Neuroscience* 4 (2009): 199-207; Schjoedt, Uffe, Hans Stødkilde-Jørgensen, Armin W. Geertz, Torben E. Lund, and Andreas Roepstorff. "The power of charisma—perceived charisma inhibits the frontal executive network of believers in intercessory prayer." *Social Cognitive and Affective Neuroscience* 6 (2011): 119-127; Bulbulia, Joseph and Uffe Schjoedt. "The neural basis of religion." In F. Krueger and J. Grafman (Eds.), *The neural basis of human belief systems.* Psychology Press, 2013, 169-190.

(21)　Schjoedt, Uffe, Hans Stødkilde-Jørgensen, Armin W. Geertz, Torben E. Lund, and Andreas Roepstorff. "The power of charisma—perceived charisma inhibits the frontal executive network of believers in intercessory prayer." *Social Cognitive and Affective Neuroscience* 6, no. 1 (2011): 119-127.

(22)　Andersen, Marc. "Predictive coding in agency detection." *Religion, Brain & Behavior* 9, No. 1 (2019): 65-84; Andersen, Marc, Kristoffer L. Nielbo, Uffe Schjoedt, Thies Pfeiffer, Andreas Roepstorff, and Jesper Sørensen. "Predictive minds in ouija board sessions." *Phenomenology and the Cognitive Sciences* 18 (2019): 577-588; Andersen, Marc, Tthies Pfeiffer, Sebastian Müller, and Uffe Schjoedt. "Agency detection in predictive minds: A virtual reality study." *Religion, Brain & Behavior* 9, no. 1 (2009): 52-64; Andersen, Marc, Uffe Schjoedt, Krosypffer L. Nielbo, and Jesper Sørensen. "Mystical experience in the lab." *Method & Theory in the Study of Religion* 26 (2014): 217-245; Deeley, Quinton, Eamonn Walsh, David A. Oakley, Vaughan Bell, Cristina Koppel, Mitul A. Mehta, and Peter W. Halligan. "Using hypnotic suggestion to model loss of control and awareness of movements: An exploratory fMRI study." *PloS ONE* 8, no. 10 (2013): e78324. Deeley, Quinton, Eamonn Walsh, David A. Oakley, Vaughan Bell, Cristina Koppel, Mitul A. Mehta, and Peter W. Halligan. "Modelling psychiatric and cultural possession phenomena with suggestion and fMRI." *Cortex* 53 (2014): 107-119; Hoogeveen, Suzanne, Uffe Schjoedt, and Michiel van Elk. "Did I do that? Expectancy effects of brain stimulation on error-related negativity and sense of agency." *Journal of Cognitive Neuroscience* 30, no. 11 (2018): 1720-1733; van Elk, Michiel. "An EEG study on the effects of induced spiritual experiences on somatosensory processing and sensory suppression." *Journal for the Cognitive Science of Religion* 2, no. 2 (2014): 121-157; van Elk, Michiel. "The self-attribution bias and paranormal beliefs." *Consciousness and Cognition* 49 (2017): 313-321.

(23)　Burdett, Emily R., J. Bradley Wigger, and Justin L. Barrett. "The minds of god, mortals, and in-betweens: Children's developing understanding of extraordinary and ordinary minds across four countries." *Psychology of Religion and Spirituality* (2019, September 2nd). Advance online publication. https://doi.org/10. 1037/

rel0000285.

(24) Barrett, Justin L. "Coding and quantifying counterintuitiveness in religious concepts: Theoretical and methodological reflections." *Method & Theory in the Study of Religion* 20 (2008): 308-338; Barrett, Justin L., Emily R. Burdett, and Tenelle J. Porter. "Counterintuitiveness in folktales: Finding the cognitive optimum." *Journal of Cognition and Culture* 9 (2009): 271-287; Boyer, Pascal and Charles Ramble. "Cognitive templates for religious concepts: Cross-cultural evidence for recall of counter-intuitive representations." *Cognitive Science* 25 (2001): 535-564; Purzycki, Benjamin G. and Aiyana K. Willard. "MCI theory: A critical discussion." *Religion, Brain & Behavior* 6, No. 3 (2016): 207-248; Gonce, Lauren O., M. Afzal Upal, D. Jason Slone, and D. Ryan Tweney. "Role of context in the recall of counterintuitive concepts." *Journal of Cognition and Culture* 6 (2006): 521-547; Gregory, Justin and Justin L. Barrett. "Epistemology and counterintuitiveness: Role and relationship in epidemiology of cultural representation." *Journal of Cognition and Culture* 9, no. 3 (2009): 289-314; Norenzayan, Ara, Scott Atran, Jason Faulkner, and Mark Schaller. "Memory and mystery: The cultural selection of minimally counterintuitive narratives." *Cognitive Science* 30, (2006): 531- 553; Upal, M. Afzal, Lauren O. Gonce, Ryan D. Tweney and D. Jason Slone. "Contextualizing counterintuitiveness: How context affects comprehension and memorability of counterintuitive concepts." *Cognitive Science* 31, no. 3 (2007): 1-25.

(25) Andersen, Marc. "Predictive coding in agency detection." *Religion, Brain & Behavior* 9, no. 1 (2019): 65-84; Andersen, Marc, Thies Pfeiffer, Sebastian Müller, and Uffe Schjoedt. "Agency detection in predictive minds: A virtual reality study." *Religion, Brain & Behavior* 9, no. 1 (2019), 52-64; Barrett, Justin L. "Exploring the natural foundations of religion." *Trends in Cognitive Sciences* 4, no. 1 (2000): 29-34; Barrett, Justin L. *Why would anyone believe in god?* AltaMira Press, 2004; Barrett, Justin L. and Emily R. Burdett. "The cognitive science of religion." *Psychologist* 24, no. 4 (2011), 252-255; Barrett, Justin L. and Jonathan A. Lanman. "The science of religious beliefs." *Religion* 38, no. 2 (2008): 109-124; Guthrie, Stewart E. *Faces in the clouds: A new theory of religion.* Oxford University Press, 1995; Guthrie, Stewart E. "Animal animism: Evolutionary roots of religious cognition." In I. Pyysiäinen and V. Anttonen (Eds.), *Current approaches in the cognitive science of religion.* Continuum, 2002, 38-67; Guthrie, Stewart E. "Prediction and feedback may constrain but do not stop anthropomorphism." *Religion, Brain & Behavior* 9, no. 1 (2019): 89-91; Maij, David L. R., Hein T. van Schie, and Michiel van Elk. "The boundary conditions of the hypersensitive agency detection device: An empirical investigation of agency detection in threatening situations." *Religion, Brain & Behavior* 9, no. 1 (2019): 23-51; van Elk, Michiel. "Paranormal believers are more prone to illusory agency detection than skeptics." *Consciousness and Cognition* 22 (2013): 1041-1046; Van Leeuwen, Neil, and Michiel van Elk. "Seeking the supernatural: The interactive religious experience model." *Religion, Brain & Behavior* 9, no. 3 (2019): 221-275.

(26) White, Claire "Cross-cultural similarities in reasoning about personal continuity in reincarnation: Evidence from South India." *Religion, Brain & Behavior* 6, no. 2 (2016): 130-153.

(27) Atkinson, Quentin D. and Harvey Whitehouse. "The cultural morphospace of ritual form: Examining modes of religiosity cross-culturally." *Evolution and human behavior* 32, no. 1 (2011): 50-62; Whitehouse, Harvey, Pieter Francois, Patrick E. Savage, Thomas E. Currie, Kevin C. Feeney, Enrico Cioni, Rosalind Purcell et al. "Complex societies precede moralizing gods throughout world history." *Nature* 568, no. 7751 (2019): 226-229; Gantley, Michael, Harvey Whitehouse, and Amy Bogaard. "Material correlates analysis (MCA): An innovative way of examining questions in archaeology using ethnographic data." *Advances in Archaeological Practice* 6, no. 4 (2018): 328-341.

(28) Martin, Luther H. "Ritual competence and mithraic ritual." In L. H. Martin (Ed.), *The mind of mithraists: Historical and cognitive studies in the roman cult of Mithras*, Bloomsbury, 2015, 41-56; Panagiotidou, Olympia and Roger Beck. *The Roman Mithras cult: A cognitive approach.* Bloomsbury Academic, 2017.

(29) Martin, Luther H. and Panayotis Pachis eds. *Imagistic traditions in the Graeco-Roman world: A cognitive modeling of history of religions research. Acts of the panel held during the XIX Congress of the International Association for the History of Religions (IAHR), Tokyo, Japan, March 2005.* Vanias Editions, 2009; McCauley, Robert N. and E. Thomas Lawson. *Bringing ritual to mind: Psychological foundations of cultural forms.* Cambridge University Press, 2002; Whitehouse, Harvey, and Luther H. Martin. *Theorizing religions past: Ar-*

第 4 章 研究方法

chaeology, history, and cognition. AltaMira Press, 2004.

(30) Slingerland, Edward. "Body and mind in Early China: An integrated humanities-science approach." *Journal of the American Academy of Religion* 81, no. 1 (2013): 6-55; Slingerland, Edward, Ryan Nichols, Kristoffer Nielbo, and Carson Logan. "The distant reading of religious texts: A 'big data' approach to mind-body concepts in early China." *Journal of the American Academy of Religion* 85, no. 4 (2017): 985-1016.

(31) Berezkin, Yuri E. "Peopling of the new world from data on distributions of folklore motifs." In R. Kenna, M. MacCarron, and P. MacCarron (Eds.), *Maths meets myths: Quantitative approaches to ancient narratives.* Springer International Publishing, 2017, 71-89; Gramsch, Robert, Máirín MacCarron, Pádraig MacCarron, and Joseph Yose. "Medieval historical, hagiographical and biographical networks." In R. Kenna, M. MacCarron, and P. MacCarron (Eds.), *Maths meets myths: Quantitative approaches to ancient narratives.* Springer International Publishing, 2017, 45-69; Kenna, Ralph and Pádraig MacCarron. "A networks approach to mythological epics." In R. Kenna, M. MacCarron, and P. MacCarron (Eds.), *Maths meets myths: Quantitative approaches to ancient narratives.* Springer International Publishing, 2017, 21-43; Thuillard, Marc, Jean-Loïc Le Quellec, Julien d'Huy, and Yuri Berezkin. "A large-scale study of world myths." *Trames* 22, no. 4 (2018): 407-424; Weiss, David. "How quantitative methods can shed light on a problem of comparative mythology: The myth of the struggle for supremacy between two groups of deities reconsidered." In R. Kenna, M. MacCarron, and P. MacCarron (Eds.), *Maths meets myths: Quantitative approaches to ancient narratives.* Springer International Publishing, 2017, 213-228.

(32) https://religiondatabase.org/landing/.

(33) http://seshatdatabank.info/.

(34) Beheim, Bret, Quentin D. Atkinson, Joseph Bulbulia, Will M. Gervais, Russell D. Gray, Joseph Henrich, ⋯ Aiyana K. Willard. "Corrected analyses show that moralizing gods precede complex societies but serious data concerns remain." (2019): 1-30. doi:10.31234/osf.io/jwan2n; Lang, Martin, Benjamin G. Purzycki, Coren L. Apicella, Quentin D. Atkinson, Alexander Bolyanatz, Emma Cohen, Joseph Henrich, et al. "Moralizing gods, impartiality and religious parochialism across 15 societies." *Proceedings of the Royal Society B* 286 (2019): 1-9; Norenzayan, Ara. *Big gods: How religion transformed cooperation and conflict.* Princeton University Press, 2013 (藤井修平、松島公望、荒川歩監訳『ビッグ・ゴッド──変容する宗教と協力・対立の心理学』誠信書房、2022 年); Savage, Patrick E., Harvey Whitehouse, Pieter François, Thomas E. Currie, Kevin C. Feeney, Enrico Cioni, Peter Turchin, et al. "Reply to Beheim et al.: Reanalyses confirm robustness of original analyses. *SocArXiv Preprint*, (2019): 1-17. doi:10.31235/osf.io/xjryt; Turchin, Peter, Harvey Whitehouse, Pieter François, Daniel Hoyer, Selin E. Nugent, Jennifer Larson, ⋯ Andrea Squitieri, et al. "Explaining the Rise of Moralizing Religions: A Test of Competing Hypotheses Using the Seshat Databank." *SocArXiv Preprint*, (2019): 1-28. doi:10.31235/osf.io/2v59j; Whitehouse, Harvey, Pieter François, Patrick E. Savage, Thomas E. Currie, Kevin C. Feeney, Enrico Cioni, Peter Turchin, et al. "Complex societies precede moralizing gods throughout world history." *Nature* 568 (2019): 226-229.

(35) Gore, Ross, Carlos M. Lemos, F. LeRon Shults, and Wesley J. Wildman. "Forecasting changes in religiosity and existential security with an agent-based model." *Journal of Artificial Societies and Social Simulation* 21, no. 1 (2018): 1-26; Shults, F. LeRon, Ross J. Gore, Wesley J. Wildman, Christopher J. Lynch, Justin E. Lane, and Monica D. Toft. "A generative model of the mutual escalation of anxiety between religious groups." *Journal of Artificial Societies and Social Simulation* 21, no. 4 (2018): 1-25.

(36) Sosis, Richard. "Why cultural evolutionary models of religion need a systemic approach." In A. K. Petersen, I. S. Gilhus, L. H. Martin, J. S. Jensen, and J. Sørensen (Eds.), *Evolution, cognition, and the history of religions: A new synthesis. Festschrift in honour of Armin W. Geertz.* Brill, 2019: 45-61; Sosis, Richard. "Four advantages of a systemic approach to the study of religion." *Archive for the Psychology of Religion* 42, no. 1 (2020): 142-157; Wood, Conner and Richard Sosis. "Simulating religions as adaptive systems." In S. Y. Diallo, W. J. Wildman, F. L. Shults, and A. Tolk (Eds.), *Human simulation: Perspectives, insights, and applications.* Springer Nature, 2019, 209-232.

(37) Czachesz, István and Anders Lisdorf. "Computer modeling of cognitive processes in biblical studies: The primacy of urban christianity as a test case. In I. Czachesz and R. Uro (Eds.), *Mind, morality and magic: Cognitive science approaches in biblical studies.* Acumen, 2013, 77-97; Lane, Justin E., F. LeRon Shults, and

Robert N. McCauley. "Modeling and simulation as a pedagogical and heuristic tool for developing theories in cognitive science: An example from ritual competence theory." In S. Y. Diallo, W. J. Wildman, F. L. Shults, and A. Tolk (Eds.), *Human simulation: Perspectives, insights, and applications*. Springer Nature, 2019, 143-154; Nielbo, Kristoffer L., Donald M. Braxton, and Afzal Upal. "Computing religion: A New tool in the multi-level analysis of religion." *Method & Theory in the Study of Religion* 24, no. 3 (2012): 267-290; Shults, F. Le-Ron, Wesley J. Wildman, Justin E. Lane, Christopher J. Lynch, and Saikou Diallo. "Multiple axialities: A computational model of the axial age." *Journal of Cognition and Culture*, 18 (2018): 537-564; Taves, Ann. "Modeling theories and modeling phenomena: A humanist's initiation." In S. Y. Diallo, W. J. Wildman, F. L. Shults, and A. Tolk (Eds.), *Human simulation: Perspectives, insights, and applications*. Springer Nature, 2019, 83-94.

(38) Xygalatas, Dimitris. "Bridging the gap: The cognitive science of religion as an integrative approach." In A. K. Peterson (Ed.), *Evolution, cognition, and the history of religion: A new synthesis*. Brill, 2018, 255-272. を参照。

(39) Slingerland, Edward. "Body and mind in early China: An integrated humanities-science approach." *Journal of the American Academy of Religion* 81, no. 1 (2013): 6-55.

(40) Xygalatas, Dimitris. *The burning saints: Cognition and culture in the fire-walking rituals of the Anastenaria*. Routledge, 2014.

(41) Henrich, Joseph, Steven J. Heine, and Ara Norenzayan. "The weirdest people in the world?" *Behavioral and Brain Sciences* 33, no. 2-3 (2010): 61-83.

(42) Harris, Paul L. and Rita Astuti. "Learning that there is life after death." *Behavioral and Brain Sciences* 29, no. 5 (2006): 475-476; Cohen, Emma. *The mind possessed: The cognition of spirit possession in an Afro-Brazilian religious tradition*. Oxford University Press, 2007; Emmons, Natalie A. and Deborah Kelemen. "The development of children's prelife reasoning: Evidence from two cultures." *Child development* 85, no. 4 (2014): 1617-1633; White, Claire. "Cross-cultural similarities in reasoning about personal continuity in reincarnation: evidence from South India." *Religion, Brain & Behavior* 6, no. 2 (2016): 130-153; Whitehouse, Harvey. *Inside the cult: Religious innovation and transmission in Papua New Guinea*. Oxford University Press, 1995.

(43) Baumard, Nicolas, and Pascal Boyer. "Explaining moral religions." *Trends in cognitive sciences* 17, no. 6 (2013): 272-280; Norenzayan, Ara. *Big gods: How religion transformed cooperation and conflict*. Princeton University Press, 2013; Norenzayan, Ara and Azim F. Shariff. "The origin and evolution of religious prosociality." *Science* 322, no. 5898 (2008): 58-62; Norenzayan, Ara and Azim F. Shariff. "The origin and evolution of religious prosociality." *Science* 322, no. 5898 (2008): 58-62; Purzycki, Benjamin G. "The minds of gods: A comparative study of supernatural agency." *Cognition* 129, no. 1 (2013): 163-179.

(44) Slingerland, Edward and Brenton Sullivan. "Durkheim with data: The database of religious history." *Journal of the American Academy of Religion* 85, no. 2 (2017): 312-347.

(45) Slingerland, Edward and Brenton Sullivan. "Durkheim with data: The database of religious history." *Journal of the American Academy of Religion* 85, no. 2 (2017): 312-347.

(46) White, Claire, Maya Marin, and Daniel M. T. Fessler. "Not just dead meat: An evolutionary account of corpse treatment in mortuary rituals." *Journal of Cognition and Culture* 17, no. 1-2 (2017): 146-168.

(47) Atkinson, Quentin D. and Harvey Whitehouse. "The cultural morphospace of ritual form: Examining modes of religiosity cross-culturally." *Evolution and Human Behavior* 32, no. 1 (2011): 50-62.

(48) Johnson, Dominic D. P. "God's punishment and public goods." *Human Nature* 16, no. 4 (2005): 410-446.

(49) Maslow, Abraham H. *The psychology of science*. Joanna Cotler Books, 1966, 15. (早坂泰次郎訳『可能性の心理学』川島書店、1971 年)

(50) https://items.ssrc.org/insights/strong-interdisciplinarity-and-explanatory-pluralism-in-social-scientific research/.

(51) Konvalinka, Ivana, Dimitris Xygalatas, Joseph Bulbulia, Uffe Schjødt, Else-Marie Jegindø, Sebastian Wallot, Guy Van Orden, and Andreas Roepstorff. "Synchronized arousal between performers and related spectators in a fire-walking ritual." *Proceedings of the National Academy of Sciences* 108, no. 20 (2011): 8514-8519.

(52) Barrett, Justin L. and E. Thomas Lawson. "Ritual intuitions: Cognitive contributions to judgments of ritual efficacy." *Journal of Cognition and Culture* 1, no. 2 (2001): 183-201.

第 4 章　研究方法

(53) Mogan, Reneeta, Ronald Fischer, and Joseph A. Bulbulia. "To be in synchrony or not? A meta-analysis of synchrony's effects on behavior, perception, cognition and affect." *Journal of Experimental Social Psychology* 72 (2017): 13-20.

(54) Atkinson, Quentin D. and Harvey Whitehouse. "The cultural morphospace of ritual form: Examining modes of religiosity cross-culturally." *Evolution and Human Behavior* 32, no. 1 (2011): 50-62.

(55) Legare, Cristine H., and Mark Nielsen. "Ritual explained: Interdisciplinary answers to Tinbergen's four questions." *Philosophical Transactions of the Royal Society of London. Series B, Biological Sciences* 375, no. 1805 (2020): 20190419. をもとに表を作成した。

第5章　世界のあり方

　子どもと一緒に時間を過ごしたことのある人なら誰でも、子どもがたくさんの質問をしてくることを知っているだろう。子どもたちは「なぜ」と問うのがとりわけ好きだ。「なぜ空は青いの？」「なぜあの犬はカーペットにおしっこをしたの？」「なぜ妹がクッキーをもらえたの？」これまで研究者らはこのような類の際限のない質問が、小さな子どもたちの単なる会話を続けたいという試みではないという証拠を提供してきた。それどころか、これらの質問は因果的な説明を求める理にかなった要求なのである[1]。因果的な説明は、ある出来事や過程、状態などが他のことへどのように寄与しているのかを明らかにする。言い換えれば、それはある結果をもたらす条件と状況を明らかにしている。発達心理学者のクリスティン・レガーレが指摘するように、柔軟かつ効果的に質問を用いる能力というのは健全な戦略だ。それにより子どもたちは新しい情報を身につけ、理解を増し、問題を解決することが可能になる[2]。未就学児でさえ、自分の考えが信頼のできる情報源からの満足のいく答えにたどりつくまで質問をし続ける[3]。

　子どもはまた、ある種の説明を他の説明よりもっともだとみなす傾向がある。例えば彼らは、眼前の説明が自分がもともと持っていた知識と一貫しているかに敏感だ。もしそのとき自分の知っていることと一貫しないような情報を受け取れば、子どもは説明を見つけ出したり、作り出すよう動機づけられる[4]。大人も同様に、ある種の答えを他のものよりも本来的に満足がいくものとみなす傾向がある。例えば、行動を説明しようとするときにパターンを特別扱いする傾向があり、個別の例よりも自分が知覚したパターンに基づいて一般化しようとする[5]。説明を探し与えることは、周囲の世界の情報を見つけ出すという人間の能力に対して特筆すべき貢献をしている一方で、その能力は同時に特定の種類の説明の仕方に偏ってもいるのである。

　宗教認知科学（CSR）の研究者は、特定の種類の説明への認知バイアスが、しばしば科学やその他の世界観に比べて宗教的な世界観をよりもっともらしく見せているということを示してきた。逆に、直観はしばしば科学的な理解の障害とな

る。認知科学者アンドリュー・シュトゥルマンの議論するように、科学が世界が
どのように動いているかをより一般的に明らかにしてきたのとはっきり対照的に、
私たちは世界がどのように動いているかについて、誤解しやすい方向にバイアス
がかかっているのである。シュトゥルマンのいうところでは私たちは実際のとこ
ろ「科学盲」なのだ。同様に、哲学者のロバート・マコーリーは、宗教は——少
なくとも一般の人々の理解においては——認知的に自然であり、科学はそうでは
ないと結論づけた[6]。第3章で触れたように、CSRにおける学術的な努力は、
人々を宗教的な説明へと傾かせる認知バイアスの特定に焦点を合わせてきた。

　本章では、自然界や種の起源と成り立ち、そして現実の出来事や病気の原因に
ついての宗教的説明について検討する。まずは秩序と目的のある世界が創造者の
意思によって創られたのだとする考え方が、進化による変化のプロセスの説明よ
りも、世界の成り立ちについてのもっともらしい説明だとみなされることについ
て示す研究群について触れる。それから世界で起きる出来事に対する他の考え方、
善人が単なる運ではなく良い運命によって報われるという思考や、不治の病や自
然災害は道徳と無関係なプロセスではなく、何らかの理由があって人々に生じる
のだといった考え方を取り上げる。また私たちは自然的な説明と超自然的な説明
とが衝突するときに典型的にはどのように考えるかに関する研究についても見て
いく。そして、そのような知見が「科学的知識が宗教的信念に置き換わる」とい
う学術界の歴史を通して人々の間で育まれた誤解に対してどのように挑戦するか
を検討する。はじめに、米国において特に顕著に見られるインテリジェント・デ
ザイン説と自然選択による進化の論争を通して、世界に関する競合する説明につ
いて見ていこう。

現実世界の起源と成り立ちの説明

　生物学理論の根底にある、種は時間が経つにつれ変化し、新しい種が発生し、
共通祖先を持つ、という自然選択による進化を支持する圧倒的な数の科学的証拠
がある。しかしながら、米国の成人のうち39パーセント近くが進化のまさにこ
の考えを拒否しており、およそ40パーセントが——他の経済的に成功した国々
に比べて相対的に低い割合だが——受け入れている[7]。研究者らはアメリカにお
ける進化論の受容の（他国と比べた場合の）低さの一部は、宗教的原理主義の広
まりによるものだと主張してきた[8]。

宗教集団はしばしば、自然選択による進化をインテリジェント・デザイン説のような現実世界の起源と成り立ちに関する宗教的思想とは相容れないものだと主張してきた。インテリジェント・デザイン説では知的存在により宇宙と生物は設計（デザイン）され、創造されたと考える。インテリジェント・デザイン説の支持者は、しばしば創造論者と同一視される。創造論者は、宇宙と生命は、神の御業のような神の特定の創造行為に起源があるという見解を持つ。例えば、科学者は地球が45億年前に誕生し、種は変異と選択という偶然や遺伝的なエラーを含むプロセスに基づいて進化してきたと考えている。対照的に、「ヤング・アース」の創造論者は地球とすべての種が神の意思によって6千〜1万年前に創造されたと考えている。これは対立する説明の例である。というのも、科学、より詳しくいえば生物学的進化と、宗教的説明による世界とは、両立しないとみなされるからである。

生物学的進化と、世界の起源と成り立ちについての宗教的説明とが両立しうると解釈する立場もある。例えば「有神論的進化論」（「進化的創造論」としても知られる）の支持者は神についての宗教的な教えと、現代の進化の科学的な理解は両立可能であるという考えを持っている。支持者の一覧には、例えばローマ教皇ベネディクト16世のように、宗教的著名人も含まれる。両者の説明が両立可能と考えるとき、人々はしばしば、認知科学者が統合的思考と呼ぶ、進化的な説明と宗教的な説明が結合して1つの説明となる並存的な考え方を受け入れている。例えば有神論的進化論の支持者は、進化論は生命と種が漸進的に進化したことを説明するが、それはそもそもいかに地球で生命が始まったかという問いに関しては何も言っていない、と指摘する。

進化と宗教の統合的思考の多くの例が、至近要因と究極要因との因果的な結びつきを含んだ、世界の起源と成り立ちについてのひとまとまりの説明を提供する。第3章で議論したように、究極要因とは出来事の最も遠い、すなわち究極的な因果的説明である。例えば、神が進化の生じうる条件を作り出した、というものである。至近要因は出来事の直近の因果的な説明であり、例えばどのように生命や種が進化するかについての説明である。この種類の統合的思考は、神のような存在が進化に関わる法則を定めることによって進化を誘導したという（究極要因的な）見解を持つ。そして種はその経験する条件のもとで時間の経過とともに進化したと（至近要因的には）考える[9]。進化生物学に関する正確な理解を持っていない学齢期の子どもでさえこの種の統合的思考を見せ、神が最初の猿を創造し、

第5章　世界のあり方

人間はそこから進化したなどというふうに考える(10)。それにもかかわらず米国内の多くの集団が世界のあり方が生物学的進化による科学的な説明とは両立しないと解釈し、創造論的説明を選んで進化論を拒否している。

なぜ人々は進化論を拒否し、創造論を支持するのか

　明確な疑問として、認知と文化の側面がどの程度進化論の拒否と創造論の支持を説明するのかというものがある。認知によるものなのか、文化によるものなのか、それとも両方なのだろうか。本節では、人々の進化や創造論についての考え方に寄与する、宗教認知科学者が見出してきた認知的要因やそれ以外の主要な要因について概観する。

1.　世界観
　進化論の拒否と創造論の支持の姿勢のうちのある程度は、人々の世界観によって形成されている。ある世界観の一部には、進化的説明の拒否や創造論の受容を予測する2つの側面がある。

文化化
　進化論の拒否と創造論の支持を説明するのに役立つ第一の側面は、集団への文化化〔enculturation：特定の社会の文化的要素を身につけていくこと〕である。子どもは世界についての慣習的な思考様式を身につけるよう社会化される。彼らは両親や宗教的指導者のような、所属する集団における、権威ある立派な情報源とみなされるメンバーから世界のあり方に関する情報を受け取る。その地域で受け入れられた思想はたびたび繰り返され、それらの情報は子どもにとって非常に身近なものとなる。子どもは両親や社会参照集団、あるいは集団の下位文化を通して繰り返し思想にさらされる。例えば、キリスト教原理主義の共同体で育った子どもは神が宇宙を創造したとみなす傾向がある。さらには、西洋世界への文化化も思想の受容に対して影響がある。米国においては、自然が目的を持って創られたという考え方はキリスト教および、アブラハムの宗教〔ユダヤ教、キリスト教、イスラム教〕の伝統および言説においてよく見られる(11)。
　研究者らが文化的に受け入れられた思想の方が〔科学的言説〕より子どもに受け入れられやすいという事実を認めている一方で、文化化が個人の信念に影響を

与える余地については意見が分かれている。文化化の極端な立場においては、信念も社会学習によって排他的に決定されるという見解をとっている。この見方は人間の認知と行動を文化的構築物と見る大きな視点の一部である。第1章で述べたように、文化決定論は周囲の世界を能動的に処理するという人間の役割を否定しているので、初期の宗教認知科学者はそれを好まなかった。

いくつかの知見が、極端な文化化仮説を否定する根拠となっている。次の節で触れるように、創造論的な説明への選好は宗教的伝統や文化を超えて子どもにも大人にも見られる。宗教認知科学者はより穏健な形の文化化仮説を支持する傾向にある。それは、接触と社会化が子どもの世界に関する理解の発達に必要不可欠であるというものだ。極端派と穏健派の違いは、どこに因果の重きを置くかである。極端なバージョンの接触仮説を支持する者は、思想への接触こそが子どもの考え方を世界を宗教的な見方で考える方向に強化する因果的なメカニズムであると考える。この見方によれば、接触によって創造論的な考え方への理解や利用可能性が生まれることになる。それゆえ、子どもは世界のあり方について考える際に、それらの考え方に容易にアクセスできるということである。このプロセスが事実（つまり信仰）としてそれらの考え方の内在化や受容、コミットメントへとつながるのである。

対照的に、穏健な考え方では、世界のあり方についての考え、例えば世界が目的を持って創造されたというような考えにおいて早期の社会化の顕著性（つまりアクセスの容易さ）の果たしている役割を認める。また人々が、創造論的信念のような世界の見方をどのように支持するようになるかの説明における社会化の役割も認める。疑問視しているのは、思想への接触が世界についての考え方を変化させるという単一の因果連鎖のモデルを想定している点である。この単純化された公式は、子どもの思考および認知バイアスの役割、そして情報処理における決定的な要素を見落としている（図5.1を参照）。

この点を解説するために、キリスト教原理主義の共同体で育った子どもの例についてもう一度考えてみよう。研究者らは、子どもが神が宇宙を創造したとみな

図5.1 極端なバージョンの文化化仮説は、「ブラックボックス」理論の一種である。なぜなら信念の形成において人間の認知的処理の役割を考慮しないからである。

第5章 世界のあり方

図 5.2 穏健なバージョンの文化化仮説では、信念の発達において、人間の認知処理が相互作用的な役割を果たす。

しやすくなるだろうということには同意するだろう。文化決定論者は、これは子どもが繰り返し接触を受け創造論へと社会化されたためだと主張するだろうし、認知科学者も社会化の影響があるということに同意するだろう。しかしながら宗教認知科学者は、世界についての創造論的な見方が早期に出現し急速に発達するのは、子どもの持っているデフォルトの認知バイアスに合致するためでもあると付け加えるだろう（図5.2を参照）。進化論に繰り返しさらされながら育った子どもも、その考えが早期に出現する認知バイアスによってあまり支持されないので、それを内在化させることが難しいだろう。例えば進化を支持することはあるかもしれないが、自然選択のプロセスを考える際によくある誤解をしがちだろう。それらの誤解は、創造論や、子どもが支持するのが容易な内在化された考え方とより整合的な思い込みを反映したようなものになると予想される。これに比べて、創造論の思想に繰り返し接触して育った子どもは早期に出現する認知バイアスによく補助され、その見方を内在化させるのがより容易であるだろう。

集団同一視

　世界観の一部としての進化論の拒否を説明するのに役立つ第二の側面は集団同一視（group identification）である。集団同一視は人口統計学的（demographic）属性、政治、および当然のことながら宗教所属によって特徴づけられるものを含む。人口統計学的な代表性を担保した、進化に対する米国の公衆の理解および態度についての大規模調査は、本質的な洞察をもたらしてくれる。心理学者のディーナ・ワイスバーグらは、宗教性の高い参加者は進化の考えをより拒否する傾向があることを発見した[12]。とりわけ、宗教性の高さと宗教集団への同一視は文化化に影響を受けていた。無論、子どもは成長するとともに自分自身の意見を変えうる。大人になって進化に関わる情報に出会うことで、アイデンティティ保護認知（identity-protective cognition）として知られる、動機づけられた思考の一種の引き金を引くこともある[13]。進化論の蓋然性を検討するのではなく、人々は自動的に集団の価値観に従う。もし集団が進化論を拒否する（つまり進化と宗教

の関係性に競合した説明を有している）場合、個人もまたそれを拒否する。

集団同一視と世界観は新しい概念の処理に影響を与える。章のはじめで議論したように、子どもは目前の説明と事前に有している知識との一貫性について敏感である。現在知っていることと一貫しない情報は、一貫する情報とは異なる形で判断される。特に、子どもが知っていることと一貫しない情報を受け取った場合、説明を探し出したり作り出したりするよう動機づけられる[14]。このような傾向は、進化論が世界の慣習的・宗教的な解釈と一貫しないと知覚された場合に、その拒否を導きうる。

2. 進化の理解

人々が世界の起源や成り立ちについて進化論を拒否し他の考え方を支持するもう1つの理由は、人々が進化の理論を理解していないためである。しばしば人々は遺伝、変異、選択や適応といった重要な概念を理解するのに苦労する[15]。進化論を理解することが人々にとって特に難しいとみなされる主要な理由には次の2つがある。

知識の欠如

人々が進化論を理解しない理由の1つは、その知識が欠けているからである。これは知識欠如仮説（欠如モデル）と呼ばれる[16]。この考え方は、進化に対する態度についての大規模調査を主導したワイスバーグらが取り入れた。彼らは米国において、進化論の知識が人口統計学的属性や政治的アイデンティティ、さらには宗教性に比べ、より強く進化論の受容のレベルを予測することを発見した[17]。

認知的障壁

宗教認知科学者は、人々が進化論に接したときに直面する認知的な障壁について明らかにしてきた。それらの障壁は、進化論の根本的な主張が私たちの持つ世界についての説明をもっともらしく感じさせる認知バイアスとしばしば衝突するという事実の産物である。それらのバイアスは、人々を創造論のような世界の宗教的な説明を好む傾向を持たせる。そのうちのいくつかは次節で説明しよう。

第5章　世界のあり方

進化の理解を妨げ、創造論を好む認知バイアス

　本節では、世界に関する考え方に影響を与える３つの認知バイアス、汎目的論（promiscuous teleology）、擬人観（anthropomorphism）、そして心理的本質主義（psychological essentialism）について焦点を合わせる。ほぼすべての科学者が自然選択による進化という理論を受け入れているにもかかわらず、米国の大衆は二分されている[18]。対照的に、何らかの存在が宇宙や自然法則を創造したという基本的な発想は通文化的に繰り返し現れる[19]。これらの事実から２つの疑問が現れる。なぜ進化論は米国では十分に理解されていないのか。さらには、なぜ宇宙の起源についての超自然的な考え方が異なる文化で広く受け入れられているのか。社会認知科学の研究は、自然選択による進化を理解するのを阻害し、創造論（神の介入が宇宙を創造したという考え方）のような世界の起源や成り立ち、種などに対する宗教的な思想をもっともだと思わせる認知的障壁の存在を指摘する。

汎目的論

　自然選択による進化は、結果によって選択される盲目的な偶然の変化（突然変異）の要素を含んでいる。ここで偶然が盲目的であるというのは、設計者（例えば神）のような先見的な要素を含まないためである。現実世界の生物が偶然の結果として生じ、変化するという考えは受け入れるのが難しい。進化論の父とみなされるチャールズ・ダーウィンですら、すべては理由があって生じるという常識的な考えに矛盾するために、この要素を受け入れることが容易でなかった[20]。対照的に、世界の事物は目的を持っている（かつその目的のために創られた）と捉える傾向は容易に受け入れられる。この傾向はしばしば目的論と呼ばれ、世界を秩序と目的に満ちたものとしてみなす宗教的な考え方が支持されることの説明に役立つ。実際、発達心理学者のデボラ・ケレメンとカラ・ディヤニは子どもの、世界の起源についての目的論的な選好と、人間ではない知的存在によって自然が創られたという考えを持っていることが関連していると明らかにした[21]。彼女らはこの目的と行為主体性との関連が中国の子どもにも見られることを発見した。彼らの知見は、アブラハムの宗教でない、世俗的とされる文化で育てられた個人にも適用されるということだ[22]。

　人々は特に人工物に対する目的論的な推理に熟達しており、そのような場合に

は目的論的思考はたいてい有益だということがわかっている。例として、テレビドラマ「ゲーム・オブ・スローンズ」の二期、グレン、エッド、サムウェル・ターリーが荒野の廃墟で雪の中に埋められた物体を発見したときのことを考えよう[23]。彼らはそのドラゴングラスでできた鋭利な物体が槍であると考え、すぐに、それを置いていった者の意図について考える。彼らは、槍を置いていった人物が冥夜の守人（ナイツ・ウォッチ）——国境線の役割を果たす〈壁〉を守護する軍事組織——の哨士（レンジャー）に違いないと推測する。そして彼らはその人物は誰かがこの武器を発見することを望んでおり、そのことは非常に重要であろうと結論づける。この考えに基づいて彼らは人工物を持って行くことに決めたが、後にこの槍がホワイトウォーカーとして知られるモンスターを殺すことができるという事実が判明したときに彼らに優位をもたらすことになる。このフィクションにおける目的論的思考は、目的論が正しく適用された場合の例を示している。つまり、槍は何らかの目的のために作られたということだ。この考え方が、目的のもとに用意されたものでないものに対して適用されたとき、目的論的思考は「見境がない（promiscuous）」ものになる。

　ケレメンが最初に汎（見境のない）目的論という用語を作り出して今日に至るまで、彼女は目的論的思考の発達についての最も広範囲な研究を主導してきた。それらの研究は目的論が適用できる対象（例えば、人工物や、食物を咀嚼するための歯のような有機体の部位）についての問いを含む。また、目的論が適用できない対象（例えば、虎のような総体としての有機体、無生物）に関する問いも含んでいる。子どもは大人に比べ、ライオンのような生物の性質や、自然における雲のような無生物も、より目的論的な語彙で説明する傾向があるということを明らかにした。大人に比べ、未就学児は生物や人工物、無生物の自然物について「〜のため（for）」という言葉を使いがちであった[24]。

　さらに、岩がとがっているのはなぜか問われ、物理的なプロセス（すなわち「岩のかけらが長い時間をかけて堆積した」）ためなのか、あるいは何らかの機能を果たすためなのか、といった説明の仕方が複数あるときに、大人と対照的に子どもはほとんどあらゆる種類のものに対して機能を帰属させた。例えば、「動物が座ったりぶつかったりしないように」とか「動物がかゆいときに掻けるように」といった理由で岩がとがっていると考えた。言い換えれば子どもたちは岩がとがっているというのは他のものの特性のように機能を持っているのだと考えていたということだ。

第 5 章　世界のあり方

汎目的論の認知的基盤

　子どもの目的論的説明への選好は、人がより一般的に意図や目的ベースの説明を好むという根深いバイアスに根ざしている、とケレメンは説明する。本章のはじめで触れたように、子どもはものごとを説明することを好み、この傾向はあらゆる領域に対して波及する。この理論は、CSRの「宗教の自然性」テーゼと一貫し、自然が目的を持ってデザインされたと考えることは認知的に自然であるということを含意する。この説明では、世界の事物が目的を持っているとみなす傾向は、行為者が目的志向的な振る舞いをするとみなしたり、人工物が行為者によって特定の目的のもとでデザインされたものであるとみなす傾向の副産物であるとする。

　続く2つの章で触れるように、人間は行為者の振る舞いを意図によって説明することに特別の地位を与えている。言い換えれば、人間の振る舞いというものは子どもに見られるような無作為の行為の連続のようなものではないということである。そうではなく、振る舞いは観察不能な心的状態の集合によって支配されているのだと考えられている。そのような心的状態は信念（水を飲むことで喉の渇きが収まる）、願望（渇きを癒やしたい）、意図（喉の渇きを癒やすために水を飲もう）、などを含む。主体の振る舞いを説明する願望は人間の認知の中核的な要素であり、早期に出現し、子ども時代を通じて発達し続ける。例えば生後12か月頃には子どもはコンピュータで生成された図形に目的を見出すようになり[25]、さらに生後15か月には人間でない主体にもその将来の振る舞いを予測するために目的を推測するようになる[26]。

　他者を意図のある行為者として考える傾向はメンタライジングと呼ばれる。この傾向は他者の将来の振る舞いを予測し状況に応じて反応することを助けるため、進化において非常に適応的であろう。だがこの傾向はときに間違いを引き起こす。例として、私たちはしばしば曖昧な出来事について、たとえそれが社会的実体や強制力によって引き起こされたものであったとしても、背後に意図があると考えてしまう。例えば、子どもも大人もまれな良い出来事（例：ある女性が癌から突然回復した）は現実的な原因よりも、善い性格のおかげであるとか神や幸運といった、超自然的な原因によるものだとみなしがちである[27]。報酬が関わる状況では、この傾向は子どもでも大人でも実際の行動を伴う結果へとつながる。例えば、大人が2人の子どものうち片方に意図せず少ないご褒美を与えたのを目撃すると、子どもは意図して少ないご褒美を与えた大人と同じくらいその大人を避けるよう

になる[28]。

　それに比べると明白には見えないかもしれないが、初期に出現するもう 1 つの傾向である、人工物の背後の意図の推測は、同様のメンタライジングの機能として働く。人類史のほとんどの期間で、人工物の操作（つまり最終的に有用なものを作るということ）に関わる行為の背景にある意図の理解は、同じ目的のために機能する道具を再生産するという効率的な戦略を促進するだろう。例えば 15 から18 か月の子どもは、実演者が失敗したとき、何を作ろうと意図していたかを（前の成功した試みに基づいて）理解しており、実演者の振る舞いをそのまま模倣することはない。代わりに、子どもは実演者の生み出そうとしていた結果を生み出し、それに合った行動を思いつきさえする[29]。汎目的論は子どもが人工物のデザインについてはっきり理解しはじめると同時に頑健に現れはじめる。

　研究の結果は、目的論が自然に発現する認知バイアスであるという解釈を支持している。第一に、ケレメンの研究における子どもたちは、大人とは対照的にすべての種類のものごとに目的論を当てはめる傾向があった。もしこの傾向が文化化の結果だとすれば、年齢や思想への度重なる接触によって、自然的な事物に目的を見出すバイアスがより増加するはずである。第二に、発達心理学者のマーガレット・エヴァンズは自然的な事物に対する説明として、多くの子どもが創造論的な説明を他の説明よりも好むことを発見した。この知見は両親がキリスト教原理主義の共同体に属している場合も、進化に基づく由来を教える非原理主義的な共同体に属している場合でも当てはまった[30]。最後に、また別の研究では、子どもと大人双方で生物と無生物について目的論的に考え、デザイン的な考え方を有する傾向がさまざまな文化において示された。この研究にはイギリス[31]や中国[32]、フィンランド[33]など比較的宗教性が低い文化の大人も対象に含まれていた。これらの知見からは、目的論的思考の傾向は宗教性のレベルに依存せず、幅広い集団で支持されるということが示唆される。またそれは西洋のアブラハム文化の世界観への接触によるものでもない。

　世界や事物が意図された目的を持つと推測することは認知的には自然であり、この傾向のいくつかのバージョンについては（人工物の背後の意図の推測のように）非常に人間の役に立つ。しかし、自然が意図された目的を持つと考えることは、自然選択による進化を事実とする科学コミュニティが主流である現代の西洋世界ではうまく役立つとはかぎらない。

第 5 章　世界のあり方

擬人観

　先に議論したように、自然選択による進化は無目的な偶然性を要素として持っている。世界や生物を設計（デザイン）するような先見的な神というものは存在せず、むしろ偶然によって種のばらつきが生まれ、その結果として選択が起きる。対照的に、インテリジェント・デザイン説の擁護者は宇宙や生物を、知的存在に設計され創造されたものだと見ている。創世記における創造のように、創造論者はその存在を神だと考えている。ある存在が意図に基づいて世界を創造したという考えは、現代の西洋世界でのみ見られるものではなく、歴史を通して、またさまざまな文化における世界創世の物語に現れるものである。このさまざまなバージョンとして、オーストラリアのアボリジニにおける「万物の製作者」が生物を地下から連れてきたという考え方や、マヤにおける複数の行為者が世界のさまざまな要素を存在させたという考え方、神々が巨人の肉体から大地を造ったというスカンジナビアの伝承が含まれる[34]。CSR の研究は、擬人化の傾向が、人々がある存在によって世界がデザインされ、創造されたと描き出す宗教的な世界観に惹きつけられることの説明になりうると主張する。

　擬人観は人間の持つ性質（例えば行為主体性、感情状態、意図）を人間でない事物に帰属させる傾向のことである。スピノザやヒューム、フォイエルバッハ、ニーチェ、タイラー、ホートン、レヴィ＝ストロースといった第一級の研究者が久しく宗教における擬人観の重要性について述べてきた。彼らに続いて、文化人類学者のスチュアート・ガスリーが、擬人観の認知理論を現代の宗教の認知理論の中心へと押し上げた。ガスリーは、擬人化の傾向は知覚戦略として発達の初期に成立すると主張した[35]。この理論のポイントは、人々が世界のあり方に関わる継続的な不確実性に直面したとき、人間といった意図を持つ存在の検出に敏感になり、ものや出来事の原因には故意に行われた行為があるとみなすように方向づけられるということである。この傾向の1つの帰結が、超自然的行為者や雲、椅子などのような人ではない存在や事物に対して、人間のような特性を投影することである。

　人間のような特性をいたるところに投影してしまうこの傾向は、人間のような存在をいたるところに見出す傾向につながるとガスリーらは議論してきた。このことがアニミズムや、曖昧な証拠を何らかの存在によって引き起こされたものと解釈することにつながる。「ミステリーサークル」の場合について考えよう。複雑なパターンであったり幾何学的な形が穀物畑に一晩のうちに出現したという報

告が世界各地でなされてきた。よく調べてみると、作物の茎が倒れてそのような形を作り出していたのだ。この事象は、気候や地磁気、作物の奇形、あるいは意図しない結果などのように自然的なプロセスによるものでも生じうる。しかしながら、人々は一般的にこれらのパターンを視覚効果を作り出す意図を持った行為者の仕事と考える。例えば、誰か超自然的行為者がそのパターンを作り出したとか（踊る妖精や地球外生命体、神のような）、人知を超えた存在の仕業であるかのように見せかけたりしたのだと〔ミステリーサークルは、少なくとも1980年代のブームにおけるものについては人為的なものであったとされている〕。

インテリジェント・デザイン説の支持者は宇宙について擬人的な説明をする。つまりそのようなデザインはデザイナーの存在を示唆すると主張する。インテリジェント・デザインの支持者はこの点を説明する際、もし精確に機能する時計が地面に落ちているのに出くわしたなら、その時計を作った誰かがいて、そしてその場所に落とした誰かがいると考えるだろう、という「時計職人のアナロジー」を使うことがある。創造論者はしばしば、宇宙や生物種の複雑性、およびその複雑なシステムの完璧さが神の御業の産物であると指摘する。

擬人観の認知的起源

情報が曖昧な場合に、出来事の原因を何らかの存在による意図的な行為に帰しやすいというバイアスが人々にはある。心理学者のジャスティン・バレットは「過活動行為者検出装置（Hyperactive Agency Detection Device: HADD）」と彼が呼ぶ心的道具の存在を仮定した[36]。研究者らは、このバイアスは進化的な観点から適応的であったと議論してきた。藪から聞こえた物音を、それが風によるものであるときに誤って虎だと判断してしまうこと（誤検出）にはコストがかからない。しかし、物音を聞いたのに藪の中にいる虎に気づかないこと（検出漏れ）は私たちの祖先の適応度にとって不利であったろう。これらの含意は超自然的行為者の信念の発達を促進する。現代の環境でHADDが誘発されると、刺激の原因とみなされる目に見えない存在への信念が産み出される。それゆえ人々は星の巡りに意味を見出したり、雲に顔を、トーストにキリストを見出したりするのである[37]。この擬人化の傾向はシステムの複雑さや完璧さを知覚したとき（例えば、宇宙について考えたとき）により高まる。

第5章　世界のあり方

心理的本質主義

　発達心理学者のスーザン・ゲルマンは心理的本質主義という用語を作り出し、今日に至るまで心理的本質主義に関する最も広範な研究を主導してきた[38]。心理的本質主義とは、動物の種のようなあるカテゴリーに所属する成員は、自身が何であるかを規定する根深い共通点を互いに有しているという潜在的信念である。例えばどうして虎は縞模様なのかとか、うなり声を上げるのかと聞かれたら、子どもはしばしばその特性をもたらす「何らかの事情」があったのだと主張する[39]。また虎の本質という考え方により、その本質が虎をシマウマのような他の動物と分けるのだと子どもは考えるようになる。カテゴリーの成員の共通性は、直接観察しえない隠れた真の本性（つまり「本質」）によって決定されているものとして特徴づけられる。この本質は、動物が物理的に変化したときでさえ安定的なままであり、他の成員と共有している類似性によるものだと知覚される[40]。

　心理的本質主義にとらわれる傾向は、進化論を学ぶ際の障害となり、創造論的な世界の説明を支持する可能性を高める。第一に、進化論の基本原則として、現存する生物は共通祖先を持つというものがある。この原則は、不連続で固有の本質が種を形作るという発想とほとんど相容れない。第二に、もし本質的に種が境界づけられ、変わらなかったり等質的だと思うならば、種内や種間の関係性の解釈は理解が困難になるだろう。この本質主義バイアスは、生存者が選択され集団の中の特定個体が再生産すること——進化理論の他の重要な要素——の理解を困難にする。認知科学者のアンドリュー・シュトゥルマンとローラ・シュルツが示したように、大人は典型的には進化は集団全体の漸進的な変化である（例：蛾が徐々に黒くなる）と考える。集団内の選択の結果で再生産されるという説明（例：羽の黒い蛾が明るい蛾よりも子孫を残しやすい）は支持されにくい[41]。

　シュトゥルマンとシュルツは、生物における本質主義を支持しやすい人は進化論についての理解が乏しい傾向にあることを発見した[42]。米国の人口の約3分の1ほどが、ある種が他の種に変わるということが信じがたいとして進化論を拒否している[43]。いいかえれば、種が不変であり安定的であるという考え方は、創造論的な思考にうってつけなのである。このバイアスは神が諸々の種を作り出したとする思想をさらに受け入れやすくする。多くのキリスト教原理主義者が、神が6千〜1万年前に種を作り出したと主張している。彼らはさらに、神のみが新しい種を創造できると主張している[44]。

心理的本質主義の認知的起源

　心理的本質主義の傾向は早期に現れる。２歳頃から子どもは動物の種は不変の本質を持つと考えるようになる。このバイアスは早期に現れる素朴生物学、つまり人々が現実世界を分類し考えるのに使いがちな科学以前の素朴な理論の一部である[45]。こういった素朴理論は子どもに生き物の分類とその振る舞いを説明する方法を身につけさせる[46]。レガーレらが主張するように、種についての本質主義的な思考は、生存に役立つような生物界における推論を可能にするため、進化において適応的になりやすい[47]。例えば、蛇のような捕食者を不変の共通する危険な特性を有しているものとして捉えることは、捕食者を回避するよう人々を動機づける。しかしながら、本質主義的な思考をあらゆるカテゴリーに拡張することは、進化のプロセスを通して種間や種内の関係性を理解することの妨げになる。

直観と科学的事実が衝突するとき

　社会認知科学の研究は、自然が何らかの行為者にデザインされたものであるとか、種が不変の本質を持つとみなす深く根ざした傾向が人々にあることを示してきた。これらのバイアスはある領域では有益に働く。例えば、ものの背後にある製作者の意図を推論することなどである。しかしながら、生物進化のプロセスを理解するようなときには、妨げになってしまい役に立たない。明らかな疑問として、進化のプロセスをよりよく理解するために、人々はこのような傾向をくつがえすことが可能なのか、そしてどのようにくつがえすことができるのかについて考えてみよう。

　科学教育コミュニティは、知識の増加が進化の理解を促進する（知識の欠如仮説）という考え方に部分的には動機づけられている。その結果、子どもや学生、そして広く公衆の進化論の理解を助けるために、進化論についてより多くの情報を与えるという取り組みを強化してきた。それは尊敬に値する努力ではある。生物学的なプロセスについてより多くの情報を与えるというのは必要不可欠な一歩であるが、しかしそれによって人々が進化論を理解したり受容したりすることを保証しない。この章の冒頭で述べた通り、人々が進化論にどう反応するかは、部分的には人々の持つ世界観によっても規定されている。この章の中で触れてきたように、宗教認知科学者は人々が進化論と出会ったときに直面する認知的障壁に

第５章　世界のあり方

ついて述べている。宗教認知科学者は、知識と信念の形成との関係について、単純な欠如モデルや文化化による説明が想定するものよりもより複雑な構図を描き出す。進化の理解の可能性を高めるために、幼少期の理論形成についての臨界期だけでなく、大人になっても続く認知バイアスも考慮に入れた戦略を宗教認知科学者は提案する。

　CSRの研究は、人には認知バイアスが深く根づいており、変化しづらいことを例証してきた。世界への科学的な理解を確立するためには、子どもは概念的な転換を経験する必要がある。進化の原理となる概念群（遺伝的形質、共通祖先、選択的生存）を理解し、それらの概念がいかに全体として自然選択による進化の理論を形作るのかを知る必要がある。しかし概念的な転換は始めるのも終わらせるのも容易ではない。概念的転換を達成するには、子どもは科学理論なしに組み立てられた、自分の直観に基づく理論をすべて見直す必要があるのだ。

　概念的転換は単なる知識の増強ではなしに、知識の再構成を必要とする。シュトゥルマンが説明するように、科学的理論が直観的な理論を完全に上書きすることはありえない。シュトゥルマンは、概念的転換をパリンプセスト、すなわち中世の古い羊皮紙写本になぞらえる。当時、材料が希少なため、文書は他の文書を物理的に上書きして記録された[48]。そのように、たとえ人々が正しい答えを持っていたとしても、プレッシャーをかけられると、世界のあり方についてのヒューリスティック〔直観や経験によって、ある程度正解に近い答えを素早く導き出す発見的手法のこと〕な考え方に逆戻りし、しばしば誤った判断をしてしまうのである。

　幼少期に出現する世界のあり方についての直観的な解釈は、生涯残るバイアスであるようだ。そのような生来備わっている傾向は、（科学教育のように）後に形成された信念によって抑圧されたり表面に出なくなったりしたとしても、完全になくなってしまうというわけではない。ゆえに、目的論的なデザインと進化的な原則というものはしばしば併存する。熟考する時間がある場合には自然に関する明確な答えが出せるといったように、人々は努力を伴う処理によって直観を上書きすることができる。しかしながら、自然に関する素早い判断を強いられ熟考する時間がない場合に、直観はしばしば再登場する[49]。これらの知見は第2章で触れた心の二重過程理論から理解することができる。時間・エネルギー・動機がある（そしてシステム2にアクセスできる）ときと、迅速に反応すべき（かつシステム1を使わねばならない）ときの大人の考え方は食い違っているように思われる

のだ。

　ケレメンや他の発達心理学者が示してきたように、質問について熟考する時間を与えられたとき、例えば事物が「何のため」か問われたとき、大人は子どもよりも世界についての目的論的な説明を避ける傾向がある。熟考する時間がない（例えば、迅速な判断が必要な）ときには、大人も自然現象は目的論的に作られたというデフォルトの直観に逆戻りする[50]。研究者のエリサ・ヤーネフェルトと同僚らは、この類の一連の迅速な判断についての研究を行った[51]。期待された通り、自然が目的に基づいて作られたという考え方を支持する傾向が、宗教的でない成人よりも宗教的な成人の間でより高かった。しかし非宗教的な参加者ですら、時間的なプレッシャーがあるときには自然現象が目的に基づいて作られたというデフォルトの理解に戻る傾向があった。

　教育を受けることが予防的な要因になる一方で、科学者であることは、少なくとも私たちが期待するほどには要因にならない。公的な学校へ通った経験のない人々は、学校で科学教育を受けた人々より目的論的な説明を支持する傾向がある[52]。確かに、大学の学部生のような高等教育を受けた人々に比べて、大学教授のようにさらに高度な教育を受けた人々が自然現象に対する目的論的な説明をすることは減る。だが専門的な物理学者ですら、そうした教育を受けていない人文学者のように、科学的に望ましくない目的論的な説明を受け入れることが多々ある[53]。重要なのは、時間の効果（つまり、時間的なプレッシャーのもとで目的論的な考え方を用いる傾向）の程度は、教育によらず一定なことである。例えば、仮に物理学者たちが植物の代謝プロセスを理解していたとしても、時間的制約のもとでは多くの人は「木は動物が息ができるようになるために酸素を産み出す」という言明を「正しい」と判断してしまうのである。

　大人が労力のかかる処理を使い、進化論を直観的なバイアスより優先できる度合いには個人差がある。心理学者のウィル・ジャーベイは、米国の大学生において、神への信仰のような進化論についての信念を予測する他の要因を考慮に入れても、分析的思考を用いる傾向が進化論の支持をもたらすことを発見した。分析的思考は、複雑な問題を個々の扱いやすい問題に分解して考えるという段階的な方法論的アプローチである。この方法を使った結果は、直観的に得られた答えとしばしば衝突する[54]。

　分析的であったり内省的な形の思考を用いる人は、本能的な反応よりも進化論を優先させて支持することが可能になりやすいとジャーベイはいう。分析的思考

第5章　世界のあり方

は高等教育で促進される必須の技術であるので、回答者が回答までに時間的なプレッシャーがなく考える機会があったとすれば、自然が目的論的にデザインされたという考えの拒否と教育レベルとの相関を説明できるかもしれない。だが他の研究は、これらの知見は文化を超えて再現されるわけではなく、認知的内省と信念との関係性は関連する概念への文化的接触にも依存する可能性を示している[55]。信念は個人の認知様式よりももっと入り組んだプロセスである。しかし、ジャーベイの知見は本能的な反応をいつでも受け入れたいというわけではない人々にとって、分析的思考を奨励する理由を与えてくれる。

近年の研究が示すのは、大人に進化論を理解させるより、若いうちから進化について教える方がより効果的だということだ。例えば、米国の科学教育スタンダードでは自然選択による適応の説明は8年生から12年生〔日本でいう中学2年生から高校3年生〕のうちに教えることを推奨している[56]。これは、これより早い年齢では子どもは進化論を理解することができないという思い込みがあるためである。この段階までは、子どもの（世界が意図を持ってデザインされたとか、見えない本質があるとかいった）直観的な考え方が進化を学ぶ障害になる。この傾向は部分的には、子どもが既存の信念を脅かすような首尾一貫した代替理論に関する情報を受け取っていないためである。しかし子どもたちは進化論に関する情報を、この年齢以下ではそれを理解する能力がないという思い込みのために受け取っていないのだ。

シュトゥルマンが指摘したように、教育者は学生に世界についての正確な理論を教えるだけではなく、彼らの素朴な（つまり科学以前の）理論を脱学習するのを助けてやる必要がある[57]。幼い子どもが進化論を理解する能力がないという前提に対して挑戦する研究者もいる。エモンズ、スミス、ケレメンは、5歳児ほどの子どもであっても、複雑な生物学の概念を理解する能力があることを例証した。彼らは進化論を理解させるのを助けるのに特化した童話集を作った[58]。彼らは進化を描いた童話集のように、年齢に応じて適切な道具を用いることで、幼少期の子どもの進化の理解を深めることができると主張する。また、教育者が認知バイアスについて認識することで進化の理解を促進し、それをより効率的に教えられる教育学的戦略を知ることができ、より効果的に学生に進化を教えることができる、と宗教認知科学者は主張する。例えば、レガーレと同僚らは社会科学で進化を教えるためのバイアスと教育戦略の双方を説明するガイドを制作している[59]。

宗教的思考と科学的思考の合理性

　前節では加齢や高等教育があるにもかかわらず存在する、世界の創造論的な説明に関わる認知バイアスについて示す研究について触れた。これらの知見やCSR の研究は、より一般的には、学術的宗教研究への含意を持っている。それはとりわけ、科学が合理的であり、信仰は非合理的であるという考えと結びついており、ここでは「科学—合理的／信仰—非合理」のテーゼと呼ぶことにしよう。これらのテーゼは 19 世紀初頭のエドワード・タイラーやジェームズ・フレイザーといった文化人類学者、しばしば主知主義（intellectualism）と呼ばれる立場の人々に端を発している。とりわけ、彼らは宗教や呪術的信念（magic beliefs）の起源を明らかにすることに専念していた。合理主義の時代性が彼らヴィクトリア朝の研究者に深く影響を与え、後に宗教進化論的な枠組みとみなされるようになった、宗教を科学原則の誤適用として解釈し、科学こそが最高のレベルの合理的思考であると解釈する枠組みのもとで彼らの研究は行われた。

　初期の主知主義者の理論によれば、思考がより洗練されるにつれ、文化は呪術から宗教、そして科学へという一連の段階を経験していく。最終的に、より多い知識が宗教を根絶する。彼らはそのような置き換え理論を好み、科学知識の増加とともに、宗教的な思想に取って代わるだろうと予測した。だがこの予測はいまだ実現していないし、認知科学や進化学の研究は、こうした人口に膾炙した説明よりは複雑な全体像を描いている。歴史を通じて、世界の最も有名な思想家に含まれる人々（例えばニーチェ、マルクス、フロイト）によってさまざまなバージョンのこの議論がなされてきた。これらの発想は新しい世代の無神論の思想家で最も著名な「四騎士」、リチャード・ドーキンス、ダニエル・デネット、サム・ハリス、そしてクリストファー・ヒッチンスの著作においてもさまざまな形で繰り返されてきた。だが、創造論的な説明を好む宗教的思考が科学的な推論に取って代わられるようにも見えないし、宗教が姿を消してしまうようにも見えない。

　科学と宗教の関係性について違う見方をする理論家もいる。例えば、進化生物学者のスティーヴン・ジェイ・グールドは「非重複教導権」（NOMA）と呼ばれる、科学と宗教は異なる疑問の領域を表象するものであり、それらは正当とみなす権威や権限を評価する側面が異なっているという観点を主張する。グールドはNOMA 原則について以下のように述べる。

第 5 章　世界のあり方

科学は自然界の事実の特徴を記録し、それらの事実を整合的に説明する理論を発展させようと努力している。一方、宗教はといえば、人間的な目的、意味、価値——科学という事実の分野では、光を投げかけることはできるかもしれないが、決して解決することのできない問題——という、同等に重要であり、しかしまったく別の領域で機能している[60]。

　無論、グールドは世界における科学と宗教の認識論的な結びつきについて議論している。この観点は本章でケレメン、レガーレ、シュトゥルマンや他の認知科学者が示してきたような、これらの2つの現象に対応する心理学的なモデルとさまざまな形で関連している。これらの研究者は、科学的説明は宗教的な説明に置き換わることはなく、むしろ併存しているということを示している。言い換えれば、創造論者のような現実についての考え方へと至る傾向は、知識の増加や、科学についての考え方を精緻化するといったことでは置き換わらないということだ。この理論は併存モデルと呼ばれる。

　併存モデルは、人々がいかに自然現象や超自然的現象について考えるかをより一般的に説明するのにも使われる[61]。それらのモデルは、人々が同じ種類の出来事や結果に関する複数の説明をいかに受け入れ調和させることができるのかを説明する。人々は、異なるレベルの因果関係を説明するために異なる種類の説明を使い分けることで、併存を可能にしている。自然的な説明と超自然的な説明の併存モデルについては次節で詳細に触れる。

現実世界の起源と成り立ちについての説明のまとめ

- ●米国成人の多くが世界や種の起源や成り立ちについての説明として進化論を表だって拒否しており、またその代替説として創造論的な考え方を受け入れている。
- ●この潮流を説明する、さまざまな認知や文化的視点がある。
- ●CSRは進化論を理解する認知的な障壁と、創造論的な説明を好むバイアスについて概説してきた。そこには汎目的論、擬人観、本質主義が含まれる。
- ●これらのバイアスが科学的知識によって完全に置き換えられることはなく、超自然的な説明と科学的な説明はしばしば人々の心の中に併存している。

世の中の出来事を説明する——併存的思考

　ここまで、世界の起源と成り立ちについての大人の持つ認知バイアスに関して、宗教認知科学者が理論的転換の併存説を支持していることを見てきた。それはつまり、自然についての素朴理論は科学に関する知識を身につけることによって置き換わることはなく、後天的に構成された信念によって覆い隠されているだけであり、結局のところ素朴理論と学習した理論とが人々の心に併存しているということである。認知科学者は、併存的思考が文化横断的であり、発達の過程のいたるところに存在するということを示してきた。それは種の起源や災難、病気、そして死といった世の中の出来事について考えるときに特に顕著である[62]。研究者らはまた、人々が併存的思考を非常に重大な出来事を説明する際により用いやすいということを主張してきた。

　種の起源に関する併存的思考の例については、すでに本章の冒頭で触れている。そこでは、統合的な考え方を受け入れ、世界の起源や成り立ちについて生物学的進化と超自然的な説明とが矛盾しないと解釈する人々がいるということを述べた。例えば進化論は生命や種がどのように漸進的に進化するかを説明しているが、はじめに地上に生命を創り出したのは神である、といった解釈である。また死に関する併存的思考の例については第6章にて触れる。ここでは、説明における文脈的側面に人々が敏感であるということを示す研究を紹介する。例えば、死の生物学的な側面（例えば医師が死から救おうとして失敗した）を強調した話を提示されると、人々は生（主に身体機能）が終わったと主張する傾向にある。対照的に、同じ人々であっても死の霊的な側面（例、宗教的な挿絵や儀式）を強調した話を提示されると、生（特に霊的・精神的な機能）は続いていると主張する傾向にある。本節では続いて、災難と病気に関する併存的な説明について見ていく。

災難

　不幸な出来事に関する併存的思考の最もよく知られた例の1つは、1930年代の英国の文化人類学者エヴァンズ＝プリチャードによって報告されたものである。エヴァンズ＝プリチャードは、科学を思考の最高形態とし、呪術や宗教を科学の誤用であると考える主知主義の先人たちには同意しなかった。彼が同意しなかった根拠は、北中央アフリカのアザンデの人々のもとで行った、彼らの言葉に基づ

第5章　世界のあり方

いて彼らを理解しようという目的の民族誌的フィールドワーク（つまり観察と交流）に長い時間を費やした経験にあった。エヴァンズ＝プリチャードは、アザンデ人は出来事を説明するのに自然的なものと超自然的なものの両方を使うと主張した。

　エヴァンズ＝プリチャードは、穀物小屋（穀物を保管するための梁と泥とで作られた巨大な建造物で、人々が日陰に集まる場所でもある）の倒壊という、今日よく知られている例を示した。この不幸な出来事はしばしば生じ、彼も観察したが、特筆すべきことは何一つなかった。しかしときに、穀物小屋が倒壊し、その結果人々が負傷することがあった。エヴァンズ＝プリチャードは、人々は自然法則に無知なのではないと説明する。彼らはシロアリや老朽化のせいで最終的には小屋が倒壊することが不可避であることを理解している。だがアザンデ人は、穀物小屋がなぜ特定の瞬間に特定の人々の上に倒壊したのかという疑問に、それがどのように崩壊したかという疑問よりもはるかに関心を持っていた[63]。それゆえアザンデ人は穀物小屋の倒壊の自然的な説明を妖術〔witchcraft：呪術 magic の下位分類としてエヴァンズ＝プリチャードが用いた用語〕の超自然的な力による説明で補うのだと彼は主張した。妖術が、特定の人物がその下にいる特定の瞬間に穀物小屋を崩壊させたのだと。

　エヴァンズ＝プリチャードの仕事の主な貢献は、エキゾチックな妖術に関する信念に見えるものが、文脈と結びつけて考慮した場合には容易に解釈できるということであった。エヴァンズ＝プリチャードの観察を拡張するために、アザンデの人々の信念と今日の現代西洋世界の人々の思考とがどのように結びついているかを考えてみよう。私たちはすべての因果のつながりを追うことができず、また知覚で捉えられないままであるために、世界の現実に対して多すぎるほどたくさんの仮定を作り出す。そのような因果の「ブラックボックス」を調べる際には、ちょうどアザンデ人のように、私たちはあらゆる種類の法則で補完しようとする。サイバネティクスの先駆者であるロス・アシュビーの次の引用は、この考えに同意するものだ。

　　ドアを開けようとする子どもは、掛けがね（出力）に対する望んだ動作を実現するためにドアの把手（入力）を操作する必要があり、そして、それらをつなげる内部機構を見ることなしに操作する方法をひとつひとつ学ぶ必要がある。私たちは日常で、内部機構を十全に調べられない、ブラックボック

スに適した方法で取り扱わねばならないシステムに絶えず直面している[64]。

ドアの把手と掛けがねをつなぐ内部機構や、あるいは電灯のスイッチを入れてどのように電気と光が発生するのかを説明できる人は少ないにもかかわらず、私たちは周囲の環境のこうした側面を理由もなしに信じている。部分的には、これは文脈バイアスのためであるといえる。なぜなら信頼している他者から学習する方が、因果関係の仕組みを理解できるような行動を実践するよりも容易だからである。そのため現代の西洋で育つ子どもにとって、電気についての信念はアザンデ人の呪術についての信念以上に合理的であるというわけではないのである。

病気

自然的説明と超自然的説明を用いるのはアザンデ人に限定されたことではない。発達心理学者のクリスティン・レガーレ（本章ですでに研究を紹介した）はエイズの拡散の原因について南アフリカの子どもと大人がどのように考えるかについて調査した[65]。ちょうどエヴァンズ＝プリチャードがアザンデの人々は穀物小屋の崩壊について異なる種類の説明を使うと報告したように、レガーレと同僚らは、参加者が支持するエイズの原因の種類に違いがあることを発見した。

本章のはじめで議論したように、科学者はしばしば疑問や説明を至近的なものと末梢的なものに分類する。末梢的な原因つまり遠因は出来事の最も遠い、つまり究極の因果的説明であり、至近的な原因は最も近い因果的な説明である。レガーレらは、人々は「なぜ」に対して答えるための原因（究極要因）として妖術を支持し、一方で「どのように」に対して答えるための要因（至近要因）として生物学を支持していたことを見出した。参加者は、例えばエイズ感染の至近要因として、コンドームなしのセックスをすることのような自然的な原因を挙げたが、究極要因としては魔女が人々の正常な判断をゆがめたとか、魔女がHIVを人から人へと感染させているとかいった超自然的な原因を挙げる傾向にあった。この研究については章末のケーススタディでより詳細に議論する。

病気に関する自然主義的な説明と超自然的な説明を結びつけることはアフリカだけに見られるものではない。レガーレらは病気に関する同様の併存的思考が南太平洋・メラネシア諸島のバヌアツでも見られることを発見した[66]。現代の西洋世界においても、特に命を脅かすような疾病の診断となると併存思考の例がたくさん存在する。ある女性が、癌の専門医から癌であると告知されたという悲

第5章　世界のあり方

惨なシナリオについて考えてみよう。医者は「どのように」についての（つまり至近的な）疑問について、人々を病気にかかりやすくするリスク要因、例えば遺伝などについて前もって説明するかもしれない。癌の正確な要因はわからないと患者に説明さえするかもしれない。

多くの人は病気が引き起こされるメカニズムについて、ちょうど予防的な行動を正当化するだけに十分な初歩的な知識を持っている。例えば、多くの米国人が新型コロナウイルス（COVID-19）が人から人へと感染し、社会的な接触を避けることがウイルスによる汚染を避ける最も安全な方法であるということを知っている。だが病気の生物学的モデルを専門とする人々ですらも、そのモデルが災難の説明として納得できるものだとは思わないだろう。転移性癌のような命を脅かすような病気を告知された個人にとって、最も心を悩ませる疑問は「なぜ私が？」である[67]。これは「答えのない問い」と呼ばれてきた[68]。この言葉は、癌の究極要因を十分に説明したり、なぜ他の誰かではなく自分がこのような経験をしなくてはならなかったりするのかについて、病気の医学的モデルによる納得のいく答えなど個人の心の中にはないという事実を指している。

癌のような慢性疾患と診断された多くの人は、自分の苦境を解釈するために、生物学的な枠組みではないものを使おうとする[69]。そのような枠組みはコーピング研究〔ストレスなどに対する対処に関わる研究分野〕では一般に「意味づけ」として言及されるものである。これは、出来事の意味のある関係性をできるかぎり表現または修復しようとすることを指し、そのため人々はしばしば自分の苦しみには目的があるのだというような目的論的思考を用いる[70]。驚くべきことではないが、宗教心理学の研究は、生命の危険がないステージの癌ですらも、患者が告知後により宗教的になったという結果を示している[71]。宗教を頼ることは告知後の初期段階では特に広く見られる。なぜなら、例えば神がその事態に目的を持っていたり、あるいは神が事態を乗り越えるのを助けてくれたりするというように、不確実な事態に対して宗教に頼ることで人々は安心し、確実性を得られるからである。確信は結果に対する不安を減少させ、信仰を持たない者に比べ信仰を持つ者の方が、慢性疾患の苦しみに対する精神衛生の状態も相対的によいという研究結果も報告されている[72]。

他の研究では、終末期の疾患において、患者が死に近づくときに宗教的信念が弱まるという結果が報告されている。この知見は宗教的な枠組みを頼ることで人々が不確実性を理解しているという解釈と一貫するものである[73]。心理学者

のジュリー・エクスラインらは多くの癌サバイバー——特に神への信仰を報告した人々——が自分の病気について神へ怒りを覚えていたと報告したことを発見した[74]。世界における神の秩序の感覚にすがって自分の苦しみを説明することは、自分の苦しみを受けて当然のもの（つまり応報的思考）であったりただの災難であったりと考える他の説明よりも、認知的に魅力的なものになるだろう。実際、健康をもたらすあらゆる可能な原因に関して、人々は運を最も重要性の低い要因として評価している[75]。

ちょうどアザンデの人々がなぜ穀物小屋が特定の瞬間に倒壊し特定の個人が負傷したのかを説明するために、その文化で広く信じられている妖術のモデルに頼ったように、信仰を持つ人々は彼らのすでに持っている信念と、その文化で支配的な神の表象に頼り、彼らの苦しみに神の意思という意味を持たせる傾向にある。癌のサバイバーは、癌について生物医学的な知識を持っている。しかしその一方で、なぜ病気になったかという疑問に答えるために、生物学的ではない別の枠組みを用いてもいる。これらの事例は、宗教の合理性に関する多くの議論に浸透している、豊富な科学的な知識が宗教的な思想に取って代わるという考えを払拭するものとしての、自然的説明と超自然的な説明との併存の状況を描き出す。

まとめると、さまざまな文脈からの証拠を総合した結果は、超自然的な信念が科学的知識によって置き換わるのではなく、両者は併存してしばしば異なる種類の原因を説明するのに用いられていることを示している。この併存的な思考は超自然的なもの、宗教的なものの領域に固有のことではなく、世界の仕組みに関する多くの素朴理論についても当てはまる[76]。次節では続いて、世界の出来事についてどのように直観的なバイアスが私たちを特定の説明に傾かせるのかに焦点を合わせて見ていく。そこで明らかになるように、こうした傾向は世俗的な説明よりも宗教的なものをより好むのである。

世の中の出来事を説明する——道徳的正義の思考

目的論として知られる、自然発生的な出来事を内在的目的との関わりで説明しようとする認知バイアスにいかに人々が影響されているかを示す、宗教認知科学者たちの研究について先に触れた。人々が出来事を説明するのに、以下のフレーズが用いられるのを何度耳にしただろうか。「なるべくしてなる」「すべてのものごとには理由がある」「自業自得」「自分で蒔いた種」。ときにはあなたもこれら

の言葉を自分に言い聞かせたことがあるだろう。これらの言葉を口にするのは、配偶者がジャムの瓶をきちんと閉めていなかったことに気づいたときのような、日常的な些細な出来事が起きたときではない。

　人々がしばしば重要な出来事は理由があって起きると考えるように、人々はまた出来事の理由を見つけ出そうと動機づけられる。災害が目的を持って起きた、つまり被害を受けた人に何かを伝えるために起きたとみなすことを考えてみよう。2011年3月11日、日本の東北地方でマグニチュード9の強力な地震が、多くの沿岸部に甚大な被害を与える巨大な津波を引き起こした。およそ15万人の被災者が家を失い、約1万6000人の命が失われた。地域の損害の額は2350億ドルと推定され、史上最も損害額の大きい自然災害となった[77]。3月14日、石原慎太郎東京都知事は、日本人が自己中心的で強欲になったための「天罰」だとレポーターに告げた[78]。その発言は多大な社会的批判を巻き起こした――特に際立ったのは、東京の北、本州の東岸に位置し、約1万人もの犠牲者が出た宮城県の知事による批判であった。石原は後にその発言を撤回し、謝罪した[79]。

　石原の津波に関する発言は、攻撃的な発言を繰り返してきた78歳の老いた保守系政治家の率直な考えだと考えることもできる。一方で、石原が最も目立っていただけで、そのような説明を口にした公人は彼だけではない[80]。米公共宗教研究所（PPRI）の世論調査の結果では、調査に参加した38パーセントもの米国人が、日本の津波のような自然災害は神の「しるし」であると考えていた[81]。東洋と西洋の文化の違いは、どのようなメカニズムを通して惨事が起こるかにある。多くの米国人が明確な一神教的な神の意思に帰したのに対し、仏教と神道の信者である石原は、超自然的な力に帰した。仏教徒とキリスト教徒の説明で類似しているのは、惨事は被害を受けた人々に対して何かが意思を伝えるものであるという考えである。これは目的論的思考の典型例である。

　出来事には意図があると考えることに加えて、石原はまた悪い人間には悪いことが起きやすいと考えていた。このような考え方や、逆に善人には良いことが起きやすいという考え方は、政治指導者に限らず一般の人々の間でもありふれたものである。これは応報的思考〔直訳では内在的正義（immanent justice）思考となるが、ここではわかりやすさを優先し、応報的とした〕として知られる傾向の一部である。私たちは石原の発言を道徳的に不快なものと思うだろうが、もし彼が災害は日本人が自己中心的かつ強欲になったことの（天罰ではなく）褒美だと発言していたら、より認知的に当惑していただろう。

応報的思考

　応報的思考とは、善人には良いことが起こり、反対に悪人には悪いことが起きやすいと考える傾向——たとえ行動と結果に因果的に妥当なつながりがない場合でも——のことである。以下の北アイルランドにおける応報的思考の例を考えてみよう。「ケヴィン・ベル帰還基金」と呼ばれる基金は、退職した穏和な夫婦のベル夫妻によって、彼らの息子が 2013 年に米国で不慮の死を遂げた際に設立され、運営されていた。家族を家に帰すために必要な手続きと支払いのストレスと困難を他の家族に味わわせないということを誓い、彼らは資金調達と、愛する家族の一員を海外で失った数百の家族への支援に多くの時間を費やした。夫妻はその慈善事業のために北アイルランドで名高く賞賛された。

　2017 年、ベル夫妻が英国の宝くじで 100 万ポンドを当てたというニュースがアイルランド中に報じられた[82]。即座にニュースや Twitter や Facebook のようなソーシャルメディアは、この出来事を目的論的に説明する支持者でいっぱいになった。地域の名士、報道関係者、そして公衆は善い人々に良いことが起こりその寛大さが報われたことを喜んだ。神からの贈り物だという人もいれば、カルマ（因果応報）だという人もいた。この間、この結果を何らかの力によるものだと考えない方が難しかった。彼らには単に幸運が降りかかったにすぎない、という代替説について考えよう。英国の国営宝くじは、1 から 49 の整数の間から無作為に 6 つの数が選ばれる。これは非常に膨大であるが、しかし限られた数の組み合わせである。統計学者らは、ジャックポットを当てる確率はおよそ 1400 万分の 1 であると計算した。彼らの大当たりはめったに起こりそうにないが、不可能というわけではない。ただ運がよかっただけということだろうか。

　反対の例を考えてみよう。2004 年、退職した教師へのレイプを含む婦女暴行の罪で無期懲役の有罪判決を受けた 52 歳の英国の重罪人、イオルワース・ホーアが宝くじを買おうと決めたのは、仮釈放されたときだった。ホーアはジャックポットを当て、720 万ポンドの賞金を得た。ホーアは 2005 年に釈放された。1966 年にホーアを逮捕した警察官は「分不相応な人間」が大金を得るだなんて考えられない、と言った。公衆の抗議にもかかわらず、政府はホーアが残りの賞金を手に入れるのを止められなかった[83]。

　この後者の例で、あなたは強い落ち着かなさを感じたかもしれない。何か、この出来事を埋め合わせるような「いや、もしかしたら犠牲者はもっと多くの賠償金を得られたのだ」とか、「この大当たりのせいで顔を知られてしまったために、

第 5 章　世界のあり方

男はもう二度と人前に出られなくなったのだ」と考えすらしたかもしれない。この出来事を「なるべくしてなる」とか「神のご意思」とか、「因果応報だ」などと考えはしなかっただろう。ホーアの当選はただの偶然にすぎないとあなたが言う可能性は、ベル夫妻の場合よりも高いだろう。しかし座って冷静になって考えてみると、ベル夫妻の善行とくじの当選は、ホーアのぞっとするような犯罪と彼の金銭的な幸運よりも因果的なつながりがあるというわけではない——だが、偶然よりも運命による説明の方がベル夫妻の事例において認知的に魅力的であるということなのだ。あなたの考えの土台には応報的思考がある。つまり善人には良いことが起こり、悪人には悪いことが起こるということだ。

応報的思考の認知的基盤

　なぜ私たちは、行動と結果に妥当な自然的因果がないときでさえ、善い人々に良いことが起こり、逆に悪い人々には悪いことが起こると考えてしまう傾向があるのだろうか？　この傾向は認知と文化の両者の産物である。応報的思考の概念は大規模な社会のいたるところで繰り返し現れる。研究者らはユダヤ・キリスト教文化の人々が罪のために苦しんできた多くの例を指摘する[84]。加えて、善い行いが良い結果を引き寄せ、悪い行為が悪い結果をもたらした事例が大衆メディアに多く見られる[85]。つまり応報的思考の概念は文化化によって強化されるということだ。例えば、大人は小学生の子どもよりも応報的な思考を用いる傾向にあり[86]、またどの程度フィクションのテレビ番組（しばしば世界を公正なものとして表現する）を見るかということと、どの程度応報的な説明を用いるかということには正の相関がある[87]。

　認知バイアスおよび動機に関わる信念は、応報的思考を迅速に身につけることを可能にする。多くの研究は、子どもが世界を理解するために、特に公正さの判断を導くときに応報論的思考を使うことを示している[88]。この傾向は東洋文化を含め通文化的に報告されており[89]、この形の思考がユダヤ・キリスト教的な文化、あるいは WEIRD な（西洋の、教育水準の高い、工業化された、裕福な、民主主義の）文化の産物ではなく、認知的な基盤がある可能性を示唆する。例として、認知科学や社会科学の研究者らは、ものごとが起こるには何らかの理由があると考える根源的な傾向は、普遍的な社会認知的なバイアス、特に人工物や人々の行動の背後の意図を推測する傾向の副産物であると議論してきた。本章の以前の節で触れたように、これらの傾向は他の領域にも広がり、世界を意図や目的、デザ

インの所産として見る（つまり汎目的論）ように私たちを導いている。

　出来事には何らかの理由があると考える基本的な傾向に対して、応報的思考は行動と結果の結びつき——善行は良い結果、悪行は悪い結果をもたらす——という概念を含んでいる。社会心理学の著名な理論によれば、応報論的思考の背後にある動機は、「公正世界仮説」と呼ばれる、世界は秩序があり公正でそれゆえ安全に暮らしていくことのできる場所であるという感覚である。この感覚が人々の行動を道徳的に公正で、結果にかなうものであるようにさせるのである。実際、応報的思考は世界に対するコントロールの感覚をもたらすものであり、私たちがコントロールできなかったり理解できなかったりする出来事を説明するのに使われる。

　認知科学者のニコラ・ボマールらは、応報的思考に対する進化的説明を提唱してきた。ボマールは、応報的思考が進化した公正の感覚から得られたと指摘する[90]。彼らは一連の研究で、内在的正義（応報）を信じないと主張する人々であっても、それに暗黙裡に影響されていることを発見した。最も重要なのは、すべての参加者が悪事のあとに不幸が続いた場合に、公正の概念を呼び起こす傾向があったことである。しかし不幸が犯罪に対して釣り合わない場合はそうでなかった。例えば、ある男が物乞いを侮辱した後に車に轢かれて死んだという物語を聞かされたとき、参加者は男の死は物乞いを侮辱したためではないと回答する傾向にあった。

　一方、男が物乞いを侮辱した後で自分の靴紐を踏んで転んでしまったという話を聞かされた場合、参加者は転倒の原因は物乞いを侮辱したせいだという回答をしやすかった。言い換えれば、私たちの進化した公正の感覚は、災難を悪行への報いの手段として解釈するというわけだ。この公正の感覚は適応的である。私たちの種の文化進化の発展の中で、協力は生存のために必須であった。公正さの感覚に従わず、周囲に求めないような社会集団のメンバーと協力することはできない。つまり、集団は過ちを犯した者を罰し正しいことを行った者には報いるのだ。

　関連して、第8章で触れるように、世界が公正なものであると解釈する傾向は、それがなければルールを守らないような人々を抑止する機能がある。この効果は、公正さをもたらす道徳を監視する主体が超自然的行為者であったり、神やカルマのような神的なものであったりする場合により強い[91]。もちろん、応報的思考は神の命令や介入に訴えることなく見出され、残酷な結果をもたらす。例えば、ナチス体制下の多くのドイツ人は、強制収容所に送られた人々は不純な人種であ

第5章　世界のあり方

りその末路に値するような悪事を行っていたのだと確信していた[92]。それでもなお、多くの普及した宗教では道徳的な規則に従った報いとして良い運命がもたらされ、規則を侵害した結果として悪い運命がもたらされると考える傾向に影響されている[93]。

　本章で先に触れたように、人々には世の中の出来事の原因を、行為者の意図的な行為に帰する傾向がある。ゆえに、行為と結果の間の因果のプロセスを考える際に見出される、行為者や行為主体性の感覚というものには認知的な魅力がある。実際、一神教の神が君臨する西洋のキリスト教では、なぜ悪いことが善人に起こったり、悪人に良いことが起こったりするのかということを多くの神学者が正当化しようとしてきた。この謎はしばしば悪の問題、あるいは神義論（theodicy）と呼ばれてきた。発達心理学者のポール・ブルームと同僚は一般の人々が行為と結果についてどのように考えるかに注意を向けてきた。彼らは宗教的信念と応報的思考とが、メンタライジングの能力、つまり前節で触れた行為者を意図を持つ存在として考える傾向によって媒介されることを明らかにした。特に、メンタライジングの強さは応報的説明を用いる傾向と関連していた[94]。この知見は、応報的思考が人々の行動の背後にある意図について考える傾向の副産物であるという見方を支持する。

　宗教的・非宗教的な大人の双方が、人生を変えるような出来事の原因として目的論的な説明を行い、有神論者は無神論者に比べ有意に多くそのような説明をし、より強い目的論的な信念を保持していることを示す研究がある[95]。その結びつきには、宗教的信念だけでなく、宗教的な人物がその神や宇宙的秩序に対してその目的や意図、信念について考える傾向も関連する。最も現代的な宗教の教義ですら、死後の裁きについて述べており、多くの人々は自動的に応報的思考を用いて悪い出来事を説明しようとする。それゆえ、2011年の津波のような自然災害は、罪深い行動に対する神の注意や警告として解釈される。同様に、インドでは大きな不平等やカースト制度がカルマの法則、すなわち前世と生涯にわたる行いの蓄積の結果として正当化されている。応報的思考は自然に現れた傾向であり、しばしば世界のあり方に関する文化的な考えとして維持されている。

まとめ：世の中の出来事の説明

● 人々は通文化的に、発達の過程全体を通して、種の起源や災難、病気、死などとい

った世界の出来事を説明するために、併存的思考を用いる。
●統合的思考は併存的思考の一種で、自然的な説明と超自然的な説明との関係を整合的なものとして解釈し、両者を1つの説明として統合する。
●エヴァンズ＝プリチャードやレガーレらは、アフリカの人々が超自然的な説明を「なぜ」災難が起こったのか（究極要因）を説明するのに使っていることを発見した。対照的に自然的な原因は、「どのように」災難が起こったか（至近要因）を説明するために使われた。病気に対する同種の併存的思考は、メラネシアや現代の西洋世界のような世界の他の地域にも存在している。
●人々はしばしば、世界の出来事を道徳的正義の考えを支持することにより説明する。それらは善人には良いことが起こり、逆に悪人には悪いことが起こるという応報的（内在的正義）思考が関係している。
●認知バイアスと文化は、応報的思考の広範な支持を促進する。

ケーススタディ：病気に関する自然的な説明と超自然的な説明の併存

　発達心理学者クリスティン・レガーレは、アザンデの人々がどのようにものごとの原因を推論するのかというエヴァンズ＝プリチャードの初期の観察に惹かれた。比較文化と発達心理学の分野から、レガーレは自然的な説明と超自然的な説明の利用はアザンデ人に限られるものではないと考えた。レガーレは、エヴァンズ＝プリチャードのアザンデ人の土地における災難の推論に関する観察と、世界の深刻な疾病が蔓延している地域で病気の伝染と治癒について生物学的説明と超自然的説明の両方が存在していることとの間に、注目すべき類似点があることに気づいた。例えば、南アフリカの一部では、エイズウイルスの伝染に関する情報を入手できるにもかかわらず、妖術に基づいた超自然的な感染の説明が広まっていた。
　レガーレは、生物学的知識が超自然的な説明に取って代わるのだろうかと考えた。つまり、1つの可能性は、人々は生物学的な原因について十分な理解を得るまで超自然的な説明を用い続けるというものだ。もう1つは人々が超自然的な枠組みと自然的な枠組みの両方を使う可能性が考えられたが、これらのタイプの説明を人々がどのように使っているかについてはほとんど知られていなかった。例えば、超自然的な枠組みと自然的な枠組みは、異なった代替の世界観のまま特定の種類の出来事を説明するために採用されるかもしれないし、同じ現象を説明するのに一緒に用いられるのかもしれない。エヴァンズ＝プリチャードの観察と慢性疾患の研究に基づき、レガーレは後者を予測した。さまざまな方式の併存的思考を比較する詳細かつ系統的な一連の実

第5章　世界のあり方

験を行うことで、このことについての具体的な証拠を得て、それらの説明がどのように同時に併存するのかの細部にわたる情報を得られるだろう。

　そこでレガーレらは、南アフリカのエイズに関する言説が広まっている2つの共同体で、子どもと大人がエイズの流行の原因についてどのように考えるのかを調査した[96]。レガーレが調査した共同体は、生物医学的な知識によるエイズの説明（汚染された血液など）と超自然的な理解の枠組み（妖術をかけられたなど）の両方の知識を持っていた。またアザンデ人以外の共同体で研究することは、文化を超えた併存的思考の有無およびその度合いについての問いについても答えるものになるだろう。さらには子どもと大人の研究を行うことで、レガーレは併存的思考の発達についても理解することができた。

　一連の研究で、レガーレのチームはエイズへの感染についてのさまざまな種類の説明がどれくらいありえるかを子どもと大人に推測させた。その結果、すべての参加者がエイズの原因として生物的な説明を挙げ、ほぼすべて（93パーセント）の参加者が研究を通して妖術に関する説明を少なくとも1つ挙げた。結果に基づいて、妖術による説明は生物学的な説明よりも柔軟でかつ特異的な状況で用いられると彼女らは結論した。重要なことに、参加者が説明に用いる原因の種類の違いも彼らが見出した。至近的な説明は「どのように」に対する答えとして用いられた。穀物小屋の事例においてはシロアリが建材をかじることであり、癌の事例においては細胞分裂が危険な水準にあることであり、これらは出来事に対して最も近い因果的説明に焦点を合わせている。対照的に、末梢的な説明はより「なぜ」に、つまりより遠い、究極的な因果関係に焦点を合わせているのである。つまり、妖術によってある特定の瞬間にシロアリに建材をかじらせたり、神の思し召しのもとに癌になったりするということである。

　レガーレの研究では、ほとんどの参加者はエイズにかかる至近的・自然的な原因（コンドームなしのセックスなど）を挙げたが、究極要因としては超自然的なものを挙げた（魔女が健全な判断をする感覚を歪ませたなど）。さらにはエイズへの感染を正確なやり方で説明するのに参加者はしばしば統合的思考と呼ばれる仕方で両方の種類の説明を組み合わせた。例えば参加者は「魔女がコンドームを脆く壊れやすいようにした」「嫉妬と呪文で、誰かがエイズの人間と寝るように仕向けた」「彼女を嫌う人々が魔女に金を払ってウイルスを送り込ませた」といった理由を挙げた。

　子どもも大人もエイズの原因について同様に考えており、それどころか大人の方が子どもに比べ超自然的な原因をより挙げる傾向があった。レガーレは、妖術的な説明は無知の結果ではなく、生物学的説明で置き換わることもない、むしろ病気の特定の側面を説明するために併存していると主張した。さらには、出来事に対する生物学的な思考と超自然的な思考との組み合わせは成長すればなくなるような素朴な思考法で

はなく、文化化によって維持される頑健なデフォルトの説明の枠組みなのである。因果推論の発達を研究する彼女や他の研究者は、欧米での種の起源の進化論的・創造論的説明など、多くの異なる文化や主題で生物学的な説明と超自然的な説明の双方が見られることを発見してきた。

本章のまとめ

　発達・比較文化研究によって、特定の考えを理解し支持するように方向づける認知バイアスを人々が持っていることが明らかになってきた。これらのバイアスのために、人々には科学的な見方よりも、知的存在の意図によって世界やその住人がデザインされたとか、世の中の出来事には理由があるとか、善行は良い結果につながり悪行は悪い結果につながるとかいった考え方を含む、宗教的な見方の方がより魅力的に感じられる。実際、洗練された科学教育を受けた大人でさえも、プレッシャーを受けたり負荷がかかったりするときには、直観的で前科学的な理論に立ち戻らずにはいられない。もしかしたら子どもに早期から進化論を教え、大人と同じように努力させれば、私たちの世界についての素朴な思い込みを抑えることもできるかもしれない。だが研究が示すように、自然的な説明と超自然的な説明とは併存する傾向にある。ある状況では自然的な説明があれば十分であるかのように思えるかもしれない。それでも、悲惨な出来事や重要な出来事を理解するということになると、人々は超自然的な説明の方が究極的な説明として満足いくものとみなすのだ。

注
（1） Frazier, Brandy N., Susan A. Gelman, and Henry M. Wellman. "Preschoolers' search for explanatory information within adult-child conversation." *Child Development* 80, no. 6 (2009): 1592-1611.
（2） Legare, Cristine H., Candice M. Mills, André L. Souza, Leigh E. Plummer, and Rebecca Yasskin. "The use of questions as problem-solving strategies during early childhood." *Journal of Experimental Child Psychology* 114, no. 1 (2013): 63-76.
（3） Mills, Candice M., Cristine H. Legare, Meridith G. Grant, and Asheley R. Landrum. "Determining whom to question, what to ask, and how much information to ask for: The development of inquiry in young children." *Journal of Experimental Child Psychology* 110, no. 4 (2011): 539-560; Ronfard, Samuel, Imac M. Zambrana, Tone K. Hermansen, and Deborah Kelemen. "Question-asking in childhood: A review of the literature and a framework for understanding its development." *Developmental Review* 49 (2018): 101-120.
（4） Legare, Cristine H. "Exploring explanation: Explaining inconsistent evidence informs exploratory, hypothesis-testing behavior in young children." *Child Development* 83, no. 1 (2012): 173-185.
（5） Williams, Joseph Jay, Tania Lombrozo, and Bob Rehder. "The hazards of explanation: Overgeneralization

第 5 章　世界のあり方

in the face of exceptions." *Journal of Experimental Psychology: General* 142, no. 4 (2013): 1006.

(6) McCauley, Robert N., *Why Religion is Natural and Science is Not*. Oxford University Press, 2011.

(7) Miller, Jon D., Eugenie C. Scott, and Shinji Okamoto. "Public acceptance of evolution." *Science* 313, no. 5788 (2006): 765.

(8) Miller, Jon D., Eugenie C. Scott, and Shinji Okamoto. "Public acceptance of evolution." *Science* 313, no. 5788 (2006): 765.

(9) Mivart, St. George Jackson. *On the genesis of species*. Cambridge University Press, 1871.

(10) Evans, E. Margaret. "The emergence of beliefs about the origins of species in school-age children." *Merrill-Palmer Quarterly* 46, no. 2 (2000): 221-254.

(11) McCalla, Arthur. "Creationism." *Religion Compass* 1, no. 5 (2007): 547-560. Miller, Jon D., Eugenie C. Scott, and Shinji Okamoto. "Public acceptance of evolution." *Science*, 313, No. 5788 (2006): 765-766.

(12) Weisberg, Deena Skolnick, Asheley R. Landrum, S. Emlen Metz, and Michael Weisberg. "No missing link: Knowledge predicts acceptance of evolution in the United States." *BioScience* 68, no. 3 (2018): 212-222.

(13) Cohen, Geoffrey L., Joshua Aronson, and Claude M. Steele. "When beliefs yield to evidence: Reducing biased evaluation by affirming the self." *Personality and Social Psychology Bulletin* 26, no. 9 (2000): 1151-1164.

(14) Legare, Cristine H. "Exploring explanation: Explaining inconsistent evidence informs exploratory, hypothesis-testing behavior in young children." *Child Development* 83, no. 1 (2012): 173-185.

(15) Rosengren, Karl S., Sarah K. Brem, E. Margaret Evans, and Gale M. Sinatra, eds. *Evolution Challenges: Integrating Research and Practice in Teaching and Learning about Evolution*. Oxford University Press, 2012; Shtulman, Andrew. "Qualitative differences between naïve and scientific theories of evolution." *Cognitive Psychology* 52, no. 2 (2006): 170-194.

(16) Weisberg, Deena Skolnick, Asheley R. Landrum, S. Emlen Metz, and Michael Weisberg. "No missing link: Knowledge predicts acceptance of evolution in the United States." *BioScience* 68, no. 3 (2018): 212-222.

(17) Weisberg, Deena Skolnick, Asheley R. Landrum, S. Emlen Metz, and Michael Weisberg. "No missing link: Knowledge predicts acceptance of evolution in the United States." *BioScience* 68, no. 3 (2018): 212-222.

(18) Pew Research Center. "Religious landscape study." Washington, DC, 2014. https://www.pewresearch.org/religious-landscape-study/database/

(19) Leeming, David Adams. *Creation Myths of the World: An Encyclopedia*, Vol. 1. ABC-CLIO, 2010.

(20) Darwin, Charles. *Life and Letters of Charles Darwin*. Vol. 1. Krill Press via PublishDrive, 2016.

(21) Kelemen, Deborah and Cara DiYanni, "Intuitions about origins: Purpose and intelligent design in children's reasoning about nature." *Journal of Cognition and Development* 6, no. 1 (2005): 3-31.

(22) Schachner, Adena, Liqi Zhu, Jing Li, and Deborah Kelemen. "Is the bias for function-based explanations culturally universal? Children from China endorse teleological explanations of natural phenomena." *Journal of Experimental Child Psychology* 157 (2017): 29-48.

(23) Game of Thrones "The Prince of Winterfell." Episode 8, Season 2. Directed by Alan Taylor. Written by David Benioff and D. B. Weiss. HBO, Air Date, 2012.

(24) Kelemen, Deborah. "The scope of teleological thinking in preschool children." *Cognition* 70, no. 3 (1999): 241-272.

(25) Johnson, Susan C., Amy Booth, and Kirsten O'Hearn. "Inferring the goals of a non-human agent." *Cognitive Development* 16, no. 1 (2001): 637-656.

(26) Gergely, Csibra and György Gergely, "The teleological origins of mentalistic action explanations: A developmental hypothesis." *Developmental Science* 1, no. 2 (1998): 255-259.

(27) Woolley, Jacqueline D., Chelsea A. Cornelius, and Walter Lacy. "Developmental changes in the use of supernatural explanations for unusual events." *Journal of Cognition and Culture* 11, no. 3-4 (2011): 311-337.

(28) Donovan, Elizabeth and Deborah Kelemen. "Just rewards: Children and adults equate accidental inequity with intentional unfairness." *Journal of Cognition and Culture* 11, no. 1 (2011): 137-150.

(29) Carpenter, Malinda. "Instrumental, social, and shared goals and intentions in imitation." In S. J. Rojers, and J. H. G. Williams (Eds.), *Imitation and the Social Mind: Autism and Typical Development*. Guilford Press, 2006, 48-70.

(30) Evans, E. Margaret. "Cognitive and contextual factors in the emergence of diverse belief systems: Cre-

ation versus evolution." *Cognitive Psychology* 42, no. 3 (2001): 217-266.

(31)　Kelemen, Deborah. "British and American children's preferences for teleo-functional explanations of the natural world." *Cognition* 88, no. 2 (2003): 201-221.

(32)　Järnefelt, Elisa, Liqi Zhu, Caitlin F. Canfield, Marian Chen, and Deborah Kelemen. "Reasoning about nature's agency and design in the cultural context of China." *Religion, Brain & Behavior* 9, no. 2 (2018): 156-178; Rottman, Joshua, Liqi Zhu, Wen Wang, Rebecca Seston Schillaci, Kelly J. Clark, and Deborah Kelemen. "Cultural influences on the teleological stance: Evidence from China." *Religion, Brain & Behavior* 7, no. 1 (2017): 17-26.

(33)　Järnefelt, Elisa, Caitlin F. Canfield, and Deborah Kelemen. "The divided mind of a disbeliever: Intuitive beliefs about nature as purposefully created among different groups of non-religious adults." *Cognition* 140 (2015): 72-88.

(34)　Clark, Kelly James. *Religion and the Sciences of origins: Historical and Contemporary Discussions.* Palgrave Macmillan, 2014: 1-2.

(35)　Guthrie, Stewart E. "A cognitive theory of religion." *Current Anthropology* 21, no. 2 (1980): 181-203; Guthrie, Stewart E. *Faces in the Clouds: A New Theory of Religion.* Oxford University Press, 1993.

(36)　Barrett, Justin L. *Why Would Anyone Believe in God?* AltaMira Press, 2004.

(37)　https://www.buzzfeed.com/arielknutson/people-who-found-jesus-in-their-food?utm_term=.biWVxyoee#.hs4Y5xVoo.

(38)　Gelman, Susan A. *The Essential Child: Origins of Essentialism in Everyday Thought.* Oxford University Press, 2003.

(39)　Gottfried, Gail M. and Susan A. Gelman, "Developing domain-specific causal-explanatory frameworks: The role of insides and immanence." *Cognitive Development* 20, no. 1 (2005): 137-158.

(40)　Douglas L. Medin and Andrew Ortony, "Psychological essentialism." In S. Vosiniadou and A. Orthony (Eds.), *Similarity and Analogical Reasoning.* 1989: 179-195; Gelman, Susan A. and Henry M. Wellman. "Insides and essences: Early understandings of the non-obvious." *Cognition* 38, no. 3 (1991): 213-244.

(41)　Shtulman, Andrew and Laura Schulz. "The relation between essentialist beliefs and evolutionary reasoning." *Cognitive Science* 32, no. 6 (2008): 1049-1062.

(42)　Shtulman, Andrew and Laura Schulz. "The relation between essentialist beliefs and evolutionary reasoning." *Cognitive Science* 32, no. 6 (2008): 1049-1062.

(43)　Pew Research Center (2013: December 30). "Public's views on human evolution." https://www.pewforum. org/2013/12/30/publics-views-on-human-evolution/. (Downloaded March 27, 2018.)

(44)　Kehoe, Alice B. "Scientific creationism: Worldview, not science." In F. B. Harrold and R. A. Eve (Eds.), *Cult Archaeology and Creationism.* University of Iowa Press, 1987, 11-20.

(45)　Gelman, Susan A. "Psychological essentialism in children." *Trends in Cognitive Sciences* 8, no. 9 (2004): 404-409.

(46)　Medin, Douglas L. and Scott Atran, eds. *Folkbiology.* MIT Press, 1999; Gelman, Susan A., John D. Coley, and Gail M. Gottfried, "13 Essentialist beliefs in children: The acquisition of concepts and theories." In L. A. Hirschfeld and S. A. Gelman (Eds.), *Mapping the Mind: Domain Specificity in Cognition and Culture.* Cambridge University Press, 1994, 341.

(47)　Legare, Cristine, John Opfer, Justin Busch, and Andrew Shtulman. "A field guide for teaching evolution in the social sciences." *Evolution and Human Behavior* 39, no. 3 (2018): 257-268.

(48)　Shtulman, Andrew S. *Scienceblind: Why Our Intuitive Theories About the World are So Often Wrong.* Basic Books, 2017.

(49)　Kelemen, Deborah and Evelyn Rosset. "The human function compunction: Teleological explanation in adults." *Cognition* 111, no. 1 (2009): 138-143; Shtulman, Andrew and Joshua Valcarcel, "Scientific knowledge suppresses but does not supplant earlier intuitions." *Cognition* 124, no. 2 (2012): 209-215.

(50)　Goldberg, Robert F. and Sharon L. Thompson-Schill. "Developmental 'roots' in mature biological knowledge." *Psychological Science* 20, no. 4 (2009): 480-487; Kelemen, Deborah and Evelyn Rosset. "The human function compunction: Teleological explanation in adults." *Cognition* 111, no. 1 (2009): 138-143.

(51)　Järnefelt, Elisa, Caitlin F. Canfield, and Deborah Kelemen. "The divided mind of a disbeliever: Intuitive beliefs about nature as purposefully created among different groups of non-religious adults." *Cognition* 140 (2015): 72-88.

(52) Casler, Krista and Deborah Kelemen. "Developmental continuity in teleo-functional explanation: Reasoning about nature among Romanian Romani adults." *Journal of Cognition and Development* 9, no. 3 (2008): 340-362.

(53) Kelemen, Deborah, Joshua Rottman, and Rebecca Seston. "Professional physical scientists display tenacious teleological tendencies: Purpose-based reasoning as a cognitive default." *Journal of Experimental Psychology: General* 142, no. 4 (2013): 1074.

(54) Jonathon M. Seidl. "Over 50% of Harvard, Princeton and MIT students get this simple logic question wrong." https://www.theblaze.com/news/2013/11/14/over-50-of-harvard-princeton-and-mit-students-get-this-simple-question-wrong, last modified November 14, 2013.

(55) https://www.nature.com/articles/s41562-018-0426-0.

(56) Achieve, Inc. (2013). "Next-generation science standards." https://www.achieve.org/next-generation-science-standards

(57) Shtulman, Andrew and Joshua Valcarcel. "Scientific knowledge suppresses but does not supplant earlier intuitions." *Cognition* 124, no. 2 (2012): 209-215.

(58) Kelemen, Deborah, Natalie A. Emmons, Rebecca Seston Schillaci, and Patricia A. Ganea. "Young children can be taught basic natural selection using a picture-storybook intervention." *Psychological Science* 25, no. 4 (2014): 893-902.

(59) Legare, Cristine, John Opfer, Justin Busch, and Andrew Shtulman. "A field guide for teaching evolution in the social sciences." *Evolution and Human Behavior* 39, no. 3 (2018): 257-268.

(60) Gould, Stephen Jay. *Rocks of Ages: Science and Religion in the Fullness of Life.* Ballantine Books, 2011: 31. (狩野秀之・古谷圭一・新妻昭夫訳『神と科学は共存できるか？』日経BP社、2007年、11-12頁)

(61) Legare, Cristine H., E. Margaret Evans, Karl S. Rosengren, and Paul L. Harris. "The coexistence of natural and supernatural explanations across cultures and development." *Child Development* 83, no. 3 (2012): 779-793; Dunbar, Kevin, J. A. Fugelsang, and Courtney Stein, "Do naïve theories ever go away? Using brain and behavior to understand changes in concepts." In M. C. Lovett and P. Shah (Eds.), *Thinking with Data.* Lawrence Erlbaum Associates, 2007, 193-206.

(62) Legare, Cristine H., E. Margaret Evans, Karl S. Rosengren, and Paul L. Harris. "The coexistence of natural and supernatural explanations across cultures and development." *Child Development* 83, no. 3 (2012): 779-793; Busch, Justin T. A., Rachel E. Watson-Jones, and Cristine H. Legare. "The coexistence of natural and supernatural explanations within and across domains and development." *British Journal of Developmental Psychology* 35, no. 1 (2017): 4-20.

(63) Evans-Pritchard, Edward E. *Witchcraft, Oracles and Magic Among the Azande.* Vol. 12. Oxford, 1937. (向井元子訳『アザンデ人の世界——妖術・託宣・呪術』みすず書房、2001年)

(64) Ashby, W. Ross, "Chapter 6: The black box." In W. R. Ashby (Ed.), *An Introduction to Cybernetics.* Chapman & Hall, 1956, 86-117.

(65) Legare, Cristine H., and Susan A. Gelman. "Bewitchment, biology, or both: The co-existence of natural and supernatural explanatory frameworks across development." *Cognitive Science* 32, no. 4 (2008): 607-642.

(66) Busch, Justin T. A., Rachel E. Watson-Jones, and Cristine H. Legare. "The coexistence of natural and supernatural explanations within and across domains and development." *British Journal of Developmental Psychology* 35, no. 1 (2017): 4-20.

(67) Tomalia, Tori. "The Why Me of Cancer." *Cure,* last modified December 12, 2014. https://www.curetoday.com/view/the-why-me-of-cancer

(68) Conrad, Eamonn. "Why me? The question with no answers." *The Huffington Post,* last modified February 13, 2013. https://www.huffpost.com/entry/why-me-cancer_b_2664571. Comment on "Why Me?" Cancer Survivors Network (weblog). https://csn.cancer.org/node/294615.

(69) McMullin, Juliet M., Israel De Alba, Leo R. Chávez, and F. Allan Hubbell. "Influence of beliefs about cervical cancer etiology on Pap smear use among Latina immigrants." *Ethnicity & Health* 10, no. 1 (2005): 3-18.

(70) Park, Crystal L. "Making sense of the meaning literature: An integrative review of meaning-making and

its effects on adjustment to stressful life events." *Psychological Bulletin* 136, no. 2 (2010): 257.

(71) Eidinger, Richard N. and David V. Schapira. "Cancer patients' insight into their treatment, prognosis, and unconventional therapies." *Cancer* 53, no. 12 (1984): 2736-2740.

(72) Simon, Dein and J. Stygall. "Does being religious help or hinder coping with chronic illness? A critical literature review." *Palliative Medicine* 11, no. 4 (1997): 291-298.

(73) Baugher, Robert J., Candice Burger, Roberta Smith, and Kenneth Wallston. "A comparison of terminally ill persons at various periods to death." *OMEGA – Journal of Death and Dying* 20, no. 2 (1990): 103-115.

(74) Exline, Julie J., Crystal L. Park, Joshua M. Smyth, and Michael P. Carey. "Anger toward God: Social-cognitive predictors, prevalence, and links with adjustment to bereavement and cancer." *Journal of Personality and Social Psychology* 100, no. 1 (2011): 129.

(75) Furnham, Adrian. "Explaining health and illness: Lay beliefs on the nature of health." *Personality and Individual Differences* 17, no. 4 (1994): 455-466.

(76) Legare, Cristine H., E. Margaret Evans, Karl S. Rosengren, and Paul L. Harris. "The coexistence of natural and supernatural explanations across cultures and development." *Child Development* 83, no. 3 (2012): 779-793; Shtulman, Andrew S. *Scienceblind: Why Our Intuitive Theories About the World are So Often Wrong.* Basic Books, 2017.

(77) Oskin, Becky. "Japan earthquake and tsunami of 2011: Facts and information." *LiveScience.* September 13, 2017. https://www.livescience.com/39110-japan-2011-earthquake-tsunami-facts.html

(78) Jackson, Andy. "Tokyo mayor: Tsunami was 'divine punishment.'" Asian Correspondent, last modified March 15, 2011. https://www.eurasiareview.com/15032011-tokyo-mayor-tsunami-was-divine-punishment/

(79) McCurry, Justin. "Tokyo governor apologizes for calling tsunami 'divine punishment,'" last modified March 15, 2011. https://www.theguardian.com/world/2011/mar/15/tokyo-governor-tsunami-punishment

(80) McCurry, Justin. "Tokyo governor apologizes for calling tsunami 'divine punishment,'" last modified March 15, 2011. https://www.theguardian.com/world/2011/mar/15/tokyo-governor-tsunami-punishment

(81) Jones, Robert P. and Daniel Cox. "Few Americans see natural disasters a sign from God." PRRI, last modified 2011. https://www.prri.org/research/few-americans-see-earthquakes-floods-and-other-natural-disasters-a-sign-from-god-2/

(82) "Kevin Bell Trust founders win £1m in UK lottery." RTÉ News, last modified June 29, 2017.

(83) "UK ¦ England ¦ West Yorkshire ¦ 'Lottery rapist' freed from jail." BBC News, last modified March 31, 2005. http://news.bbc.co.uk/2/hi/uk_news/england/west_yorkshire/4398815.stm

(84) Raman, Lakshmi and Gerald A. Winer. "Evidence of more immanent justice responding in adults than children: A challenge to traditional developmental theories." *British Journal of Developmental Psychology* 22, no. 2 (2004): 255-274.

(85) Appel, Markus. "Fictional narratives cultivate just-world beliefs." *Journal of Communication* 58, no. 1 (2008): 62-83.

(86) Banerjee, Konika and Paul Bloom. "'Everything happens for a reason': Children's beliefs about purpose in life events." *Child Development* 86, no. 2 (2015): 503-518; Raman, Lakshmi and Gerald A. Winer. "Evidence of more immanent justice responding in adults than children: A challenge to traditional developmental theories." *British Journal of Developmental Psychology* 22, no. 2 (2004): 255-274.

(87) Appel, Markus. "Fictional narratives cultivate just-world beliefs." *Journal of Communication* 58, no. 1 (2008): 62-83.

(88) Jose, Paul E. "Just-world reasoning in children's immanent justice judgments." *Child Development* 61, no. 4 (1990): 1024-1033.

(89) Rubin, Zick and Letitia Anne Peplau. "Who believes in a just world?" *Journal of Social Issues* 31, no. 3 (1975): 65-89.

(90) Baumard, Nicolas and Coralie Chevallier. "What goes around comes around: The evolutionary roots of the belief in immanent justice." *Journal of Cognition and Culture* 12, no. 1-2 (2012): 67-80.

(91) Norenzayan, Ara. *Big Gods: How Religion Transformed Cooperation and Conflict.* Princeton University Press, 2013; White, Cindel, Adam Baimel, and Ara Norenzayan, "What are the causes and consequences of belief in karma?" *Religion, Brain & Behavior* 7, no. 4 (2017): 1-4.

第5章　世界のあり方

(92) Sanford, Robert Nevitt and Craig Comstock. *Sanctions for Evil. Sources of Social Destructiveness.* Jossey-Bass, 1971.

(93) Shweder, Richard, Nancy Much, Manamohan Mahapatra, and Lawrence Park. "Divinity and the 'big three' explanations of suffering." In A. M. Brandt and P. Rozin (Eds.), *Morality and Health*, Routledge, 1997, 119–169.

(94) Banerjee, Konika and Paul Bloom. "Why did this happen to me? Religious believers' and non-believers' teleological reasoning about life events." *Cognition* 133, no. 1 (2014): 277-303.

(95) Banerjee, Konika and Paul Bloom. "Why did this happen to me? Religious believers' and non-believers' teleological reasoning about life events." *Cognition* 133, no. 1 (2014): 277-303; Heywood, Bethany T., and Jesse M. Bering. "'Meant to be': How religious beliefs and cultural religiosity affect the implicit bias to think teleologically." *Religion, Brain & Behavior* 4, no. 3 (2014): 183-201.

(96) Legare, Cristine H. and Susan A. Gelman. "Bewitchment, biology, or both: The co-existence of natural and supernatural explanatory frameworks across development." *Cognitive Science* 32, no. 4 (2008): 607-642.

第6章　死後の世界

　文化を超えて見られる信念の1つに、死後の世界についての信念がある。すなわち人々は、生物学的な死の後でも、意識やアイデンティティを保ったまま来世への旅路につき、いつか別の肉体に宿ることになると考える。本章では、なぜ世界中にこのような死後に超常的なことが起きるという考えが広まっているのかについて、認知・進化学で議論されている3つの理論について紹介する。

　1つ目は、死後の世界に関する認知論である。認知論によれば、私たち人間には、生物学的な死の後も何らかの形で生き続ける存在と自らを捉える認知的素因が備わっているとされる。2つ目は文脈論である。文脈論でも、死後の世界という概念を人に備わった認知的素因やバイアスに支えられたものと捉えるが、認知論に比べ、そうした概念の発達や獲得において文化伝達や文化的学習が果たす役割を重視している。3つ目として動機論を取り上げる。動機論は、人が生物学的な死の後でも生命は続くと信じようとする動機に焦点を合わせており、例えばここには存在脅威管理理論（死の恐怖に対処する必要から死後の世界を信じようとするとする理論）が含まれる。そして本章の最後では、死後の世界の信念は合理的であるのか、正当性を持つのか、そして死後の世界は本当に存在するのかといった論点について、CSR の理論に基づいて考察を深めたい。

死後の世界に関する認知論

　なぜ人は死後の世界や来世の存在を受け入れやすいのだろうか。死後も意識が継続するという考えは、文化を超えてなぜ繰り返し観察される（反復する）のだろうか。こうした疑問に対して CSR では、人間に備わった認知的素因の重要性について議論してきた。そこで本節では、人々が死や死後の世界をどのように表象しているのかを調査した研究を概観する。

不死という考えは認知的な「デフォルト」である

　心理学者のジェシー・ベリングは、死というものが子どもや大人にどのように理解されているかを調べるため、アメリカとヨーロッパで一連の研究を行っている。そのうちの１つの研究でベリングは、大学生参加者にリチャードという名の人物が登場するシナリオを読んでもらい、そのリチャードの心的な状態について回答を求めた。シナリオには、リチャードが自分の妻が浮気しているらしいことを知り機嫌が悪かったこと、空腹だったのでミントタブレットを食べたこと、車のアクセルとブレーキを間違えて踏んでしまい事故を起こしたこと、その事故でリチャードが死んでしまったことなどが記述されていた。そして参加者は、死んでしまったリチャードの心理−生物学的な状態（「まだ空腹であるか」など）、知覚の状態（「救急隊員が彼を蘇生させようとしているのが見えるか」など）、思考の状態（「妻のことを考えているか」など）、感情の状態（「まだ妻に腹を立てているか」など）、そして願望の状態（「生きていたいと思っているか」など）について回答した。その結果、参加者は、リチャードの感情と思考は死後も継続するが、心理−生物学的反応や知覚は停止すると回答する傾向を見せた。さらにこうした傾向は、参加者が死後の世界を信じているかどうかとはほぼ関係がなかった[1]。

　同様の研究をベリングは、心理学者のデイヴィッド・ビョークランドとともに、３歳から12歳の子どもと大学生を対象に実施している[2]。この研究では参加者に「ネズミさん」が「ワニさん」に食べられるという人形劇を見せ、この死んでしまった「ネズミさん」の心的状態について回答を求めた。すると比較的高年齢の子どもたち（10〜12歳）や大学生は、「ネズミさん」の感情や思考、願望は消滅していないが、心理−生物学的反応や知覚はもはや存在しないと回答する傾向にあった。つまり、先ほどの研究の大学生参加者と同じような回答傾向を見せたのである。一方、低年齢の子どもたち（３〜６歳）はすべての心的状態について、どちらかといえば消滅せずに継続すると回答する傾向にあった。「ネズミさん」は、生命活動を停止した後でも、考えたり喉の乾きを感じたりする可能性があると考えていたわけである。こうした結果は、小さな子どもたちにとって、さまざまな心的状態が死後も継続すると考えることが認知的なデフォルトである可能性を示唆している。

　さらにベリングたちは、スペインの小学生（５〜12歳）を対象にして、この人形劇研究の追試を行っている[3]。スペインのカトリック系小学校および非宗教系小学校に通う子どもたちの反応を比較することで、宗教教育と死に対する考え方

の関係について調べたのである。すると、非宗教系小学校の子どもたちの方が、カトリック系小学校の子どもよりも、いずれの心的状態についても死後に停止すると回答する傾向にあった。つまり宗教的な小学校の子どもは、より死者に心的状態を帰属させやすかったのである。この結果は驚くべきことではないだろう。死後にも生命は続くという考え方をする伝統の中で育てられ、そうした考えに繰り返し触れる機会の多い子どもたちは、死後の世界をより信じやすいはずだからである。

　ただし、子どもたちの死後の世界についての考えが宗教教育によって異なるとしても、このベリングたちの研究結果はそれだけでは説明しきれない点は注意が必要である。というのも、（通う学校の種類によらず）低学年の子どもたち（5〜6歳）の方が、高学年の子どもたち（8〜9歳、11〜12歳）よりも、さまざまな心的状態が死後も続くと回答する傾向にあったのである。この傾向は、もし死後の世界についての信念が宗教教育のみによって説明できると考えるとしたら、観察されないはずの結果である。宗教的な教えに触れてきた期間という点で言えば、カトリック系学校に通う高学年の子どもは低学年の子どもよりも長いはずである。したがって、教育が死後の世界の信念を強めると単純に仮定するなら、むしろ高学年の子どもの方が「すべての心的状態が死後も続く」と回答したはずであろう。

　しかし「すべての心的状態が死後も続く」と回答する傾向をより強く見せたのは、（死後の世界についての宗教的な考え方に触れる機会が相対的に少ない）低学年の子どもたちだった。またベリングらの研究結果は文化（アメリカ文化・スペイン文化）だけで説明できるものとも言えない。アメリカとスペインのどちらの子どもたちも、基本的に類似した死後の世界の信念を持っていたためである。どちらにおいても、年齢の高い子どもの方が心的状態が死後に続くとする回答が少ないこと、年齢によらず心理－生物学的反応や知覚よりも思考や感情、願望を死後も続くと回答する傾向があることは、共通していたのである。こうした知見は、（教育だけでなく）死の理解の仕方に対する共通の認知的素因を人が持つことを示唆している。

　以上のようなベリングらの研究から、子どもも大人も、身体活動は死によって止まると考える一方、心の活動は止まるとは限らないと考えていることがわかる。そしてベリングらは、特定の心的状態（心理－生物学的反応、知覚）が死とともに停止すると考えられやすいのは、それらは身体活動と強く結びついたものだからであろうと論じている。またベリングによれば、子どもたちが（年齢が上がって

第6章　死後の世界

もなお）一部の心的状態は死後も継続すると答えていたことは、人間は生命の不死、特に心の不死性を信じるような認知的素因を備えていることを示すという。つまり、人には自然と不死性を信じる傾向があり、このことが死後の世界の概念が人々の間で広まる理由であると考えられる。また、死後も続くのはとりわけ心的状態であると考えられていた。これが、死後は魂のような心理的存在として生き続けるという考えがさまざまな文化で見られる理由だと推察される。

　心の不死性は認知的に自然なことであり、また文化的にそうした考えが支持されている〔例えば、宗教教育が行われるなど〕と死後の世界の信念はさらに強くなるというベリングの主張は、他の複数の研究からも支持されている。例えば心理学者のナタリー・エモンズらは、子どもたちが生まれる前の自分の存在についてどのように考えているか（すなわち前世についての信念）を調査している[4]。具体的には、エモンズらは5〜12歳の子どもたちに、母親のお腹の中で胎児になる前の自身の状態について尋ねた。

　すると子どもたちは、生前の自身の状態を、死後の状態と同様に考えていることが示された。すなわち、感情や願望は生まれてくる前から存在していたが、身体活動と結びつく心的状態は存在していなかったと回答する傾向が（特に年齢の高い子どもたちの間で）見られたのである。興味深いのは、この研究は非西洋文化圏であるエクアドルの2つの地域で行われているのだが、そこでは、前世について語られることは死後の世界に比べて少ないという点である。その他にも、中国でもベリングの研究は追試が行われ、同様の結果が得られている[5]。こうした研究結果もやはり、人々は人間を不死性を持つものとして捉える、特に身体が消滅しても心は継続すると考える傾向にあるという説を支持するものである。

　以上のような研究に基づけば、死後も存在し続けるものとして心を表象することこそが認知的な「デフォルト」であると考えられ、したがって人々は死後の世界を信じる傾向にあるのだと考えられる。ただし、別の考え方をする研究者もいる。そうした研究者によれば、発達初期の子どもたちの死の概念は、心の不死性説が主張するほどには安定して一貫したものではないのだという。そして死の概念に大きな影響を与えているのは、むしろ文化的学習あるいは生活する文脈の方だと主張されている。

死後の世界についての文脈論

　文脈論は、認知論と同様に、死後の世界の信念は人間の認知的素因を基礎に成立するという考え方を受け入れている。ただし文脈論は、そうした信念の形成や発達における文化伝達や文化的学習の役割をより重要視する。この文脈論を支持する研究者は、比較文化研究をよく実施しており、また死や死後の世界の概念を、認知論が想定するよりも流動的で変化しやすいものと捉える傾向にある。

不死は文化的に学習される

　死や死後の世界に対する子どもや大人の考え方は、文化間でどれほど類似しているのだろうか。この点を検討するため、発達心理学者のポール・ハリスとマルタ・ヒメネス、そして社会人類学者のリタ・アストゥーティは一連の比較文化研究を行っている。研究の舞台に選ばれたのはスペインとマダガスカルだった。この２か国では、死に触れる機会の多さや死後の世界の捉え方が異なる。スペインのマドリードではカトリック信者が多く、死後の世界といえばキリスト教の天国のイメージが最もポピュラーである。まずハリスとヒメネスはここで研究を行った[6]。次にアストゥーティとハリスは、アフリカ南東沖にあるマダガスカルの農村で追加研究を行った[7]。マダガスカルの農村では祖霊信仰が強く、亡くなった親族（祖先）が生きている人々に関与すると信じられており、したがって祖先を敬うような人々の振る舞いがよく見られる。

　このマダガスカル農村部での研究は、死後の世界についての信念が文化的な「入力」によってどのように変わるのかを理解する上で特に重要だと考えられる。そこには３つの理由がある。

　第一に、マダガスカルは非西洋文化圏にある。そのため研究者たちは、自身の研究知見が西洋文化に限定されるものなのか、それとも文化を超えて一般化が可能なのかを検証することができる。第二に、マダガスカルの子どもは日常的に動物の死に立ち会う機会が多く、西洋諸国の子どもたちに比べ、死をより身近に経験している。そのため死と直に接する経験が死後の世界の考え方にどのような影響を与えるのかを知るのに、マダガスカルは格好の場所であるといえる。そして第三に、マダガスカルでは祖霊信仰が広く浸透している。それを活用することで、その文化で優勢な考え方が死や死後の世界の考え方にどの程度影響を与えるのか

を評価することができる。

　こうした研究でハリスたちがまず明らかにしたことは、死後の状態についての質問に対する7歳未満のマダガスカルの子どもたちの回答には系統的なパターンが見られない、ということであった〔例えば、死後も心的状態が続くと回答する子どもと停止すると回答する子どもが同程度いて、一貫した傾向が認められない〕。したがって彼らは、7歳未満の子どもたちの死に対する考えに認知的「デフォルト」を見出すことはできなかった。そこでハリスたちは、7歳以上の子どもたちに見られる死の概念に目を向けた。こうした子どもたちの間では、特定の回答傾向が見られ、死後の概念が形成されていると推察された。こうした発見はベリングの研究結果とは対照的である。先ほど述べたようにベリングらは、5歳頃の子どもはどんな心的状態も死後に継続すると回答する傾向が相対的に強く、いわば不滅論者に近いと述べていた。したがって不死という考え方は認知的「デフォルト」であり、これが死後の世界が広く信じられている理由であると提唱したのであった。

　さて、ハリスたちは7歳以上のマダガスカルの子どもたちが、一定の系統立った回答をすることを見出した。すなわち、この年齢の子どもたちは消滅論者（extinctivist）的であり、死後にはあらゆる状態が停止すると回答していたのである。ここからハリスたちは、子どもたちは基本的に死を生物学的なものとして捉えていると論じている。こうした生物学的理解は、子どもたちの生物学的な知識の蓄積だけでなく、死を身近に経験するというマダガスカルの文脈の中で生まれてきたものだと考えられる。死とは生物学的な機能の停止のことだと理解するようになると、子どもたちは、思考や感情を含め、生命に伴う過程はすべて死によって停止すると考えるようになったのである。

　ただしハリスたちは、子どもたちは初めは死に対して消滅論的な考え方をするものの、次第に特定の状態は消滅しないと考えるようになることも見出している。すなわち、死後に機能が停止するかどうかという質問に対して、より年齢の高い子どもたち（8~17歳）や大人は心的機能を（身体的な機能に比べて）より停止しにくいものと回答していたのである。この点はベリングらの研究結果と類似しているといえる。さらにアストゥーティとハリスは、生物学的な死後にその人の魂（soul）は存在し続けるかどうかについても質問を行っている。すると年齢が高い子どもたちも大人も、身体よりも心が、そして心よりも魂が死後も存続する可能性が高いと考えていることが示された。

ハリスたちは、人々の死に対する考えの基盤に直観的な認知バイアスがある可能性を否定しているわけではない。しかしながら彼らは、以上のような結果を解釈する際、文化的学習の役割をより強調している。つまり、子どもたちは成長する中で、生活する社会で支持されている信念や儀礼に接することになるのであり、そうした信念が頭に思い浮かびやすくなり（活性化しやすくなり）、受け入れられやすくなるというわけである。マダガスカルの例で言えば、ここに住む人々は祖先が霊となって周囲に存在すると考えており、そうした祖先の意図や願望などについて話すことが多い。またそうした祖先を敬うための儀礼にも参加するようになる（したがって子どもたちもそうした考えを抱くようになる）。

死後の心と身体の継続

　その後の研究によると、少なくとも特定の文化圏では、死後も身体活動は続くと考える人々がいるという。例えばハリスは、心理学者のレイチェル・ワトソン＝ジョーンズ、ジャスティン・ブッシュ、クリスティン・レガーレとともに、バヌアツ共和国のタンナ島（南太平洋のメラネシアにある島）で調査を行った[8]。バヌアツでは、地域固有の伝統信仰が残っているものの、キリスト教を受け入れている人が多数派となっている。特に聖書が文字通りに解釈されていることで知られており、例えば人々はキリスト教の復活（resurrection）の概念に慣れ親しんでいて、「最後の審判（Final Judgment）」のときには身体が蘇るという信念を持つ人が多い。なおハリスたちは、比較のために、リベラルなキリスト教徒が多数を占める米国のテキサス州オースティンでも同様の調査を行っている。そして調査では、どちらの国の参加者も、さまざまな身体機能・心的機能が死後も機能し続けるかどうかを質問された。さらにこうした質問が、宗教的な文脈（例えば、「デイヴィッドが神とともにいる今、彼の心臓は動いているか」）と非宗教的な文脈（例えば、「デイヴィッドが死んだ今、彼の心臓は動いているか」）の両方で尋ねられた。

　すると、バヌアツと米国両国の７歳から12歳の子どもたちは、マダガスカルの５歳から７歳の子どもたちと同様に、身体機能と心的機能を区別せず、かつどちらも同じくらい死後に機能停止すると回答する傾向にあった。またこの年齢による違いを除くと、質問する文脈による違いが見られた。参加者は、非宗教的な文脈では身体・心的機能のいずれも死後には機能しなくなると回答する傾向にあったのだが、宗教的文脈では、死後も機能するとの回答傾向が強まっていたのである。さらに文脈と国の交互作用も認められた。まず米国の参加者は、どちらの

文脈においても、身体機能に比べ心的機能がより死後も継続すると考えていた。しかしそれとは対照的にバヌアツの参加者は、非宗教的文脈では米国の参加者と同様の（心的機能の継続を支持する）傾向を見せたのだが、宗教的文脈では心的機能に比べて身体機能が死後に継続すると回答する傾向にあったのである。つまりバヌアツの参加者は総じて、「デイヴィッドが神とともにいる今……」という教示とともに質問されると、デイヴィッドの目や耳はまだ働き、足は動き、心臓は鼓動していると想像したことになる。

　さらにこの研究では、機能の継続について回答を求めた際、なぜそのように回答したかについての説明も参加者に求めている。すると両国の参加者とも、例えば「神が足に働く力を与えている」など、多くの超自然的な説明を行った〔特に、宗教的文脈で身体機能の継続について尋ねた際、バヌアツ参加者の方が米国参加者よりも超自然的な説明を多くする傾向にあった〕。こうしたデータからハリスらは、バヌアツの参加者たちは、天国にいる人々を身体から離れた魂のような状態と捉えるのではなく、むしろ神のそばにいるために身体が必要な存在と理解しているのだと結論している。そしてハリスらは、少なくとも特定の文脈では死後の世界でも身体が必要という考えは心の不死性と同じくらい直観的なものであると論じている。

　本章のここまでの内容を整理しておきたい。まずベリングが提唱した説は、子どもたちにとって直観的であるのは心の不死性であり、年齢が上がるとより唯物論的（生物学的）な考えをするようになるというものであった。例えば、脳と心の関連についての科学的な知識を獲得したら、子どもたちはそれを用いて、死後にも心が機能するかどうかを推論することができるようになる。またこうした死後の世界についての直観が文化的に洗練されると、信念となるという。言い換えれば、心の不死性は自然な考え方であり、それ故に死後の世界の信念はすみやかに内面化されるというわけである。これとは対照的にハリスたちは、7歳頃の子どもが死を生物学的機能の停止として理解すると提唱している。すなわち、子どもの最初期の死についての理論は消滅主義的なものだということである。そして死後の世界に関わる考えや習慣に触れる機会が増えるにつれて、子どもたちは人間が別の世界でも存在し続けるという考えを内面化するようになるという。ただそうした死後の世界の考えとは、単に人の不死性を意味するものではなく、魂が継続するという考えや、場合によっては身体が継続するという考えさえも含まれているとされる。このように両者の説は対照的ではあるが、どちらも人々が死後

の世界（例えば、心や魂は継続する）を容易に受け入れる理由を説明するものである。加えてハリスたちは、文化的に学習した生物学的な死の概念が捨て去られるわけではないとも述べており、つまり人々は2つの異なる死の概念〔生物学的な死、心理的および宗教的な死〕を持っているのだ。

死に関する生物学的概念と宗教的概念

ベリングたちの研究では、死の提示方法は1種類のみだったが、ハリスたちの研究では2種類の提示方法が用意された（宗教的文脈と非宗教的文脈）。この方法により、ハリスたちは、人々が異なる死の概念を同時に持つ可能性を示すことができたのだった。そしてこうした提示方法は、死の生物学的な側面、あるいは宗教的な側面を強調するものといえる。

ある研究では、子どもや大人を対象にして、ある人物が死体となってしまった際のその人物の状態について尋ねている。こうした尋ね方は、世俗的な死の概念（生物学的な機能が止まるときに人は死ぬ）を喚起するものであるといえる。別の研究では、死後の世界の信念に一致する形で人物が描写された。例えばハリスらによるスペインやバヌアツでの研究では、ある人物が神とともにいると描写されているし、マダガスカルでの研究では祖先たちと同じく墓にいると描写された。こうした提示方法は、宗教的な死の概念（人は死後も生き続ける）を喚起するものであるといえる。しかし宗教的な文脈では、多くの心の機能は止まることなく継続すると回答する傾向が見られた。つまりこの文脈では、人々は死後の世界を否定するというよりも、受け入れる傾向にあったのである。

第5章では、人はある出来事が生じる理由について考えるとき、併存的思考を行っているというレガーレらの理論を紹介した。これは死について考えるときにも同様で、人は生物学的な説明や超自然的な説明を含む複数の観点から死について考えるのだろう。ハリスら（レガーレを含む）が指摘したように、年長の子どもや大人は、生物学的な死と宗教的な死という2つの平行した死についての概念を持つ。生物学的な死の概念とは、亡くなった人物を死体として見るものであり、いわゆる世俗的な死の理解（生物学的機能が停止した時点で人間の生命が止まる）に対応している。

宗教的な死の概念とは、亡くなった人物を、現世から旅立ち、遠いどこかで何らかの形で生きているとみなすものである。この概念は、多くの文化における死後の世界の概念に相当する。またこうした2つの死の概念は人々の中で共存して

第6章　死後の世界

おり、文脈に応じて別々に喚起されるものとされる。このようにハリスたちは、認知論と異なる、より文脈依存的な死後の世界の信念についての理論を提案していて、生物学的な死の概念と宗教的な死の概念がそれぞれ異なる文脈で引き出されると主張している。したがって、人は死後の世界を支持することもあれば、別の状況では死とは生物学的機能の終わりのことだという考えを支持することもあるのである。

　ここまで、死と死後の世界に関する認知論と文脈論を取り上げた。両者には類似点もあるが、人が持つ死に対するデフォルトの（あるいは発達初期から現れる）考え方は何か、また死の概念に対する文化的学習が影響をどれほど考慮するかといった点で異なっている。ただし次節で述べるように、死に対するデフォルトの考え方をめぐって意見が対立しているのは、ベリングらとハリスらの間だけではない。他の研究者たちも、多くの認知的素因が、人々が死後の世界を信じることに関わっていると主張している。

> **死後の世界に対する信念の認知的・文脈的理論のまとめ**
> - 人々が死後も命は続くと考える傾向を持つことについては、多くの研究者が合意するところである。
> - ただし、こうした考え方を認知的なデフォルトとみなすかどうかや、心の不死の概念を死後の世界についての信念に触れることで後天的に獲得されるものとみなすかどうかといった点については、研究者間で見解が異なる。
> - また、一般的に人々がどんな考え方をしやすいかは文化の制約を受けるものではあるが、宗教的教化や文化化〔宗教的な事柄についてどのような言説や慣習に触れて育つか〕がどれほど死後の世界に対する直観的理解に影響を及ぼすのかという点も、研究者によって意見が異なる。

死後の世界の信念を支える直観

　前節では、人々は通文化的に、生物学的な死の後でも人は生き続けると考える傾向を持つことを説明した。一方、本節では、死後の世界の信念の広がりに貢献すると CSR 研究者が論じているいくつかの直観的バイアスについて解説する。

シミュレーション制約

　本章の認知論で取り上げたベリングらの研究を思い出してほしい。彼らは、身体活動に関連した心的状態に比べ、それ以外の心的状態の方が死後も続くと考えられやすい傾向が、子ども〔特に8歳以上〕や大人に観察されたと報告している。ただし一般的に人間は、身体活動に関わる心的状態（空腹、便意など）がないというのは想像しやすいが、心的状態（思考、感情など）が死とともに消滅すると想像するのは非常に難しい。ベリングは、このように自分の心的状態の停止を想像することが困難であるために、私たちは自然に心の不死性を期待してしまう、つまりそれが認知的にデフォルトの考え方になるのだと論じている。

　心の不死性を期待するという考え方は、いわば人間の想像力の限界・制約から生じたものである。ベリングはこれをシミュレーション制約（simulation constraint）と呼んでいる。ベリングは（すでにフロイトやネーゲルといった他の学者たちが議論しているのと同じように）、人間はすべての経験を表象するのに心を用いるために、自分自身が死んで心をなくした状態を想像する（シミュレーションする）ことが原理的に不可能であると指摘する。彼はこの点を説明するために、ジャン＝ポール・サルトルの短編小説『壁』を引用している。この小説では、囚人たちは銃殺隊によって射殺されると固く信じている。そしてある囚人が次のように話す。「何かしら1つ変なものがあるのだ。おれは自分の死体を見ることができる、それはむずかしいことじゃない。だがその死体はおれがおれの目で見るんだ。おれはもうなんにも見えなくなる。聞こえなくなる。そしてほかのやつらにはやっぱりこの世は続いている……ところが人間はそういうことを考えるようにできてはいないんだよ」(9)。

　確かに、死んでいるとはどういう状態であるかを想像するのはほとんど不可能に思える。同様に、他者が死んだらどうなるかを考えるのも非常に難しい。ただここでいう制約とは、自分が死んだ後のことを想像できないという意味ではないことに注意が必要である。例えば私たちは皆、自分の葬式に誰が参列してくれるだろうかといったことは想像することができる。ただしこれは三人称的な視点での想像である。そうではなくシミュレーション制約とは、こうした葬式を一人称の視点で思い描くことの難しさを指している。ジャスティン・バレットが言うように、（普段私たちが行っているような）意識的な思考が止まるという経験をすることは、まずできない。したがって、考えることができない死者という状態をシミュレートするのが難しいのである(10)。

第6章　死後の世界

哲学者のショーン・ニコルスは、ベリングと同様のことを述べている。ニコルスは、死について考えることは想像力の障壁（imaginative obstacle）になると論じている。つまりこういうことだ。私たちは、自分が存在しない世界を表象するのに想像力を必要とするのだが、私たちの心は、どうにかして自分がその世界に存在するところを表象しようとする。このような矛盾があるために、自分が存在しない未来を想像するのが難しい。これが想像力の障壁という言葉が意味するところである。ニコルスは、人が自分の生物学的な死後の世界を想像しようとするとき、この想像力の障壁にぶつかると主張する。このようにベリングとニコルスによれば、自分や他者が死んだ後も、たとえ別の身体や別の場所であってもどこかで心は存在し続けていると表象する方が容易なのである[11]。

　ベリングのシミュレーション制約の理論は、一般にシミュレーション説と呼ばれる哲学的理論、すなわち人が他者の心的状態をどのように推論するかについての理論に基づいている。ある説によれば、私たちが他者の心を理解できるのは、それは私たちが、心が一般的にどのように働くかについての知識・理論を持つためであるとされる。言い換えれば、私たちは人間の信念や願望、意図、目標などがどういうものかについて理論化された知識（素朴理論）を持ち、それを利用して他者の心を理解しているというわけである。一方でシミュレーション説は、こうした仮定を置かず、代わりに私たちは（他者の立場だったら自分はどう考えるか・感じるかという）シミュレーションや認知的共感を通じて、他人の心を理解すると想定する。この説によれば、まず自分が死ぬとどうなるかを考え、それに基づいて、他者の死について考えることになる。これと一致して、ベリングやニコラスの理論を支持する数多くの具体例や逸話は、自分の死についての想像（の困難さ）に関わるものだった。その一方で、死後の世界の信念を理解する鍵は、私たちが他者の死についてどう考えるかにあるとする研究者もいる。こうした研究者は、人間は自分の経験を直接利用するのではなく、心についての理論を使って他者の死について考えるとしている。この説については次節で述べよう。

素朴二元論

　ベリングは、死後の世界の信念が通文化的に観察される理由の１つは、人々が生来持っている素朴二元論（あるいは心身二元論）にあるとの主張もしている。つまり、心と身体は別のものであると人々は考えるため、身体の死後も心は消滅しないと考える傾向にあるというわけである。この、直観的に心身二元論的思考

をする傾向が死後の世界の信念を支えているという説を最初に提唱したのは、心理学者のポール・ブルームであった。

　ブルームの説を支えているのは4つの主張である。第一に彼は、私たちは死後の世界の人間がどんな状態にあるかを想像するとき、この世で暮らす普通の人々と同じ状態だろうと推論するのだと主張する。この第一の主張は、多くのCSR研究者も賛同している点である。なお、以下の3点については必ずしも意見が一致していない点には注意してほしい。さて、ブルームの第二の主張は、人は自然に、他者を心を持つ存在として表象するが、その際に心を身体から切り離されたものと理解するというものである。彼によれば私たちは人間を、物質的な身体と非物質的な心という2つの独立的で自律的な存在から構成されていると考える傾向にある。そして、もちろん人間のことを基本的にはモノ、つまり物理法則の影響下にあり、押したり引っ張ったりできる存在として扱うのだが、それと同時に心理的な存在、つまり信念や願望、意図といった根底にある心的状態によって突き動かされる存在としても扱うのだという。この心理的な存在としての認識こそが、たとえ身体的変化（年をとる、太るなど）が起きようとも他者は連続的で同一的な存在であるとの認識を生む。このように、身体とは独立した心を持つ存在として普通の人々を捉えるという自然な傾向があるために、私たちは身体の死後も人間は生前と同じ心理的特徴を引き継ぐものと考えるのだとされる。

　第三にブルームは、人は自分のアイデンティティを身体ではなく、むしろ心にあると考えるのだと主張する。ブルームが言うように、「私たちは自分が体であるとは感じず、自分が体を支配しているように感じるのである」(12)。そして第四の主張は、なぜ私たちは、心は生前と変わることなく「同じ人物」のまま、死後に自分が別の身体に宿るところを想像できるのか、そしてそれがもっともらしく感じられるのかを説明してくれる。死後の世界に関するさまざまな信念に共通しているのは、自分、特に自分を自分たらしめているもの（それが具体的に何であるかは別として）が、身体の死後も続くという点だ。個人が不死であるということが、まさに死後の世界の定義となっているのである。ブルームは、自分のアイデンティティを支え続けるのは心であり、物質的に具現化された何かではないと主張する。ブルームは、このことが、死後の世界にいる人々を実体を持たない心的存在として考えることを可能にさえすると示唆している。私たちは心と身体を別のものとして表象できるだけでなく、アイデンティティは心だけに存在すると表象する。したがって、人は生物学的な死の時点で身体が死ぬことを理解しなが

第6章　死後の世界

らも、自分のアイデンティティを保持する心が死後も続くのだと直観的に推論するのである。

　CSR 研究者の多くは、この死後の世界の信念に対する素朴二元論の観点からの説明に同意している。特に、人々が自身を含む人間を、心と身体の2つから構成されるものと理解する点は広く受け入れられているといえる。例えば、ある実験的な比較文化研究によると、イギリスの人々もブラジルの人々も、さまざまな心的能力（感覚、知覚、認知、感情など）の中には、身体に依存したものとそれとは独立したものがあると考えることが示されている[13]。また、古代中国のテキストに対して定量的な分析を行った研究から、人々が人間を概念化する際に心と身体（の両方）に言及することが示唆されている[14]。さらに、臨死体験（意識レベルが低下した際に、死後の世界を垣間見るなどの神秘的体験を得ること）に関する研究によれば、58 パーセントの体験者はあたかも自分が別の身体に入り込んだように感じたという[15]。加えて人類学者のマイケル・キンセラは、アメリカにおいて臨死体験に関する民族誌的フィールドワークを実施しており、多くの人が臨死体験の理解において何らかの形で心身二元論に言及するとの指摘をしている[16]。そしてこれは、著者（クレア・ホワイト）の研究でも同様であった。著者は人々が生まれ変わりについてどのように考えているかを検討したが、人々は自分が新しい身体に宿りながらも自身のアイデンティティを保っていると考えることにほとんど抵抗がないということを見出した[17]。

身体化理論

　ただ最近では、素朴二元論に基づく説明に疑問を呈する CSR 研究者もいる。細部の異なる説明を提案する研究者もいれば、死者は身体を持たない存在として表象されるという主張を完全に否定する研究者もいる。以下ではこれらの説を検討しよう。

死後の世界における身体の重要性

　宗教研究者のイシュトヴァン・ターシェスは、人々は基本的に心身二元論者であることは認めている。けれども神学においては、人を生前と同じ身体を持つ物理的な実体として描く場合が存在すると主張する。これは特に、中核的な教義が強調される場合に顕著である。例えば、新約聖書外典におけるペテロの黙示録などで描かれる死後の世界では、人は生前と同じ身体のまま復活している。こうし

た描写は、肉体に罪の原因があり、それ故に地獄では肉体的苦痛が与えられるという考え方によるものであろう。このように、罰は同じ人物（身体）に下されると考えられているために、死後の身体の継続が受け入れられているというわけである[18]。もちろんCSRは、神学で扱われる死後の世界と、普通の人々の間で信じられている死後の世界とを区別し、特に後者について説明を加えようとしていることは、第3章でも説明した通りである。ただそれでも、亡くなった最愛の人が死後の世界で何をしているかを考えるとき、あるいは罰を受けるところを想像するときなどには、私たちは死後でも同じ身体のままでいると素朴に思いやすいのではないだろうか。

　こうした議論に関連するものとして、著者自身が実施したある調査結果を紹介したい。この調査では、人々は、生前とは別の身体で死者が生き返るという考えを受け入れているにもかかわらず、亡くなった人と同じ身体的特徴を持つ人がいると、それに基づいてその人を亡くなった人と同一人物（生まれ変わり）だと判断する傾向にあることが示唆された。つまり、意識的には生まれ変わりとは別の身体に宿ることだと理解しているものの、人々は暗黙のうちに、身体的特徴に基づいて人を識別するという日常から用いている方略を、死者にも採用するのである[19]。死後の生まれ変わりにおいて、身体は重要な意味を持つのかもしれない。このように、死後の世界に関する直観的な理解は他の考えに取って代わられることもあり〔素朴二元論という直観では心が重視されていたが、生まれ変わりについて考えるときには身体が重視されるようになる〕、思いのほか文脈依存的なものなのかもしれない。

社会的な身体化

　哲学者のミッチ・ホッジも、死後の世界における人間が身体を持たない存在として表象されるという仮定に異議を唱えている。ホッジは、人々は直観的に、死後の世界にいる人間を身体を持つもの（身体化された存在）として理解していると考えている。ただし彼は、一般的な意味での身体化と社会的な身体化とを区別することを提案する。どういうことかと言えば、私たちは死後の世界の人間を、必ずしも内臓や骨を持ち、排便をし、睡眠をするような、物理的・生理的な意味での身体を持つ存在と捉えているわけではないという。むしろ、目の前にいない誰かを想像したり、あるいはシャーロック・ホームズのような架空の人物を想像したりするのと同じようにして、死後の世界の人々を想像するとしている。これ

を彼は、社会的に身体化された存在と呼ぶ。

　例えば、恋人が職場で働いているところを想像するとき、私たちは恋人が仕事に関わる社会的な振る舞いをする場面（電話で話したり、同僚と話したり、あるいはメールを書いたりしている場面）を考えやすい。このとき私たちは、そうした社会的な振る舞いに必要な身体部位、つまり頭や口、目、腕、手、耳などを特に想像している。これと同様に、恋人が死後の世界にいる場面を想像するとき、私たちは社会的な振る舞いに必要な身体の部位を特に考えやすいだろう。また、恋人であると特定できるような身体的特徴（髪の色、眼鏡の有無など）も同時に想像する[20]。

　以上のようにホッジは、死後の世界について考える場合、素朴な心身二元論は必ずしもデフォルトの直観ではないと論じる[21]。人々は、人間は死後も生前と同じ身体を持つと想像することも多々あるのである。この見解は、ハリスらがバヌアツで行った調査（死後の世界でも、生物学的機能や身体の一部を保持していると考えられていた）とも一貫しているといえる。

死後も身体を持つ人々

　人類学者のパスカル・ボイヤーは、恋人は亡くなったとしても変わらず人間として扱われると述べている[22]。これは、私たちが超自然的行為者を理解・表象するとき、人間についての概念を用いるためだと説明されている。これまで本章で紹介してきた研究者を含めた多くのCSRの研究者はこの見解に同意しているものの、ただし、その直観的な人間についての概念が何を意味するのかについては、研究者間で意見が分かれている。心理学者マイケル・バーレヴはブルームとは逆に、ボイヤーの理論に基づき、人間についての概念には、心的な特徴と身体的な特徴の両方が含まれているとし、それらは直観的には分離が難しいと主張している[23]。したがってバーレヴによれば、神などの超自然的行為者、ひいては死後の世界における人々に対して、身体を持つ存在と理解することがデフォルトなのである。このような、人間についての既存の捉え方を神の理解にも用いるという仮説に対しては、経験的な証拠も存在する[24]。しかしながらこの仮説が死後の人々に対しても適用可能であるかは、直接検証されたわけではない。いずれにせよこの説は、死後の世界の人々がどのように表象されるかという問題において、素朴二元論説に対抗するものとなっている。

心理的本質主義

　心理学者のマイラ・ロアッツィ、メラニー・ナイホフ、そしてカール・ジョンソンなどのように、人々が個人のアイデンティティを心に見出すという主張に疑問を呈する研究者たちもいる。こうした研究者たちは、この種の主張は西洋のデカルト哲学に基づくもので、西洋中心的なものであると指摘する[25]。そして彼らは、心と身体だけでなく、魂あるいはその個人の本質を表す「何か」を加えた3つから人間が構成されるという考えを人々は持っているのだと、比較文化研究を通じて提唱している。この最後の「何か」というのが、素朴理論の一種である心理的本質主義と最も近い概念である。

　第5章でも紹介したように、心理的本質主義とは発達心理学者のスーザン・ゲルマンによって提唱された直観であり、世界の起源を説明する創造論とも親和性が高いとされる[26]。要約すれば、ものごとのアイデンティティに関する素朴な（つまり、幼少期に発達する、前科学的な）理論のことである。例えば子どもたちは、虎には自然に備わった不変の本質、つまり固有の虎らしさがあって、それが虎を吠えさせるのだし、たとえ虎がその姿を変えたとしても（例えば、成長したとしても）、その本質は変わらないと推論する。そしてあるカテゴリーに属する個体（例えば人々）が時を経ても変わらないのはなぜかを説明するとき、大人も子どももこの素朴理論を用いやすい[27]。例えば、子どもは、外見が変わったり年をとったりしても、自分は変わらず同じ人間であるかのように考える傾向がある[28]。

　ある研究によれば、子どもも大人も、心をある個人の考え方や記憶、好みといった心的な特徴が格納されているものと解釈するという[29]。そしてたとえ知識が増えたり記憶を失ったりという心的状態の変化が起きても、（それらを格納する心が同一であれば）その変化の前後で人のアイデンティティは保たれると考えやすい[30]。心は、人々のアイデンティティを保証する「本質」の概念に最も近いと捉えられているために、参加者は死後も継続するのは心であると考えたのかもしれない。

　ただしここで、心理学者のレベッカ・リチャートとハリスの発見は重要であろう。彼女らは、参加者は場合によっては、心ではなく魂によって生前と死後のアイデンティティが保持されると回答することを見出したのである[31]。この発見はまさに、先に紹介したアストゥーティとハリスによるマダガスカルでの研究で見出されたこと、すなわちマダガスカルの人々は身体に比べ心、そして心に比べ魂をより死後も継続しやすいと回答するという知見と類似している[32]。こうし

第6章　死後の世界

た知見に対する妥当な解釈の1つは次のようなものである。人々は、生物学的な死後も生き続けるということには、個人のアイデンティティの不死（継続）が伴うものだと考えている。そしてアイデンティティの不死とは、心の不死を意味することもあるが、より重要なのは、それが個人の本質あるいは魂の継続を意味するということであろう。

心の理論、情緒的愛着、永続的メンタルモデル、オフライン社会的推論

さて、人が死んだらどうなるか、ちょっと考えてみてほしい。読者の皆さんは、人が遺体となるのは死の結果であること、そして少なくとも意識的なレベルでは、たとえ時間がかかるとしても、その人が生物学的に死んだのだと理解できるはずである。しかし他方では、いくら時間が経とうとも、その人を心理的に死んだと考えることはきわめて困難かもしれない。どうして、それまで思考を行い、感覚を持っていた人間が、考えることや感じることができなくなるなどと思えるのだろうか。このように、死んだ人を生物学的機能（例えば、呼吸）が停止した存在として理解するのは比較的簡単だが、心的機能（例えば、思考）を失った存在として理解するのはかなり難しいようである。この理由は、心的機能より身体機能の方が認識しやすいという事実と関係がありそうだ。愛する人やペットが亡くなったとき、私たちはその人・ペットが呼吸をしなくなったり、食事をしなくなったり、あるいはトイレを必要としなくなったりしたことを観察できる。しかしながら、その人・ペットが考えたり、思い出したり、あるいは夢を見たりしているかどうかを直接観察することはできないのである。

心の理論と心を持つ者として死者を表象すること

パスカル・ボイヤーは、死体は、私たちの人間についての概念と矛盾すると論じている。というのも私たちは、物理的な身体を「生命を持たない存在」として理解しているとされる〔身体に何かが宿ることで生きている状態になるという、素朴二元論や心理的本質主義の話と同様〕のだが、ただし（矛盾するようであるが）「生命を持たない存在」をすなわち「死者」とみなすわけではないという。心理学者のクラーク・バレットらが論じているように、生き物らしさの知覚、例えば生きているものは動くといった期待は、動かない存在（死体）を見るたびに停止するわけではない[33]。例えば、生物も静かに寝ることがある。もちろん、多くの言語で、死の婉曲的な表現として眠りにつくことが用いられることも多いのだ

が⁽³⁴⁾、それでも動かないことだけで死者であると判断するわけではなく、この判断には身体温度など別の手がかりも併せて用いることが多い。このようにやはり、死体を動かない身体と考える方が、心を持たない存在と考えるよりも、容易なのである。

ボイヤーはその説明の中で、死体を心を持たない存在と考えるのが難しい理由は、私たちに組み込まれた他者の心に関する装置（すなわち、心の理論）にあると指摘している。前章で議論した通り、心の理論とは仮説的な認知能力である。この能力があるために私たちは、幼い頃から自然と、信念や願望、意図、目標がどのように機能するかについての理論的知識を蓄積し、それに基づいて自分や他者の振る舞いを説明するのだとされる。私たちは習慣的に、観察不可能な心的状態を追い求めてしまうというわけである。したがって、たとえ生きていない人物であれ、その人の心的機能が活動していると考えるのをやめることは難しく、ほとんど不可能といってもいい。

このように私たちは、人々を心の観点から考えるという傾向を持つ。ボイヤーは、死後も人の心的機能が継続するという考えは、この認知傾向の意図せざる結果（つまり副産物）であると論じている。心の理論を持っているということは、私たちは常に他者の心的状態について考えているということであり、この傾向は、たとえ相手が亡くなっているとしても適用されるのである。もちろん心の理論は、例えば他者の行動を予測するときなど、生きている相手に対して適応的な機能を発揮するのであって、死者に対して用いてはそうした適応的機能は発揮されない。つまり、死んだ人に願望や意図、目標があると考えても、私たちの生存とは何ら関連がない。

情緒的愛着と永続的な心的モデル

死後の世界という考えがなぜ私たちの関心を惹くのかを理解する上で、（親しい人などを亡くしたときに感じる）悲嘆感情についての研究は参考になる。ある研究者たちによれば、悲嘆を経験したときに現れる症状、例えば、亡くなった人物が自分の周囲に現れると無意識のうちに思ってしまうような症状は、情緒的愛着や認知システムの副産物であるという⁽³⁵⁾。情緒的愛着は、私たちに他者と親密でいたいという動機づけを与えるものであり、いわば親密な関係性の構築を可能にしてくれるものである。幼い子どもが両親から離されるのを嫌がるというのも、この情緒的愛着に理由がある（例えば、ショッピングモールで母親とはぐれた幼い

子どもの苦悩を考えてみてほしい）。一方、私たちの認知システムは、他者につい
ての永続的な心的モデルを作り出し、その結果、たとえ見えていないとしてもその
存在を身近に感じることができる。おそらくこれが、死後の世界の信念の一因
となるのかもしれない。こうした情緒的愛着と永続的心的モデルは、相手が生き
ているときには不可欠であり、そうでなければ親密な関係を維持することは困難
になってしまう。しかし、相手が亡くなっている場合には、もう無用である。進
化的な観点に立って言うならば、亡くなった人が死後の世界に存在し続けると考
えたとしても、自分の生存にはプラスにならない。

オフライン社会的推論と別の場所に存在する故人

　ベリングは、悲嘆の研究者が提示した認知システムとよく合致するように思わ
れるもう1つの認知バイアス、すなわちオフライン社会的推論の概念を提案して
いる(36)。先述の通り、日常生活の中では、たとえ会わない相手（例えば死者）で
あっても、その相手を完全に忘れ去ってしまうわけではない。私たちの心にある
人物リストは、現実世界に対応して更新されるようにはできていないようだ。こ
れには相応の理由がある。おそらく絶えず更新し続けることには認知的に負担が
かかるので、進化的に適応的ではないのだろうと思われる。こうした物理的に存
在しない他者を表象する能力（すなわちオフライン社会的推論）によって、私たち
は死者をあたかも存在し続けているかのように解釈することになる。オフライン
社会的推論によって、人間はすぐ近くにいない人のことを考えることができる。
私たちは、何か月も、あるいは何年も会っていない家族が、ある瞬間に何をして
いるかを容易に想像することができる。これと同様に、私たちは死後、その人が
別の場所に存在していると考えることもできるのである。

　これに関連して、ホッジが指摘しているように(37)、さまざまな死後の世界の
信念では共通して、死が旅や居場所の変化と関連づけられていることも興味深い。
そして死ぬことはよく、この世とは別の場所への旅を始めることにたとえられる。
この旅で人々は、例えばワニの神に襲われたり〔古代エジプトでは、悪人はアメ
ミットというワニに似た神獣に貪り食われると考えられていた〕、輪廻のサイクルに還
って別の姿に生まれ変わったり、あるいは創造主と出会うなどのさまざまな苦難
を経験するのである。このように細部に違いはあれども、一般的に人々は、死後
の世界を何らかの「場所」として捉えていると考えられる。

　こうした捉え方の実例の1つに、C・S・ルイスの古典的小説『天国と地獄の

離婚』がある[38]。この小説は、亡くなったばかりの死者がバスに乗ってさまざまな場所を旅する物語である。バスの乗客たちは、煉獄あるいは地獄であることが判明する灰色の町や、天国のふもとであることが判明する美しい田園地帯などのうちから、自分がどこで降りるのかを決めることになる。この物語に見られるように、人は死ぬと別の世界に旅立つという捉え方には何かしら合理的なところがあるのかもしれない。しかしながら、死後の世界の概念は、理論的に言って、物理的な場所というよりも心的な状態であるといえる。言い換えれば、死後にどこかへ行かなければならないような論理的な理由はないように見える。ではなぜ私たちは、死後にはただ幸せや満足、安らぎといった感情を経験するだけであるとは想像しないのだろうか？

　ホッジは、愛する人が亡くなっても別の世界で生きていると私たちが考える理由も、オフラインで社会的推論を行う傾向から説明できると述べている[39]。ハリスも同様の見解を持っており、この認知バイアスについて詳しく述べている[40]。そしてこれは、彼らが行った比較文化研究に対して新たな洞察をもたらす。繰り返しになるが、ハリスたちは、年齢の高い子どもや大人は、2つの異なる死の概念を持っており、文脈に応じていずれかが採用されることを見出している。2つの概念とは、1つは生物学的な死の概念で、世俗的な死の概念を喚起するものである。もう1つは死後の世界の概念に支えられるような宗教的な死の概念である。

　後の著作でハリスは、死後の世界という宗教的概念を支えているのは、たとえ目の前に物理的に存在しなくても、そして長く会うことがなくても、愛着の対象は存在し続けていると考える認知バイアスにあると論じている。彼は、子どもたちは愛する相手に関する記憶を用いることで、その相手が離れたところで何をしているのかを想像できるのだと主張する。この作業には、物体の永続性の概念や愛する相手について記憶する能力、そしてそうした記憶を用いて離れたところにいるその相手の様子を想像する能力など、さまざまな能力が子どもの中で統合されている必要がある。このような能力が発達とともに成熟し、さらにそれが死後の生命についての言説と噛み合うと、高年齢の子どもたちはそうした能力を、死後の世界にいる人々の想像に適用するようになるというのである。

　注目すべき観察された事実はまだある。それは、私たちはよく死後の世界を現世と似た場所だと想定しているということである。これまで、私たちは直観に基づいた想定を持っていて、それは死後の世界で人々がどのように存在しているか

の理解に影響を与えることを見てきた。そして死後の世界をどのような場所だと考えるのかも、人間の想像力や認知処理能力によって影響を受け、あるいは制約を受けるといえる。例えば、私たちは現実世界には高さ、幅、奥行き、時間という4つの次元があると知覚するが、死後の世界も同様であると考えてみよう。これは比較的想像しやすいことだろう。

　一方で、「時間が始まって以来の世界における位置」のような抽象的な概念によって定義されるより多くの次元（5次元、6次元、あるいは7次元）で構成される死後の世界というものを想像できるだろうか。このような死後の世界は、想像することがほとんど不可能であろう。したがって、よほど文化的にその概念が一般的であるとか、文化的学習の機会があるといったことでもなければ、人々の間で広まることはないはずである。人は死ぬと現世とよく似た別の世界に行き、日常生活を続けるという考えの方が、よほど文化的に広まりやすいと考えられる。要するに、私たちの想像力は無制限ではなく、むしろ制限があるのだ。同様に、死後の世界についての概念も、現世に対する私たちの直観的理解と合致する場合には、より簡単に内面化される可能性が高いのである。

死後の世界の信念を支える直観のまとめ

- なぜ死後の世界の概念、特に心や魂は生物学的な死を乗り越えて残存するという考えや、人はこの世とよく似た別の物理的な場所に存在し続けるという考えが文化を超えて繰り返し現れるのだろうか。CSR研究者は、ここに人間の認知的素因が大きく関わっていることを議論してきた。
- 死後の世界の概念を受け入れるのに関わる認知的素因として、素朴二元論、心理学的本質主義、シミュレーション制約、心の理論、情緒的愛着、永続的心的モデル、オフライン社会的推論など、さまざまなものが提案されている。

　ここまで本章では、CSR研究者の提案する死後の世界の信念についての認知論と文脈論を紹介してきた。本書の最終章で取り上げるように、宗教に関する認知論は、時として、宗教的な考えや経験に付随する情動的・動機的な要素を無視しているとして批判されることもあった。このような死後の世界の信念を認知過程の結果（副産物）であるとみなす説明とは対照的に、動機論は、そもそも人々が死後の世界を信じようとする動機に焦点を合わせる。例えば存在脅威管理理論は、死後の世界を信じるのは、死を考えることに伴う不安から自分を守るためで

あるとみなす。次節で検討するのは、こうした生物学的な死の後も生命が続くと
信じる動機を説明しようとする理論である。

永遠の生を希求する人々——死後の世界についての動機論

　自分の死について考えたことがあるだろうか。ただ漠然と考えるのではなく、
死ぬとどんな感じがするのかを真剣に考えたことがあるだろうか。唯物論を信じ
る人々は、たとえ死んでも（そこで生命が途絶えるのだから）何も感じないし、死
んだことにも気がつかないはずだと気楽に考えるかもしれない。しかしおそらく、
少なくとも西洋では、そのように気楽に考えることはないだろう。というのも、
西洋では、死という運命から目を背けるために、さまざまな努力がなされている。
例えば、死について話すことはタブーとされ、死を連想させるものはことあるご
とに取り除かれる。また最近の研究によると、不変の自我のような存在を否定す
るチベットの修行僧でさえ、その多くが死を恐れているとされる[41]。それでは、
いったい死の何がそれほど恐ろしいのだろうか？
　古今東西、研究者たちはなぜ死を人が恐れるのかについて議論してきた。ある
人々は、自分がどんな風に死ぬのかを恐れるかもしれない。つまり、死は突然や
ってくるのだろうかとか、痛いだろうかといったことを気に病むようだ。また別
の人たちは、この世界の人々とのつながりを失うことや、希望、夢、記憶などを
失うこと、あるいは自分自身が消滅することを嘆くのかもしれない。著名な哲学
者であるネーゲルの言葉を借りれば、次のようになる。「あなたなしでも世界は
続いていき、あなたは無に帰するという考えをそのまま受け入れるのは、とても
難しいことです」[42]。また一部の人にとっては、未知なるものへの恐怖が死に直
面したときの恐怖を助長するかもしれない。ただし、ソクラテス（古代ギリシア
の哲学者。西洋哲学の基礎を築いた人物とされている）の指摘も考えてみる必要が
ある。彼は、死が何をもたらすのか知っていると考える人々でさえも、死を怖が
るだろうと述べている。彼の弟子のプラトンによればソクラテスは「死を恐れる
ということは、諸君、知者でもないのに、知者だと思うことにほかならない……
誰も死が、人間にとって、もしかしてすべての善のうちで最大のものであるので
はないか、そのことさえ知っていないのに、それが悪のうちで最大のものである
ということをよく知っているかのように恐れる」[43]　と述べたという。
　最初期の心理学的な理論の多くも、死後の世界の信念（そして、宗教的信念全

第6章　死後の世界

般）とは死の恐怖に対する反応であると説明している。この種の説明としておそらく最も有名なのが、20世紀初頭にフロイトが提唱したもので、その内容は彼の著書『幻想の未来 *The Future of An Illusion*』の中で詳しく述べられている[44]。初期の人類が原父を殺害して架空の神を代わりに据えたといったような、フロイトの宗教の起源に関する歴史的主張には疑問が呈されてきた。それでもなお、死から逃れたいという欲求から死後の世界の概念が生まれるのだというフロイトのシンプルだが強力なアイデアは、学術界で大きな影響力を持ち続けている。人は自分の死に恐怖し、その恐怖を和らげたいという気持ちから、生物学的な死後も、あの世で自分自身の生命が続くという考えを作り出すのかもしれない。つまり死から逃れたいという願いを、死後の世界を創造することで満たしているのであり、いわば死後の世界の信念は願望充足にすぎないのかもしれない。

　もちろん、死後の世界の信念の起源を正確にたどることはできないし、死への恐怖がそうした信念を生み出したのかどうかを知る決定的な方法もない。しかしそれでも、死に対する不安が死後の世界の（そして宗教全般に対する）信念を強めるのかどうかを現在において経験的に問うことはできる。フロイトのアイデアは後の理論家たち[45]によって発展させられ、社会心理学領域では、より洗練された形で再登場することになる。それが存在脅威管理理論（terror management theory: TMT）である[46]。

存在論的脅威と死後の世界の信念

　存在脅威管理理論を支持する研究者たちは、なぜ死後の世界をはじめとしたある種の考え方を人々が受け入れるのかを説明しようとしている。彼らの主張によれば、人々が死を恐れるのは、それが消滅を意味するからであり、ゆえに本能的に自己保存をするよう動機づけられるのだという。そして（死後の世界の信念を含む）不死をもたらす思想は、こうした恐怖を和らげてくれるので、これを受け入れることで自身の存在論的恐怖に対処しているとされる。この理論を構成する複数の主張には、経験的に支持されている部分もあるが、賛否両論がある。まず、人間は死を恐れるという主張について考えてみよう。自己保存が本能的なものであることを疑う人は少ないかもしれない（例えば、シマウマがライオンから逃げるのには何ら教育の必要がない）。しかし、人間が死に対して存在論的恐怖（死にたくないという抽象的な願望）を感じていることを証明するのは、そう簡単ではない。例えば、人々に何を恐れているかを尋ねると、死について言及されるのは10パ

ーセント以下であるとの報告がある[47]。人々は、死というよりもむしろ、日常生活で生じ得るような恐怖（例えば、テロリズムへの恐怖）に不安を覚えるのである。

　この点について、存在脅威管理理論の研究者は次のように論じる。まず私たちが普段懸念するような恐怖は、部分的に死への恐怖に端を発しているという。また死の恐怖は、きちんと向き合うことができないほど甚大なものであるので、その結果、人々は死の恐怖を抑圧し、意識の底に押し込めてしまうのだという。したがって死の恐怖は、普段から感じられるようなものではなく、意識的で高次の認知過程（例えば、死ぬのは怖いかという質問に答えるとき）にも反映されにくいというわけである。ただし、こうした存在脅威管理理論の主張には、反証が不可能であるとの批判もある。つまり、どのような結果が得られたとしても、この理論を支持するものと解釈できてしまうのである。例えば、死が怖いかと尋ねて、人々が死への恐怖を率直に認めたら、それはそれで理論と矛盾しない。たとえ怖くないと答えたとしても、それは抑圧するほどに死を恐れているのだと捉えることが可能になってしまう。

　そこで研究者たちは、死ぬのは怖いかと参加者に直接尋ねるのではなく、別の巧妙な実験方法を考案した。自分が死ぬという考えを頭の中で顕現化させる（つまり、目立ちやすくする、気づきやすくするように操作する）方法を確立したのである。そして、この死の顕現化の操作に続いて、死の恐怖が影響を与えると予測される何かを測定し、その影響・効果を確認するのである。こうした死の顕現化の効果は、例えば、死について考えたり書いたりさせるような、自分が死ぬのだと直接認識させるような手続きでも生じるし、よりわずかな刺激、例えば墓地の入り口[48]や葬儀場[49]のような死を連想させる場所の前で面接をすることでも生じるとされている。

　他に支持を受けている主張として、人は死の恐怖に対処するために不死をもたらすと思われるものに注目したり、そうしたものを獲得したりしようとするというものがある。存在脅威管理理論の研究者たちは、誰かの記憶に残るといった形で死後も自分が（物理的ではなく象徴的に）生き続けるという感覚を象徴的不死の感覚と呼ぶ。例えば、子孫を残す、本を書く、あるいは宗教団体の価値を広めるといった手段は、この感覚を促進するものと考えられている。そしてこうした手段に対して死の顕現化の効果を検証しているのである。一方で死の顕現化が、文字通りの不死に与える効果、つまり死後の世界を信じることで直接的に死を逃れ

ようとすることに対する効果は、十分には検証されていない。

　とはいえ、存在脅威管理理論に基づけば、死の恐怖と宗教的信念の強さ、そして死後の世界の信念にはそれぞれ関連があると考えられる。具体的には、自分の死に対して恐怖を感じる人ほど、死後の世界の存在を信じるはずだと予測できる。しかしながら、この関連を検討した研究の結果は、必ずしも一貫していない。例えばある研究では、死の恐怖と一般的な宗教的信念との関連を調べているが、その結果、宗教的な人々の中には死を恐れていない人も、恐れている人も同じくらい存在していたという(50)。また、死の顕現化の操作によって宗教的信念が強まるケースを報告した研究もあるが、この効果はもともと宗教的な人々の間でのみ観察され、宗教的でない人々の間では認められなかったという(51)。

　これに対して心理学者のジョナサン・ジョンらは、先行研究が参加者の自己報告に頼っており、意識的で高次の認知過程にしか触れていないことを問題点として挙げている。そして彼らは、死の顕現化の操作を用いて、それが超自然的存在（例えば、神）に関するさまざまな判断に及ぼす効果について研究を実施した(52)。その結果、超自然的存在を信じるかどうかについての意識的な判断には、自分の死について記述すること、すなわち死の顕現化の影響は観察されなかった。その一方で、非意識的な潜在的認知過程を反映した判断である特徴判断課題（property verification task）の成績に対しては、死の顕現化の効果が認められたのである。

　特徴判断課題とは、参加者に超自然的存在を示す単語をコンピューター画面上で呈示し、それに続いて「実在」か「架空」のいずれかのカテゴリー名をできるだけ素早くクリックしてもらうという課題である。この課題を実施したところ、もともとの宗教的信念の強さに関係なく、死の顕現化の操作を受けた参加者は、この操作を受けなかった参加者よりも、超自然的存在の単語が呈示された後により素早く「実在」をクリックしていた。こうした結果は、意識的な判断課題である自己報告では潜在的な信念を捉えることができない（そのため死の顕現化の効果がなかった）こと、そして、死の恐怖は神を信じさせる効果が（少なくともこの研究の参加者であるニュージーランドの学部生には）あることを示唆している。「塹壕の中に無神論者はいない（there are no atheists in foxholes）」ということわざが示す通り、塹壕で戦う兵士のように死への不安の極みにあるとき、人は慰めを求めて宗教に頼るのかもしれない。ただし、今のところ、死への恐怖が人々に死後の世界を信じさせるかどうかという実証的な疑問は未解決のままである。

死の恐怖の起源

　存在脅威管理理論には、必ずしも経験的に支持されていない部分があるのに加えて、理論的な問題点も見つかる。代表的なものに、この理論が死後の世界を望ましいものと仮定している点が挙げられる。少なくとも自身の消滅について考えるよりは、死後の世界を不安の少ないものだとみなしている。しかしながら、人類学者が古くから指摘しているように、死後の世界はいつも望ましいものとして概念化されるわけではない。ジョンら[53]によれば、例えばカルヴァン主義では、神は人々の魂を救済するのか断罪するのかを予め決めていると信じられていたし、古代メソポタミアでは人々は死ぬと怪物だらけの恐ろしい世界に投げ込まれるのだと信じられていたという。また18世紀のキリスト教復興運動（リバイバル）ではよく地獄の苦しみについての説教がなされたことが知られている。

　さらに教義などでは、神々に喜ばれるような振る舞いをしなければ天国には行けないのだと説かれることがよくある。そしてそれに失敗すると、天国とは別の世界、例えば地獄のような（生物学的な）死よりもさらに苦しいとされる場所が待っているとされる。他にも、人々はとても死を恐れているので、生きることを（それがどのような形であれ）死ぬよりもずっとましだと考えている可能性もある[54]。

　では、この恐怖の起源は何なのだろうか？　この恐怖を研究する学者たちによれば、死の不安は自己意識の副産物として生じたもので、ヒトに固有の特性なのだとされる。すなわち、「私は自分が存在することも、自分がいつか死ぬことも知っている」のである。さらに、このような実存的不安は適応的とはいえない可能性もある。どういうことかというと、まず死を避けて自己保存しようとする動機は生存にとっては重要で、生物としてこの動機を持つことはおかしくない。一方で、存在脅威管理理論に基づけば、ヒトは発達した想像力を持つために死んだらどうなるかと考えてしまい、これによって死を恐れることになる。そしてこの想像力が行き過ぎた場合には、死の恐怖に苛まれることになってしまう。例えば恋人を亡くした場合などに、死に対する強迫的な恐怖を特徴とするタナトフォビアを呈する人々がいる。ひどいケースでは、身体的にも精神的にも機能不全に陥り、外出を拒んだり、不安障害に悩まされたり、抑うつ状態になったり、現実と非現実の区別がつかなくなったりする[55]。存在脅威管理理論の研究者たちは、人々はこうした現実を否定するために、死後の世界の信念を持つようになると主張している。

第6章　死後の世界

死の恐怖で広まる死後の世界の信念

　死の恐怖と死後の世界を信じようとする動機がどのように関係するのかについて、哲学者のショーン・ニコルスはより合理的な説明を提案している。ニコルスは、死後の世界の信念がどのように生まれたかではなく、死後の世界という概念がなぜ通文化的にこれほどまでに広まっているのかという点に注目する。こうした注目の仕方はCSR研究でも一般的なものだが、ニコルスの説明のユニークな点は、認知論と動機論の両方を組み合わせている点にある。

　ニコルスは、ダン・スペルベルが提唱した疫学的アプローチ（第1章参照）を援用し、死後の世界という考えは、信じるよう動機づけられやすいだけでなく、人々の記憶に残りやすく、伝達されやすいと議論している。つまり、社会・文化的要因に加えて人の心的傾向が、死後の世界の概念が広まりやすい一因となっているというわけである。ニコルスは、歴史的な観点から、アブラハム系宗教を引き合いにして自身の主張を裏づけている。アブラハム系宗教には大きく広まることのなかった分派が多く存在するが、そうした分派には死後の世界の概念のような、動機の点から魅力的な要素がなかったと彼は述べる。例えば、理神論における神は世界を創造した存在ではあるが不死を約束はしてくれなかったし、ユダヤ教の一派であるサドカイ派は、死後の世界の存在自体を否定した。そしてニコルスは、主にフロイトの議論を参照し、キリスト教、ユダヤ教、イスラム教の教義を、動機づけの点から魅力的かそうでないかに分類した。その結果、信じる動機づけが持たれやすい教義（調和のとれた死後の世界という考えを含む）は、そうでない中立的な教義よりも、分派において絶えることなく存続しやすいことを見出している。

　ただし、この歴史的分析も完璧ではない。例えば、この分析はニコルスの解釈に依存する部分があり、また宗教間の過去の交流のような社会・文化的要因も考慮されていない。したがってこの研究は、死後の世界（できれば天国のような場所）を信じたいという動機的要素が、この信念の広まりや教義としての成功の原因であることを明確に示したものとは言い切れない。その代わりにニコルスが主張したのは、動機の点から魅力的であるということは、教義が集団に導入され、それが広まる際に、心理的なメリットがあるということである。このメリットが、富や文化的優位性といった他の社会・文化的な力と結びついたとき、教義はより容易に受け入れられやすくなり、変化に強くなり、人々によってより忠実に伝達されるようになるのである。

なぜ人間は死後の世界を信じるよう動機づけられるのかという疑問について、これまで多くの研究者が議論をしてきた。例えばフロイトは、死後の世界の信念がどこから生まれたかという起源について説明を試みたのだった。一方、存在脅威管理理論を支持する現代の研究者たちは、こうした起源を探る試みはほぼ断念しているものの、死への恐怖が死後の世界を信じる動機づけになるという主張は続けている。ただし、この理論に対する実証的研究の結果は一貫しておらず、人々が死後の世界の信念を持つのが、死への恐怖からなのか、死への恐怖を否定したいからなのかは定かではない。さらにショーン・ニコルスの説明では、死の不安は少し異なる役割を果たしているとされる。彼は、死後の生を説く教義や、死後の世界が魅力的な場所であると説く教義などは、人々に受け入れられやすく、広まりやすいとしている。つまり私たちは、死後に起きてほしいと望んでいることを信じやすいのかもしれない。

死後の世界の信念に関する動機論のまとめ

● 存在脅威管理理論を支持する研究者は、死後の世界の信念を、死への恐怖の副産物であると説明する。

● またこの理論によれば人々は、自分たちがいつか死ぬのだということを理解でき、自己保存の本能に突き動かされるとされる。そして文字通りの不死を与えてくれるというアイデアを受け入れることで、この恐怖に対処しているという。

● この理論に対する実証的検討の結果は一貫しておらず、例えば死への恐怖が強い人ほど死後の世界を信じるかどうかについて、それを支持する研究と支持しない研究とがある。ジョンらによればこうした状況は、死に対する意識的反応を取得する方法が用いられているためだという。

● また死後の世界を望ましいものとしている点で、存在脅威管理理論を批判する研究者もいる。

● ニコルスは認知論と動機論を組み合わせて、死後の世界に対するある種の考え方を受け入れた宗教がより成功しやすいとの議論を展開している。

死後の世界の存在についての認識論的含意

第11章でも論じるが、死後の世界に関する理論を知ると、次のような認識論的な疑問が生じてくるかもしれない。すなわち、認知論、文脈論、動機論は、死

後の世界の信念の真実性、合理性、正当性についてどのような結論を導くのか、という疑問である。こうした理論に基づけば、死後の世界に対する信念は合理的で、正当性を持つのだろうか？　また、死後の世界の存在は証明されるのだろうか、あるいは否定されるのだろうか？

　存在脅威管理理論の研究者は、フロイトと同様に、死後の世界は願望の産物であり、実際に存在するものではないと論じている。これとは対照的に、認知論や文脈論を支持する研究者は、こうした議論はほとんどしていない。第一に、CSR研究者は、人々が死後の世界を信じる理由を認知的素因や文化的学習によって説明しようとするが、それですべて説明し尽くせるとは主張していない。そうではなく、心や文化が、死後にも生命（あるいは心）が続くという考えの広まりを後押ししたと指摘しているのである。そして、こうした考えの広まりやすさは、その考えが真であるかとは無関係であろう（例えば、必ずしも人々の直観に一致せず、広まりにくいと考えられる超ひも理論や進化論は、科学的に支持されている）。

　もちろん、宗教が真実であるかに関心のあるCSR以外の研究者は、本章で紹介したような研究知見に、宗教が認知的に自然であるという（CSRの主張）以上の意味を見出すかもしれない。例えば、神が人々に死後の世界を信じさせているのだとか、死後の世界は真実であるからみな信じるのだと主張するかもしれない。あるいは、死後の世界の信念を心に還元し、それ以外の何物でもないと論じる研究者もいるかもしれない（存在論的還元主義の一種）。例えば、宗教は心の中の現象で、したがって幻想にすぎないというわけである。さらに別の研究者は、人々が死後の世界を信じるのは、周囲の人がそれを信じているからだと主張する可能性もある。しかしそれでも、死後の世界が何らかの形で存在するのかという問題は認知科学で扱える範囲を超えており、ゆえにCSR研究者はこの問題には特に議論をしないのである。少なくとも方法論の観点から言って、CSR研究者は死後の世界に対して不可知論的であり続ける必要がある。

本章のまとめ

　なぜ人々は生物学的な死の後も生命が続くと信じるのだろうか。ここにはいくつもの心理学的な説明が提案されているが、それらを大別すると認知論、文脈論、動機論の3種類に分けられる。CSR研究者はこの内、認知論や文脈論に対応する説明を用いることが多い。こうした説明は、人々が死後の世界を自然に受け入

れやすいのは、人間の認知的傾向・制約に一因があるとみなすものである。認知的傾向・制約には、例えば自身の消滅の受け入れがたいこと、身体と心と魂とを別々のものだと考えること、そして心や魂は身体の死の後もそのアイデンティティを失わないと考えることなどが含まれる。文脈論は文化伝達の役割に注目して、なぜ死後の世界の概念が広く受け入れられているのかを説明しようとする。文化によって異なる死後の概念が広まっている点も、文脈論は説明してくれる。それに対して認知論は、なぜこの概念が文化を超えて繰り返し現れるのかを説明することを重視しており、文化による違いにはあまり焦点を合わせていない。加えて、認知論はなぜ人々が死後の世界の概念に深く傾倒するのかという点にも、あまり説明を加えない。動機論は、フロイトにまでさかのぼることができるもので、その関心は死後の世界の信念の起源にある。例えば、なぜこの信念が最初に生まれたのかを説明しようとする。ただし存在脅威管理理論は、動機論の一部に数えられるが、この信念の起源というより、なぜ現在の人々が死後の世界を信じるのかを説明することに関心を向けている。それでもこうした動機論者の主張は、人々は死後の世界を信じるだけの動機（死の恐怖など）を持つというものである点で、共通している。認知論と動機論を合わせることで、死後の世界の信念についての疑問をよりよく説明できるようになるかもしれない。というのも、自身の存在を続くものと考えやすい認知バイアスを持つ人間が、死への恐怖（世界からいなくなることへの恐怖）という動機を持つならば、死後の世界の存在を受け入れる可能性は、さらに高くなると考えられるからだ。

ケーススタディ：生まれ変わりの信念

　生物学的な誕生は、人がこの世に生を受けたことを示すものであるが、世界の多くの地域ではむしろ、前世から現世に戻ってきたことを意味することがある。比較文化研究によると、世界の文化の 30 パーセントほどでは生まれ変わりが信じられているとされ、また約 20 パーセントのアメリカ人も同様の信念を持っているという。なぜ生まれ変わりという考え方は、これほどまでに繰り返し現れるのだろうか？
　人類学者の記録によれば、世界に存在する生まれ変わりの信念やそれに関わる慣習は非常に多様である。その中には、自分の倫理的行為（すなわちカルマ）との関係、生まれ変わりのサイクルから逃れる方法〔解脱〕、そして社会の機能（例えば、名前や富の分配システム、子育ての慣習）などが含まれる。伝統的には、生まれ変わりの信念が人々の間で伝達されやすい理由は、歴史の中でこの信念がどのような社会文化

第 6 章　死後の世界

的文脈に置かれてきたかを検討することで説明できるとされてきた。例えばアメリカでは多くの人は、他人の前世よりも自分の前世を明らかにすることに関心を向けるが、これは、西洋で人気になったニューエイジ・スピリチュアリティと宗教的個人主義を現代的に折衷した考え方によく適合しているためだ、と説明される。こうした伝統的説明は、確かに洞察に富んでいるとはいえ、生まれ変わりの考え方がなぜ文化全体に根強く残っているのかについては、それほど説明してくれない。

　筆者は、なぜ生まれ変わりの信念が文化を超えて繰り返し現れるのかという疑問に取り組むために、認知的アプローチを採用した。筆者はこの信念について研究するために、生まれ変わりに関する古文書や民族誌的記録の系統的な比較、南インドのジャイナ教徒や複合的な宗教を信じる欧米成人を対象とした比較文化研究、そして自分は生まれ変わったと信じている米国のスピリチュアル求道者へのインタビューなどを行ってきた。このような研究の結果に基づいて筆者は、生まれ変わりの信念やそれに関わる慣習には多様性があるにもかかわらず、生まれ変わりを支える基本的な考え方には共通点があることを見出した。そして、認知科学の理論に基づき、生まれ変わりに関する考えは、人間の生存にあたって認知的に最適な前提を満たしているため、容易に発生し、記憶され、伝達されるのだと議論した。このように、生まれ変わりの信念には自然な基盤があり、こうした基盤はこの信念が繰り返し現れる理由を説明するのに役立つ。これらをまとめると、次のようになる。

個人の不死：

a. 想像力の障壁（自分や他人の死を容易に想像できないこと）は、そもそも人が死後も生き続けるという考えを促進する可能性がある。

b. 恋人が生まれ変わる可能性を受け入れる理由は、物理的に存在しない他者を表象する能力（すなわちオフライン社会的推論）に影響されているのかもしれない。この傾向はまた、死者が存在し続けているかのように考えることを可能にする。

c. 存在脅威管理理論が主張するように、私たちが自分を不死であると考えるのには、何かしらの動機が存在するのだと思われる。死への恐怖が、死後の世界の信念を受け入れやすくしているのであろう。たとえ生まれ変わりという考えが来世での痛みや苦しみを経験することを意味するものであっても、自分が消滅すると考えるよりも、苦しむとしても存在し続けると考える方が容易であり、心理的にも魅力的であるのかもしれない。このような動機は、愛する人たちにも及ぶ。人が愛する相手に社会的・情緒的に傾倒するものであることを考えると、他者が自分の生活する社会的世界からいなくなってしまったとは考えづらいのである。

　生まれたばかりの子どもの外見を検査することで、誰の生まれ変わりなのかを特定しようとする習慣は、亡くなった最愛の人と再会したいという願望を満たすために役

立っているのかもしれない。

心理的不死：

d.　人は、別の肉体、別の場所で生まれ変わった存在として概念化される。こうした概念化は、人間が身体と心によって構成されているという広く受け入れられている仮定（すなわち素朴二元論）を反映している。

e.　研究によると、記憶のない意識状態というのは、想像することが特に難しいようだ。筆者は、エピソード記憶（特定の場所と時間に経験したことを思い出すことができる自伝的な出来事）は生まれ変わりの後でも受け継がれると人々が考えることを見出した。記憶によって人々は、自分自身が何者であるかを確認することができる。また記憶により、確立された人間関係を継続することができる（つまり、人々が自分のことを覚えていない場合、そのつながりは回復不能なほど損なわれている）。

身体化された残存物：

f.　生まれ変わりもまた、死後に新しい肉体を持つことを意味する。しかし人々は、生まれてきた子どもと死んだ人の間に肉体的な類似点があれば、それは生まれ変わりの証拠だと考える。例えば、珍しいアザや皮膚の凹凸といった特徴がそれである。こうした特徴は、同一人物であることを示す便利な（そして信頼できる）証拠となると考えられているが、この種の特徴を、生まれ変わった人を特定するためにも採用しているのである。

死後の世界は場所である：

g.　オフライン社会的推論によって人々は、亡くなった恋人が別の世界で生活していると考えやすくなる。死後の世界にいる人々が、いつか元の場所（この世）に戻るというのは非常に理解しやすく、死後の世界の典型的なイメージとなっている。またこのように考えることで、死者との社会的関係を維持できると思えることだろう。

結論

　生まれ変わりの考え方の根幹には、いくつかの前提があるといえる。例えば、個人のアイデンティティ、あるいは個人の一側面は肉体から離れても存在し続けること、そうしたものは生物学的な死を乗り越えること、そして別の人間として現世に誕生することなどである。本章では、文化的・歴史的要因に加えて、人間が死んだ後の人々や死後の世界にいる人々をどのように考える傾向にあるのかを考察してきた。このことは、生まれ変わりの考えがなぜこれほどまでに広く受け入れられているのかについ

ての研究者の理解を深めることだろう。また、生まれ変わりという考えが、さまざまな宗教（部族宗教や世界宗教）のシステムを決めるのにどのように使われているのか、なぜ使われるのかを理解するためにも、こうした検討が役立つだろう。

注

（1） Bering, Jesse M. "Intuitive conceptions of dead agents' minds: The natural foundations of afterlife beliefs as phenomenological boundary." *Journal of Cognition and Culture* 2, no. 4 (2002): 263-308.

（2） Bering, Jesse M. and David F. Bjorklund. "The natural emergence of reasoning about the afterlife as a developmental regularity." *Developmental Psychology* 40, no. 2 (2004): 217-233.

（3） Bering, Jesse M., Carlos Hernández Blasi, and David F. Bjorklund. "The development of afterlife beliefs in religiously and secularly schooled children." *British Journal of Developmental Psychology* 23, no. 4 (2005): 587-607.

（4） Emmons, Natalie A. and Deborah Kelemen. "The development of children's prelife reasoning: Evidence from two cultures." *Child Development* 85, no. 4 (2014): 1617-1633.

（5） Huang, Junwei, Lehua Cheng, and Jing Zhu. "Intuitive conceptions of dead persons' mentality: A cross-cultural replication and more." *International Journal for the Psychology of Religion* 23, no. 1 (2013): 29-41.

（6） Harris, Paul L. and Marta Giménez. "Children's acceptance of conflicting testimony: The case of death." *Journal of Cognition and Culture* 5, no. 1-2 (2005): 143-164.

（7） Astuti, Rita and Paul L. Harris. "Understanding mortality and the life of the ancestors in rural Madagascar." *Cognitive Science* 32, no. 4 (2008): 713-740.

（8） Watson-Jones, Rachel E., Justin T. A. Busch, Paul L. Harris, and Cristine H. Legare. "Does the body survive death? Cultural variation in beliefs about life everlasting." *Cognitive Science* 41, no. S3 (2017): 455-476.

（9） Sartre, Jean-Paul. *The Wall (Intimacy), and Other Stories*. New Directions Publishing, 1969, 8.（伊吹武彦訳『集英社ギャラリー 世界の文学9 フランス4』集英社、1990年、88頁）

（10） Barrett, Justin L. *Why Would Anyone Believe in God?* AltaMira Press, 2004, 58.

（11） Nichols, Shaun. "Imagination and immortality: Thinking of me." *Synthese* 159, no. 2 (2007): 215-233.

（12） Bloom, Paul. *Descartes' Baby: How the Science of Child Development, Explains What Makes Us Human*. Random House, 2005, 191.（春日井晶子訳『赤ちゃんはどこまで人間なのか──心の理解の起源』ランダムハウス講談社、2006年、240頁）

（13） Cohen, Emma, Emily Burdett, Nicola Knight, and Justin Barrett. "Cross-cultural similarities and differences in person-body reasoning: Experimental evidence from the United Kingdom and Brazilian Amazon." *Cognitive Science* 35, no. 7 (2011): 1282-1304.

（14） Slingerland, Edward and Maciej Chudek. "The prevalence of mind-body dualism in early China." *Cognitive Science* 35, no. 5 (2011): 997-1007.

（15） Greyson, Bruce and Ian Stevenson. "The phenomenology of near-death experiences." *The American Journal of Psychiatry* 137, no. 10 (1980), 1193-1196.

（16） Kinsella, Michael. "Near-death experiences and networked spirituality: The emergence of an afterlife movement." *Journal of the American Academy of Religion* 85, no. 1 (2017): 168-198.

（17） White, Claire, Michael Kinsella, and Jesse M. Bering. "How to know you've survived death: A cognitive account of the popularity of contemporary post-mortem survival narratives." *Method & Theory in the Study of Religion* 30, no. 3 (2018): 279-299.

（18） Czachesz, István, "Why body matters in the afterlife mind reading and body imagery in synoptic tradition and the apocalypse of Peter." In T. Nicklas, F. V. Reiterer, and T. Verheyden (Eds.), *The Human Body in Death and Resurrection*. De Gruyter, 2009, 391-411.

（19） White, Claire. "Cross-cultural similarities in reasoning about personal continuity in reincarnation: Evidence from South India." *Religion, Brain, and Behavior* 6, no. 2, (2016): 130-153.

(20) Hodge, K. Mitch. "On imagining the afterlife." *Journal of Cognition and Culture* 11, no. 3-4 (2011): 367-389.

(21) Hodge, K. Mitch. "Descartes' mistake: How afterlife beliefs challenge the assumption that humans are intuitive Cartesian substance dualists." *Journal of Cognition and Culture* 8, no. 3 (2008): 387-415.

(22) Boyer, Pascal. "Religious thought and behavior as by-products of brain function." *Trends in cognitive sciences* 7, no. 3 (2003): 119-124.

(23) Barlev, Michael. "On the ubiquity of beliefs in disembodied beings and on the default function integration of mind and body representations." Under review: *Cognitive Science*.

(24) Barlev, Michael, Spencer Mermelstein, Adam S. Cohen, and Tamsin C. German. "The primacy of the embodied person concept in representations of disembodied extraordinary beings." Under review: *Perspectives in psychological science*.

(25) Roazzi, Maira, Melanie Nyhof, and Carl Johnson. "Mind, soul and spirit: Conceptions of immaterial identity in different cultures." *International Journal for the Psychology of Religion* 23, no. 1 (2013): 75-86.

(26) Gelman, Susan A. *The Essential Child: Origins of Essentialism in Everyday Thought*. Oxford University Press, 2003.

(27) Gelman, Susan A. *The Essential Child: Origins of Essentialism in Everyday Thought*. Oxford University Press, 2003.

(28) Gutheil, Grant and Karl S. Rosengren. "A rose by any other name: Preschoolers' understanding of individual identity across name and appearance changes." *British Journal of Developmental Psychology* 14, no. 4 (1996): 477-498; Greta G. Fein and Suzann Eshleman, "Individuals and dimensions in children's judgment of same and different." *Developmental Psychology* 10, no. 6 (1974): 793-796.

(29) Corriveau, Kathleen H., Elisabeth S. Pasquini, and Paul L. Harris. "'If it's in your mind, it's in your knowledge': Children's developing anatomy of identity." *Cognitive Development* 20, no. 2 (2005): 321-340; Richert, Rebekah A. and Paul L. Harris. "Dualism revisited: Body vs. mind vs. soul." *Journal of Cognition and Culture* 8, no. 1 (2008): 99-115.

(30) Blok, Sergey, George Newman, and Lance J. Rips. "Individuals and their concepts." In A. Woo-kyoung, R. L. Goldstone, B. C. Love, A. B. Markman, and P. Wolff (Eds.), *Categorization Inside and Outside the Laboratory: Essays in honor of Douglas L. Medin*. American Psychological Association, 2005: 127-149.

(31) Richert, Rebekah A. and Paul L. Harris. "Dualism revisited: Body vs. mind vs. soul." *Journal of Cognition and Culture* 8, no. 1 (2008): 99-115.

(32) Astuti, Rita and Paul L. Harris, "Understanding mortality and the life of the ancestors in rural Madagascar." *Cognitive Science* 32, no. 4 (2008): 713-740.

(33) Barrett, H. Clark and Tanya Behne. "Children's understanding of death as the cessation of agency: A test using sleep versus death." *Cognition* 96, no. 2 (2005): 93-108.

(34) Marin-Arrese, Juana I. "To die, to sleep a contrastive study of metaphors for death and dying in English and Spanish." *Language Sciences* 18, no. 1-2 (1996): 37-52.

(35) Archer, John. "Grief from an evolutionary perspective." In M. S. Stroebe, R. O. Hansson, W. Stroebe, and H. Schut (Eds.), *Handbook of Bereavement Research: Consequences, Coping and Care*. American Psychological Association, 2001, 263-284; White, Claire and Daniel M. T. Fessler, "An evolutionary account of vigilance in grief." *Evolution, Medicine, and Public Health* 1 (2018), 34-42.

(36) Bering, Jesse M. "The cognitive science of souls: Clarifications and extensions of the evolutionary model." *Behavioral and Brain Sciences* 29, no. 5 (2006): 486-493.

(37) Hodge, K. Mitch. "Dead survivors, the living dead, and concepts of death." *Review of Philosophy and Psychology* 9, (2018): 539-565.

(38) Lewis. C. S. *The Great Divorce: A Dream*. Harper, 1946.（柳生直行、中村妙子訳『天国と地獄の離婚——ひとつの夢』新教出版社、2006 年）

(39) Hodge, K. Mitch. "On imagining the afterlife." *The Journal of Cognition and Culture*, 11, (2011): 367-389.

(40) Harris, Paul. L. "Children's understanding of death: From biology to religion." *Philosophical Transactions of the Royal Society B* 373 (2018): 20170266.

(41) Nichols, Shaun, Nina Strohminger, Arun Rai, and Jay Garfield. "Death and the self." *Cognitive Science* 42, (2018): 314-332.

(42) Nagel, Thomas. *What Does it All Mean?: A Very Short Introduction to Philosophy*. Oxford University Press, 1987, 93. (岡本裕一朗、若松良樹訳『哲学ってどんなこと？ とっても短い哲学入門』昭和堂、1993 年、120 頁)

(43) Plato. *Plato in Twelve Volumes*, Vol. 1 translated by Harold North Fowler; Introduction by W. R. M. Lamb. Harvard University Press, 1966, 29. (山本光雄訳『ソクラテスの弁明 エウチュプロン クリトン』角川書店、1968 年、69 頁)

(44) Freud, Sigmund. *The Future of an Illusion*. Broadview Press, 2012. (吉田正己訳『宗教論——幻想の未来』日本教文社、1977 年)

(45) Becker, Ernest. *The Denial of Death*. Simon and Schuster, 2007. (今防人訳『死の拒絶』平凡社、1989 年)

(46) Greenberg, Jeff, Tom Pyszczynski, and Sheldon Solomon. "The causes and consequences of a need for self-esteem: A terror management theory." *Public Self and Private Self* 189 (1986): 189-212.

(47) Jong, Jonathan and Jamin Halberstadt, *Death Anxiety, and Religious Belief: An Existential Psychology of Religion*. Bloomsbury Publishing, 2016, 93.

(48) Jonas, Eva, Immo Fritsche, and Jeff Greenberg, "Currencies as cultural symbols–an existential psychological perspective on reactions of Germans toward the Euro." *Journal of Economic Psychology* 26, no. 1 (2005): 129-146.

(49) Pyszczynski, Tom, Robert A. Wicklund, Stefan Floresku, Holgar Koch, Gerardine Gauch, Sheldon Solomon, and Jeff Greenberg, "Whistling in the dark: Exaggerated consensus estimates in response to incidental reminders of mortality." *Psychological Science* 7, no. 6 (1996): 332-336.

(50) Donovan, James M. "Defining religion." In S. D. Glazier and C. A. Flowerday (Eds.), *Selected Readings in the Anthropology of Religion*. Greenwood Publishing Group, 2003, 61-98; Wink, Paul and Julia Scott, "Does religiousness buffer against the fear of death and dying in late adulthood? Findings from a longitudinal study." *The Journals of Gerontology Series B: Psychological Sciences and Social Sciences* 60, no. 4 (2005): 207-214.

(51) Osarchuk, Michael and Sherman J. Tatz. "Effect of induced fear of death on belief in afterlife." *Journal of Personality and Social Psychology* 27, no. 2 (1973): 256-260; Burling, John W. "Death concerns and symbolic aspects of the self: The effects of mortality salience on status concern and religiosity." *Personality and Social Psychology Bulletin* 19, no. 1 (1993): 100-105.

(52) Jong, Jonathan, Jamin Halberstadt, and Matthias Bluemke, "Foxhole atheism, revisited: The effects of mortality salience on explicit and implicit religious belief." *Journal of Experimental Social Psychology* 48, no. 5 (2012): 983-989.

(53) Jong, Jonathan, Jamin Halberstadt, and Matthias Bluemke, "Foxhole atheism, revisited: The effects of mortality salience on explicit and implicit religious belief." *Journal of Experimental Social Psychology* 48, no. 5 (2012): 983-989.

(54) Van Tongeren, Daryl R., Amanda R. Pennington, Daniel N. McIntosh, Taylor Newton, Teffrey D. Green, Don E. Davis, and Joshua N. Hook. "Where, o death, is thy sting? The meaning-providing function of beliefs in literal immortality." *Mental Health, Religion & Culture* 20, no. 5 (2017), 1-15.

(55) "Fear of Death Phobia: Thanatophobia," Fear Of, accessed April 2018, http://www.fearof.net/fear-of-death-phobia-thanatophobia/.

第7章　超自然的行為者

　神、幽霊、妖怪、祖先、妖精、悪魔などの行為者の観念は、文化的言説の一部であり、研究者は長い間、これらの観念に関心を抱いてきた。宗教認知科学（CSR）は、これまでの宗教研究のアプローチと多くの点を共有している。例えば、19世紀の人類学者エドワード・タイラーも[1]、霊的存在への信仰は何に起源があるのかと考えていた。彼に先立つスピノザやヒュームなどの著名な学者は、超自然的行為者などの宗教的概念は、私たちがそれらにとても慣れ親しんでいるため、類似した人間的構造を持つ傾向があるという説を唱えている。一方で宗教認知科学者は、超自然的行為者に関する観念の由来について、これらの観念がいつ、どのようにして子どもの心の中に現れ、発達する傾向があるかや、超自然的行為者を標準的な仕方で表象する傾向がどのように進化によって形成されるかなどの問題を、進化学や社会科学の方法と理論を用いて探究している。

　CSRでは、超自然的行為者に対する定義もまた特徴的である。エミール・デュルケム、E・E・エヴァンズ゠プリチャード、ゴドフリー・リーンハート、アーヴィング・ハロウェル、モートン・クラス、ベンソン・セイラーといった主要な研究者は、「超自然的行為者」という用語の問題を指摘してきた。例えば、超自然的というのは、「現在の科学と対立する」、「不自然」、「幻想的」、あるいは時には単に「誤り」のようにさまざまな意味に捉えられている。本章の後半で詳述するようにCSRは、何が超自然的行為者で、何がそうでないのかについての定義論争を、この用語に進化的な観点からの専門的定義を与えることによって和らげている。この科学的な観点からは、「超自然的」という語を別の言葉に置き換えても、繰り返し現れる現象を説明することができる。実際に、世界の非西洋的地域の多くでは、そのような語は使われていない。第2章で述べたように、宗教を研究する科学者にとって重要なのは、それらの現象を支えるパターンであり、それらに与えられる名前ではない。「宗教」という用語と同様に、「超自然的行為者」という語も、文化的環境における共通した観念を特徴づけるために、用いられているのである。

宗教認知科学者はしばしば超自然的行為者の表象の研究を、繰り返し現れる文化的概念を選択し、その共通する特徴について、その概念の進化的起源や機能、あるいは他の心理・社会的影響といった点に基づいて説明することから始める。とりわけ CSR では、超自然的行為者に関する推論において、次の3つの主要な側面を理解することに重点を置いている。

1.　超自然的行為者の観念に先行する要因
2.　さまざまな文化における成熟した超自然的行為者の表象に対する社会的学習と認知バイアスの役割
3.　超自然的行為者を社会の一部として表象することの、個人および社会への影響

　本章では、超自然的行為者に関する推論の最初の2つの側面（上記1、2）を検討し、第8章では、これらの信念の個人および社会への影響（上記3）を検討する。

超自然的行為者概念の獲得と発達

　世界のほとんどの人が、超常的な特徴を持つ行為者の観念を受け入れている。幼児は、このような観念を簡単に表象できるだろうか、それとも難しいだろうか。また、超自然的行為者に関する観念の獲得において、認知的発達はどのような役割を果たすのだろうか。子どもたちは、認知的な発達に伴って、時間とともにその表象を変化させていくだろうか。社会認知科学の研究者は、宗教的認知の起源における認知と文化の役割をよりよく理解するために、超自然的行為者概念の発達（すなわち個体発生）に関するこれらの問いに取り組んできた。

　このような研究の大半は西洋の子どもを対象としているため、一般に子どもたちがユダヤ教・キリスト教の神をどのように表象しているかに焦点が合わせられている。とりわけ、子どもが人々の心と比べて、神の心をどのように表象するかに関心が集まっている。おおむね幼児期に超常的な能力の概念についての傾向が現れるという点で研究者の意見は一致しているが、他方で子どもたちが、普通の人間と神のような超常的行為者の心をいつ、どのように区別するのかについては意見が分かれている。認知科学者は、子どもが神の心を理解する理由の説明とし

て、「準備説」と「擬人観説」の2つを提唱している。

準備説

　心理学者のジャスティン・バレットとレベッカ・リチャートは、神概念の発達に関する「準備（preparedness）」説を唱えた。この説は、すべての意図を持つ行為者を超自然的行為者とみなすことが、幼児の認知的デフォルトとなっているとする。つまり子どもたちは、行為者の心を並外れた知識を持っているものとして表象するよう心理的に傾向づけられている（準備されている）ため、全能の神の観念を比較的容易に表象することができるということである(2)。したがって、アブラハムの一神教伝統における全能の神という神学的概念を、それを受け入れる認知的傾向性がある幼児の心は容易に獲得することができる。子どもははじめ、大人の知識が限られているということよりも、神がすべてを知っているということの方がすんなり理解できると、バレットとリチャートは述べている。準備説から導かれる予測によると、3歳頃の子どもは、母親や神を含むすべての行為者に並外れた知識があると考えており、その後の発達を経て初めて、神と人間の知識や能力を区別できるようになるという。

　バレットとリチャートらは、一連の発達研究の結果を、子どもは神の心が正確無比であると表象する認知的傾向性があることの証拠だと解釈している。しかし子どもは、大人が無限の知識を持っているわけではないことを学ばなければならない。例として、3歳頃の子どもは、神も人間も正信念〔正しい信念〕を持っていると考えていることを示す研究がある(3)。小学生くらいになると、子どもはすべてを知っている神の心と、知識が限られ、誤信念を持つ人間の心を区別しはじめる(4)。例えば誤信念を持っている人を判断する能力を調べる研究（誤信念研究）で、子どもに普段クラッカーの入っている箱に小さな石が入っているのを見せて、他の人がそのクラッカー箱の中に何があると思うかと尋ねた。5歳頃までの子どもは、神はその中に小石が入っているのを知っているだろうから、人間の方が神よりもクラッカーが入っていると誤って考えやすいことを理解していた(5)。ギリシア人、マヤ人、スペイン人の子どもを対象とした通文化的調査でも、5歳頃までに、子どもは人間よりも神が、より優れた正確な知識を持っていると考えることが実証されている(6)。

　一部の研究者は、バレットとリチャートらのこれらの研究の解釈に異論を述べており、この結果が、子どもが超常的な心についての考えを獲得することについ

ての準備説を支持するものであるかどうかを疑問視している。批判者たちの主な疑問の1つは、3歳児や4歳児は人間や神に誤信念を持たせることに失敗しているのか、それともそのような特定の課題で要求されることが幼い心には複雑すぎるために、このような実験結果が得られているのか、ということである。つまり決定的な疑問は、なぜ幼児が「ママと神様は、クラッカーの箱に小さな石が入っていることを知っている」と言うのか、ということである。その答えは、準備説によれば子どもは母親と神が何でも知っていると思い込んでいるからである。

　準備説の批判者が提示するもう1つの回答は、この課題は幼児には難しすぎるため、他者の信念状態を表象する能力を正確に反映できていないというものである。実際に、誤信念課題は子どもが他者の視点を持っているかどうか、それをどのように持っているのかを示すのには信頼性が低いとして、その使用を全面的に批判する研究者もいる。換言すれば、これらの課題は、他者に心的状態を帰属させる能力（メンタライジングや心の理論として知られている）を検出するものではないということである[7]。より単純な課題（注視時間の測定など）を用いると、3、4歳頃の子どもはおろか、生後13か月の子どもでさえ他者に誤信念を帰することができるという研究もある[8]。しかし、幼児（生後18か月）を対象としたある研究では、この注視時間研究の結果を再現できなかった。他の研究者は、幼児は誤信念に基づく予測を確実には形成することはできないと述べている[9]。つまり、ここでの結果は首尾一貫していないということである。

　誤信念課題の派生形を用いた最近の研究では、準備説支持者が報告したような発達の連続性は見つかっていない。例えば、米国、ドイツ、スペインの子どもを対象とした研究では、4歳児は無知を人間にも神にも帰することが示されている[10]。発達心理学者ジョナサン・レーンらの研究も、幼児を対象とした研究結果について、準備説による解釈に反する証拠を提示している。神が世界の実情をなぜ知っているのかを説明するよう求められたとき、3歳児は自分が知っているからと答えることが多かったが、5歳児は神が「すべてを知っているから」など神の心的能力を挙げることが多かったのである[11]。

　レーンらはこうした結果から、誤信念課題における幼児の反応は、行為者が全知だと理解する初期バイアスではなく、むしろ自己中心性、つまり現実について自分が知っていることを他の行為者に帰属させる傾向を反映していると述べている。つまり、自分がクラッカーの箱に小石が入っていることを理解していれば、他の行為者もクラッカーの箱に小石が入っていることを理解していると考えると

いうことである。世界がどうであるかと、自分や他者が世界をどう認識している
かを子どもが区別するためには、認知機能の発達が必要とされる。そして、ごく
幼い子どもには、見かけと現実の区別を理解することが難しい。神の性質に関す
る社会的・文化的な入力にさらされる５歳頃になって初めて、自分の心と超常的
な心を区別することのできる概念的な発達が見られるのである。このような見方
は、超自然的行為者への子どもの理解に関する擬人観説により近いものなので、
次にこの説を検討しよう。

擬人観説

　子どもの神に対する概念について、著名な認知心理学者ジャン・ピアジェによ
って 1920 年代に初めて提唱されたのが擬人観（anthropomorphism）説である。
擬人観とは、人間的な特徴を人間でないものに当てはめる傾向を指す。幼児は、
神の心を理解するために人間の心をテンプレートとして用いるとピアジェは考え
た。そのため子どもは、最初は大人と神が同じような心を持っていると表現する
のだ。つまり、子どもが「ママは何でも知っている」と思えば「神様は何でも知
っている」ことになるが、「ママはいくつかのことしか知らない」と思ったら
「神様はいくつかのことしか知らない」と考えることになる[12]。この説には実証
的な支持が得られている。例えば、幼児（3、4歳児）は、人間にも神にも誤った
信念を帰することが示されており、このことは、子どもが、大人が知っているこ
と（と知らないこと）を、神が知っていることだとしている可能性を示唆してい
る[13]。他の研究者は、この結果をもたらす原因についての異なる解釈を提示し
ている。前節で述べたように、レーンらは子どもによる通常の行為者や超常的行
為者の知っていることの推論は擬人観、つまり他者が一般に知っていることより
も、自己中心主義（自分が知っていることに基づくこと）に依拠しているのではな
いかと指摘している[14]。1つのありうる解釈として、幼児は自分が持っている
知識を神に当てはめるが、正しい答えを知らないときは神も無知だと考えるとい
うものがある[15]。

　これまでの CSR の研究では、子どもが神の心的能力、とりわけ神の知識をど
のように表象するかを扱った研究が圧倒的に多かった。それでもいくつかの研究
では、子どもが神の他の側面についてどのように考えているかに焦点が合わせら
れており、その結果は擬人観説を支持し、拡張するものになっている。例として、
心理学者のラリサ・ハイフェッツらは、子どもが神にも人間と同じような道徳的

信念を当てはめる傾向があることを見出した。人間も神も、悪い行いは道徳的に許されないと考えているということである(16)。さらに、認知科学者アンドリュー・シュトゥルマンの研究も取り上げよう。彼は、子どもが心理的性質や生物学的・物理的性質を、さまざまな種類の超自然的存在（天使、神、幽霊など）に当てはめるかどうかを調査した。その結果、5歳児は超自然的存在を擬人化することがわかった。

さらに、幼児は、創作上の存在よりも宗教的な存在を強く信じている場合でさえ、宗教的な存在と同じくらい創作上の存在にも人間的性質（心理的、非心理的）を当てはめていた。これらのことから、幼児は神を擬人化していると考えられる。しかしこの傾向は、宗教のための精神的能力や領域に特別に与えられているものではなく、すべての行為者にまで広がる、より一般的な擬人化傾向の一部であるようだ。

心理学者のラリサ・ハイフェッツらは、現時点での研究を総合して、擬人観説を支持することになる神概念の発達過程を提案している(17)。それは主に次の4段階からなる。

1.　幼児は、他者の心が世界を不完全に表現する可能性があることと、大人がすべてを知っているわけではないことを理解するようになる。未就学児はまた、自分がすべてを知っているわけではなく、自らの信念の中には誤ったものがあるかもしれないことを理解する。
2.　幼児が出会うすべての人間は限られた心を持っているので、彼らは最初、神の心も同様に限られたものであると表現する。
3.　幼児がさまざまな心がさまざまな信念を持っていること（心の理論）を徐々に理解するようになると、彼らは神の心を人間の心とは異なるものとして理解しはじめる。
4.　制限のない心（全知）を理解する能力は、認知的に複雑であり、幼児期前期から中期にかけて発達する。この説明は、神の表象に不可欠な認知的基盤を提唱するものである。神の心に関する子どもの初期概念は、子どもが一般に行為者を概念化する際に用いる通常の認知能力に基づいている。

ハイフェッツらはさらに、擬人観の認知的自然性を指摘している。彼女らは、神の心を人間的なもの（つまり限られたもの）とみなすようになるためには、成

人並みの認知能力や、宗教の教えにさらされるような広範な経験は必要ではないと主張している。この主張は、擬人観説では文化的学習はどのような役割を果たすのかという問いをもたらすものである。研究者によれば、神の全知に対する理解は、認知的発達に加えて、社会的な経験からも生じうるという。擬人観説では、子どもは超常的な心的能力に関する認知的傾向性を持たないとみなしている。つまりこの説は、準備説とは対照的である。心の理論の発達のある時点で、社会的・文化的な入力によって、超常的な心への早期の把握が促進されることがある。例えば、明確な宗教的文脈で育ち、神についての知識が豊富な子どもは、神の例外的な心的能力を早期に把握していることを示す傾向がある[18]。

　これまでのところ、子どもが神をどのように表象するかについては、準備説よりも擬人観説の方がより支持を得ている。つまり、幼児は初期には、すべての行為者を限られた能力を持つものとして表象し、後に神が全知であることを学習するようである。また、レーンらが提唱する擬人観説の派生形では、後から発達する限定のない神の心の理解が、先に出現した限られた神の心という擬人的表現に、完全に置き換わるわけではないことが示唆されている。むしろ、人間に似た神の心という表象は大人になっても存続し、顕在的ではなく潜在的な尺度で見出される。これらの主張について、次節で扱う。

大人の超自然的行為者概念の表象

共存説

　アブラハムの宗教では、神は全知全能であり、遍在している〔どこにでも存在している〕と描写されている。したがって、神には限界がないという標準的教義は、神学的に適切な観念である。神学的コレクトネスについては、第3章で扱っている。その内容を振り返ると、CSRにおいて神学的に適切ということは、人々がある観念を公式の教義に関連づけており、その観念が専門家の間で幾度も繰り返されていることを意味している[19]。実際に多くの大人は、神がどのようなものであるかについてじっくり考える時間がある場合、神の能力と普通の人々の能力を区別することができる。こうした内省的観念は、神の顕在的な表象であり、システム2に依拠している。

　神に関する人々の顕在的な観念は、潜在的な観念とは異なることが多い。神についての質問に素早く答えなければならないときなど、意識的でない、あるいは

熟考することができない状況下では、しばしば神に関する潜在的観念が現れる[20]。即席の推論によって生まれる、神に関する潜在的表象の特徴の多くは、神学的に適切でないものとなる[21]。人々が、自らの信念システムにおける公式教義をその直観的期待に沿うように歪めることが、神学的インコレクトネスである。これまでの研究によると、大人は潜在的には神を擬人的に表象する傾向がある。換言すれば、彼らは認知的に自然なデフォルトに従っているのである。

心理学者ジャスティン・バレットとフランク・ケイルは、今では古典的なものとなっている一連の研究の中で、人々の神に関する潜在的表象と顕在的表象を引き出している。神についての内在的観念を調べるために、実験者は参加者に神についての物語を聞かせ、その理解や再生〔正確に思い出すこと〕をテストするための質問をした。ある研究では、参加者は川で溺れかけていた少年が神に祈ったという物語を聞いた。神はそのとき別の人の祈りに応えていたが、少年を救った。その物語を再生するよう求められたとき、多くの参加者は無意識のうちに、より擬人的な神の観念に沿って話を歪めてしまった。

この「困っている2人」の物語では、普通の人がするように、神はまず1つ目の祈りに応えてから溺れている少年を助けると、参加者は擬人的に推論していた。物語課題の後、参加者は合間の時間に神についての顕在的な信念をテストする質問に答えた。ほとんどの参加者は、再生課題では無意識に神を擬人化していたにもかかわらず、その後、神学的に適切な[22]神の観念を表明した。キリスト教で受け入れられている神学の教えに従い、神は全知全能であるために、順次ではなく2つの祈りに同時に応えることができると彼らは述べていた[23]。

バレットとケイルはこの結果について、人々はしばしば相矛盾する2つの神概念を持っており、文脈によって使い分けていると説明した。彼らはこの擬人化された神について、日常的な思考においては、限界のない抽象的な存在よりも、身近な人間として推論する方が容易なのではないかと考えた。もちろん、神概念の表現には文化的学習も関わっていることが、実証的に示されている。例として、バレットと心理学者ブラント・ヴァノーマンは、礼拝に神の図像を用いる改革派キリスト教徒は、そうでない人よりも神を擬人化しやすい傾向があることを見出し、擬人的表現が社会的に強化されることを示唆した[24]。

一部の研究者は、物語で使用された言葉使いがすでに擬人的であったとして、バレットとケイルの研究のデザインを批判している。そうした理由により、参加者は神を人間的な存在と考えるようプライムされた〔予め受けた刺激が、多くの場

合無意識的に後の判断や行動に影響を及ぼすこと〕のかもしれない。ここでは神は大きな岩を押す、岩を見る、鳥の声を聴く、匂いを楽しむなどの描写がなされており、それによって神が擬人的表現で描写されなかった場合よりも、参加者が神を人間として推論しやすくなっていた可能性がある。批判者はまた、物語の再生や質問への回答の際に、時間的プレッシャーがなかったと述べている。つまり、この実験は、神に関する暗黙の（すなわち直観的な）表象を扱うものではないということである[25]。

　その後に行われた研究では、子どもも大人も一神教およびアブラハムの神を擬人化する傾向があることが示された。この傾向は、神の心について推論する際や、時間的プレッシャーがある中で回答する際に特に見られ、プレッシャーがないときに神の性質について顕在的に推論する場合とは異なる[26]。第2章で述べたように、CSR研究者が素早い反応を求める方法を用いるのは、こうした反応はシステム1の処理を用い、直観的観念、この場合では神についての観念を反映する傾向があるからである。さらに、バレットとケイルが報告した効果は、インドの参加者を対象にしたヒンドゥー教の神々の事例でも見られた[27]。このことは、神々が擬人化されることが、単にキリスト教の神を表象することに由来するわけではないことを示唆している。

　心理学者マイケル・バーレヴらの研究は、擬人観説および、人は相容れない2つの神概念を持っているというバレットとケイルの説の双方のエビデンスを示している。その研究は、神概念の表象の性質をさらに探究し、人々がどのように神を表象するかについて「共存モデル」を提唱している[28]。彼らはとりわけ、限界のある人間としての神と、限界のない超自然的行為者としての神という相容れない2つの概念を大人がどのように持つかという問題に関心を抱いていた。

　バーレヴらは、超自然的な神というキリスト教神学と並行して、人としての神という観念もまた信者の心の中に共存しているという理論を立てた。彼らはこの理論に基づき、これらの表象が矛盾している場合、双方の間に干渉や対立が生じるのではないかと予測した。実際、彼らはこの表象の干渉を示す証拠を見出した。例えばある研究では、時間的なプレッシャーの下で、神に関するさまざまな記述を支持するか否定するかを参加者に尋ねた。時間的プレッシャーをかけることで、システム1の処理を誘発することができる（第2章参照）。参加者は、3種類のラベルで分類された命題を提示された。1つ目は、神について神学的に適切で、かつ人間としても当てはまる命題（神は真の信念を持っているなど）である。2つ目

は、神学的に適切でなく、なおかつ人間としても誤っている命題（神が持つすべての信念は誤っているなど）である。

3つ目は、実験者が最も関心を寄せている、矛盾した命題である。命題の矛盾の仕方には2通りある。第一には、人間にとっては正しいが神学的には偽である傾向がある（神は誤った信念を持つなど）ために矛盾するもの。第二には、人間にとっては誤りだが神学的には適切な傾向がある（神が持つ信念は常に正しいなど）ために矛盾するものである。バーレヴらの予測通り、参加者は一貫した命題よりも矛盾した命題に対してはより不正確で、反応が遅くなった。つまり、人間にはできないことを神ができる場合など、人間にとって正しいことと神にとって正しいことが矛盾している場合、神についての判断がより難しいと参加者は考えた。バーレヴらによると、矛盾した記述を判断する方が認知的に困難だと感じたのは、人としての神と超自然的行為者としての神という矛盾する表象を心的に調整しなければならなかったためである。

さらに、矛盾する命題への反応の差は、神について尋ねたときには見られたが、聖職者のように自然な宗教的存在である人物について尋ねた際には見られなかった[29]。つまり、この干渉は人物概念に基づく他の自然な宗教的存在にまでは一般化されないのである。驚くことに、バーレヴらは別の一連の研究において、とても敬虔な宗教信奉者の間にこの干渉効果の証拠を見出している[30]。この研究は、表象の共存説のさらなるエビデンスとなるものである。しかしより重要なことは、このことが公式のキリスト教神学に何十年も慣れ親しんでいる人でも、神の表象を支える人物テンプレートが修正されないことへの証拠にもなっていることである。総じて、神は人間に似ているという観念は、現代米国のキリスト教徒成人の心に深く根づいているのである。

これらの研究成果は、なぜ人はしばしば神の心を人間に似ていると考える傾向があるのかの理由と、神は全知だという観念など、人間的な神観と矛盾する神学的概念を信奉しているにもかかわらず、こうした考えが根強く残っている理由を説明するのに役立つ。ここではまた、日常的な文脈では子どもと同様に大人も神を擬人化する傾向があることも示唆されている。つまり、幼児の神観念は、多くの大人が潜在的に抱いている神観念にしばしば似るということである。この発見は、なぜ人は神を擬人化する暗黙のバイアスを持つのか、という重要な問いを提起している。

続いて、神の擬人的概念がなぜ人類文化に出現し広まったのかを説明する宗教

認知科学の２つの理論、すなわち認知的制約説と過活動行為者検出装置（HADD、後のADD）説を検討する。これらの説明はいずれも、子どもや大人の暗黙の神概念がなぜ擬人化されやすいのかという理解に貢献してくれる。

認知的制約説

　認知科学者たちは、超常的観念の拡散を含め、人は自分の周りの世界に基づいた別世界のバージョンを少なくとも部分的には内面化せずにはいられないという事例を長い間示してきた[31]。例として、心理学者トーマス・ウォードと宗教学者トーマス・ローソンは、人間の想像力には認知的制約があるため、新しい観念は常に現在の観念に根ざしていると論じている。

　認知的制約とは、人間の既定の推論や仮定に依拠する傾向を指している。彼らは、自らの経験に類似している観念は、より真実だと受け取られやすいと述べる[32]。ウォードらの実際の研究では、人はこれらの概念領域にすでに存在する知識を利用して、架空の観念を創造し理解することが示されている[33]。例えばある研究では、異星の生命体を想像する際に、参加者の約３分の２がテンプレートとして特定の動物（象など）を思い浮かべることがわかった[34]。同様に、人は、想像上の果物を思い浮かべる際にリンゴやミカンの観念を参照したり、想像上の道具について考える際に金づちや釘を参照したりする[35]。これらが認知的ヒューリスティックであるというのが、この説明のポイントである。

　超自然的行為者の観念の出現に関する同様の心理学的説明では、擬人観は認知的負荷を最小化するヒューリスティックであると述べられている[36]。物語の中で動物や架空の人物などさまざまな存在に出会った子どもは、それぞれの存在の持つ能力を理解するために、多大な認知的労力を必要とするだろう。そのため、最も馴染みのある行為者（つまり人間）のテンプレートを使用することは、便利な近道である。幼児や大人は、自分自身を行為者のテンプレートとして使用することが多いが、他の行為者の表象の際に自己中心的に考えることは、非常に効率的な認知的ヒューリスティックなのである。

　ある研究では、人は他者の信念を推測するときよりも、重要な社会的・倫理的問題について神の信念を推論するときの方が、より自己中心的に考えることが示されている[37]。別の研究もまた、自分の意見を宗教的伝統内の道徳的行為者に由来させる傾向を示している。例えば、参加者の米国人キリスト教徒が保守的であるかリベラルであるかに従って、現代に現れたという想定のイエスが保守的ま

たはリベラルな見解を持っていると考えることがわかった。このように、信仰者はしばしば神の信念に関する推論を道徳的な意思決定の指針としている。ただし、主に自分自身の信念に基づいて神の信念を推論するのは、その方が表現しやすいからでもある[38]。

　超自然的観念の出現と伝播についての認知・進化的説明もこのような認知的ヒューリスティック説と似ているが、この説は人間の心の普遍的特徴を挙げて、そうした観念に影響を与える進化的要因を考慮する点で独特である。具体的には、CSR研究者は、ヒューリスティックなどの認知メカニズムを至近要因（つまり宗教の繰り返し現れる特徴をもたらす直接的な原因）とする一方で、自然選択の力を宗教的認知の究極要因ないし遠因だとみなし、それが社会的学習と合わさって認知的テンプレートの出現を促したと考えている。

　CSR研究者たちはとりわけ、超自然的行為者を含む日常的・超常的存在について考えるときに、認知的制約が働くと主張している[39]。人類学者パスカル・ボイヤーは、人々が超自然的行為者の観念をどのように獲得するかを説明する上で、初期に形成される概念構造の役割を強調している[40]。彼の説明は、心が世界をいくつかの種類の事物からなると自然的に分類することを示す研究に基づいている。その分類のうちで最も幅広いものは、人物、動物、植物、道具、人工物、出来事などであり、こうした分類は直観的存在論と呼ばれている。このような分類法は、経験による影響が少なく、子どもがさまざまに世界と関わるようになるよりもずっと早く現れるために、自然的ないし直観的と表現される。ただし、この存在論を直観的ないし自然的とみなしたとしても、社会的学習が重要でないというわけではない。

認知的制約説における社会的学習の役割

　社会的学習は、そもそもなぜ人が世界の特定の種類の事物に対してバイアスを持つのかを説明することができる。心理学者のアニー・ワーツとカレン・ウィンの植物に関する研究を例に挙げよう[41]。彼女らの研究は、食べ物の好みが発達するには、進化によって形成された認知的傾向性に加え、社会的学習が重要であると強調している。その研究において、生後6か月と18か月の子どもに、大人が何かを口に入れるのを見るという情報を与えたとき、彼らは食べられるかどうかという推論を専ら植物には行ったが、人工物には行わなかった。人類は進化の過程で植物食に依存してきたことから、ワーツとウィンは、食べられる植物を素

早く識別する特殊な社会的学習戦略を幼児が持っている可能性があると考えた。このような戦略によって、人類は多様で変化する環境の中で生き残り、繁栄することができたのだろう。

ボイヤーは、植物は食べられるが人工物は食べられないと考えるのと同様に、私たちは直観的分類に属するものを、他と区別される特性を持つと直観的に考えると述べている。乳幼児期には、領域固有の学習メカニズムが、各分類の特性についての期待を形成する。直観的存在論に含まれる事物の特性に関するこれらの仮定の例としては、素朴物理学（物はつながり合った全体として動くなど）、素朴生物学（生き物は成長するなど）、素朴心理学（行為者は信念を持つなど）、素朴社会学（似て見える人はそれ以外にも共通点があるなど）等がある。もちろん、これらの分類は広いものであり、提唱されている他の分類には、社会的交換における「所有権」[42] や「ずるをする人」などの社会的分類など、より具体的なものもある[43]。研究者は、人々がこのような仕方で世界を表現するのは、植物を食料として利用することなど、それが適応的であるがゆえに一般化が可能となっているためだと考えている。

認知的制約説における進化の役割

行為者に関する概念もまた、進化的視点から理解することができる。なぜなら、人間は生存と再生産に関わるかどうかに沿って世界を分類してきたからである。例えば、人類学者クラーク・バレットは、幼児は生きている人間には意図があるものの、眠っている人間には意図がないと考える傾向があることを見出した[44]。こうしたバイアスは、意図を持つ行為者を検出し、推論し、判断するための一群の適応であり、進化史を通じて、捕食者から逃れ、獲物を捕えるのに役立ったであろう。それでも私たちは、自然選択の対象にはならない概念も獲得することができる。CSR研究者の中には、人は行為者一般に関する概念から、超常的行為者に関する推論を導くと考えるものもいる。

進化的観点からは、これらの宗教的概念は、進化したメカニズムの適正領域（proper domain：ここでは日常的行為者のこと）ではなく、実際領域（actual domain：超常的行為者のこと）に存在する。どういうことかというと、例えば喉が渇いた人が仕事から帰ってきて、冷蔵庫の牛乳パックから牛乳を飲み、牛乳が酸っぱくなっていることにすぐ気がついてぎょっとしたとしよう。この出来事で、彼女は不快感を抱くだろう。その後数日間、彼女は牛乳の匂いを嗅ぐたびに吐き

図 7.1 進化的副産物説は、超自然的行為者の概念が、進化したメカニズムの適正領域(つまり環境中の日常的行為者)から派生したとみなしている。

気を催すようになる。この傾向は生物学的に理にかなっており、進化史において嫌悪感のメカニズムを通して形作られてきた。この女性の学習システムは無意識のうちに、もし牛乳で病気になる可能性があるのなら、牛乳は避けた方がいいと推論している。実際、その牛乳がまだ冷蔵庫にあるのなら、この推論は正しい。ここでは、牛乳は対象となる認知や行動の適正領域である。さらに、その日の夜彼女は仕事帰りに友人と会って食事をすることにしたが、チーズを含んだ前菜にも吐き気を催したと考えてみよう。どちらも乳製品であり、彼女の学習システムは無意識のうちに、牛乳で具合が悪くなる可能性があるなら、乳製品も避けた方がいいと推論したのだ。レストランのチーズが腐っている可能性はきわめて低いにもかかわらず、彼女のシステムはこの 2 つを同一視してしまう。

今述べたシナリオでは、チーズは実際領域、つまり観念や行動が適用される領域である。宗教的認知に話を戻すと、CSR 研究者は、人間は日常的行為者に関する仮定を、それが適応的であるがゆえに進化させてきたと考える。したがって、日常的行為者は、先ほど挙げた例の牛乳のように、対象となる仮定の適正領域にあたる。行為者に関する仮定はまた、先ほどの例のチーズのように、対象となる仮定の実際領域である超自然的行為者の概念にも容易に適用できる。これらの仮定は、適正領域ではなく、実際領域に適応的な利益をもたらすように進化したため、この説明は進化的な副産物説である。つまり、環境中の超自然的行為者を表象する傾向は、環境中の日常的行為者をより一般的に表象する傾向の意図しない結果だということである(図 7.1)。

これらの副産物による説明は、適応主義的な説明とは対照的なものとなっている。適応主義的な説明は、超自然的行為者を表象する傾向を、自然選択によって直接形作られたものとしてその結果の面から説明する。例えば、社会心理学者アラ・ノレンザヤンと政治学者のドミニク・ジョンソンは、全知を持ち道徳を課す神の表象は、大集団内の協力を促進するために、文化的かつ遺伝的、あるいはそのいずれかで選択されたと主張している[45]。これらの見解については、第 8 章でより詳細に議論する。

宗教認知科学者は多くが、人は行為者一般の概念から超常的行為者についての推論を引き出すと考えているが、どのような種類の特性が行為者概念から用いられるかについては意見が分かれている。身体あるいは心、またはその両方がそうした概念として挙げられている。別の種類の進化的説明の話に移る前に、認知的制約説の2つの説明を概観しよう。

心についての身体のある説明と身体のない説明

　CSRによる超自然的な人間的行為者の表象の説明において、これまで最も影響力のあったものは、ボイヤーによる擬人観説である。進化学者は、子どもは人の特性に関する物理学、生物学、心理学などの理論を急速に発達させると述べている。それは、そうした理論が生存のために適応的であり、かつ子どもは生まれた瞬間から人に囲まれているからである。彼らは、初期に形成される「人物テンプレート」を持っている。そのためボイヤーらは、超自然的行為者についての概念は、人物の概念に超常的な特性を付加したものにすぎないと主張している(46)。この傾向により、子どもも大人も、精神や知覚の能力の制約といった特徴を表象しやすくなっている。また、とりわけ時間制限があり、すぐに決断しなければならないときには、超自然的行為者の能力を人間の行為者に沿った形で歪める可能性が高くなる。

　心理学者アンドリュー・シュトゥルマンとマルヤーナ・リンデマンは近年、このような見方に異議を唱えた。彼らは、超自然的行為者に関する観念は、人を身体のない心として考える傾向から生まれると述べている。この見解は、第6章で検討した発達心理学者ポール・ブルームの素朴二元論の見解と類似している(47)。彼の主張は、私たちは人間が心と身体とで構成されていると自然的に考えているというものだった。私たちは、身体は物理的実体であり動くことができるという観念のような、物体性に関する心的メカニズムの集まりを用いて身体を表象する。一方で心は、行動から信念や意図などを推測する（マインドリーディング）、別の心的メカニズムを用いて表象される。ブルームは、私たちは身体と心が人間を構成していると考えやすいが、人を表象するために2種類の異なるメカニズムが用いられているため、人の心を身体から分離することができるという考えが生まれると述べている。彼は、このような人間の表象の分離が、身体のない存在についての観念を生んでいると主張する。つまり、超自然的行為者を身体のない心として表象することは自然なことなのである。

第7章　超自然的行為者

シュトゥルマンとリンデマンは、この直観的素朴二元論説に基づき、神は基本的に人ではなく心を持つ行為者として表象されると述べる。彼らは、人々は神を描写するときに、人間の概念を用いるのではなく、むしろ身体のない心の概念を用いると主張している。彼らがキリスト教徒とヒンドゥー教徒の成人を対象に行ったある研究では、参加者は神に生理的（つまり身体依存の）性質よりも心理的（心に依存する）性質を多く与えることが示された[48]。シュトゥルマンは、神が一般の人間として表象されないのは、神がすべての人間的性質を持っているわけではないとされるためだと主張している。代わりに神は、心を持っていると常に考えられており、考える時間がさらに与えられると、身体を持つ特定の行為者とみなされる。

マイケル・バーレヴは、素朴二元論による説明は、私たちが人を直観的に表象する仕方を正確に描写していないと述べている。彼は、人の心理と身体の表象は互いに還元できないが、直観的に分離されるものでもないと主張する。そうではなく、神や精霊といった身体のない心の信念は、文化的学習を必要とするのである[49]。彼はシュトゥルマンとリンデマンの研究結果を、人々が少なくとも２つの神の表象を持っているという事実を説明するために彼らが提唱した共存説に沿って解釈している。バーレヴはとりわけ、神は身体のある人物として表象されると述べている。彼は、シュトゥルマンらの研究対象（フィンランド、米国、インド）が神に当てはめた性質の種類の違いを、これらの身体のある人物表象と共存する獲得された神学体系（キリスト教やヒンドゥー教など）により説明している。

バーレヴらは、人々が神について考えるとき、身体のない心と身体のある心の概念のどちらを採用する傾向があるかを調べる一連の実験も行っている[50]。これらの研究の設計は、本章で述べたバーレヴらによる一貫性命題研究と同様であった。つまり、参加者は神と人に関するいくつかの真か偽かの命題を読み、どちらかを判断した。彼らは、人が神の概念を身体のある人物から導き出すという理論に一致して、神の身体性だけでなく心理に関する命題でも、参加者の反応が遅く、正確さに欠ける（つまり表象同士が干渉している）ことを見出した。この結果から、ボイヤーの提唱する身体のある人物概念の方が、人々が神の表象を形成する仕方をより正確に反映していると結論づけられている。

行為者検出装置説

これまでは、超自然的行為者の表象についての認知的制約説を概観してきた。

擬人的な神概念が出現し、普及した理由を説明するための第2の主要な進化的説明は、それらが環境中に意図を持つ行為者を知覚する、より一般的な傾向性の一部として存在しているというものである。第5章で取り上げたように、人類学者スチュアート・ガスリーは、古典的研究者の著作を踏まえ、擬人観の認知的理論を宗教理論の中心に据えている[51]。ガスリーは、擬人化は知覚的・認知的戦略として行われると主張した。すなわち、人は原因が不明瞭な現象に直面したとき、その原因となるものとして最も重要な可能性を想定するということである。人間にとって、その可能性は普通人間的なものである。言い換えれば、諸存在を人間のように解釈する（つまり擬人化する）のだ。

この認知的理論の要点は、世界のあり方について持続的な不確実性に直面したとき、人は人間のような意図を持つ行為者の検出に敏感になり、事物や出来事の原因として意図的な行為を想定する方向に傾くということである。ガスリーは、初期の宗教の擬人観理論を補うものとして、ダーウィン進化論に依拠してこの知覚戦略の由来を説明していた。

心理学者ジャスティン・バレットは、この広範な擬人観理論を整理した。彼は、過活動行為者検出装置（hyperactive agency detection device：HADD）と名づけた心的道具を仮定した[52]。HADDの存在に関する議論は、次のように要約できる。ガスリーが指摘したように、進化的視点からは、環境中の行為者を検出するバイアスは適応的である。風が起こした藪の中の物音を虎と誤認すること（誤検出）には、何のコストもかからない。他方で、私たちの祖先が物音を聞いたときに、藪の中の虎を発見できなかった場合（検出漏れ）は、適応度に悪影響を及ぼす。そしてこのことが、超自然的行為者の信念の発達を促進することになった。バレットは、祖先の環境よりも多くの行為者が存在する現代の環境では、擬人化が誘発され、刺激の原因であるとみなされる目に見えない行為者の信念が生まれると主張した。この説明によれば、環境中に意図を持つ超自然的行為者を知覚し、人間の心と同じ認知プロセスを当てはめる傾向は、周囲に行為者を見出す、より一般的な傾向の副産物であるという。

このようなメカニズムが、超人間的存在を生み出すような過敏なものであるかどうかについては、文献上でも議論がある。例えば、このメカニズムは誤検出（存在しないにもかかわらず行為者を検出すること）をもたらすが[53]、HADDが形成された捕食者の多い環境である旧石器時代には、重要な機能を果たしていたと述べる研究者もいる。一方、現代の環境では、他の行為者の危険に直面すること

はほとんどない。おそらく、時間とともに、常に警戒状態を維持するためのコストや、こうした知覚の誤りの発生により、誤検出を止めるための自己修正がなされるようになっているかもしれない。このように、超自然的行為者を生み出したり伝播させたりするHADDの役割は、バレットが当初提唱したよりも複雑である[54]。こうした異論を受けて、バレットはHADDから「H」を取ることで、この装置は過剰に活動しているのではなく、環境中の行為者を能動的に解釈している（ADD）とみなすようになった。

　超自然的な概念の形成における行為者検出の役割をめぐる問題はまだ残っており、超自然的信念の形成についてはなおのことである。総じて、環境中の行為者を進化的由来に根ざしたものとみなす傾向は、既存の進化的、発達的、および社会的説明を補完するものである。環境中に意図を持つ行為者を見出す傾向は、それのみでは説明としては不十分だが、前述の説明と組み合わせれば、超自然的行為者観念の起源と伝播についての、より包括的な説明に貢献するものとなるだろう。

超自然的行為者概念の獲得と発達、表象のまとめ

● 宗教認知科学者は、主にユダヤ・キリスト教伝統に属する子どもが、いかに神を全知のものとして表象するようになるかという疑問を実証的に研究している。

● 発達的説明は、傾向性と認知的発達が神の性質についての社会的学習と合わさることで、神が特別に力強いものだとする子どもの概念の発達をもたらし、強化すると主張している。

● 宗教認知科学者は、大人が神の心をいかに表象するかという疑問も、実証的に研究している。

● 子どもによる神の顕在的な表象は、しばしば大人による潜在的表象と類似する。どちらも、神は人間的なものとみなされている。認知的制約説はその理由について、人々が限界のある行為者についての直観的存在論に依拠しているためだと説明している。行為者の知識は限定的であるという期待は、人類の進化史における行為者との接触に基礎があり、個々人の社会的経験によって強化される。

超自然的行為者概念の広まり――反直観的バイアス

　西洋文化には、文化的に成功した超自然的行為者の例が数えきれないほど存在する。その中には宗教的伝統に基づくものもいるが、ファンタジー小説、民話、SF映画や伝説に登場する存在も含まれている。その他、幽霊や魔女といった超自然的行為者についての文化を超えて繰り返し現れる観念もまた、驚くほど人間的である。想像が可能な超自然的行為者がいかに多種多様かを考えてみると、そのうちでも人間的な特徴を持ついくつかだけが文化を越えて繰り返されるのは、驚くべきことである。ボイヤーが述べているように、「超自然的存在の一覧は限られている」のである(55)。宗教認知科学者は、なぜそのようになるのかに関心を抱いている。第1章で取り上げたように、認知科学者のスペルベルは、「表象の疫学」と呼ばれる理論を提唱したが、この理論はある観念は他の観念よりもよく符号化され、貯蔵され、再生されるという見方を中心とする。医学の疫学者が病気の発生と分布を研究するように、社会科学者は文化における諸観念の普及と分布を研究できるとスペルベルは述べている。今日、CSR研究者たちは、宗教的表象の疫学を明らかにすることに意欲を注いでいるが、ここではその研究の一部を概観しよう。

最小反直観的概念

　これまで本章では、環境中に行為者を検出する傾向（ADD）や、超自然的行為者に心や身体といった人間的な特徴を当てはめる傾向のような、超自然的行為者概念の生成と伝達の根底にあるいくつかの直観的バイアスについて考察してきた。ここで取り上げるのは、超自然的行為者概念はある程度行為者に対する直観的な仮定に根ざしているが、その中でも普及しているものは、その直観から少し逸脱しているという主張である。CSR研究者は、超自然的行為者は、私たちの直観的バイアスの一部に反するような特別な性質やその組み合わせを持つ傾向、すなわち最小反直観的な傾向があると主張している。

　ボイヤーが指摘しているように、よく伝達された超自然的行為者は、主に2つの特徴を有していた。第一に、それらは通常の行為者、つまり人間に似ている。それらには何かしらの身近さがあり、表面的は普通の人のように見えるのである。神々、幽霊、魔女などはいずれも、きわめて人間的な存在に見える。第二に、そ

れらは手を触れずに物理的な世界を変える、念じるだけで他人を病気にする、壁を通り抜けるなどの特別な性質を持っており、それらが超自然的行為者に超常性を与え、超自然的なものにしている。

　スーパーマンを例にとってみよう。この架空のスーパーヒーローは、おそらく米国文化史上最も象徴的な超自然的行為者であり、最高のアメコミヒーローと評価され(56)、約半世紀にわたり映画産業を後押ししている(57)。他方でスーパーマンの正体は、農家で育ち、新聞記者として働く30代の普通の米国市民、クラーク・ケントである。彼は一般人である私たちと同じように食べ、眠り、不正に怒りを燃やし、恋に落ちさえする。スーパーマンは、超常的な力と能力を持っている。彼は空を飛ぶことができ、力がとても強く、どんな音も聴き、望遠鏡のような視力を持ち、魔法以外のほとんどの攻撃では傷つかない。スーパーマンが米国人の間でこれほど成功した理由の少なくとも一部は、彼の身近さと、それとは逆説的な彼の超常的な力のためである。優れた作家はみな、意識的にせよ無意識にせよ、人間らしさと超常的な資質という正反対の組み合わせが、成功する超自然的行為者概念の秘訣であることに気づいている。スーパーマンの場合、彼がより身近で（例えばあまり攻撃的でなく）、なおかつより力強い存在として描かれてきたのは、決して偶然の産物ではない(58)。

　CSR研究者の中には、宗教的伝統における超自然的行為者の社会的成功を、宗教的文脈外の超常的な概念の普及を説明するのと概ね同じ仕方で説明する者もいる。彼らは超自然的行為者の特性を、私たちが世界のあり方に対して行う既定の期待のいくつかを満たす一方で、反することもあると考えている。とりわけ、超自然的行為者は通常の行為者と同じように見えるので、行為者一般についての内在的バイアスや想定、好みに一致している。こうしたバイアスの多くについては、本章で触れてきた。第二に、超自然的行為者は、行為者に関する内在的バイアスに反するような、例外的な性質やその組み合わせを有している。こうした性質を「反直観的観念」と呼ぶが、この考えについて詳しく見ていこう。

　スピノザ、ヒューム、フォイエルバッハといった思想家の著作に見られる古典的な見解の1つは、超自然的行為者のような宗教的概念は、共通の構造を持つ傾向があるというものである。ボイヤーはこの理論をより専門的なものへと発展させ、行為者が人々の持つカテゴリー（人間、動物、物体など）についての直観的な仮定に沿っているかどうか、これらの仮定のいくつかに少しだけ反しているかどうかに従って行為者を分類した(59)。直観的な仮定に反するものの例としては、

しゃべる木、食べる岩、見えない牛などが挙げられる。ほとんどの人は、神を特別な知覚力を持つ人物だと考えているといったように、超自然的行為者は、人間に関する仮定に反する存在である。

　ボイヤーによると、直観的仮定とは、私たちを取り巻く世界についての単純で素朴な理論のことを指している。彼は、この公式（最小限の逸脱）が、これらの観念が他の観念に対して伝達上の優位性を持つことを裏づけていると主張した。ジャスティン・バレットは後に、この種の宗教的概念を「最小反直観的（minimally counterintuitive：MCI）」とし、それらが世界に関する私たちの直観的仮定にわずかに反していることが、その成功の秘訣であると考える、最小反直観（MCI）理論として定式化した。これらの学者たちは、実験を通じて、カテゴリーの中身に関する直観的な期待をすべて満たす観念や、あまりに多くの期待に反する観念は、なかなか記憶されないため、伝達には不利であることを示している。一方で直観的な期待に反する点が少しだけあるものは、記憶が容易で文化伝達に適しているとされている。

　本章の前半では、直観的存在論による仮定を整理した研究を紹介した。直観的仮定とは、人物、動物、物、そしてそれらの特徴などの世の中に存在するものの分類である。これには、素朴な物理学における空間性や物質性（物が空間と時間の中で場所を占めることなど）、生物学における生物性（自分から動くなど）、素朴心理学における心性（心の状態を持つなど）等が含まれる（こうした特性の一覧については表7.1を参照）。ボイヤーは、宗教概念一般の人気を説明するために、この反直観性の理論を提唱したが、ここでは超自然的存在にのみ注目する。ある超自然的行為者の概念が、人物のカテゴリーに関する共通の仮定にどのように反するかということを例示するために、標準的な幽霊の表象を取り上げてみよう。

　ボイヤーによれば、幽霊という概念は、私たちの素朴な人物理論に基づいている。例えば、幽霊は考えることができ、意図を持つことができるので、人物に関

表7.1　直観的期待の例

直観的期待の種類	仮定される特性
空間性	特定の時間的・空間的位置を占める
物質性	空間上で連続的な動きをする
生命性	成長や発達をする
生物性	自分から動く
心性	心的状態を持つ

する素朴心理学を作動させる。幽霊の観念は、物理的な性質に違反している。つまり幽霊は、壁を通り抜けるなど固体を透過することができる。この例は、人物に関する素朴物理学による期待の裏切りを含んでいる。それでも幽霊の概念は、それ以外の点では人物に関する期待の大部分と一致し、その結果として、成功した超自然的行為者の概念となっている。もし概念にあまりにも多くの期待の裏切りがあれば、その概念は複雑すぎて、人々が記憶し伝達するのが難しくなる。例えば、実験室で創造され、目に見えず、歳をとると小さくなり、決して死なず、動くことができず、毎週火曜日だけ思考し、人の心を読むことができる人物を考えてみよう。この概念は、大いにあるいは最大限に直観に反するものだろう。競争相手に最小反直観的概念が存在する場合、この概念は有名になることはないはずだ。それを理解し、記憶することが難しすぎるためだ。

　このような例を見ると、なぜ私たちの自然的仮定からわずかに逸れる概念は、そうでない概念に比べて、より大きな伝達的成功を収めることができるのだろうか、という疑問が浮かぶ。この効果を説明するものとして、いくつかの要因が想定されている。その中には、ある概念が他の概念よりも独特であるという指摘がある。人は他の刺激よりも反直観的な刺激に注意を払い、その結果として、理解し処理するためにその刺激についてますます考えるようになる。私たちは、よく理解できないものに対して興味を持ち、その意味を理解しようと思うが、あまりにも身近なものにはほとんど興味はわかない。同時に、あまりに複雑すぎるものにも興味を失ってしまう[60]。

　珍しいものや出来事は記憶に残るというのは、情報理論の基本的な知見であり、MCI 理論は当たり前のことを言っているようにも見える。しかし、ボイヤーとバレットは、MCI 概念が成功するのは、単にそれが彼らの文化で受け入れられているものや、個人的な経験に基づくものと比べて、奇妙であったり珍しいものであったりするだけではないと明言している。それらは直観的な期待に反しているからこそ、成功するのである。先ほど述べたように、直観的仮定とは、私たちが世界に対して持っている基本的な、学習で得られたのではない説明のことであり、それはほぼすべての人に共有されている。したがって、こうした素朴理論およびMCI 概念とみなしうるものは、文化や個人的経験に左右されないとみなされている。米国でMCI 概念とされるものは、どこでも MCI 概念となるということである。

MCI理論の評価

　直観的前提から最小限に逸れる観念は、よりよく、より忠実に記憶されるという説には、それを支持する研究とそうでない研究の双方が存在する。いくつかの研究はこの理論の予測を支持しているし[61]、子どもが最小反直観的観念を記憶しやすい認知バイアスを有することを示した研究もある[62]。他方で、別の研究はこの予測に反する結果を示している[63]。理論的な検討を行った研究者はとりわけ、反直観的というラベルを現実の文化的概念に用いることは困難であると考えている。バレットは後に、何が最小反直観的で、何が最大反直観的であるかを定式化する試みを行ったが、それは次のような方法である。

1. ある分類に何が含まれているのかを特定する（ゴールデンレトリバーや猫など）。
2. それらが属している分類（生き物や人物など）および、その分類の特性（場所性、生命性、生物性など）を特定する。
3. ある特性の別の分類への移し替えがあるか判断する（「子どもを産む岩」という存在は、生命性が移し替えられているなど）。
4. 直観的期待の裏切りがあるか判断する（物体は可視的だという直観的仮定に反する見えないレンガなど）。

　その次の段階として、期待の裏切りと移し替えの数をコーディングする（それぞれ1点）ことが強調されている。バレットによれば、1点ルールの例外として、複数の移し替えが同じ期待から生じた場合、それらは1つの事例とみなされる。例えば、思考して意識を持つ岩は、思考と意識がどちらも心性に属するものであるために、2点ではなく1点としてコーディングされる。この得点によって、それぞれの事例に対してその概念がいかに反直観的かということが定量化される。理論の通りであれば、期待から最小限に逸れる（すなわち、わずかな移し替えと期待の裏切りがある）概念は、期待から最大限に逸れるもの、あるいはほぼ期待通りであるものよりも大きな伝達的成功を得るはずである[64]。

　MCI理論の欠点を指摘する研究者もいる。認知心理学者のアフサル・ウーパルは、この理論が文脈の役割を過小評価していると述べている。彼は、人がどのように概念を表象するかに関する認知科学理論を参照している。そこでは、その観念が用いられる文脈（文章または語り）もまた、観念の記憶されやすさに影響するとされており、それはとりわけ学習した経験に基づく期待に反する内容の場

合に顕著である(65)。例えば、スズメには翼があるといった情報は、カナリアには翼があるといった他の情報よりも素早く処理されるが、これは、周囲の世界についての学習を経た心的モデル（この例では鳥のプロトタイプと鳥の特徴）に一部基づいているためである。人はある単語を他の単語と同時ないし同じ文の中で見ると期待するので、この点を考慮すべきであるとウーパルは主張している。

人類学者のモーリス・ブロックは、最小反直観的観念は文化の内では特権的な地位と独自性を失うと論じている。それは慣れ親しんだものになり、もはや記憶の優位性を得ることはできない。一方で、そのような優位性を持った新しい観念も生まれるが、必ずしも支持されるとは限らない。なぜある宗教的概念が広まるのかを理解するためには、文化的伝統に依拠する必要があり、人々はそれ以前の人が受け入れてきた観念を受け入れるのであると、彼は述べている(66)。この見方は、人はある種の観念を受け入れるような認知的傾向を持つというCSRの主張と大きく異なるものである。宗教認知科学者は、これらの直観が文化的な入力により修正されるとしても、それですべてが決まるわけではないと主張している。

人類学者ベンジャミン・プルジキと心理学者アイヤナ・ウィラードは、MCI理論についてこれまでで最も広範な批判を行った。彼らは、直観的および反直観的という概念そのものに異議を唱え、この理論が記憶の偏りを説明することを疑問視している。彼らは、動物に心的状態を与えるなどの反直観的とされることが、習慣化する可能性があると述べている(67)。事実、中心的知識とされる直観的期待の裏切りとは何なのかという問題が解決していないことが、MCI理論の適用の困難をもたらしている。この問題が生じるのは、それぞれの存在カテゴリー分類に厳密にはどのような推論が含まれるのかが、発達や認知の文献においても不確かさが残るためである(68)。例えば、MCI理論では目が3つある人は期待を裏切るものなのだろうか。その答えは、私たちの人物概念が、人は2つの目しか持つことができないと規定しているかどうかに完全に依存している。

そのため、何が最小反直観的行為者に該当し、何が該当しないかについては意見の相違が続いている。MCI理論の精度は、認知発達に関するより基礎的な理論の精度に依存するが、十分な精度はまだ得られていない。このように不完全で発展途上ではあるが、MCI理論の大きな強みは、認知科学におけるこれまでの理論（スキーマなど）とは異なり、MCI理論が普遍的な心的構造について主張していることである。CSRの研究者は、宗教において何が普遍的なのかについて予測を行うことができるというのは、注目に値する事柄である。

超自然的行為者概念の広まりについての認知的説明

　この最小反直観理論は、概念の生成と伝達、ひいては信念に影響を与える認知バイアスを特定するという、CSR におけるより広い課題の一部である。第 1 章で述べたように、CSR の有する独特な歴史のために、研究者は宗教概念の生成における認知の役割を強調している。そして、ある観念が他の観念よりも広まりやすい理由を説明する手助けとして、宗教的観念の内容（すなわち内容バイアス）に着目する傾向がある。このような宗教的観念の内容への着目は、多くの批判を呼ぶことにもなったが、それにより既存の理論をより洗練させる道も拓いてきた。

社会的学習と文化的文脈

　内容バイアスに焦点を合わせた、宗教的観念の普及の説明に対する最も広範な批判は、おそらく心理学者コニカ・バナジーとポール・ブルームによるものだろう。彼女らは、MCI 理論のような認知バイアスに関する理論は、社会的学習や文化一般が信念の発達に果たす役割を十分に考慮していないと主張している。そこでは、1 歳の時点から猿に育てられた少年であるターザンの例を用いて、文化的に広まった概念の普及における社会的要因の重要性が示されている。

　バナジーとブルームは、ターザンがそうであるように、神のような文化的観念に触れたことのない人が、神を信じるようになるのだろうか、と問う（以下ターザン問題と呼ぶ。MCI 理論に対する異論の要約は表 7.2 を参照）。答えは明らかに、「ノー」である。彼らは、ADD のようないくつかの理論を、個々人が独自に超自然的行為者を信じるようになることを含意していると解釈する。それとは対照的に、そのような観念が広まるためには社会化が必要なのである[69]。直観的バイアスは、子どもがある観念を他の観念よりも受け入れやすくするように働くか

表 7.2　宗教的観念の普及における社会的学習と内容バイアスの役割のまとめ

名称	文脈と文化を考慮に入れるための疑問
ターザン問題	ターザンは神を信じるだろうか？
ミッキーマウス問題	人はなぜすべての反直観的行為者を神とみなさないのか？
ゼウス問題	なぜすべての人が同じ神を崇拝するわけではないのか？

第 7 章　超自然的行為者

もしれないが、その観念を発達させるには、それに関する文化的な入力を受け取る必要がある、と彼らは述べている。つまり、宗教的信念の説明のためには、内容バイアスは必要であるが、十分ではないのである[70]。

　疑いもなく、バナジーとブルームの言っていることは正しい。本書を通じて述べてきたように、宗教とは社会的に構築された、人が作ったカテゴリーであるため、文化から切り離されて人間にもたらされることはない。ただ、CSRにおける内容バイアス理論の支持者は、こうした批判は自分たちの理論を誤って解釈していると反論する。その理論は、主として文化的観念の伝達における認知の役割を扱うものである。伝達はいつでもある文化内で行われる。CSRの研究者たちは、社会的コミュニケーションを一切伴わない内容バイアスが宗教的観念につながるとは主張していない。そんな主張はまったくもって不合理だろう。また、CSR研究者は、超自然的行為者概念の出現と分布、そして人々のそうした概念への参与を説明するには、観念の内容についてのバイアス（つまり内容バイアス）だけでは不十分であると認めている。

　他の研究者は、内容バイアス理論の適用範囲を特定的にし、予測精度を高めるための修正を提案している。彼らは、人々がなぜ宗教的観念を信じ、参与するのかの説明において、そうした観念が伝達される文脈が、より重要な役割を果たすべきだと指摘している[71]。このような認知バイアスは文脈バイアスと呼ばれており、思想が伝達される文脈に関係している。例えば、超自然的行為者に関する観念の普及を考えてみよう。一般に、行為者の表象の仕方に関する内容バイアスは、人々が超自然的行為者観念を人の心を読むことのできる透明人間として表現し、伝達するように傾向づけるかもしれない。また、子どもがしばしば、評判の良い大人から観念を伝えられ、儀式的実践を通して他の人がその観念に参与するのを目撃するといった場合のように、観念が伝達される文脈に関するバイアスを考慮するよう提案する研究者もいる。

文脈バイアス

　宗教研究者が最初に文脈バイアスの役割を強調したのは、神概念の伝達の説明に焦点を合わせた一連の論文を通してである。2008年に発表された「サンタクロースはなぜ神ではないのか」と題する軽妙な論文で、バレットは成功した神概念が共有する特徴を概説した。彼は、超自然的行為者となるための次のような5つの基準を挙げている。

1. 反直観的（直観的期待を裏切るもの）
2. 意図を持つ（意図的・計画的に行為を行うもの）
3. 戦略的情報の所有（人々の評判と生存にとって役立つ情報を持つもの）
4. 認識できる形で人間界で活動できること
5. その存在に対する信念を強めるような行為を引き起こすこと[72]

　論文の中でバレットは、現代西洋、特にキリスト教圏の人々の間での文化的に著名な存在であるサンタクロースが、神として崇拝されない理由について述べている。サンタクロースはクリスマスの時期に子どもたちが良い子か悪い子かという戦略的知識を持っており、そのためこの時期の子どもたちの行動を動機づけるなど、ある面では神のように見えるかもしれない。しかしバレットは、サンタクロースは5つの基準を十分に満たしていないため、神としてみなされるには至らないと結論づけた。

　この論文に対して、心理学者ウィル・ジャーベイと人類学者ジョセフ・ヘンリックは、神概念の成功に関するバレットの説明は説得力に欠けると主張した[73]。彼らは、表象の内容バイアスは神への信仰を説明できないと述べる。そこには2つの問題がある。第一に、バレットの成功した神概念の5つの基準を満たすにもかかわらず、多くの反直観的行為者が崇拝されなかったり、忘れ去られていたりする。例えば、サンタクロースの観念の内容は変わらないのに、なぜ子どもは年をとるにつれてそれを信じなくなるのだろうか。同様に、ミッキーマウスがフィクションの領域の外に存在すると信じて疑わない大人がほとんどいないのはなぜか。彼らや他の研究者は、なぜ人々はある反直観的概念を信じ、他の概念は信じないのかという疑問を「ミッキーマウス問題」と呼んでいる。

　第二の問題は、「なぜ人は他人の神々を信じないのか」という疑問についてである。ジャーベイとヘンリックは、一例として神概念として成功するための特性（人々に影響力があり、道徳的な命令を与えるなど）の多くを有している存在であるゼウスを引き合いに出した。ゼウスはかつて古代ギリシアで広く崇拝されていたが、今日彼を信じる者はほとんどいない。この疑問は、「ゼウス問題」と呼ばれている。彼らは、進化によって形成された文脈学習バイアスによって、内容バイアスのみよりも、特定の最小反直観的行為者への参与や、これらの概念の幅広い普及を説明できると述べている。この文脈学習バイアスには、（a）ある神を信じている人がどれだけいるか、（b）その神への参与を行動で示す人がどれだけい

るか、(c) その神について他人に語る人の評判はどれほどかをそれぞれ考慮して、その神を信じるかどうかを決める傾向が含まれるとされている。

CSR の行っている挑戦の 1 つは、世界の諸文化を通して見られる傾向を説明するための広範な理論を作り出すことであった。さまざまな社会的文脈における宗教的認知を説明するために、人間の認知の諸原則を用いることができる。例えば MCI 理論では、その他の条件が同じなら、最小反直観的観念の方が記憶や伝達が容易であると予測する。したがって、それらは最大反直観的観念よりも広く普及するはずである。表象の容易さは伝達の原則の 1 つではあるが、もちろん観念の伝達の成功の一部は、その観念が用いられる文脈にも依存する。言い換えれば、現実場面では、先ほど述べた「その他の条件」は決して同じではないのである。CSR の研究者は、認知的理論を適用する際にも、この原則を考慮している。例えば人類学者ハーヴィー・ホワイトハウスは、儀礼の中には、経典の朗唱や讃美歌の歌唱など、複雑な教義を頻繁に繰り返すものがあると述べている。このような伝統は反復の機会を提供し、反復は記憶されやすさを高めるので、覚えづらい教義でも継承される。つまり、新たなメカニズムが特定の観念の伝達を支えている可能性があるのだ[74]。

同様に、神学者のヒュー・ニコルソンは、2 つの反直観的な神学的教義の出現について説得力のある説明をしている。すなわち、キリスト教の同一実体性（子なる神は父なる神と同じ実体であるという三位一体の教義）と仏教の無我（人はその肉体的、心理的構成要素に還元できないという教義）である[75]。両者はまったく異なる教義だが、人は同時に複数の存在にはなれない、および人々は連続的ではないといった人に関する私たちの基本的仮定に反しているために、それらがいかに反直観的観念とみなしうるかをニコルソンは示している。

ニコルソンは、三位一体や無我の教義は宗教的伝統の内や間での対立の結果、その集団が他の教義と比べてより独自に、対照的になろうとしたために生まれ、広まったと説明している。例えば無我は、永遠で不変の自己という、人には不変の本質があるとする素朴心理学的仮定と非常によく似た教義を持つバラモン教との対比を最大化しようとする努力によって生まれたものだと述べられている。したがって、これらの新たに作られた観念（無我など）が既存の観念（本質的な自己など）と対照的であったのは、まさにそれが人物についての直観に反していたからである。

もちろんニコルソンは、神学的な文献の誕生と存続に着目しているのであって、

それらの概念が日常的にどう理解されているかに着目しているわけではない。しかし、ニコルソンやヘレン・デ・クルスが述べているように、CSR はいくつかの神学的概念の伝達を説明することもできる[76]。時には最大反直観的な教義が伝達的成功を収めることもある。しかし、日常的思考の中では、人は神学的に適切でないものを支持することがある。例えば、キリスト教徒がイエスと神は別個の存在であると考えたり、仏教徒が永遠の自己が存在すると考えたりもする[77]。

　したがって、これらの神学的概念の出現と存続をうまく説明するためには、複数の要素を考慮することが必要である。1 つは、直観的なバイアスを理解すること、そしてそれが観念の伝達にどのような影響を及ぼすかについて理解することである。もう 1 つは、集団間の対立などの歴史的・文脈的要因の理解である。これらの宗教的認知の二重モデル（つまり内容と文脈）は、特定の文脈における公式の神学的教義と、日常的概念の双方の出現と存続を説明できる。このような MCI 理論の批判と修正は、CSR 研究者が、人々が超自然的行為者をどのように表象するかについての理論において、社会的学習にどのような役割を与えているかという、より大きな問題へと導いてくれる。

超自然的行為者の表象における社会的学習の役割

　これまで本章では、子どもの神概念の出現と大人の神概念の表象を説明する理論について概観してきた。どの説も、文化的文脈における学習が認知的傾向性と相互作用することで、繰り返し現れる神概念が生み出されることを強調していた。社会的学習についてはこれまで何度か触れてきたが、ここで少し再確認しよう。神概念の出現に関する発達理論では、社会的学習が子どもの神概念の発達に重要な役割を果たすとしている。発達心理学者ポール・ハリスらが指摘したように、子どもは友人、両親、宗教指導者の語りを通して神について直接学ぶが、これらの人々はみな、ある文化に広まっている観念を反映している[78]。

　文化的な入力は、神がどのような存在であるかについての子どもの初期の直観を強化することも、直観とは異なる別の見方を強化することもできる。直観の性質がどのようなものであれ、直観は常に社会的・文化的な入力に影響されると研究者は主張している。擬人観説によれば、一神教の神に関する情報に触れることに加えて、心の理論などの他の能力が発達するに伴って、子どもは神を全知であると概念化することができる。また、社会的な指導が神についての考え方の発達の道筋に影響を与えることも研究で示されている。例えばレーンらは、明確な宗

教的文脈の中で育ち、神についての知識が豊富な子どもは、神の超常的な心的能力を早期に認める傾向があることを発見した。

　同様に、神に関する成熟した概念の傾向を説明しようとするCSR理論も、その説明において社会的・文化的な要素を前提としている。認知的制約説では、〔人間のような〕限界のある行為者の経験を持っているとき、大人の間で擬人化を行う認知的傾向性が強化されると主張している。限界がない存在である神についての神学的観念に繰り返し触れることで、人は特定の神概念を発達させ、特定の状況（内省の時間があるときなど）でその概念を利用できる。また、反復の度合いが神観念の発達に影響を与えることも、研究によって示されている。例えばバレットとヴァノーマンは、礼拝に神の図像を用いる信者は、そうでない信者に比べて、神をより擬人化しやすいと報告している。

　私たちが超常的行為者についての共通の観念をどのように発展させるかという進化理論において、社会的学習の役割はないと誤って考える人がいるかもしれない。宗教認知科学者が、私たちが特定の考え方をするような認知的傾向性があると述べたり、この傾向性を自然的という言葉で呼んだりしているために、この誤りがより大きくなることもある。ワーツとウィンの植物に関する研究を取り上げた際に述べたように、人類が進化史を通して植物に依存してきたといった経験は、植物は食べられると推測する傾向などの学習戦略を含む認知バイアスの出現に影響を与えるのである。

　これらのバイアスは文化的接触や直接的な指導（親が植物を食べ物にするのを見る、「これは木になっていて食べられる」と教わったりするなど）によって強化される。さまざまな観念の中には何らかの理由で自然的だと記述されるものがあるが、それはこうした観念が、それを獲得した時点での経験からは獲得できないような内容だからである。したがってそこには、進化によって形成された認知バイアスなど、他の要因が作用していると考えられる。人類学者クラーク・バレットはその著書『思考の形 The Shape of Thought』の中で、世界の諸側面に関する私たちの潜在的・顕在的な観念を含め、経験がどのように心の進化を形作るかについて詳しく説明している[79]。

　宗教認知科学者は、宗教的観念が認知的に自然的だと表現することがあるが、それはそうした観念が、超常的行為者についての潜在的観念に反映される直観的バイアスに依存しているためである。繰り返しになるが、このことは、人々が神をどのように表象するか、何を信じるか、そして内在化した概念に反応してどの

ように行動するかを形作るのに社会的学習が関係ないことを意味しているわけではない。例えば、人類学者のターニャ・ラーマンは、シカゴと北カリフォルニアにあるヴィンヤード・クリスチャン・フェローシップの成員を対象にした大規模なエスノグラフィーと調査研究を通じて、社会的学習の重要な役割を明らかにしている。このカリスマ的な教派では、ペンテコステ派の実践が行われている。ラーマンは、「目に見ることはできないが（その声の聴き方を教われば）語りかけてくるようになる神」を、人々がどのように信じるようになったかを説明している。

　このような不可視だが対話のできる神の存在を信じるのには、単に情報を受け取って受け入れるだけではなく、認知的な努力と実践が必要である(80)。そのためには、神が周囲に存在し、自分の声を聴くことができ、自分の声を聴き、会話したいと思っていると考えなくてはならない。また、この信念を持つためには、自らが神からのメッセージを受け取れるようになることを必要とする。したがって彼ら自身がしばしば、神と会話する能力に疑いを抱いても不思議ではない。神が人間的であるという観念を明示する人がいるのは、神は擬人的であるという内在的バイアスと広く受け入れられている神学的な概念の両方を反映しているのかもしれない。人類学者パスカル・ボイヤーが述べているように、神が常に身近に存在し、自分に直接語りかけてくるということは、たとえそれが真実として受け入れられているとしても、直観的に理解するのが難しいことなのだ(81)。

　まとめると、CSRの理論は、超自然的行為者に関する観念の出現と存続を説明しようと試みるものである。その特徴は、社会的学習に加えて、日常的な認知の役割や、宗教的認知を形成する進化的な力の役割を強調していることである。社会的学習だけでは、世界中で共通した超自然的行為者の表象が生まれるのに必要ないし十分ではない。そのため、CSRの研究者がとる立場は、超自然的行為者概念の出現についての強い社会的学習説とは対照的である。

　強い社会的学習説は、子どもが神の心を擬人化するのは、両者の心が似ていると教わったからであり、社会的交流のためであると主張している。ここでは、子どもが他者との日常的な社会的交流によって人の心は限られていると学ぶために、神の心は限られているという理解の発達に寄与しているとみなされている(82)。このような考え方が強くなると、人間の行動や思考様式は、特定の文化における学習と社会的交流にのみ基づいているとする文化決定論に至る。第1章で述べたように、CSRは、文化決定論に対抗して、宗教的観念の出現と伝播を説明するために始まった側面がある。つまりこのような理論は、人々が宗教的観念をどの

ように表象するかを特定する上で、人間の認知および傾向性やバイアスの役割を認めないか、軽視しているため、「心を無視する」ものなのである。

超自然的行為者概念の伝播と、超自然的行為者概念の出現と伝播についての認知的理論の評価のまとめ

- CSR 研究者は、文化的に普及した超自然的行為者概念は、直観的バイアスにある程度反し、最小反直観的であると述べてきた。
- 最小反直観理論は、概念の生成と伝達に影響する認知バイアスを特定するという、より大きな課題の一部である。
- 認知バイアスの起源と伝播の説明には、それが用いられる文脈の考慮も含まれている。しかし、CSR の理論において認知の要素をより重視すべきと考える研究者もいる。
- CSR 研究者は、認知バイアスは宗教的認知の出現と伝播を説明するのに必要ではあるが十分ではなく、文脈や社会的学習についても考慮に入れねばならないと述べている。

超自然的行為者の認知的理論の持つ哲学的含意

　宗教的認知に関する CSR の説明が、そのような信念の真実性、合理性、正当性に対してどのような意味を持つのか、ということは重要な問題である。実際、CSR の理論には、この種の疑問に対する示唆がある。宗教的概念は日常的概念とよく似ているという指摘を例にとってみよう。この主張は、アブラハムの宗教伝統の信奉者が、ある状況下で神に人間的な性質を持たせる傾向を解明するのに役立つかもしれない。また、デ・クルスとデ・スメットが指摘するように、哲学的神学において擬人観が依然としてとりうる選択肢である理由も、この主張から説明できるかもしれない。例えばイスラム思想のいくつかの学派は、神に手や目などの属性があるのは、それが自然な認知的傾向に対応するためであるという考えを持っている[83]。

　超自然的行為者が実在するかどうかについて、CSR は何を伝えてくれるだろうか。宗教認知科学者は、自らがどのような存在論的立場をとっているかということと、それが研究方法論にどう影響するかをもっと明確にすべきと主張する研

究者もいる[84]。例えばこの章では、人々が神をどのように表象する傾向があるのかについて議論してきた。このことは、神が実在するかどうか、もし実在するとすれば、神はどのようなものなのかについて何か伝えてくれるだろうか。初期の哲学的な宗教理論は、その見方が持つ含意をよりはっきりさせており、実際に、歴史的な自然神学の大部分は、神がどのような存在であるかを見出すことに関心を持っていた。19世紀中頃の人間学者で哲学者のルートヴィヒ・フォイエルバッハは、はじめに人間的な行為者が想像され、その後神学者が「完全な」人間の存在を思い描くことで、神が生まれたと主張している[85]。

　神や他の超自然的行為者の実在性に対する理論的含意の関係についてのこのような明示的な表現は、宗教認知科学者の間には普通見られない。バレットや哲学者のロジャー・トリッグが指摘するように、CSR研究者は超自然的行為者の真理値について存在論的な立場を有しているかもしれない。しかし、認知的理論やデータは、超自然的行為者が実在するか否かの問題を直接扱うものではない[86]。彼らは、学術的研究の方法論が中立である限り（つまり、研究が科学的ガイドラインに準拠し、その成果が妥当である限り）、CSR研究者はこの種の議論に関わる必要はない、と述べている。

　しかし、これらの理論は、宗教的信念の正しさに関する議論に間接的な影響を与えることがある。確かに、宗教認知科学者のほとんどは、自分たちの理論は対象となる超自然的概念が実在するかどうかという問題を直接扱うものではないと明言している。しかし彼らはときに、超自然的行為者概念の自然主義的理論が、その起源についての超自然的説明を不要にするかのような口ぶりをしている[87]。例えば、1つの解釈では、ある文化的文脈における超自然的行為者概念の出現を認知に由来するものとして説明できるなら、つまりそれが行為者検出装置（ADD）の副産物や行為者に関する直観的仮定によって説明できるなら、宗教的認知を説明するのに超自然的解釈を持ち出す必要はないとみなされている。

　宗教は自然的であるという主張の、より過激な解釈を提示する者もいる。哲学者ダニエル・デネット[88]や生物学者リチャード・ドーキンス[89]のような著名な戦闘的無神論者は、CSRの理論や知見を用いて、宗教は誤った信念に基づいていると主張している。そこでは、超自然的行為者を信じることが、実際には存在しない行為者を周囲の環境から検出する傾向に由来するのであれば、そのような行為者を信じることは誤った認知に基づいているといった主張がなされている。これに対する反論の1つは、行為者の検出が活性化される文脈（不確実性が大き

い状況など）を考慮すれば、行為者検出が誤っているとはいえない、というものである[90]。

反対に、宗教は自然的であるという主張を、神の存在を支持するものと解釈する人もいる。哲学者マイケル・マレーは、人間が超自然的行為者を感知しやすいように、神が人間の認知構造を調整した可能性を挙げ、これが宗教的信念をより信じやすくしていると述べている[91]。他の研究者も同様に、ADD のような認知バイアスは、私たちの五感を通して神の自然的知識が得られるとするキリスト教の教義の解釈と調和するとみなしている[92]。また別の CSR 研究者は中間の道をとっており、自然主義的説明と、超自然的説明が共存しうる余地を残している[93]。

本章のまとめ

本章では、超自然的行為者の観念がどのように発展および成熟していくのか、また、認知的要因がどのようにこうした観念の文化を超えた広がりに影響を与えているのかについて考察した。宗教認知科学者は、認知システムがどのようにある観念を支持または阻害するかを理解することは、宗教的概念がどのように広まるかを理解する上で重要であると主張している。これらの研究者によれば、超自然的行為者に対する宗教的信念は、宗教に特化した思考領域で説明する必要はなく、むしろ、人々が自分自身や社会的行為者一般の推論を可能にする既存のメカニズムの結果である可能性が高い。

本章の前半では、このような認知バイアスの性質をめぐるいくつかの意見の相違、とりわけ、神概念が人間、行為者、心に由来する特徴を持つかどうかという疑問を検討した。本章の後半では、成功した超自然的行為者の表象、特に神は、それらが人物に関する直観的な期待のいくつかに反しているというパラドックスを扱った。だが、これらのバイアスだけでは、それ以上先には進めない。さまざまな社会で人が特定の超自然的行為者を信じ、他の超自然的行為者は信じないことを説明するためには、それらが学習された概念であることと、それらが伝達される文脈を考慮する必要がある。このような自然主義的な理論の哲学的、神学的な意味合いについて熟考し、いくつかの異なる結論に達した研究者もいる。

本章では超自然的行為者としての神の表象に焦点を合わせたが、第6章では生まれ変わった行為者を、第5章と第8章では妖術を扱っているなど、他の章では

別の超自然的行為者の表象についても考察している。また、本章のケーススタディでは、霊の観念の表象と伝播を説明する上での、認知的要因が果たす役割についても考察している。

ケーススタディ：霊の憑依

　キリスト教、仏教、ヒンドゥー教、イスラム教や、その他多くの東南アジアやアフリカの伝統など、多くの宗教的伝統には憑依の観念がある。霊の憑依は通常、儀礼などの最中に、人（ここではホストと呼ぶ）の身体と心（ホストの心と霊など）が変化、一体化し、支配権を競い合うという語りを伴っている。なぜ霊の憑依はそこまで繰り返し現れるのだろうか。

　現在の人類学による霊の憑依の説明は、現象に対する現地人の理解を含む、特定の社会的・文化的文脈における複雑さと多様性を捉えようとするものである。そのため、霊の憑依についての一般化はほとんど行われていない。他方で、霊の憑依に関する初期の研究の中には、その現象を一般的に説明するものがある。認知人類学者のエマ・コーエンは、こうした説明を2つに分類している。第一のものは、医学的な説明である。そこでは憑依は一時的な解離状態に還元され、トランス状態は神経生理学的要因（カルシウム不足など）と関連しているとされ、憑依を経験した人は何らかの病気であるとする。第二のものは、社会学的な理論である。

　そこでは、トランスの出現と伝播は、人々が属するより大きな社会構造の持つ力の産物だということが強調されている。例えば、従属的な地位の指標として特定の共同体に属している人種的マイノリティや女性などの周縁化された集団の成員が取り上げられている。このどちらの説明にも問題がある。医学的な説明では、憑依が起こる背景にはほとんど注意を払っておらず、健康な人にもトランス状態が起こりうるという可能性を考慮していない。社会学的な理論は、曖昧で検証不可能である。このような状態が影響を及ぼすメカニズム（これはどのように作用するのか）についてはほとんど語られておらず、対立する仮説も同じような予測をしている（権力の誇示からも、権力への反抗からもトランス状態は起こるとしている）。

　コーエンは、人類学者エリカ・ブルギニョンの1970年代の研究に着目し、発展させている。ブルギニョンは、500近い社会の通文化的分析を行い、変性意識状態の有無によって霊の憑依を分類した点で、当時の研究では際立っている。コーエンはブルギニョンと同様、ある種の霊の憑依の分布とその存在に関心を抱いていた。彼女は、(a) 異なる文脈における憑依の一般的観念を支える根本的仮定を明らかにし、(b) これらの仮定を生み出す一般的な心理的傾向を特定し、(c) これらの傾向が特定の文化的状況においていかに現れるかを決定することを試みた。

2002 年、コーエンは 18 か月間、ブラジル北部の都市ベレンに住むアフリカ系ブラジル人の宗教者の間で、儀礼の中心に霊の憑依が存在する約 60 人の集団の中で民族誌的フィールドワークを実施した。彼女は調査中、社会的交流の場や商談、病気治し、儀礼に参加し、集団の指導者と面接した。彼女は、霊の憑依に 2 つの形態があることに気づいた。人々が憑依について何気なく話しているとき、彼らは人格の置換が起こっていると考えていた。つまり、ホスト（人）の主体性がある行為者（霊）に完全に置き換わり、ホストの痕跡が残らず、その行為者がホストの身体を完全に支配すると考えられていた。

しかし、尊敬される集団の指導者（パイ・ジ・サント）は、ホストが霊とアイデンティティを融合させ、一体化する憑依について信奉者に語っていた。水の入ったコップの中のレモンが風味を与えるように、レモンと水は別々のものでありながら、融合した実体となって新しい味を作り出すことができるのである。コーエンはまた、一部の人類学者や一般メディアは、霊とホストが主導権を争う「動揺」という別種の憑依（映画『エクソシスト』を思い出してほしい）について伝えているが、人々の会話ではこれがほとんど考えられていなかったと指摘する。最も重要なことは、集団が公式に支持する憑依の神学的概念が融合モデルであるにもかかわらず、人々は公式の教えと矛盾する置換モデルを無意識に想定していたことである。つまり、人々は神学的に適切でない観念を支持していたのだ。

コーエンは、人々の神学的な概念と日常的な概念との間になぜ齟齬が生じるのかについての理論を作り上げた。その核心は、心と体に関するある観念は、より記憶に残りやすく、正確に伝えられるという仮定である。コーエンは、人は身体の行動を、一度に 1 つの行為者に帰属させる傾向があるとみなした。これは、1 つの心が 1 つの身体を支配するということである。彼女はこれを「一体一心原則」と名づけた。したがって霊の憑依は、ホストの体内でホストの心と霊の心が融合する（融合モデル）と表象するよりも、ホストの心が霊の心に完全に置き換えられる（置換モデル）と表象する方が、認知的により容易だとされている。

コーエンは心理学者ジャスティン・バレットと協力し、人類学者としては異例といえる、フィールドでの調査に基づく知見を検証するための心理学的実験を行った。彼女らは共同で、ベレンの人々とは異なり宗教的実践としての憑依の経験がなく、動揺モデルを用いる傾向にある西洋メディアの描写に触れてきた英国の学生を対象にして、霊の憑依に関する仮説を検証した。一連の研究では、学生が憑依についてどのように説明し、いくつかの選択肢から憑依を識別し、3 種の憑依概念について読んだ後にどの程度正確に思い出せるかが調査された。すべての研究において、参加者は置換モデルへの強い偏好を示した。アフリカ系ブラジル人の集団と同様、英国の学生は憑依の

際に、2つの心が融合したり、主導権をどちらが握るかを争ったりするのではなく、心が置き換わると考えていた。彼らは、憑依を描写する際に自ずからこのモデルを提示し、これを憑依として識別し、他の2つのモデルよりもその詳細を正確に記憶していた。

コーエンはまた、これらの知見が英国とブラジルの文脈を超えて適用できるかどうかを検討した。彼女は民族誌の文献を調査し、多くの異なる文化的文脈で霊の憑依の置き換えモデルを示す証拠を発見した。彼女はその研究において、霊の憑依の文化選択モデルを提唱している。このモデルでは、他の条件がすべて同じであれば、憑依の置き換えモデルを支持する伝統は、そうでない伝統よりも伝達上優位であることになる。もちろん、他の条件すべてが同じであることはなく、彼女が民族誌的研究の部分で行ったように、心や身体に関する考えが異なる文脈でどのように形作られ、強化されるかを調査することの重要性もまた強調されている。

質問

1. コーエンの主張を、あなたの言葉で要約してください。その際には、置換、融合、動揺という単語を用いてください。
2. 霊の憑依についての先行研究とコーエンの研究の共通点と、相違点は何でしょうか。
3. この研究が、CSRによる宗教研究として典型的だといえる点はどこにあると思うでしょうか。
4. 次に示す、社会学者アルノー・アロワによるコーエンへの批判を読んで、それに賛同できるかどうかを理由を含めて述べてください。

「コーエンは、人々が霊の憑依をどう思うかのみに着目している。しかし憑依の過程を説明する、つまり霊の憑依がいかに学習され、いかに進化するかを説明する際には、そのような大いに「表象的な」認知概念は有害である……憑依とは感情や教示を伴って生きられるものであり、コーエンが正しく同定している憑依概念に加えて、この憑依こそが世界中での幅広い成功を説明できるものとなるのである」[94]

参考文献

Cohen, Emma. *The mind possessed: The cognition of spirit possession in an Afro-Brazilian religious tradition.* Oxford University Press, 2007.

Cohen, Emma. "What is spirit possession? Defining, comparing, and explaining two possession forms." *Ethnos* 73, no. 1 (2008): 101-126.

Cohen, Emma, and Justin L. Barrett. "Conceptualizing spirit possession: Ethnographic and experimental evidence." *Ethos* 36, no. 2 (2008): 246-267.

Cohen, Emma and Justin Barrett. "When minds migrate: Conceptualizing spirit possession." *Journal of Cognition and Culture* 8, no. 1 (2008): 23-48.

Cohen, Emma. "An author meets her critics. Around 'The mind possessed: The cognition of spirit possession in an Afro-Brazilian religious tradition' by Emma Cohen." *Religion and Society: Advances in Research* 1, No. 1 (2010): 164-176. www.berghahnjournals.com/view/journals/religion-and-society/1/1/air-rs010112.xml.

注

（1） Tylor, Edward Burnett. *Primitive culture: researches into the development of mythology, philosophy, religion, art, and custom.* Vol. 2. J. Murray, 1871.（奥山倫明、奥山史亮、長谷千代子、堀雅彦訳、松村一男監修『原始文化』国書刊行会、2019 年）

（2） Barrett, Justin L., Rebekah A. Richert, and Amanda Driesenga. "God's beliefs versus mother's: The development of nonhuman agent concepts." *Child Development* 72, no. 1 (2001): 50-65; Richert, Rebekah A. and Justin L. Barrett. "Do you see what I see? Young children's assumptions about God's perceptual abilities." *The International Journal for the Psychology of Religion* 15, no. 4 (2005): 283-295.

（3） Knight, Nicola, Paulo Sousa, Justin L. Barrett, and Scott Atran. "Children's attributions of beliefs to humans and God: Cross-cultural evidence." *Cognitive Science* 28, no. 1 (2004): 117-126; Richert, Rebekah A. and Justin L. Barrett. "Do you see what I see? Young children's assumptions about God's perceptual abilities." *The International Journal for the Psychology of Religion* 15, no. 4 (2005): 283-295.

（4） Barrett, Justin L., Rebekah A. Richert, and Amanda Driesenga. "God's beliefs versus mother's: The development of nonhuman agent concepts." *Child Development* 72, no. 1 (2001): 50-65.

（5） Barrett, Justin L., Rebekah A. Richert, and Amanda Driesenga. "God's beliefs versus mother's: The development of nonhuman agent concepts." *Child Development* 72, no. 1 (2001): 50-65.

（6） この種の研究の要約については、Heiphetz, Larisa, Jonathan D. Lane, Adam Waytz, and Liane L. Young. "How children and adults represent God's mind." *Cognitive Science* 40, no. 1 (2016): 121-144 を参照。

（7） Bloom, Paul and Tim P. German. "Two reasons to abandon the false belief task as a test of theory of mind." *Cognition* 77, no. 1 (2000): B25-B31; Surian, Luca and Alan M. Leslie. "Competence and performance in false belief understanding: A comparison of autistic and normal 3-year-old children." *British Journal of Developmental Psychology* 17, no. 1 (1999): 141-155.

（8） Surian, Luca, Stefania Caldi, and Dan Sperber. "Attribution of beliefs by 13-month-old infants." *Psychological Science* 18, no. 7 (2007): 580-586; Onishi, Kristine H. and Renée Baillargeon. "Do 15-month-old infants understand false beliefs?" *Science* 308, no. 5719 (2005): 255-258.

（9） Powell, Lindsey J., Kathryn Hobbs, Alexandros Bardis, Susan Carey, and Rebecca Saxe. "Replications of implicit theory of mind tasks with varying representational demands." *Cognitive Development* 46 (2018): 40-50; Perner, Josef and Johannes Roessler. "From infants' to children's appreciation of belief." *Trends in Cognitive Sciences* 16, no. 10 (2012): 519-525.

（10） Kiessling, Florian and Josef Perner. "God–mother-baby: What children think they know." *Child Development* 85, no. 4 (2014): 1601-1616; Lane, Jonathan D., Henry M. Wellman, and E. Margaret Evans. "Children's understanding of ordinary and extraordinary minds." *Child Development* 81, no. 5 (2010): 1475-1489; Lane, Jonathan D., Henry M. Wellman, and E. Margaret Evans. "Sociocultural input facilitates children's developing understanding of extraordinary minds." *Child Development* 83, no. 3 (2012): 1007-1021; Giménez-Dasí, Marta, Silvia Guerrero, and Paul L. Harris. "Intimations of immortality and omniscience in early childhood." *European Journal of Developmental Psychology* 2, no. 3 (2005): 285-297.

（11） Lane, Jonathan D., Henry M. Wellman, and E. Margaret Evans. "Approaching an understanding of omniscience from the preschool years to early adulthood." *Developmental Psychology* 50, no. 10 (2014): 2380.

（12） Piaget, Jean. *The child's conception of the world.* Rowman & Littlefield, 1951.

（13） Kiessling, Florian and Josef Perner. "God–mother-baby: What children think they know." *Child Development* 85, no. 4 (2014): 1601-1616; Lane, Jonathan D., Henry M. Wellman, and E. Margaret Evans. "Children's understanding of ordinary and extraordinary minds." *Child Development* 81, no. 5 (2010): 1475-1489; Makris,

Nikos and Dimitris Pnevmatikos. "Children's understanding of human and super-natural mind." *Cognitive Development* 22, no. 3 (2007): 365-375.

(14) Heiphetz, Larisa, Jonathan D. Lane, Adam Waytz, and Liane L. Young. "How children and adults represent God's mind." *Cognitive Science* 40, no. 1 (2016): 121-144.

(15) Heiphetz, Larisa, Jonathan D. Lane, Adam Waytz, and Liane L. Young. "How children and adults represent God's mind." *Cognitive Science* 40, no. 1 (2016): 121-144.

(16) Heiphetz, Larisa, Jonathan D. Lane, Adam Waytz, and Liane L. Young. "My mind, your mind, and God's mind: How children and adults conceive of different agents' moral beliefs." *British Journal of Developmental Psychology* 36, no.3 (2018), 467-481.

(17) Heiphetz, Larisa, Jonathan D. Lane, Adam Waytz, and Liane L. Young. "How children and adults represent God's mind." *Cognitive Science* 40, no. 1 (2016): 121-144.

(18) Lane, Jonathan D., Henry M. Wellman, and E. Margaret Evans. "Sociocultural input facilitates children's developing understanding of extraordinary minds." *Child Development* 83, no. 3 (2012): 1007-1021.

(19) Barrett, Justin L. "Theological correctness: Cognitive constraint and the study of religion." *Method & Theory in the Study of Religion* 11, no. 4 (1999): 325-339.

(20) Barrett, Justin L. and Frank C. Keil. "Conceptualizing a nonnatural entity: Anthropomorphism in God concepts." *Cognitive Psychology* 31, no. 3 (1996): 219-247.

(21) Slone, Jason. *Theological Incorrectness: Why religious people believe what they should not.* Oxford University Press, 2007.

(22) Boyer, Pascal. *Religion explained: The evolutionary foundations of religious belief.* Basic Books, 2001. (鈴木光太郎、中村潔訳『神はなぜいるのか？』NTT 出版、2008 年)

(23) Barrett, Justin L. and Frank C. Keil. "Conceptualizing a nonnatural entity: Anthropomorphism in God concepts." *Cognitive Psychology* 31, no. 3 (1996): 219-247.

(24) Barrett, Justin L. and Brant VanOrman. "The effects of image-use in worship on God concepts." *Journal of Psychology and Christianity* 15, no.1 (1996), 38-45.

(25) Shtulman, Andrew. "Variation in the anthropomorphization of supernatural beings and its implications for cognitive theories of religion." *Journal of Experimental Psychology: Learning, Memory, and Cognition* 34, no. 5 (2008): 1123; Heiphetz, Larisa, Jonathan D. Lane, Adam Waytz, and Liane L. Young. "How children and adults represent God's mind." *Cognitive Science* 40, no. 1 (2016): 121-144; Westh, Peter. "Anthropomorphism in God concepts: The role of narrative." In A. W. Geertz (Ed.), *Origins of Religion, Cognition, and Culture* (pp. 396-413), Acumen, 2013.

(26) Shtulman, Andrew. "Variation in the anthropomorphization of supernatural beings and its implications for cognitive theories of religion." *Journal of Experimental Psychology: Learning, Memory, and Cognition* 34, no. 5 (2008): 1123; Heiphetz, Larisa, Jonathan D. Lane, Adam Waytz, and Liane L. Young. "How children and adults represent God's mind." *Cognitive Science* 40, no. 1 (2016): 121-144; Barlev, Michael, Spencer Mermelstein, and Tamsin C. German. "Core Intuitions About Persons Coexist and Interfere With Acquired Christian Beliefs About God." *Cognitive Science* 41, no. S3 (2017): 425-454; Kelemen, Deborah. "Are children 'intuitive theists'? Reasoning about purpose and design in nature." *Psychological Science* 15, no. 5 (2004): 295-301.

(27) Barrett, Justin L. "Cognitive constraints on Hindu concepts of the divine." *Journal for the Scientific Study of Religion* 37, no. 4 (1998): 608-619; Chilcott, Travis and Raymond F. Paloutzian. "Relations between Gauḍīya Vaiṣṇava devotional practices and implicit and explicit anthropomorphic reasoning about Kṛṣṇa." *Journal of Cognition and Culture* 16, no. 1-2 (2016): 107-121.

(28) Barlev, Michael, Spencer Mermelstein, Adam S. Cohen, and Tamsin C. German. The Embodied God: Core intuitions about person physicality coexist and interfere with acquired Christian beliefs about God, the Holy Spirit, and Jesus. *Cognitive Science* 43, no. 9 (2019): e12784.

(29) Barlev, Michael, Spencer Mermelstein, and Tamsin C. German. "Core intuitions about persons coexist and interfere with acquired Christian beliefs about God." *Cognitive Science* 41 (2017): 425-454.

(30) Barlev, Michael, Spencer Mermelstein, and Tamsin C. German. "Representational coexistence in the God concept: Core knowledge intuitions of God as a person are not revised by Christian theology despite lifelong experience." *Psychonomic Bulletin & Review* 25, no. 6 (2018): 2330-2338.

(31) d'Andrade, Roy G. *The development of cognitive anthropology.* Cambridge University Press, 1995.

(32) Ward, Thomas B. and E. Thomas Lawson. "Creative cognition in science fiction and fantasy writing." In S. B. Kaufman and J. C. Kaufman (Eds.), *The psychology of creative writing.* Cambridge University Press, 2009, 196–209.

(33) Ward, Thomas B. "Structured imagination: The role of category structure in exemplar generation." *Cognitive Psychology* 27, no. 1 (1994): 1–40.

(34) Ward, Thomas B., Merryl J. Patterson, Cynthia M. Sifonis, Rebecca A. Dodds, and Katherine N. Saunders. "The role of graded category structure in imaginative thought." *Memory & Cognition* 30, no. 2 (2002): 199–216.

(35) Ward, Thomas B., Merryl J. Patterson, Cynthia M. Sifonis, Rebecca A. Dodds, and Katherine N. Saunders. "The role of graded category structure in imaginative thought." *Memory & Cognition* 30, no. 2 (2002): 199–216.

(36) この見解を支持する理論家の一覧については、次の文献の133頁を参照。Heiphetz, Larisa, Jonathan D. Lane, Adam Waytz, and Liane L. Young. "How children and adults represent God's mind." *Cognitive Science* 40, no. 1 (2016): 121–144.

(37) Epley, Nicholas, Benjamin A. Converse, Alexa Delbosc, George A. Monteleone, and John T. Cacioppo. "Believers' estimates of God's beliefs are more egocentric than estimates of other people's beliefs." *Proceedings of the National Academy of Sciences* 106, no. 51 (2009): 21533–21538.

(38) Ross, Lee D., Yphtach Lelkes, and Alexandra G. Russell. "How Christians reconcile their personal political views and the teachings of their faith: Projection as a means of dissonance reduction." *Proceedings of the National Academy of Sciences* 109, no. 10 (2012): 3616–3622.

(39) De Cruz, Helen. "Religious concepts as structured imagination." *International Journal for the Psychology of Religion* 23, no. 1 (2013): 63–74.

(40) Boyer, Pascal. *The naturalness of religious ideas: A cognitive theory of religion.* University of California Press, 1994.

(41) Wertz, Annie E. and Karen Wynn. "Selective social learning of plant edibility in 6-and 18-month-old infants." *Psychological Science* 25, no. 4 (2014): 874–882.

(42) Boyer, Pascal. "How natural selection shapes conceptual structure: Human intuitions and concepts of ownership." In E. Margolis and S. Laurence (Eds.). *The Conceptual Mind: New Directions in the Study of Concepts.* The MIT Press, 2015, 185–200.

(43) Cosmides, Leda. "The logic of social exchange: Has natural selection shaped how humans reason? Studies with the Wason selection task." *Cognition* 31, no. 3 (1989): 187–276.

(44) Barrett, H. Clark. "Adaptations to predators and prey." In D. M. Buss (Ed.). *The handbook of evolutionary psychology.* Wiley, 2005, 200–223.

(45) Norenzayan, Ara. *Big gods: How religion transformed cooperation and conflict.* Princeton University Press, 2013.（藤井修平、松島公望、荒川歩監訳『ビッグ・ゴッド——変容する宗教と協力・対立の心理学』誠信書房、2022年）; Johnson, Dominic. *God is watching you: How the fear of God makes us human.* Oxford University Press, 2016.

(46) Boyer, Pascal. *Religion explained: The evolutionary foundations of religious belief.* Basic Books, 2001; Atran, Scott, and Ara Norenzayan. "Religion's evolutionary landscape: Counterintuition, commitment, compassion, communion." *Behavioral and Brain Sciences* 27, no. 6 (2004): 713–730.

(47) Bloom, Paul. *Descartes' baby: How the science of child development explains what makes us human.* Random House, 2005.（春日井晶子訳『赤ちゃんはどこまで人間なのか——心の理解の起源』ランダムハウス講談社、2006年）

(48) Shtulman, A. and Lindeman Marjaana. "Attributes of God: Conceptual foundations of a foundational belief." *Cognitive Science* 40, no. 3 (2018): 635–670.

(49) Barlev, Michael and Andrew Shtulman. (under review). "Minds, bodies, spirits, and gods: Does widespread belief in disembodied beings imply that we are inherent dualists?" https://psyarxiv.com/e9cw4/.

(50) Barlev, Michael, Spencer Mermelstein, Adam S. Cohen, and Tasmin C. German. "The Embodied God: Core intuitions about person physicality coexist and interfere with acquired Christian beliefs about God, the Holy

Spirit, and Jesus. *Cognitive Science* 43, no. 9 (2019): e12784.

(51) Guthrie, Stewart E., Joseph Agassi, Karin R. Andriolo, David Buchdahl, H. Byron Earhart, Moshe Greenberg, Ian Jarvie et al. "A cognitive theory of religion [and comments and reply]." *Current Anthropology* 21, no. 2 (1980): 181-203; Guthrie, Stewart E. *Faces in the clouds: A new theory of religion.* Oxford University Press, 1993.

(52) Barrett, Justin L. *Why would anyone believe in God.* AltaMira Press, 2004.

(53) Scholl, Brian J. and Patrice D. Tremoulet. "Perceptual causality and animacy." *Trends in Cognitive Sciences* 4, no. 8 (2000): 299-309.

(54) McKay, Ryan and Charles Efferson. "The subtleties of error management." *Evolution and Human Behavior* 31, no. 5 (2010): 309-319 などを参照。Westh, Peter. "Anthropomorphism in God concepts: The role of narrative." In A. W. Geertz (Ed.), *Origins of Religion, Cognition, and Culture.* Acumen, 2013, 396-413.

(55) Boyer, Pascal. "Religious thought and behaviour as by-products of brain function." *Trends in Cognitive Sciences* 7, no. 3 (2003): 119-124.

(56) "IGN's top 100 comic book heroes > #1: Superman." IGN Entertainment. Archived from the original on May 7, 2011. Retrieved May 27, 2011. https://www.ign.com/lists/comic-book-heroes/1

(57) www.the-numbers.com/movies/franchise/Superman#tab=summary.

(58) https://en.wikipedia.org/wiki/Superman#Personality.

(59) Boyer, Pascal. *The naturalness of religious ideas: A cognitive theory of religion.* University of California Press, 1994.

(60) Upal, M. Afzal. "Role of context in memorability of intuitive and counterintuitive concepts." *Proceedings of the Cognitive Science Society* 27 (2005): 2224-2229.

(61) Barrett, Justin L. and Melanie A. Nyhof. "Spreading non-natural concepts: The role of intuitive conceptual structures in memory and transmission of cultural materials." *Journal of Cognition and Culture* 1, no. 1 (2001): 69-100; Boyer, Pascal and Charles Ramble. "Cognitive templates for religious concepts: Cross-cultural evidence for recall of counter-intuitive representations." *Cognitive Science* 25, no. 4 (2001): 535-564; Upala, M. Afzal, Lauren O. Gonce, Ryan D. Tweney, and D. Jason Slone. "Contextualizing counterintuitiveness: How context affects comprehension and memorability of counterintuitive concepts." *Cognitive Science* 31, no. 3 (2007): 415-439; Hornbeck, Ryan G. and Justin L. Barrett. "Refining and testing 'counterintuitiveness' in virtual reality: Cross-cultural evidence for recall of counterintuitive representations." *International Journal for the Psychology of Religion* 23, no. 1 (2013): 15-28.

(62) Banerjee, Konika, Omar S. Haque, and Elizabeth S. Spelke. "Melting lizards and crying mailboxes: Children's preferential recall of minimally counterintuitive concepts." *Cognitive Science,* 37, no. 7 (2013): 1251-1289.

(63) Gonce, Lauren O., M. Afzal Upal, D. Jason Slone, and D. Ryan Tweney. "Role of context in the recall of counterintuitive concepts." *Journal of Cognition and Culture* 6, no. 3 (2006): 521-547; Tweney, Ryan D., M. Afzal Upal, Lauren O. Gonce, D. Jason Slone, and Kristin Edwards. "The creative structuring of counterintuitive worlds." *Journal of Cognition and Culture* 6, no. 3 (2006): 483-498; Norenzayan, Ara, Scott Atran, Jason Faulkner, and Mark Schaller. "Memory and mystery: The cultural selection of minimally counterintuitive narratives." *Cognitive Science* 30, no. 3 (2006): 531-553.

(64) Barrett, Justin L. "Coding and quantifying counterintuitiveness in religious concepts: Theoretical and methodological reflections." *Method & Theory in the Study of Religion* 20, no. 4 (2008): 308-338.

(65) Upal, M. Afzal. "An alternative account of the minimal counterintuitiveness effect." *Cognitive Systems Research* 11, no. 2 (2010): 194-203.

(66) Bloch, Maurice. "Are religious beliefs counter-intuitive." In N. K. Frankenberry (Ed.), *Radical Interpretation in Religion.* Cambridge University Press, 2002, 129-146.

(67) Purzycki, Benjamin Grant and Aiyana K. Willard. "MCI theory: A critical discussion." *Religion, Brain & Behavior* 6, no. 3 (2016): 207-248.

(68) Purzycki, Benjamin Grant and Aiyana K. Willard. "MCI theory: A critical discussion." *Religion, Brain & Behavior* 6, no. 3 (2016): 207-248.

(69) Banerjee, Konika and Paul Bloom. "Would Tarzan believe in God? Conditions for the emergence of reli-

gious belief." *Trends in Cognitive Sciences* 17, no. 1 (2013): 7-8.

(70) Gervais, Will M., Aiyana K. Willard, Ara Norenzayan, and Joseph Henrich. "The Cultural Transmission of Faith: Why innate intuitions are necessary but insufficient, to explain religious belief." *Religion* 41, no. 3 (2011): 389-410.

(71) Henrich, Joseph and Robert Boyd. "On modeling cognition and culture: why cultural evolution does not require replication of representations." *Journal of Cognition and Culture* 2, no. 2 (2002): 87-112.

(72) Barrett, Justin L. "Why Santa Claus is not a god." *Journal of Cognition and Culture* 8, no. 1-2 (2008), 149-161.

(73) Gervais, Will M. and Joseph Henrich. "The Zeus problem: Why representational content biases cannot explain faith in gods." *Journal of Cognition and Culture* 10, no. 3 (2010): 383-389.

(74) Whitehouse, Harvey. *Modes of religiosity: A cognitive theory of religious transmission.* Rowman Altamira, 2004.

(75) Nicholson, Hugh. *The spirit of contradiction in Christianity and Buddhism.* Oxford University Press, 2016.

(76) De Cruz, Helen. "Cognitive science of religion and the study of theological concepts." *Topoi* 33, no. 2 (2014): 487-497.

(77) Berniunas, Renatas. "Folk psychology of the self and afterlife beliefs: The case of Mongolian Buddhists." Ph. D. diss., Queen's University Belfast, 2012.

(78) Harris, Paul L. and Kathleen H. Corriveau. "Learning from testimony about religion and science." In Robinson, E. J. and Einav, S. (Eds.), *Trust and Skepticism: Children's selective learning from testimony.* Psychology Press, 2014, 28-41; Harris, Paul L. and Melissa A. Koenig. "Trust in testimony: How children learn about science and religion." *Child Development* 77, no. 3 (2006): 505-524.

(79) Barrett, H. Clark. *The Shape of Thought: How Mental Adaptations Evolve.* Oxford University Press, 2015.

(80) Luhrmann, Tanya M. *When God talks back: Understanding the American evangelical relationship with God.* Vintage, 2012.

(81) Boyer, Pascal. "Why "belief" is hard work: Implications of Tanya Luhrmann's When God talks back." *HAU: Journal of Ethnographic Theory* 3, no. 3 (2013): 349-357.

(82) Carpendale, Jeremy I. M. and Charlie Lewis. "Constructing an understanding of mind: The development of children's social understanding within social interaction." *Behavioral and Brain Sciences* 27, no. 1 (2004): 79-96.

(83) De Cruz, Helen and Johan De Smedt. *A natural history of natural theology: The cognitive science of theology and philosophy of religion.* MIT Press, 2014.

(84) Näreaho, Leo. "The cognitive science of religion: philosophical observations." *Religious Studies* 44, no. 1 (2008): 83-98.

(85) Feuerbach, Ludwig. *The essence of Christianity,* trans. George Eliot [Marian Evans] (1854): 14. (船山信一訳『キリスト教の本質』岩波書店、1965 年)

(86) Trigg, Roger and Justin L. Barrett, eds. *The roots of religion: Exploring the cognitive science of religion.* Routledge, 2016.

(87) Atran, Scott. *In gods we trust: The evolutionary landscape of religion.* Oxford University Press, 2004; Boyer, Pascal. *Religion explained: The evolutionary foundations of religious belief.* Basic Books, 2001.

(88) Dennett, Daniel Clement. *Breaking the spell: Religion as a natural phenomenon.* Penguin, 2006. (阿部文彦訳『解明される宗教——進化論的アプローチ』青土社、2010 年)

(89) Dawkins, Richard. *The god delusion.* Bantam Press, 2006. (垂水雄二訳『神は妄想である——宗教との決別』早川書房、2007 年)

(90) Murray, Michael J. "Four arguments that the cognitive psychology of religion undermines the justification of religious belief." In J. Bulbulia, R. Sosis, E. Harris, R. Genet, C. Genet, and K. Wyman (Eds.), *The evolution of religion: Studies, theories, and critiques.* The Collins Foundation Press, 2008, 365-370.

(91) Murray, Michael J. "Four arguments that the cognitive psychology of religion undermines the justification of religious belief." In J. Bulbulia, R. Sosis, E. Harris, R. Genet, C. Genet, and K. Wyman (Eds.), *The evolution of religion: Studies, theories, and critiques.* The Collins Foundation Press, 2008, 365-370.

(92) Clark, Kelly James and Justin L. Barrett. "Reformed epistemology and the cognitive science of religion."

Faith and Philosophy 27, no. 2 (2010): 174–189.

(93) Barrett, Justin L. *Cognitive science, religion, and theology: From human minds to divine minds.* Templeton Press, 2011.

(94) Cohen, Emma. "An author meets her critics. Around 'The mind possessed': The cognition of spirit possession in an Afro-Brazilian religious tradition by Emma Cohen." *Religion and Society: Advances in Research* 1 no. 1 (2010). 158, 164–176: www.berghahnjournals.com/view/journals/religion-and-society/1/1/air-rs010112. xml.

第8章　道徳

　宗教と道徳の結びつきは何世紀にもわたって議論されてきた[1]。紀元前4世紀にまでさかのぼる有名な対話の中で、古代ギリシアの道徳哲学者ソクラテスはこう問うた。「神々が命じるから道徳的に善い行為なのか、それとも道徳的に善い行為だから神々が命じるのか」[2]。エミール・デュルケムをはじめとする社会科学の創始者の多くは、宗教を集団の結束や、非道徳的な行為を防止する力として記述することで、このような問いについて熱心に議論してきた。宗教が、個人的な犠牲を払ってでも他者のためになるような無私の行動を動機づけるという考え方は、宗教の進化的起源に関する議論の中心である。今日、宗教と道徳に関する議論は、学術的・一般的な領域を支配し続け、問題の複雑さと論争を浮き彫りにしている。

　道徳という言葉をどのように概念化するかは学者によって異なるが、ここでは善悪の行動に関する基準や原則を指す広い意味で使用する。本章は3節で構成され、まず、道徳はどこから来るのかという問いに関する研究を考察する。次に、宗教が現代社会における道徳的な意思決定や行動にどのような影響を与えるかについての証拠を検討する。ここでは、向社会性や向社会的行動（正直さ、協力、寛大さなどの、他者を助けることを意図した行動）に関する社会心理学的研究の結果について議論する。最後に、宗教と道徳の関係への問いに対する認知・進化学の研究の貢献について考察する。

道徳はどこから来たのか

　認知・進化学的な観点からの1つの重要な問いは、健常に発達している人間に、自然な道徳的反応が現れるかどうか、また、どのように現れるかということである。第3章の表3.4および3.5で述べたように、個体発生の理解（道徳に関連する形質が人間においてどのように発達するのか）は、科学者に道徳的行動の至近的説明を与える。それに応じて、道徳的傾向の認知的基盤を突き止めるために、子

どもの道徳的行動において早期に出現する傾向性やバイアスを特定することが1つの研究課題である。

人間における道徳的基盤

　発達心理学者ポール・ブルームは、道徳的行動の起源に関する多くの研究も行ってきた。ブルームの研究は、赤ちゃんに「素朴な道徳観」があることを示す証拠に貢献している。研究では、赤ちゃんは、文化的に十分に発達した道徳観が出現する前に必要だと考えられる、いくつかの初歩的な傾向を示している。例えば、ブルームと彼の研究室のメンバーは、生後6か月の赤ちゃんも、互いに助け合う行為者と邪魔をする行為者を区別することを発見した。例えば、赤ちゃんは、ボールを丘の上に押し上げるのを助ける人形と、ボールを丘の下に落とすことで邪魔をする人形を区別していた。

　さらに驚くべきことに、赤ちゃんは協力的な行動をとる行為者に好意を示す。例えば、両方の人形を提示すると、赤ちゃんは圧倒的にボールを丘に押し上げる人形（善い人）を好む。言語が発達すると、18か月の子どもたちは、ボールを押してあげる人形を「善い人」と明確に認識するようになる。また、邪魔をする人形ではなく、手助けをする人形に褒美を与えることを選び、同じことをする行為者を好む。つまり、赤ちゃんは悪いことよりも善いことを強く好むのである。

　ブルームのような発達心理学者の研究によれば、この初期の道徳観は自分と同類の人々に対してよく現れる。赤ちゃんは自分が属する集団のメンバーを好むが、赤ちゃんは誰が外集団のメンバーであるかを、主に外見に基づいて判断している。例えば、異なる人種に属している、外国語を話す、さらには自分とは異なる色のTシャツを着ているなどである[3]。

　大人もまた、自分の属する集団のメンバーに対して強い好みを持っており、このような好みは早い時期に現れるようであるが、こうした優遇措置は理にかなっている。というのも、内集団のメンバーは利害を共有している可能性が高く、おそらく親切な行為に応えてくれるため、内集団のメンバーを好むことは究極的には賢い投資なのである。赤ちゃんを対象とした研究は、公平性が道徳の核心ではないことを実証しており、特に重要である。むしろ、宗教的帰属を含む内集団バイアスが、向社会性を推進させるのである。

　では、宗教は私たちを道徳的にするのだろうか。発達心理学の研究によれば、答えはノーである。とはいえ、ブルームは道徳の出現について単純化した見方を

提唱しているわけではないし、宗教的な社会化の役割を軽視しているわけでもない。ブルームは赤ちゃんを対象とした研究に基づき、道徳とは究極的には生物学的、認知的、文化的なものの総合であると提唱している。つまり、十全に発達した道徳とは、人間の行動の側面に関する生物学的性質の組み合わせなのである。

このような側面には、他者の痛みを感じること、文化的伝統（宗教的な社会化を含むが、これは、幼少期の善悪の感覚を形成する傾向とともに現れる）、学習された経験と批判的内省が含まれる。ブルームの研究は、幼児が道徳の基本的な基盤を備えていることを根本から明らかにしている。それは、他者の行為を判断する能力と意欲、正義感、利他主義と悪意に対する基本的な反応などである。ブルームは、道徳にはこの基本的な道徳的装置が必要であり、それがなければ、私たちは自己利益を追求する非道徳的な行為者にすぎない、と結論づけている。ブルームは、赤ちゃんの能力はごくわずかであることを認めつつも、道徳には宗教的な入力ではなく、こうした能力が必要であると提唱している。

ブルームは、認知・進化学の枠組みで、道徳の発達に必要ではあるが十分ではない、道徳的傾向の認知的基盤を示唆している。何が道徳的かについての考え方が異なる子どもたちを対象とした研究は、認知バイアスと環境による入力の役割をより正確に特定することによって、個体発生（すなわち、道徳に関連する形質がどのように発達するか）について既存の研究成果を補強するだろう。ブルームの研究によれば、こうした認知バイアスは、協力的な行動を識別する能力に部分的に依拠している（他の部分は別の理由で進化している）。宗教認知科学（CSR）の他の研究者たちは、「協力としての道徳（morality as cooperation）」仮説として知られるこの主張の、より強力なバージョンを支持している。これは、道徳は人間の社会生活で繰り返し現れる協力の問題に対する生物学的・文化的解決策の集合体であるという説であり、一部の霊長類学者もこの主張に賛同している。

人間以外の動物における道徳的基盤

道徳の発達に必要な形質のいくつかは、類人猿、犬、象、イルカ、クジラなど、人間以外の動物にも確かに見られる。しかし、これらの動物の道徳的能力、行動、行為システムは人間のそれらとは対照的である。動物を対象とした研究により、人類における道徳の発達を理解し、道徳はどこから来たのかという系統発生的な観点からの究極的な疑問に取り組むことができる。

人間以外の動物が人間に対してや、互いに助け合う行動をとる様子は、メディ

アで何百と紹介されている。次のような一例を考えてみよう。2008年6月、韓国・ウルサンの研究者らが、日本海で1日かけてイルカを追跡したとき、12頭ほどのイルカが互いに寄り添って泳いでいることに気づいた。さらに観察してみると、1頭のメスのイルカが重傷を負っており、じたばたして横に傾いたり逆さまになったりして、胸ビレが麻痺しているようだった。何頭かのイルカは負傷したメスの周りに群がり、そのメスの下に潜って下から支えていた。約30分後、イルカたちは負傷したメスを背中に乗せて並んで泳ぎ、呼吸を助け、溺れないようにした。やがて重傷のイルカは呼吸を止め、仲間のイルカが、彼女が沈んで見えなくなるまでその体に触れていた[4]。

傷ついた仲間を助ける群れの様子に、感動を覚えずにはいられない。しかし、人間以外の動物の研究者の多くは、動物には人間的な意味での道徳はないと考えている。つまり、他の動物は人間のように発達し、推論を経た善悪の感覚を持っていないのだ。その代わりに研究者たちは、人間の道徳には、私たちの種よりも古い心的傾向や能力が組み込まれていると提唱している。科学史家のマイクル・シャーマーは、こうした傾向や能力を「前道徳的感情（premoral sentiments）」と呼んでいる。シャーマーは、人間以外の動物で観察された前道徳的感情を次のように要約している。

「愛着と絆、協力と相互扶助、同情と共感、直接・間接互恵性、利他主義と互恵的利他主義、紛争解決と平和創造、欺きとその検出、共同体への関心と他者が自分についてどう思うかを気にかけること、集団の社会的ルールの認識と対応」[5]。このリストは、道徳的行動の能力は人間特有のものではないことを確かに結論づけている。

多くの科学的研究は、人間と他の哺乳類に共通する道徳の前兆を例示している。例えば、オマキザルは公平性の理解を示し、同じ行動に対して不平等な報酬を提示されると協力を拒否する。この公平感については、動物の道徳的能力について広範な研究を行っている霊長類学者フランス・ドゥ・ヴァールによる実験で実証されてきたことで有名である。ある研究では、ドゥ・ヴァールの研究施設において、2匹のオマキザルがそれぞれ各戸独立式のケージに入れられ、並んで飼育された[6]。

どちらのサルも、キュウリと引き換えに小さなトークンをケージの底から研究者に渡すように訓練された。しかしあるとき、研究者はプロトコルを変更し、片方のサルにはサルの好物のブドウを与え、もう片方のサルにはキュウリを与えた。

研究者が新しいプロトコルを繰り返すたびに、キュウリを持っていたサルは、仲間のサルがおいしいブドウを受け取るのを目の当たりにして、より興奮し、抗議のために棒をつかみ、仲間のサルを見て、大きな悲鳴を上げた。ビデオで撮影されたある試行では、キュウリだけを受け取ったサルが非常に興奮し、抗議行動と思われる形でキュウリを実験者に投げ返した[7]。

特筆すべきは、道徳の発達に必要な形質のいくつかが、私たちと最も近縁であるチンパンジーやボノボに見られることだ。チンパンジーやボノボは、約400〜600万年前に生きていた人類と共通の祖先を持ち、利用できるうちで最もヒトの祖先に近い存在とみなすことで、ヒトの進化の過去を垣間見せてくれるかもしれない。例えば、チンパンジーとボノボは親のいない子どもを育て、高齢のメスの死に反応する[8]。

ヒト祖先の系統の類似性に加え、チンパンジーは初期ヒトの社会共同体の規模を反映しており、私たちと比較するのに適している。チンパンジーは平均50頭ほどの群れで生活しており、これは私たちの祖先の歴史における初期の狩猟採集生活をしていたヒトの集団の規模に近いと思われる。観察研究によると、チンパンジーはしばしば政治的な同盟を結び、他の個体と協力してチームとして狩りをする[9]。さらに、チンパンジーは互恵性も示す。例えば、チンパンジーは狩りの後、以前毛づくろいをしてくれた個体とより肉を共有する傾向がある[10]。

ブルーム、ドゥ・ヴァール、シャーマーといった研究者によれば、宗教が人を道徳的にするわけではない。彼らは何百もの研究から、共感、協力、公平性は人間特有の形質ではなく、大人の宗教的な社会化の結果でもないと主張している。人間以外の動物や赤ちゃんも、道徳的な存在に期待されるような能力を示していることから、道徳が宗教から生じるはずはない。ドゥ・ヴァールは、『道徳性の起源——ボノボが教えてくれること *The Bonobo and Atheist: In Search on Humanism among the Primetes*』[11] という本全体を割いて、私たちは道徳を神から獲得したわけではないと論じている。ドゥ・ヴァールはさらに、どのような行為が善であるか悪であるかという条件についての注意深く哲学的な推論をすることによって道徳を獲得するのでもないと主張しているが、一部の知識人と新無神論者もまた、同様の考え方で適切な道徳システムの形成についての提案を行っている。

進化学の研究者の多くは、宗教が人間に、本来持っていなかった道徳システムを提供するのではないことを認めている。むしろ、共感や協力といった人間がす

でに持っている傾向性の一部と、宗教的な規定が共進化した可能性が高い。言い換えれば、宗教的教義や哲学的思考は、すでに根本的に善悪について感じていたことを利用したと考えられるのだ。この結論は、そもそも道徳はどこから来るのかという問いへと私たちを導いてくれる。

道徳の起源

　ドゥ・ヴァールなどの研究者は、善悪の基本的な感覚など、道徳の基本的な構成要素は、赤ちゃんや他の哺乳類の身体で感じられるものだと提唱している。成人した人間は、危害や苦痛に対するこのような身体的反応を日常的に経験している。例えば、虐待された子どもの写真を報道で見たり、アフリカの飢餓に苦しむ子どもたちに食事を与えるための寄付を求める広告をテレビで見たりしたときの理屈抜きの反応である。多くの進化学者は、道徳は霊長類の心理にさかのぼる古いルーツから生じたと明確に唱えており、彼らもまた「協力としての道徳」仮説を支持している。

　道徳は究極的には進化の産物であるという見解の支持者には、ドゥ・ヴァール、シャーマー、人類学者のバーバラ・キングなどがいる[12]。より具体的には、これらの研究者は、人間の善良さは霊長類の社会性から発展したとみなしている。多くの進化学者と同様に、彼らは人間や他の社会的動物にとって、集団の中でうまくやっていくことの利点を強調している。集団の一員になることは、個体や集団の生存性を高め、単独でいるよりも繁殖の機会を増やす。例えば、集団は一個体でいるよりも外部からの攻撃を受けにくく、食べ物を見つけるのに成功しやすい。

　すべての社会的動物は、集団生活を有意義なものにするために行動を修正したり抑制したりしてきた。例えば、社会性昆虫の例を見てみよう。アリのコロニーには数百万もの個体が存在し、成功したコロニーには生殖不能のアリたちの階級が存在する。メスは女王に仕え、生殖はせず、代わりにきょうだいを育てる。このシステムは交尾のための競争を制限し、コロニーの長期的な生存に不可欠な協力を促進する[13]。この点からの道徳の説明によれば、共感、同情、互恵性、利他主義などの前道徳的な感情は、個人の利己主義を抑制し、より協力的な集団を構築する手段として進化し、最終的に種の存続につながった[14]。遺伝子を共有する相手への利他主義の傾向は、なぜ赤ちゃんが自分と同類の人々に対して最も強い向社会的傾向を示し、人間以外の動物が自身に直接影響する行動に対して最

も強く反応するのかを説明するのに役立つ。

　霊長類の社会性が道徳感情の原動力であるとする説は、道徳感情を表現する程度が種によって異なる理由も説明できるかもしれない。心理学者マイケル・トマセロは、そのキャリアの大半を人間と動物の社会性の研究に費やしてきたが、他の動物と比較した場合、人間は生存のために集団に依存するので、協力形態が独特であると主張している。つまり、チンパンジーやボノボなど多くの動物が社会的であり、道徳の根底にある基本的な傾向のいくつかを示しているのに対し、人間は超社会的であり、それゆえ道徳的行動の能力を最もよく示すのだという。

　トマセロは、チンパンジーと人間の幼児の認知的、社会的能力を直接比較する実験を何十回も行ってきた。彼の研究室では、幼児とチンパンジーは、手の届かないところにある食べ物を棒を使って取るような身体的な課題では同じような能力を発揮するが、他の人の真似をして問題を解決する方法を学ぶような社会的な課題では異なることを発見した。このような社会的課題では、幼児の成績は類人猿の約2倍であり、報酬を得るために協力しなければならない実験でも、子どもはチンパンジーより優れていた。子どもたちは、類人猿よりもパートナーと協力する傾向が強いのである[15]。実際、チンパンジーを対象とした初期の研究では、チンパンジーは自然には協力する能力を示さないことが指摘されている。チンパンジーが報酬を得るために協力するよう訓練された場合でも、このような消極性は見られる[16]。

　トマセロは、私たちの進化の遺産が、人間のこの超社会性にどのように貢献したかを正確に特定している。トマセロは、この根本的な違いを理解する鍵として、約600万年前にチンパンジーとヒトが共通の祖先から分岐した際の、食料を得るための戦略の違いを指摘する。果物を主食とするチンパンジーは、ほとんどの食物を単独で集めるのに対し、ヒトは果物や野菜が乏しくなると集団で採集し、協力して大物を狩るようになったのだ。

　人類が集団として食料を得る必要性が生じた影響の1つは、自分自身を相互利益のために協力し合う、より大きな単位のメンバーとして考えるようになったことである。他者の視点に立ち、共通の目標に到達するための意思を共有することができるようになったのだ。この能力が、道徳の核をなす2つの要素、すなわち、他者への関心である「共感」と、誰もがその人にふさわしいものを得るべきだという「公平性」を生み出したのである。トマセロによれば、協力する能力の向上が、人間と他の動物との間の道徳的な違いの背景にあるという。これらの主張は

第8章　道徳

「協力としての道徳」仮説からの説明であり、この章の後半で詳しく述べる。

この節では、道徳の基本的構成要素は社会的な種としての進化の歴史に根ざしているため、宗教が人を道徳的にするわけではないことを指摘する研究を取り上げた。言い換えれば、宗教は道徳的行動に必要ではないということだ。より経験的な問いは、宗教が倫理的な意思決定や行動に影響を与えるのか、またどのように与えるのかということである。例えば、宗教性は道徳的行動を増加させるのか、減少させるのか。社会認知科学の研究者たちは、道徳に関して、宗教を信じる人と宗教を信じない人がどのように考え行動するかには、類似点と相違点の両方があると提唱している。これは次の節で取り上げる。

宗教は人を道徳的にするのかのまとめ

- 赤ちゃんや人間以外の動物を対象とした研究では、大人の人間のように完全に発達した道徳的な行動システムを持っていないにもかかわらず、基礎となる道徳的傾向があることが実証されている。
- 人間の基礎となる道徳的装置は、社会的種としての進化的遺産に究極的に由来する生物学的傾向や認知・情動反応に由来する。そして、道徳の多くの側面が集団生活を促進した。
- 基礎的な道徳性は文化的な入力には依存せず、人は宗教的な指導がなくても道徳的になることは可能である。したがって、宗教が人を道徳的にするわけではない。
- 宗教倫理は、人間の道徳的傾向の発達と共進化してきた可能性が高い。したがって、善悪に関する宗教的教えには根本的な共通点がある。
- 宗教的伝統に由来する道徳的指針は、人の善悪の感覚を発達させ、洗練させる役割を果たす。

宗教は現代社会においてどのように道徳的な意思決定と行動に影響を与えるのか

道徳の究極的な起源に関する疑問はひとまず脇に置いておくとして、もう1つの関連する疑問は、現代社会において何が正しくて何が間違っているのかという問いを、人々がいかに推論しているのかということである。道徳哲学や社会心理学の研究からの洞察は、今日の世界における有神論者と非有神論者の類似点と相違点を浮き彫りにしている。比較文化研究もいくつかあるが[17]、留意すべき限

界の1つは、ほとんどの研究が現代の西洋世界におけるものであるということだ。このセクションでは、両者の比較を、（1）人々がどこで道徳的指針を得るか、（2）人々が何に関心を持つか、（3）人々が誰に関心を持つか、（4）人々がいつ、なぜ向社会的に行動するのか、という4つの重要な側面に分けて説明する。

1. メタ倫理——人々はどこで道徳的指針を得るか

　本章の冒頭で、道徳の基本的な構成要素は、社会的な種である私たちの進化の遺産の一部であることを示唆する研究を概観した。基本的な道徳的な傾向は、進化した私たちの心理に深く埋め込まれ、宗教的な教えがなくても自然に開花する。ブルームなどの学者が提唱しているように、道徳とは結局のところ、生物学的、認知的、文化的なものの総合である。進化的な過程と認知的な処理が重なって、道徳的判断の基本的な構成要素が生み出されるのである。しかし、完全に発達した道徳は、他人の痛みを感じるなど人間の行動の側面に関する生物学的傾向性と、宗教的な社会化を含む文化的伝統の組み合わせからなっている。これらの傾向性は、学習された経験や批判的内省とともに、何が正しくて何が間違っているかという感覚を形成する初期の傾向と重なる。道徳的な傾向と共進化した、善悪の判断に関する宗教的な教えは、これらの生物学的傾向性と矛盾するのではなく、むしろそれを強化した可能性が高い。

　だとすれば、基本的な点では、有神論者と非有神論者は道徳的に似ていると予想される。実際、その通りである。両者は正義と慈悲に対する重要な好みを共有しているように見える。例えば、すべての世界宗教は、危害に関するいくつかの基本原則に同意しており、無宗教者は危害と正義に関して、拷問や無実の人を殺すことは間違っているという基本的な考えなど、似たような考えを持つ傾向がある。哲学者ピーター・シンガーは、宗教と無宗教の教義や哲学書に共通点があることを指摘している。この原則は、キリスト教における黄金律（自分にしてほしいことを人にもしなさい）から、孔子の教え、政治哲学者ジョン・ロールズの正義論に至るまで、多くの多様な宗教的・哲学的道徳体系に見られる。

　とはいえ、有神論者と非有神論者は、社会性や道徳的指針を異なる出所から得ている。最も顕著なのは、有神論者と非有神論者はしばしば、どの行為が不道徳であるかを判断するために異なる基準を用いることである。道徳的指針と道徳的判断を確立するために使用される基準は、一般的にメタ倫理的スタイル（meta-ethical style）と呼ばれる。有神論者は多くの場合、聖書やクルアーンなどの聖典

に規定された行動規範、口頭や書面による伝統、宗教的な教師などの宗教倫理に従って道徳的原則を導く。多くの宗教的伝統には、イスラム教における72人の乙女の約束〔イスラム教の教義の解釈の1つに、ジハードで戦死すると72人の乙女が与えられるとされているものがある〕のように、服従に報いる規則がある。また、キリスト教における地獄の責め苦のように、宗教的な倫理規範を守らず、それを強制しない者に対しては、懲罰があるとする伝統も多い。

　宗教的教義は一種のルールに基づく客観論的道徳を促進する傾向があり、姦淫や殺人は常に間違っているなど、正しい行為と間違った行為を規定する。このルールに基づく客観論的道徳は、哲学では義務論的推論として知られている。したがって、宗教的な人々は、道徳的な問題について2人の人間の意見が異なる場合、一方だけが正しいと信じる傾向がある[18]。信者にとって、神は道徳の創造者であり、正義の裁定者でもある。したがって、何が正しいかという感覚は、利害に関わる帰結だけでなく、一般的に神の命令に基づいている[19]。しかし多くの場合、宗教は世俗的な価値観の枠組みも共有しているため、そのような場合は行動の帰結などを考慮する。

　新無神論者は、古代の教義に基づくこのルールベースの義務論的な推論スタイルは、宗教倫理が道徳的価値を決定するのに十分ではないと主張している。彼らはしばしば、ギリシア神話の神々と信心深さの関係を論じたソクラテスのような古典的な西洋の思想家の議論を引き合いに出す。提示される根本的なジレンマは、神の戒律は神が命じるから道徳的なのか、それとも道徳的だから神が命じるのかということだ。その答えがどうであれ、宗教批判者たちは、宗教は何が正しいかを決定する効果的なシステムではないと主張する。彼らは、道徳的な規定において2つの神が対立する場合、どちらの神が正しいといえるのか、など相対主義の問題点を指摘している。

　また、文化的・歴史的背景を無視して道徳的戒律を解釈する場合などでは、聖典の解釈には難点が生じることがある。例えば、古代地中海文化圏では、髪の長い男性を辱める習慣があったが、それは女性的なものの象徴だったからである〔『新約聖書』〕（Ⅰコリント11:14）。もう1つの主な批判は、宗教的な文章の中にある道徳的戒律の中には、私たちの最も基本的な感性に反しているように見えるものがあるということである。夫をかばうために攻撃者の生殖器を握った女性の手を切り落とすという規定〔『旧約聖書』〕（申命記25:11-12）[20]や、道を踏み外した息子を持つ親に、石打ちの刑に処すために地元の長老のところに連れて行くよう

にと助言する規定（申命記 21:18-21）を考えてみよう。

　哲学者のライアン・ファルシオーニが要約するように、新無神論者たちの間では、宗教は、よく言えば、善いことをするための悪い理由を人々に与えるもの、悪く言えば、悪いことをするための悪い理由を人々に与えるものとみなされている[21]。『神は偉大ではない──宗教はいかにすべてを毒するか *God is Not Great: How Religion Poisons Everything*』の著者である故クリストファー・ヒッチンス[22]は、宗教者が行う道徳的な行為で、無宗教者が同様に行わないようなものは１つもないし、そうした行為を無宗教者は神に言及せず行っていると主張する。進化生物学者で『神は妄想である *The God Delusion*』の著者であるリチャード・ドーキンス[23]と同様、ヒッチンスは宗教がある種の悪を動機づけ、正当化すると主張する。これらの著者によれば、宗教は非道徳的な行為を正当化するものである[24]。

　また、有神論者は非有神論者よりも、道徳的決定を主観的あるいは文化相対的なもの、つまり文脈に左右されるものとして判断しづらい。この傾向は非常に強く、ほとんどの人が宗教を思い起こさせるものに触れることで、道徳をより客観的に認識するようになる[25]。対照的に、宗教心の薄い人ほど、抽象的な道徳的ルールを無視し、結果（帰結主義）、特に功利主義（最大多数の人々に最大の利益をもたらす結果）の原則に基づいた判断に落ち着く。世俗的ヒューマニストは、何が正しくて何が間違っているかを決定するためのより良いシステムとして、帰結主義を謳う。

2.　道徳化の範囲──人々は何を気にかけるか

　社会心理学の研究によると、宗教を信仰している人と信仰していない人とでは、道徳的な意思決定において異なる価値観に導かれており、そのため道徳的な関心も異なることが示唆されている。社会心理学者ジョナサン・ハイトらによって開発された道徳基盤理論（Moral Foundations Theory: MFT）[26]は、数千人から得た質問紙データに基づいており、文化や宗教的伝統の違いを超えて、人々が道徳的意思決定においてどのように、そしてなぜ異なるのかを説明している。この理論の要点は、私たちの道徳的関心事は５つの価値観に分けられるということだ。(1) ケアと危害、(2) 公正、(3) 内集団への忠誠、(4) 権威の尊重、(5) 神聖（私たちの身体は神殿であり、何らかの思考や行動によって堕落するという考え）である。

ハイトたちは、これらの価値観は人間が構築する道徳システムの種類に大きな影響を与えるが、それを決定づけるものではないと考えている。文化によっては、これらの基礎となる価値観のいくつかに基づいて道徳システムを構築するものもある。例えばアメリカでは、最初の2つの道徳基盤（ケアと危害、公正）に焦点を絞る傾向があるが[27]、他の文化では、内集団への忠誠、権威の尊重、神聖など、より幅広い価値観で道徳システムを決めている。西洋の宗教的伝統に属する人々の多くは、道徳的意思決定において、最初の2つの価値観（ケアと危害、公正）を支持している。しかし、宗教心の強い人ほど、権威の尊重、内集団への忠誠、性的純粋さや危害や不正に関する行為以外にも、より幅広い行為を道徳化する傾向がある[28]。要するに、宗教的な人であるほど、その人は道徳的な推論においてより広範な原則を引き出し、道徳主義的である可能性が高い。

「協力としての道徳」仮説を支持するCSR研究者の中には、MFTを批判する者もいる。人類学者オリバー・カリーは、MFTは理論的にも実証的にも問題があると指摘し、本章で後述するように分解法（fractionation method）がそれを克服できると考えている[29]。第一に、MFTは道徳に対して協力的なアプローチをとるが、その領域を協力の基礎理論から導き出すものではない。したがって、忠誠や権威といった協力に対応する領域は、ケアや神聖といった他の領域よりも道徳性をより確実に示す可能性が高い。第二に、5つの基礎はあまりにも限定的であり、協力の繰り返し現れる問題に基づく7因子モデルが、道徳的様相を異文化間でマッピングするための最良の手段である[30]。それらは親族を助けること、集団を助けること、互恵的であること、勇敢であること、目上の人に従うこと、争いになった資源を分けること、先住権を尊重することからなる。

3. 道徳的差別——人々は誰を気にかけるか

宗教もまた、信者が善悪を判断する際の指針となる価値観の枠組みを持つ傾向がある。ジャイナ教の「三宝」、ユダヤ教の「ハラハー」、イスラム教の「シャリーア」、カトリックの「教会法」、仏教の「八正道」などがそれである[31]。道徳に基づく価値観は、内集団の団結を強めるとともに、外集団の「他者性」も強める。ハイトが観察したように、「道徳は団結させると同時に盲目にもする[32]」のであり、「誰かにとってのテロリストは、誰かにとっての自由の戦士である」ということわざもある。

社会心理学者アジム・シャリフは、向社会性と宗教の関係について多くの研究

を行ってきた。彼は特に、内集団への忠誠と宗教的価値観の間にある諸刃の剣について説明し、この効果が有神論者と非有神論者の間で微妙に異なることを概説している。シャリフは、有神論者はより内集団メンバーに対して向社会性を向けるのに対して、非有神論者は普遍的な範囲に向ける傾向があることを示す研究を紹介している。言い換えれば、宗教的な人々はローカルなレベルでより集団主義的である傾向がある。有神論者が一般的に非有神論者よりも幸福であるのは、ある集団の一員であると感じているからだが、それゆえに積極的に、外集団から切り離されているとも感じている[33]。

　ある推論では、なぜ信者は差別的である傾向があるのか、またなぜ彼らは教会への寄付など、同じ集団内の問題に対してより慈善的であるのかが説明できる。それは表裏一体なのだ。有神論者は、自分と同じ宗教観を持つ人々を1つの集団とみなし、無神論者や自分と同じ信念を持たない人々を別の外集団とみなす傾向がある。対照的に、非有神論者は、さまざまな違いからなる1つの大きな普遍的な人々として集団を見る傾向がある。

4. 道徳的動機——人はいつ、なぜ向社会的に行動するのか

　重要な疑問の1つは、宗教が人々の行動をどのように変えるのかということである。具体的に言えば、心理学者は宗教が向社会性を高めるかどうかを探究しようとしており、それは寛大さ、協調性、誠実さといった行動の側面を通して測られる。宗教を信仰している人は、信仰していない人に比べて、より向社会的な行動をとると報告されている。こうした主張を裏づける調査もいくつかあり、それは宗教的な人々による慈善寄付の件数と金額に基づいている[34]。しかし、研究者たちは対照研究において、宗教性が向社会的行動に及ぼす影響を確認できていない。

　実際には、これらの実験は人々が宗教的であると言っているのを確認し、宗教性が印象管理の必要性を高めることを示唆している。言い換えれば、これらの研究において、宗教的な参加者は社会的に望ましい回答をしているのである（つまり、彼らは他人からもっと寛大だと思われたいと思っているので、あたかもそうであるかのようにアンケートに答えている）。一方で、他の研究では、少し異なる解釈がなされている[35]。それは、信仰者は非信仰者よりも慈善的で向社会的な傾向があるが、この道徳的善意の多くは宗教的な内集団に向けられているという解釈である。宗教的価値観が内集団の団結の強力な燃料であることを考えれば、こうし

た結果は驚くにあたらない(36)。

　向社会的行動を示す動機は、有神論者と非有神論者で異なる。宗教的な人々は、神を含む超自然的な行為者概念をプライミングされると、より慈善的になる。この結論は、経済ゲーム実験（協力、罰、信頼、寛大さの機会を含む管理された社会的相互作用における意思決定を探求することができる方法）を用いて得られた何百もの研究における実証的結果によって裏づけられている。例えば、ある一連の研究では、神の概念が潜在的に活性化された場合、参加者は中立的な概念が活性化された場合や何も活性化されなかった場合よりも、匿名の見知らぬ人により多くのお金を割り当てた(37)。

　この効果の１つの解釈は、信仰者は、神のような社会的な監視をする超自然的行為者が自分の行動をすべて見ているという事実をより気にかけている傾向があるということである。他の研究では、非有神論者はこの種の宗教的な手がかりに反応しないことが示されている。彼らは神が自分を見ているかもしれないと考えても、それほど心配しないのだ。しかし、非信仰者は、警察や裁判所といった社会制度に関する概念をプライミングされると、より向社会的な行動を示す(38)。他の研究では、実験参加者は目の画像を表示されるだけで、他者に対してより気前よく寄付をすることがわかった(39)。

　最近の研究では、こうした超自然的なプライミング効果が、道徳性が影響する非行為者的な力であるカルマにも及ぶという証拠が得られている。例えば、ある一連の研究では、カルマを信じているさまざまな宗教的・スピリチュアル的信仰の実験参加者は、カルマについて考えた後では、考える前よりも見知らぬ人にお金を分け与える可能性が高くなった。このような効果は、カルマを信じていない参加者には見られなかった(40)。これらの研究は、信仰者は超自然的な罰に対する恐怖に加え、将来の幸運の可能性を高めるために向社会的に行動する動機を持っていることを示唆している。

　宗教者も無宗教者も、さまざまな社会的な手がかりによって向社会的行動をとるよう動機づけられる。宗教者にとっては、監視する行為者やカルマといった有神論的な手がかりがそれにあたる(41)。あらゆる形態の社会的監視は、それが神の介入であれ、超自然的正義の原理であれ、民事司法の一側面であれ、不義を働いた者を罰する可能性を持っている。他の研究によれば、こうした効果は少なくとも監視されていると本人が思っている間は有効だが、向社会的行動を増加させるのは一時的にすぎないという。この研究は、宗教的な大都市圏で毎週日曜日に

ポルノサイトのアクセスが減るなど、人々の行動に対するいわゆる「日曜日効果」を説明するのに十分かもしれない[42]。また、さらに短期間ではあるが、イスラム教徒の礼拝への呼びかけ（アザーン）が聞こえるときにはマラケシュの商店主たちの慈善活動が増加したが、聞こえないときには増加しなかった[43]。同様に、世俗的な制度は、市民の忠誠を確保するために、警察の存在や監視カメラなど、司法制度を定期的に思い出させるものに依存している[44]。

　もう１つの興味深い発見は、無宗教の人々も神を一種の道徳的な監視役とみなし、信仰者を牽制していると考えていることだ。つまり、神への不信は監視が行われていないことを意味する[45]。例えば、神を信じる人は、信じない人よりも道徳的で信頼できると考えられている。最近のピュー・リサーチ・センターの調査によると、ほぼ40か国の回答者の大半が、神を信じることが道徳に不可欠であることに同意していて[46]、その割合は中央アジアと西アフリカで最も高く、北米とヨーロッパで最も低かった。それでも、伝統的な宗教への信仰が減少している米国でさえ、調査対象者の過半数（53パーセント）が、善良な人間であるためには信仰が必要であることに同意している。

　他の世論調査によると、有神論者は無神論者に対して深い不信感を抱いており、無神論者でさえも有神論者の方が信頼できると潜在的に考えている。例えば、連続殺人や近親相姦などの行為は、宗教的な集団のメンバーよりも無神論者の代表的な行為であるとみなしている[47]。さらに、何らかの宗教に属している人は、特定の宗教に属していることが道徳の前提条件であるとみなしている場合があり、信仰者は特定の宗教的信条を共有する人だけを信頼する傾向がある。ピュー・リサーチ・センターが最近行った別の調査によると、米国人の半数が、大統領が自分と宗教的信条を共有していることが重要だと答えている[48]。米国の歴代大統領のほとんどが、国内で支配的な宗教であるキリスト教徒であるのは偶然ではない[49]。

　ここまでをまとめると、宗教は道徳的意思決定に多くの重要な影響を与えるということだ。有神論者と非有神論者は、危害と正義に関するいくつかの基本原則では一致しているが、道徳的指針をどこから得ているか、道徳に関するメタ倫理的な推論のスタイルや、どのような道徳的問題に関心を持つかによって異なっている。有神論者が非有神論者よりも向社会的であるかどうかを確実に言うことは難しい。有神論者は非有神論者よりも高いレベルの向社会性を報告し、より慈善的な行動をとるが、それは自分の宗教的集団のメンバーに向けられている傾向が

ある。宗教者も非宗教者も、自分が第三者から見られており、その行動に対して罰せられる可能性があるという認識に基づいて、少なくとも一時的に向社会的な行動をとる動機がある。

ケーススタディ：レイニーの行動に宗教的信念はどの程度関係しているのか？

道徳における宗教の役割に関する疑問は、法行為で有罪判決を受けた人々に信仰が影響を与えるかどうか、またどの程度まで影響を与えるかをめぐる法的議論に顕著である。2003年の母の日、テキサス州の女性ディアナ・レイニーは、自分の子ども2人を石で殺害し、3人目に重傷を負わせた。彼女は、8歳と6歳の息子の殺害と、生後14か月の子どもに重傷を負わせたことについて、心神喪失での罪を認めた[50]。

レイニー一家は教会共同体の活動的なメンバーで、レイニーは聖歌隊で歌っていた。その1年前、彼女は教会に通う仲間たちに、世界は終末を迎え、神が自分の家を整えるように告げていると話していた。捜査中、レイニーは精神科医に、自分は神からのメッセージによって殺人に駆り立てられたのであり、自分たちは死者の中から再びよみがえるのだと説明した。診察の中で彼女は、「私は神に従っていると感じていて、それによって良いことがあると信じています……神はその力によって彼らを生き返らせてくれるような気がします」[51]と語った。

レイニーは、自宅で遊んでいた息子の一人を見て、神の御心を理解したという。息子は母親の方を向いて槍を持っていた。息子が庭で石につまずいた後、レイニーは石で殺すしかないと理解したと言った。ある医師は法廷で、レイニーは自分の行為の恐ろしさから心理的に分離し、自分は単に主の意志を遂行する神の使命を帯びた女性なのだと感じていたと語った。

レイニーは殺人について心神喪失を主張した。検察側と弁護側がそれぞれ2人ずつ、判事が1人ずつ、計5人がこの事件について審議した。その結果、彼女は病的な妄想に苦しみ、殺害時には善悪の区別がつかなかったと結論づけられた。

レイニーは2012年5月に釈放されるまで8年間、州立病院に収容された。彼女は、今も未成年者とは監視なしで接触しないことや、必要な薬を確実に服用するための定期的な薬物検査などの条件を課せられている[52]。

宗教と道徳の関係に関する進化認知科学の視点

進化認知科学の研究者たちは、宗教と道徳の関係について、独特のアプローチ

を採用している。例えば、宗教認知科学者は、超自然的行為者のような、さまざまな伝統で繰り返し現れる特徴に従って、宗教システムを切り分けることが多い。このような繰り返し現れる特徴は、進化により得られた傾向の一部である場合がある。例えば、他人が考えていることを表象したり（メンタライジング）、他の行為者の存在下で自分の行動を修正したりすることである。

したがって、宗教認知科学者は、宗教が道徳にどのような影響を与えるかといった広範な問題を論じるのではなく、超自然的行為者が人を監視していると考えることが、その人の行動や社会の発展にどのような影響を与えるかといった、より具体的な問題に焦点を合わせる傾向がある。このように、CSRのもう1つの特徴は、研究者が個人と社会の両方のレベルで宗教と道徳の関係について扱っていることである。宗教を多くの伝統で繰り返し現れる特徴に分解する方法の1つの結果は、道徳的・宗教的システムの基本的な構成要素を示し、その自然的基盤を示すことである。CSR研究から得られた知見は、一般に次のような2つの大まかな結論を示している。

1. 宗教が向社会的な行動を促すのは、私たちが進化してきた傾向によって決まっているから

宗教システムの構成要素が、人々がルールを守り、協力することを保証する上できわめて効果的なのは、主に進化の歴史を通じて見られる自然的傾向に基づいているからだ。例えば、宗教的伝統における社会的監視は、特に罰の恐怖と結びついた場合、監視されると行動を変えるという人間の自然的傾向に基づいているため、ルールの遵守をより確実にする。

宗教システムはまた、応報的思考（第5章で取り上げた）についての直観的な考え方も活用している。例えば、行為と結果の間に明らかな因果関係がない場合でも、否定的な行いは罰せられ、肯定的な行いは報われると考えられている[53]。このような、罰する力を持つ社会的監視者は、世界中でさまざまな形で登場している。例えば、キリスト教の伝統における一神教の神のような全能の存在[54]、ヒンドゥー教のヴェーダの伝統、仏教およびジャイナ教で採用されているカルマの法則[55]、妖術[56]などである。

第3章で述べたように、宗教的思考や行動の出現と持続における文化進化の正確な役割をめぐって、CSR研究者たちの意見は分かれている。きわめて重要なのは、宗教システムを構成する自然的傾向の起源をめぐる議論である。具体的に

は、その傾向が宗教とは無関係な理由で進化した認知的副産物（例えば、捕食者と被食者の検出を促す行為者検出装置：ADD）なのかどうかということである。あるいは、宗教的観念が進化したのは、文化進化の過程で個人や集団にとって有用になった（例：儀式は集団の団結感を高める）からなのか。

　適応主義的な説明も副産物的な説明も、宗教と道徳の議論に示唆を与える。両者に共通するのは、認知バイアスや傾向性が宗教システムにおいて果たす中心的役割である。私たちの進化の歴史によって形成された心理的傾向のレパートリーは限られており、多くの宗教的伝統が、徳目の支持や同調に影響を与えるものも含めて、同じような根本的構成要素を持っている理由を説明している。しかし、適応主義的な説明によれば、道徳的システムと宗教的システムにおいて繰り返し現れる特徴が共存しているのは、それらがもたらす利益のためである。

　集団レベルでの適応主義的説明の一例として、本章末のケーススタディで述べる「ビッグ・ゴッド」理論がある。この理論は、道徳的な神々が文化的に成功したことが、現代の組織宗教の成功を保証するのに役立ったと主張している。より具体的に言えば、強力な、全知全能の神々に関する考え方は、人類が小規模な親族ベースの集団から大規模な社会へと移行するのを可能にした重要な要因であり[57]、歴史を通じて大規模な文明が安定した要因にもなっているということである。

2.　宗教は行動修正への唯一のルートではないが、非常に効果的である

　道徳性に関連する効果は、宗教システムの構成要素に見出すことができるが、宗教がこうした効果を誘発する唯一のものであるわけではない。例えば、先に述べたように、道徳的違反を罰する能力を持つ神のような社会的監視者という考え方は、集団のルール遵守行動を誘発するのに効果的である。しかし、監視カメラや警察といった世俗的な制度における社会的監視も、この目的を達成するための手段の１つとなる。

　宗教的伝統における聖なる価値観の共有と集団行動への参加について、さらなる例証として考えてみよう。特定の宗教に関連する聖なる価値観を共有することで、内集団の団結と、外集団への軽蔑が促進される。霊長類学者の中には、道徳的行動は究極的には人間の社会的傾向に由来すると主張する者もいる。具体的には、協調性やその他の向社会的傾向によって、人間は集団生活から利益を得ることができるようになった。つまり、人間は本質的に集団主義的なのだ。したがっ

て、宗教的道徳は、人間の偏狭主義的な傾向性の上に成り立っているのかもしれない。

　確立された知見の１つは、道徳に基づく価値観がこのような内集団の団結の傾向を高めるというものだ。著名な社会学者エミール・デュルケムは、同じ価値観を信じる人々の集団にはこの種の社会的結束力があると指摘し、特に行動をともにするときには一種の「集合的沸騰（collective effervescene）」があると主張した。他の研究では、集団で同期した行動を行うと、互いに絆を感じやすいことが示唆されている[58]。それゆえ、多くの宗教的伝統が、集団の結束力を高める同調した動きを伴う集団による儀式的行為に満ちているのは当然のことである。

　人類学者ハーヴィー・ホワイトハウスは、ある種の儀礼は、遺伝的血縁関係を共有する親族を優先的に利するという人間の傾向を利用したものだと主張している。この傾向が進化してきたのは、それが進化上明らかに有益だからであり、それゆえ人間は、似た者同士、似たような経験を共有する者同士を認識し、優先的に扱うように順応している。例えば、宗教的儀式が参加者を結びつける役割を果たす理由の１つは、同じような衣装、頭飾り、フェイスペイント、同じような動作など、さまざまな親族関係の手がかりが含まれているからである[59]。

　このような集団性と沸騰は、もちろん宗教的価値観に基づく集団に限ったことではない。例えば、リビアの革命家たちは、仲間を兄弟よりも親しい存在とみなしているため、（彼らが道徳的に正しいと認識する）戦いを正当化している。このことは、共有された儀礼的行動の効果に加えて、その効果が部分的に、家族に利益を与えるように進化した親族システムの拡張に由来することを示唆している[60]。大規模な政治集会も同様に、同期した活動の効果を最大化し、2017年のトランプ政権時の米国における移民禁止令に対する抗議行動のように、集合的沸騰を助長する。

　まとめると、宗教システムの構成要素は、団結を築き、外集団への軽蔑を強め、潜在的な超自然的懲罰に対応して行動を修正するといった影響を信仰者に及ぼす。しかし、こうした効果は宗教システム特有のものではなく、他の手段によっても達成される可能性がある。

宗教と道徳への新たな分解アプローチ

　心理学者ライアン・マッカイと人類学者ハーヴィー・ホワイトハウスは、宗教

と道徳のつながりを理解するための新たなアプローチを提案している。彼らの研究は、宗教というカテゴリーを分解する点で、CSRにおける先行するアプローチを踏襲している（第2章参照）。彼らは、道徳もまた分解されなければならず、社会心理学的研究で道徳の代わりとしてよく使われる向社会性は、道徳の尺度としては不適切であると主張している。

マッカイとホワイトハウスのモデルには、必要な手続きが2つある。第一に、宗教と道徳のカテゴリーを、理論的に根拠のある要素に分解しなければならない。第二に、理論研究者はこれらの要素の発達と表現における認知と文化の複雑な相互作用を考慮しなければならない。要するに、研究者はまず宗教と道徳のカテゴリーを分解し、次に各構成要素間のつながりを確立しなければならない。これらの手順を以下に詳述する。

1. 研究者は宗教と道徳のカテゴリーを理論的に根拠のある要素に分解しなければならない

第2章で、宗教認知科学者が宗教をどのように概念化するかについて述べた。おさらいすると、宗教認知科学者は、宗教を構成するものについての一般的な理論は信頼性に欠け、偏っていると主張している。それらの理論が取り組んでいる問いが抱えている根本的な問題を説明するために、スポーツに例えてみよう。スポーツが特定の機能を果たしているかという問いに答えようとしているところを想像してみてほしい。どの文化圏でも、人々が遊んだり運動したりすることを好むのは事実だが、文化圏によって大きな違いがある。ある場所では大会が開かれ大勢の観客が集まるし、ある場所ではチームが互いに競い合う形をとるし、また別の場所では個人が身体スキルを向上させることを目的としている。スポーツはどこで始まり、どこで終わるのだろうか。

人類学者パスカル・ボイヤーが言うように、この問いは用語の問題であって、このような状況で人々が何をするのかに関する本質的な理解をもたらすものではないため、追究する価値はない[61]。同様に、宗教が人を道徳的にするかどうかという問いへの答えは、宗教や道徳をどのように定義するかによる。これらはスポーツと同様、自然発生的なカテゴリーではないため、主にその人の視点や経験に基づいて定義されるものであり、近代西洋では、私たちが宗教的あるいは道徳的と考えるものは、世界の他の地域の人々がこれらのカテゴリーをどのように概念化しているかとは異なる可能性が高い。

以上のような理由から、宗教認知科学者は、宗教システムをその構成要素に分解することによって、宗教を研究する別のアプローチをとっている。説明されるべき主要な候補は、通常、目に見えない行為者の概念、懲罰的な神、死後の意識の継続、儀礼化された行動など、文化を超えて繰り返し現れると思われるものである。根底にある仮定は、繰り返し現れる観念や実践が、各文化で偶発的に再構築されるさまざまな心的傾向によって支えられているということである。例えば、場所や人に目的があるという考え方は、人間が目的論的な推論を行う傾向に基づいている。超自然的行為者に心があるという仮定は、私たちが行為者一般の心理を推測する能力と傾向によって可能になる。

　マッカイとホワイトハウスは、CSR 研究者が宗教を研究するのと同じように、道徳を研究すべきだと主張している。宗教と同様に、道徳も多くの要素から構成されている。また、道徳は人によって異なる意味を持つこともあり、ある行動について道徳的、非道徳的とレッテルを貼ることは、その人、動機、状況についての判断に左右されることが多い。研究者たちは、向社会性を調査することで、道徳を研究する上での定義上の問題を回避しているように見える。しかし、マッカイとホワイトハウスは、この用語が現在の用法では満足のいくものではないとみなしている。標準的な社会心理学的用法では、寛大さや信頼といった、行動の快活で親密な側面に焦点が合わせられている。これとは対照的に、進化学者たちは向社会性という用語を、特定の集団の利益を促進する行動（それが他の集団に不利益をもたらすかどうかは考慮せず）という意味で使う傾向がある。しかし、研究者が「向社会性」という言葉を使う際に、何を指しているのかを明確に示すことはほとんどない。

　どの定義を用いるかによって、同じ行動でも向社会的とみなされたり、そうでないとみなされたりするため、概念化の欠如は特に問題である。例えば、殺人やジェノサイドでさえ、進化的な概念化によれば、集団間闘争の成功を促進するため、向社会的とみなされる可能性がある。さらに重要なのは、この用語が宗教や道徳の理論を検証する上で意味を持つことである。例えば、外集団の一員に危害を加えることは、向社会的か非道徳的かのどちらかのレッテルを貼られ、宗教が向社会性を高めるという仮説の成否を問う証拠とされる。

　この新しいアプローチの中心にあるのは、宗教と道徳は一元的なものではなく、むしろ多元的なものであるという仮定である[(62)]。マッカイとホワイトハウスは、両者の関係をよりよく理解する試みとして、宗教と道徳の両方を分解することを

第 8 章　道徳

提案している。他の多くの研究者とは異なり、彼らは宗教と道徳の関係が一方向的であるとは想定していない。その代わりに、宗教のどのような特徴が人間の美徳の表現に影響を与えるのか、道徳的表象が宗教的直観の活性化をどのように増幅させ、また抑制するのか、といった疑問が学問として価値があると彼らは考えている。

　マッカイとホワイトハウスは、彼らが提案する分解アプローチが機能するのは、その要素が認知と文化の両方の影響を考慮したレベルで理論的に根拠づけられている場合に限られると指摘している。彼らは、宗教や道徳を純粋に心理学的なシステムや文化的な概念として運用する他の研究者を批判している。例えば、赤ちゃんや他の霊長類における道徳性の前駆について調査したブルームやドゥ・ヴァールといった研究者の研究を思い出してほしい。これらの研究者たちは、道徳に宗教は必要ないと結論づけている。しかし彼らは、道徳は進化した一連の心理的メカニズムの中にあると仮定している。例えば、この章の前半で述べた、共感に関する感情など道徳を支える生物学的傾向性についての議論を思い出してほしい。さらに、同じ研究者たちは宗教を一連の文化的観念として運用しており、その潜在的な心理的基盤を探っていない。CSR研究では、宗教は文化的に学習されたものではあるが、そのような文化的概念を把握し、他者に伝達することは、早期に出現する認知能力と選好に根ざしていることが実証されている。

　マッカイとホワイトハウスの説明によれば、宗教的・道徳的形質の形成は、認知発達的プロセスと社会歴史的プロセスの両方の産物である。例えば、他人の痛みに共感する能力は、幼児の脳の神経構造にあるかもしれない。しかし、環境的な手がかりがこのような構造を形成するのを助け、ある状況下で何が正しい行動なのかという文化的規範が、その発現に影響を与える。これらの各レベルのプロセスは、社会における共感の性質や対象に影響を与え、例えば戦争や奴隷化といった人を傷つける行動を人々が許容する度合いに影響を与える。認知と文化の同じ組み合わせは、宗教的概念にも有効である。例えば、精神的な出来事に関する情報を処理する遺伝的能力は、心身二元論的な発達経路を支えるかもしれない。しかし、このような傾向は、身体のない行為者という観念のような文化的概念やその歴史によっても形成され、制約を受ける。

2. 理論的根拠のある宗教と道徳の要素間のつながりを確立する

　マッカイとホワイトハウスは、宗教と道徳の関係を理解するためには、まず各

概念についてそれらの影響レベルを解き明かし、次に影響が起こると仮定される
レベルを特定する必要があると提案している。例えば、身体のない行為者という
概念が、共感の発達にどのような影響を与えるのかを、それぞれの説明のレベル
で問うのである。ハイトのような他の人々と同様に、彼らは私たちの進化の歴史
に基づいて、限られた数の道徳的価値を提案している。

　マッカイとホワイトハウスはまた、宗教がさまざまな種類の道徳的価値を選択
的に支持してきたかどうか、また宗教と道徳の進化の歴史が関連しているかどう
かについても考察している。例えば、公平性は文化システムにおける道徳の要素
として有力な候補である。というのも、それは私たちの進化の過去における関心
事にまでさかのぼることができるからだ。進化心理学者ニコラ・ボマールらは、
公平性を好むのは、私たちの祖先の過去において、互いに有利な協力的相互作用
を保証するために進化したからだと説得力を持って論じている[63]。

　マッカイとホワイトハウスは、例えば一般的に徳目の1つとされる公平さへの
選好と、メンタライジング能力（超自然的行為者についての推論を構成する要素）
との間に、生物学的に進化した関連性があるかどうかを問い始めることができる
と提案している。CSR研究はすでに、メンタライジング能力の進化が、公平な
規範に違反することのコストを増大させたであろうことを示唆している。超自然
的行為者を、心はあるが肉体的には不在であると表現できることは、自分の不正
行為を報告する第三者の監視者を表象することができることを意味する[64]。マッ
カイとホワイトハウスは、これらの方法は宗教と道徳の関係についての問題に
対して、より正確な問いと答えの基礎を提供すると主張し、将来の研究者にこれ
らの方法を採用するよう勧めている。

　おさらいすると、「協力としての道徳」仮説は、人間の社会生活で繰り返し現
れる協力の問題に対する、生物学的・文化的な解決策の集合体が道徳であると提
唱している。霊長類学者、発達心理学者らによって支持されているこの理論には、
この章の前半でも触れてきた。他方で、CSRの視点は、研究者たちが協力の問
題点とその解決策を明確にし、通文化的に予測を立て、検証している点で特徴的
である。

　現在までのところ、このアプローチは実り多いものであることが証明されてお
り、「協力としての道徳」仮説を支持するデータが得られている。例えば、オリ
バー・カリー率いるオックスフォード大学の研究チームは、道徳を7つの具体的
な協力行動の形に分けた。親族を助けること、集団を助けること、互恵的である

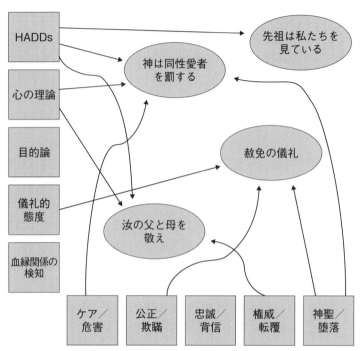

図 8.1 ホワイトハウスとマッカイは、道徳を構成するものについて、その構成要素（道徳基盤理論によって規定されるものなど）と宗教に分解し、異なる文化における宗教的構成要素の現れが、実際にそれらの分解された要素をさまざまな方法で組み合わせているかどうかを問うことを提案した。例えば、「神は罪人を罰する」という命題は、ケアや危害に対する懸念を呼び起こし、直観に響くかもしれない。これらには、推察能力（心の理論）を持つ環境（HADD：過活動行為者検出装置）の行為者によって引き起こされる出来事も含まれるかもしれない。なお、ここに描いた関係は、理解を助けるためのもので、網羅的なものではない(67)。

こと、勇敢であること、目上の人に従うこと、争いになった資源を分けること、先住権を尊重することである。研究者たちは、通文化的にこれら7つの協力行動は、道徳的に善とされるだろうと予測した。60 の社会にわたって、これらの行動の道徳的価値観は一様に肯定的であることがわかった。このことは、選択された7つの協力行動が普遍的な道徳的ルールのもっともらしい候補であり、道徳としての協力が学際的な道徳の強固な理論を提供する可能性があることを示す証拠となる(65)。このように、社会認知科学の研究者たちは、宗教と道徳の間に仮定された関係を検証し続けている(66)。

本節のまとめ

- 一般の人々は道徳には宗教が必要だと想定し、新無神論者は宗教は道徳の障害になっていると主張している。
- 倫理の科学運動は、何が正しくて何が間違っているかを判断する唯一の方法は科学であると提唱しているが、広範な科学界からは懐疑的な目で見られている。
- 社会心理学の研究は、宗教と道徳的意思決定の関係は、一般大衆や新無神論者が描くよりも複雑であることを示している。
- 無神論者と有神論者が道徳についてどのように推論する傾向にあるかには、核心的な類似点と重要な相違点の両方がある。
- CSR における研究は、これらの核となる類似点の自然的基盤が、私たちの認知的構成と集団構成員としての心理的遺産に根ざしていることを紹介している。
- CSR 研究者らは、宗教と道徳の関係を調べるためのより洗練された方法として、両者の要素と進化の歴史を比較し、つながりや重なりの可能性を探ることを提案している。

ケーススタディ：監視と道徳的強制としての宗教

　宗教が道徳的に従順な市民を生み出すという基本的な視点は、宗教を支持する学者やヴォルテールやマルクスのように宗教に反対する学者、そして E・E・エヴァンズ＝プリチャードのような宗教の主要な社会的機能を理解しようとする学者によって、長い間発展されてきた。社会心理学者アラ・ノレンザヤンらは、実験的データと比較文化的データを利用している。彼らは、例えば一神教や多神教に見られるような、強力で全知全能の介入主義的な神々が人間の道徳的行動を規制することに関係しており、それが大規模社会の協力の拡大におけるいくつかの重要な要因の１つであると提唱している。

　ノレンザヤンは次の２つの見解と、両者の関連性を提示している。第一の見解は、大規模な匿名社会の急速な増加に関するものである。人類の歴史の大半において、人々は小さな採集集団で暮らしていたが、今日ではほとんどの人類が大規模な匿名社会で暮らしている。この変化は、過去１万2000年の間に急速に起こった。人類のほかに霊長類も小集団で協力する傾向があるが、大規模な協力は人類特有である。協力的な人間は、そうでない人間よりも多くの利益を得ることが多い。

　例として、現代社会の一員であることによってあなたにもたらされる多くの恩恵について少し考えてみてほしい。とはいえ、このような大規模な協力関係もまた、監視

第 8 章　道徳

の目がなければ厄介なものだ。というのも、協力は少なからず信頼に依存しており、すべての人が信頼できるわけではないからだ。もう1つの簡単な例として、あなたが関わったことのあるグループプロジェクトを考えてみてほしい。あまり貢献しないのに同じ成績を取る学生、いわゆる社会的手抜きをする人が常にいる傾向がある。人々の行動を監視し、ルールの遵守を保証する方法の1つに、裁判所や警察のような社会的監視があるが、これらの制度が発達したのはごく最近のことであり、一部の地域、特に豊かな国に限られている。とはいえ、司法行政もまた、多くの人々から信頼性に欠け、効果的でないとみなされている。

　第二の見解は、道徳を課す神々の増加に関するものである。人類の歴史を通じて、小規模な社会では、神々やその他の超自然的行為者は、限られた力と限られた道徳的関心しか持たない傾向があった。神々は埋葬儀礼や生け贄のような行動において正しいやり方を要求したが、人々はこれらの行動を神々の利己的な意図に結びついたものとして表現した。神々のような超自然的行為者は、人々がお互いにどのように接するかをほとんど気にかけず、自分たちがどのように扱われるかを気にかけていた。しかし、大規模社会の台頭と並行して、いわゆる「ビッグ・ゴッド」が出現した。ビッグ・ゴッドは、道徳的な不正を行った者を罰する力を持つ、全能の道徳的行為者であった。ビッグ・ゴッドは見事に広まり、今日世界の信仰者の大多数はそのような神を擁する宗教に属している。

　ノレンザヤンらが提唱する中心的な議論は、過去1万2000年の間に広まった向社会的宗教が、大規模な匿名集団間の協力と道徳的忠誠を特徴とする大規模社会を形成したというものである。ノレンザヤンが言うように、「監視された人々は良い人々」であり、監視と説明責任を期待することで、向社会的な傾向が高まることが、さまざまな実験で実証されている(68)。そもそも、なぜこのような傾向があるのかは別の問題だが。

　進化生物学者ドミニク・ジョンソンによる説得力のある説明の1つは、超自然的な罰に対する恐怖は、他の形態の罰と同様に、進化したメカニズムの偶然の副産物ではなく、実際には適応的であり、この理由のために進化の中で好まれてきたと主張している(69)。また、より道徳的な神々がいる社会やその人々は、さらに協力的であることが研究で実証されている(70)。

　ノレンザヤンらは、宗教あるいはビッグ・ゴッドが、ルールを守るため、さらに言えば見知らぬ者同士の大規模な協力のために必須だと主張しているのではない。むしろ、ビッグ・ゴッドはそれを達成するための非常に効率的で成功した手段であると提案しているのだ。すでに述べたように、非宗教的社会は道徳的権威や強制力の源としての宗教がなくても十分に機能する。しかし、非宗教的社会は他の形の社会的取り締

まり（法執行の脅しや注意喚起）に頼る傾向がある。もちろん、ビッグ・ゴッドは協力を誘導するのに非常に効率的かもしれないが、宗教は、悪事を働いた者への罰を正当化するだけでなく、一連のルールへの服従を保証するような形で、道徳と関連づけられてきた（そして世界の多くの地域では、今でもそうである）。

　ビッグ・ゴッドと社会の大規模化の同時出現が、主に神々の社会的監視効果によるものだとする見方に対して、批判や代案を示す研究者もいる。また、神罰に基づく議論の概念的明瞭さに疑問を呈する者もいる[71]。さらに、道徳を課す神概念が文化的に広まったのは、それが集団間の結束行動を促進したからではないと主張する者もいる。例えば、進化心理学者ニコラ・ボマールらは、神概念の特徴が、それらを記憶に残しやすく、伝達可能なものにしていると提唱している。例えば、均衡性バイアス、つまりある行動がそれと釣り合った結果（例えば、善い行動をした人には良い結果）をもたらすという傾向を、目に見えない行為者に適用することである。また、ボマールらはビッグ・ゴッドに関する説明は大規模な道徳的宗教を促進する上で、豊かさの増大が果たす役割を過小評価していると主張している[72]。第10章で論じるように、人類学者ハーヴィー・ホワイトハウスらは、社会の複雑性の初期の高まりには、儀礼実践が道徳を課す神への信仰よりも重要であったと主張している[73]。ノレンザヤンらは、データがどのように準備されたかの違いがホワイトハウスらの発見につながったと提唱し、これらの主張に反論している[74]。なお、この議論は続いている。

本章のまとめ

　大衆は、確かに宗教が人を道徳的にすると想定しており、新無神論者は、宗教は人に不道徳な行為を正当化させる可能性が高いと主張している。しかし、社会認知科学の研究では、宗教と道徳の関係について、より実証的な根拠に基づき、細かな差異に富んだ、バランスの取れた図式が示されている。宗教を信仰する人と信仰しない人では、道徳を異なる源から導き出す傾向があり、また、どの行為が道徳的かを判断する基準も異なる傾向がある。有神論者は道徳的規範を神の命令に由来するものとみなす傾向がある。彼らはまた、道徳的な客観主義者である傾向があり、2人の人間がある立場について議論する場合、正しいのは1人だけであると推論する。対照的に、非有神論者は主観的あるいは文化相対的である。彼らは功利主義的思考に基づいて判断することを厭わない。つまり、ある違反が最も多くの人々の福祉を最適化するかどうかを考慮し、原則よりも結果を見て、

第8章　道徳

それが正しいか間違っているかを判断する。この発見により、世俗的ヒューマニストの中には、中絶、戦争、世界飢餓などのテーマについて、損失と利益を天秤にかけることが、原則だけに頼るよりも優れた道徳システムであると主張する立場もある。

　CSR研究者らは、お互いの間に大きな違いはあるものの、宗教を信じている人と信じていない人が、危害や公平性に関する基本的な道徳的基盤を共有していることを実証した。その基盤は、宗教的教義や合理的な説明よりも前にあったかもしれない。人間や他の哺乳類は基本的な道徳的装置を共有しており、善悪の根底にある感覚は、社会的種としての歴史から進化してきたのかもしれない。宗教認知科学者はまた、宗教は道徳に必須なものではないが、究極的には「監視された人々は良い人々」であるため、宗教が強力な神、因果の原理、妖術の本質のいずれとして表現されるにせよ、効果的な行動修正システムであることを実証している。

　よくある質問の1つに、宗教は人を道徳的にするのか、というものがある。つまり、道徳に宗教は必要なのだろうか？　赤ちゃんや人間以外の動物を使った研究では、神なしでも道徳的になることが可能であることが実証されている。この研究は、完全に発達した道徳性は、究極的には生物学的、認知的、文化的なものの総合であるという考えに収斂している。言い換えれば、私たちが一般的に道徳と考えるものは、結局のところ生物学的傾向性、人々の行動の結果などに関する思慮深い考察、文化規範（何が正しくて何が間違っているかを規定する宗教的伝統への社会化を含む）の組み合わせなのである。このように考えると、宗教伝統に由来する道徳的指針は、善悪の判断に一役買っていることになる。しかし、道徳に必要な基礎的装置は、進化的遺産に由来する生物学的、認知的、感情的傾向の混合物である。そのため、この混合物の要素は幼児や人間以外の動物における早期の傾向の一部として備わっている。したがって、道徳は宗教に依存するものではなく、また文化的入力や言語、あるいは人間であることにさえ依存しない。

注
（1）　これらの議論の要約については、Norenzayan, Ara. "Does religion make people moral?" *Behaviour* 151, no. 2-3 (2014): 365-384. を参照。
（2）　Plato. *Euthyphro*. Originally published c. 395 BCE.（山本光雄訳『ソクラテスの弁明　エウチュプロン　クリトン』角川書店、1968年）
（3）　Bloom, Paul. *Just babies: The origins of good and evil*. Broadway Books, 2013. 以下で本書の要約を読むことができる。https://www.nytimes.com/2010/05/09/magazine/09babies-t.html.（竹田円訳『ジャスト・ベイ

ビー──赤ちゃんが教えてくれる善悪の起源』NTT 出版、2015 年)

（ 4 ） www.newscientist.com/article/dn23108-dolphins-form-life-raft-to-help-dying-friend/.

（ 5 ） Shermer, Michael and Dennis McFarland. *The science of good and evil: Why people cheat, gossip, care, share, and follow the golden rule.* Macmillan, 2004, 31.

（ 6 ） 論文に関しては Brosnan, Sarah F. and Frans B. M. de Waal. "Monkeys reject unequal pay." *Nature* 425, no. 6955 (2003): 297 を、研究内容の講演に関しては以下を参照。https://www.npr.org/2014/08/15/338936897/do-animals-have-morals.

（ 7 ） https://www.youtube.com/watch?v=lKhAd0Tyny0 を参照。〔ただし、その後の研究で人間以外の動物の不平等嫌悪については疑問視されている。例えば、Ritov, Oded, Christoph J. Völter, Nichola J. Raihani, and Jan M. Engelmann. "No evidence for inequity aversion in non-human animals: A meta-analysis of accept/reject paradigms." *Proceedings of the Royal Society B* 291, (2024): 20241452. https://doi.org/10.1098/rspb.2024.1452 を参照。〕

（ 8 ） de Waal, Frans. *The Bonobo and the atheist: In search of humanism among the primates.* W. W. Norton & Company, 2013.（柴田裕之訳『道徳性の起源──ボノボが教えてくれること』紀伊國屋書店、2014 年）

（ 9 ） Boesch, Christophe. "Cooperative hunting roles among Tai chimpanzees." *Human Nature* 13, no. 1 (2002): 27-46.

（10） Hockings, Kimberley J., Tatyana Humle, James R. Anderson, Dora Biro, Claudia Sousa, Gaku Ohashi, and Tetsuro Matsuzawa. "Chimpanzees share forbidden fruit." *PLoS One* 2, no. 9 (2007): e886.

（11） de Waal, Frans B. M. *The Bonobo and the atheist: In search of humanism among the primates.* W. W. Norton & Company, 2013.

（12） King, Barbara J. *Evolving God: A provocative view on the origins of religion.* University of Chicago Press, 2017.

（13） Hölldobler, Bert and Edward O. Wilson. *Journey to the ants: A story of scientific exploration.* Harvard University Press, 1994.

（14） この主題に関するさらなる文献としては、de Waal, Frans. *Primates and philosophers: How morality evolved.* Princeton University Press, 2009; Hauser, Marc. *Moral minds: How nature designed our universal sense of right and wrong.* Ecco/HarperCollins Publishers, 2006; Tomasello, Michael. *A natural history of human morality.* Harvard University Press, 2016.（中尾央訳『道徳の自然誌』勁草書房、2020 年）を参照。

（15） Herrmann, Esther, Josep Call, María Victoria Hernández-Lloreda, Brian Hare, and Michael Tomasello. "Humans have evolved specialized skills of social cognition: The cultural intelligence hypothesis." *Science* 317, no. 5843 (2007): 1360-1366.

（16） Crawford, Meredith P. "The cooperative solving of problems by young chimpanzees." *Comparative Psychology Monographs* 14 (1937): 1-88.

（17） Awad, Edmond, Sohan Dsouza, Azim Shariff, Iyad Rahwan, and Jean-François Bonnefon. "Universals and variations in moral decisions made in 42 countries by 70,000 participants." *Proceedings of the National Academy of Sciences* 117, no. 5 (2020): 2332-2337. などを参照。

（18） Piazza, Jared and Justin F. Landy. "'Lean not on your own understanding': Belief that morality is founded on divine authority and non-utilitarian moral judgments." *Judgment and Decision Making* 8, no. 6 (2013): 639.

（19） Piazza, Jared and Paulo Sousa. "Religiosity, political orientation, and consequentialist moral thinking." *Social Psychological and Personality Science* 5, no. 3 (2014): 334-342.

（20） この議論のより詳細な検討については、Falcioni, Ryan. "Secularism and morality." In P. Zuckerman (Ed.), *Religion: Beyond Religion.* Macmillan Reference USA, 2016, 311-315. 参照。

（21） Falcioni, Ryan. "Secularism and morality." In P. Zuckerman (Ed.), *Religion: Beyond Religion.* Macmillan Reference USA, 2016, 311-315.

（22） Hitchens, Christopher. *God is not great: How religion poisons everything.* McClelland & Stewart, 2008.

（23） Dawkins, Richard. *The god delusion.* Random House, 2016.（垂水雄二訳『神は妄想である──宗教との決別』早川書房、2007 年）

（24） ドーキンスとの議論については、以下を参照。https://www.youtube.com/watch?time_continue=1630&v=nZp_cA60bN4.

（25） Yilmaz, Onurcan and Hasan G. Bahcekapili. "Without God, everything is permitted? The reciprocal influence of religious and meta-ethical beliefs." *Journal of Experimental Social Psychology* 58 (2015): 95-100.

(26) この理論の要約については、Graham, Jesse, Jonathan Haidt, Sena Koleva, Matt Motyl, Ravi Iyer, Sean P. Wojcik, and Peter H. Ditto. "Moral foundations theory: The pragmatic validity of moral pluralism." *Advances in Experimental Social Psychology* 47 (2013): 55-130. を参照。

(27) Henrich, Joseph, Steven J. Heine, and Ara Norenzayan. "The weirdest people in the world?" *Behavioral and Brain Sciences* 33 (2010): 61-83.

(28) この研究の要約については、Shariff, Azim F., Jared Piazza, and Stephanie R. Kramer. "Morality and the religious mind: Why theists and nontheists differ." *Trends in Cognitive Sciences* 18, no. 9 (2014): 439-441. を参照。

(29) https://behavioralscientist.org/whats-wrong-with-moral-foundations-theory-and-how-to-get-moral-psychology-right/.

(30) Curry, Oliver Scott, Matthew Jones Chesters, and Caspar J. Van Lissa. "Mapping morality with a compass: Testing the theory of 'morality-as-cooperation' with a new questionnaire." *Journal of Research in Personality* 78 (2019): 106-124.

(31) Epstein, Greg M. *Good without God: What a billion nonreligious people do believe.* HarperCollins, 2010, 117.

(32) Haidt, Jonathan. "Moral psychology for the twenty-first century." *Journal of Moral Education* 42, no. 3 (2013): 281-297.

(33) この研究の要約については、Shariff, Azim F. "Does religion increase moral behavior?" *Current Opinion in Psychology* 6 (2015): 108-113. を参照。

(34) Brooks, Arthur C. *Who really cares: The surprising truth about compassionate conservatism-America's charity divide-who gives, who doesn't, and why it matters.* Basic Books, 2007.

(35) Sedikides, Constantine and Jochen E. Gebauer. "Religiosity as self-enhancement: A meta-analysis of the relation between socially desirable responding and religiosity." *Personality and Social Psychology Review* 14, no. 1 (2010): 17-36.

(36) Galen, Luke W. "Does religious belief promote prosociality? A critical examination." *Psychological Bulletin* 138, no. 5 (2012): 876.

(37) Shariff, Azim F. and Ara Norenzayan. "God is watching you: Priming God concepts increases prosocial behavior in an anonymous economic game." *Psychological Science* 18, no. 9 (2007): 803-809.

(38) Shariff, Azim F. and Ara Norenzayan. "God is watching you: Priming God concepts increases prosocial behavior in an anonymous economic game." *Psychological Science* 18, no. 9 (2007): 803-809.

(39) Haley, Kevin J. and Daniel M. T. Fessler. "Nobody's watching?: Subtle cues affect generosity in an anonymous economic game." *Evolution and Human Behavior* 26, no. 3 (2005): 245-256.

(40) White, Cindel J. M., John Michael Kelly, Azim F. Shariff, and Ara Norenzayan. "Supernatural norm enforcement: Thinking about karma and God reduces selfishness among believers." *Journal of Experimental Social Psychology* 84 (2019): 103797.

(41) White, Cindel J. M., John Michael Kelly, Azim F. Shariff, and Ara Norenzayan. "Supernatural norm enforcement: Thinking about karma and God reduces selfishness among believers." *Journal of Experimental Social Psychology* 84 (2019): 103797.

(42) Edelman, Benjamin. "Markets: Red light states: Who buys online adult entertainment?." *Journal of Economic Perspectives* 23, no. 1 (2009): 209-220.

(43) Duhaime, Erik P. "Is the call to prayer a call to cooperate? A field experiment on the impact of religious salience on prosocial behavior." *Judgment and Decision Making* 10, no. 6 (2015): 593.

(44) 例えば、Pinker, Steven. *The better angels of our nature: The decline of violence in history and its causes.* Penguin UK, 2011.（幾島幸子、塩原通緒訳『暴力の人類史』青土社、2015 年）を参照。

(45) Gervais, Will M., Azim Shariff, and Ara Norenzayan. "Do you believe in atheists? Distrust is central to anti-atheist prejudice." *Journal of Personality and Social Psychology* 101, no. 6 (2011): 1189-1206.

(46) https://www.pewglobal.org/2014/03/13/worldwide-many-see-belief-in-god-as-essential-to-morality/.

(47) Gervais, Will M. "Everything is permitted? People intuitively judge immorality as representative of atheists." *PloS One* 9, no. 4 (2014): e92302.

(48) https://www.pewforum.org/2016/01/27/3-religion-in-public-life/.

(49) https://www.pewresearch.org/fact-tank/2017/01/20/almost-all-presidents-have-been-christians/.

(50) Retrieved Feb 2nd, 2020 from https://en.wikipedia.org/wiki/Deanna_Laney_murders#cite_note-Secrets-1.

(51) Retrieved Feb 2nd, 2020 from https://www.independent.co.uk/news/world/americas/god-told-me-to-kill-boys-says-mother-54427.html.

(52) Retrieved Feb 2, 2020 from https://www.kltv.com/story/18620253/deanna-laney-out-of-mental-institution/.

(53) Baumard, Nicolas and Coralie Chevallier. "What goes around comes around: The evolutionary roots of the belief in immanent justice." *Journal of Cognition and Culture* 12, no. 1-2 (2012): 67-80; White, Claire, Paulo Sousa, and Karolina Prochownik. "Explaining the success of karmic religions." Behavioral and Brain Sciences 39 (2016): e28; White, Cindel, Adam Baimel, and Ara Norenzayan. "What are the causes and consequences of belief in karma?" *Religion, Brain & Behavior* 7, no. 4 (2017): 339-342; White, Cindel J. M. and Ara Norenzayan. "Belief in karma: How cultural evolution, cognition, and motivations shape belief in supernatural justice." *Advances in Experimental Social Psychology* 60 (2019): 1-63.

(54) Norenzayan, Ara, Azim F. Shariff, Will M. Gervais, Aiyana K. Willard, Rita A. McNamara, Edward Slingerland, and Joseph Henrich. "The cultural evolution of prosocial religions." *Behavioral and brain sciences* 39 (2016): e1.

(55) White, Cindel, Adam Baimel, and Ara Norenzayan. "What are the causes and consequences of belief in karma?" *Religion, Brain & Behavior* 7, no. 4 (2017): 339-342.

(56) Evans-Pritchard, Edward E. *Witchcraft, oracles and magic among the Azande*. Clarendon Press, 1937. (向井元子訳『アザンデ人の世界──妖術・託宣・呪術』みすず書房、2001 年); Parren, Nora. "The (possible) cognitive naturalness of witchcraft beliefs: An exploration of the existing literature." *Journal of Cognition and Culture* 17, no. 5 (2017): 396-418.

(57) Norenzayan, Ara, Azim F. Shariff, Will M. Gervais, Aiyana K. Willard, Rita A. McNamara, Edward Slingerland, and Joseph Henrich. "The cultural evolution of prosocial religions." *Behavioral and Brain Sciences* 39 (2016): e1.

(58) Lang, Martin, Daniel J. Shaw, Paul Reddish, Sebastian Wallot, Panagiotis Mitkidis, and Dimitris Xygalatas. "Lost in the rhythm: effects of rhythm on subsequent interpersonal coordination." *Cognitive Science* 40, no. 7 (2016): 1797-1815; Miles, Lynden K., Louise K. Nind, and C. Neil Macrae. "The rhythm of rapport: Interpersonal synchrony and social perception." *Journal of Experimental Social Psychology* 45, no. 3 (2009): 585-589.

(59) Saroglou, Vassilis. "Believing, bonding, behaving, and belonging: The big four religious dimensions and cultural variation." *Journal of Cross-Cultural Psychology* 42, no. 8 (2011): 1320-1340.

(60) Whitehouse, Harvey, Brian McQuinn, Michael Buhrmester, and William B. Swann. "Brothers in Arms: Libyan revolutionaries bond like family." *Proceedings of the National Academy of Sciences* 111, no. 50 (2014): 17783-17785.

(61) Boyer, Pascal. *Minds make societies: How cognition explains the world humans create*. Yale University Press, 2018.

(62) McKay, Ryan and Harvey Whitehouse. "Religion and morality." *Psychological Bulletin* 141, no. 2 (2015): 447.

(63) Baumard, Nicolas, Jean-Baptiste André, and Dan Sperber. "A mutualistic approach to morality: The evolution of fairness by partner choice." *Behavioral and Brain Sciences* 36, no. 1 (2013): 59-78.

(64) Johnson, Dominic and Jesse Bering. "Hand of God, mind of man: Punishment and cognition in the evolution of cooperation." *Evolutionary Psychology* 4, no. 1 (2006).

(65) Curry, Oliver S., Daniel Mullins, and Harvey Whitehouse. "Is it good to cooperate? Testing the theory of morality-as-cooperation in 60 societies." *Current Anthropology* 60, no. 1 (2019).

(66) 2020 年 8 月 11 日のハーヴィー・ホワイトハウスとの個人的な会話より。

(67) McKay, Ryan and Harvey Whitehouse. "Religion and Morality." *Psychological Bulletin* 141, no. 2 (2015): 447-473. より著者の許可を得て使用。

(68) 要約については、Norenzayan, Ara. "Does religion make people moral?" *Behaviour* 151, no. 2-3 (2014): 365-384. の 372 頁を参照。

(69) Johnson, Dominic. *God is watching you: How the fear of God makes us human*. Oxford University Press, 2016.

第 8 章　道徳

(70) Johnson, Dominic. "God's punishment and public goods." *Human Nature* 16, no. 4 (2005): 410-446; Purzycki, Benjamin Grant, Coren Apicella, Quentin D. Atkinson, Emma Cohen, Rita Anne McNamara, Aiyana K. Willard, Dimitris Xygalatas, Ara Norenzayan, and Joseph Henrich. "Moralistic gods, supernatural punishment, and the expansion of human sociality." *Nature* 530, no. 7590 (2016): 327.

(71) Schloss, Jeff and Murray, Michael. "Evolutionary Accounts of Belief in Supernatural Punishment: A Critical Review." *Religion, Brain & Behavior* 1, no. 1, (2011): 46-99.

(72) Baumard, Nicolas, Alexandre Hyafil, Ian Morris, and Pascal Boyer. "Increased affluence explains the emergence of ascetic wisdoms and moralizing religions." *Current Biology* 25, no. 1 (2015): 10-15.

(73) Whitehouse, Harvey, Pieter François, Patrick E. Savage, Thomas E. Currie, Kevin C. Feeney, Enrico Cioni, Rosalind Purcell, et al. "Complex societies precede moralizing gods throughout world history." *Nature* 568, no. 7751 (2019): 226-229.

(74) Retrieved from here (forthcoming) https://psyarxiv.com/jwa2n/.

第9章　儀礼I──儀礼の学習・表象・伝達

　人々は世界のさまざまな地域で、明白な利益や確固たる目的もなく、多くの時間や労力、資源を費やす行為に従事している。カトリック教徒はミサにて何度も跪きお辞儀をし、イスラム教徒は毎日5回の祈りを唱え、アパッチ人の少年はアリの大群に嚙まれながらも動かずに横たわる。これらの観察に際して、いくつかの疑問が生じる。何が儀礼なのか？　どのような共通点が儀礼にはあるのか？なぜ人々は儀礼を学び続け、世代を超えてこれらの行動を繰り返すのか？　そして、こうした行動はどのように説明することができるのか？

　儀礼は、とりわけ人類学や宗教学といった分野において、長らく幅広い学術的探求の対象であった。例えば、ドイツで生まれたフランスの人類学者アルノルト・ファン・ヘネップは、彼が通過儀礼と呼んだものに規則性があることに初めて気づいた。これらの儀礼において、通過者は子どもから大人への移行をはっきりと示すなどのために、一連の試練を経験する。ファン・ヘネップは、こうした儀礼を3つの段階によって特徴づけた。すなわち、分離（集団からの分離）、過渡（以前の地位と新たな地位の狭間にある時期）、統合（新たな地位とともに集団に戻る）である。この理論は、通過儀礼の典型的な構成要素を説明するのに役立つが、生涯においてより頻繁に行われる儀礼、例えばユダヤ教の過越祭（ペサハ）の際の食器配置（セデル〔家庭での儀礼〕）で正確に品物を配置すること、に関する説明にはあまり有用ではない。

　他の古典的な理論家らは、儀礼の際の言葉の変容力など、儀礼のある特定の側面に焦点を合わせている。社会人類学者のスタンレー・タンバイアは、儀礼で用いられる言葉、様式、挙行（performance）は表層的なレベルの意味を超える何かを伝え、異なるコミュニケーションの目的を持つと主張した[1]。例えば、多くの参加者は儀礼で話したり聞いたりする言葉の意味を理解していない。実際に、カトリックの悪魔祓いは伝統的にラテン語で行われるが、参加者の多くはそもそもその言葉を理解していないだろう。

　宗教認知科学（CSR）は、儀礼に一般的に含まれるものは何かという説明を行

い、儀礼がなぜ、そしてどのように学習・表象・伝達されるのかなどの幅広い儀礼の特徴について検証可能な仮説を生み出すなど、儀礼の学術的理解を進めてきた。CSR は儀礼を自然な行動として描き、認知的制約と文化・社会的制約の両方に束縛され、測定可能な心理学・社会学的な帰結をもたらすものとしている。宗教認知科学者は、19 世紀後半から 20 世紀前半にかけての儀礼に関する象徴主義（symbolism）といった以前のアプローチのように、儀礼の実践に帰しうる局所的な意味を記録することに主たる関心があるわけではない。むしろ、彼らは、儀礼はなぜそれぞれ独自の形態を取り、それが集団の結束、規模、構造に対してどのような帰結をもたらすのかに焦点を合わせて説明しようとしている。

儀礼とは何なのか

　儀礼を定義する方法の 1 つは、文献で「儀礼」という単語が用いられている事例をすべて集め、それらに共通するものに注目することである。この収集・比較法は、多くの儀礼研究者が何が儀礼として適格かを決めるのに用いる方法である。これはまた、科学者がある事例が自然界にあるカテゴリーに属するかどうかを決める方法でもある。例えば、ある何か（例えば猫）が動物であるかどうかを決めるとき、その例（猫）の特徴と動物一般に共通する特徴を比較すればよい。科学者が動物を収集・比較したおかげで、動物は有機物を摂取し、酸素を吸い、動き、繁殖をするなどのことがわかっている。科学者は、研究を容易にするために、自然物をその固有の性質に基づきいくつかの種類に分けることもできる。

　宗教認知科学者は他者の儀礼に関する説明を収集・比較することで儀礼の定義を得ることはない。なぜなら、儀礼は自然物ではないからである。むしろ、儀礼という単語は社会的に構成されたカテゴリーであると捉える。このラベルははじめ、研究者らになじみの伝統における出来事を記述するために用いられ、その後これらの出来事といくつかの特徴を共有しているように思われる他の制度（institutions）へと拡張されてきた[2]。その結果、学者は、儀礼とラベルづけされたもののすべてではなく、一部のみに共通する特徴を持つ事例を集めてきた。これらの問題は、儀礼を構成するものが厳密に何であるか、研究者の間で合意がなされていないことをよく示しているだろう。

　CSR 研究者や他の一部の人類学者は[3]、研究者が儀礼とラベルづけした事例を集めることによって儀礼を研究する（トップダウンアプローチ）のではない。む

しろ、ある種の行動として、儀礼の事例を集約することから始める（ボトムアップアプローチ）。また、宗教認知科学者は、潜在的な進化的起源、機能、心理・社会的影響などに基づき、儀礼的な行動を選択し、類似した特徴について説明する。こうした認知的観点から重要なのは、「儀礼」という単語を別の単語に置き換えても、繰り返し現れる現象について説明することができるという点である。問題は割り当てられた名前ではなく、その根底にあるパターンなのである。したがって、CSR研究者はより幅広く宗教を研究するのと同じ方法で儀礼についても取り組んでいるといえる（第2章で議論したように）。

　さまざまな研究を融合させることによって、宗教認知科学者は一連の行動を儀礼として認定するための基準を明確にしはじめている[4]。一つの説得力のある文化進化論的な仮説によれば、儀礼の特徴は次のような理由で進化的に選択されていたと考えられている。それは、行動によるグループ・マーカーの忠実度の高い伝達を促進し、個人レベルの革新を抑制することで、集団の連帯と長期的な生存をより確実にするという点である[5]。以下に、儀礼行動の主な特徴をまとめよう。

1. 物理的・因果的なメカニズムや根拠が存在しない行為

　宗教認知科学者が儀礼を特別な行動であると解釈する理由の1つは、その行為には物理的・因果的なメカニズムが欠けているためである[6]。言い換えれば、行為者は儀礼行動の影響について直接的な物理的説明をすることができない[7]。人々は、文化圏を超えて長い間、悪意をそらしたり喘息・エイズ・失業・飢饉といった健康や社会の問題を防止ないし改善したりという、防護や社会問題の解決の目的で儀礼に頼ってきた[8]。たとえ儀礼が特定の影響を世界に与えることを意図するものであっても、その影響が明確な、あるいは把握可能な物理的因果関係の法則に基づいた形で現れるとは考えられていない。言い換えれば、儀礼のある特定の行為が、どのように意図した結果を生み出すのかは知ることも想定することもできないのである。

　なぜ人々は、不運を避けるために他の何かではなく木を叩くのか？　なぜ、兵士は戦死した仲間に敬意を表するために他の行為ではなく空に発砲するのか？物理的・因果的な視点に基づけば、儀礼の多くの行為は恣意的に見える。また、それらの多くは道具的な目的が欠如しており、日常的な文脈でよく取られるような行動と非常に対照的である。例えば、もし私が喉の乾きを感じて水の入ったコ

ップに手を伸ばす場合、この行動の道具的な目的は乾きを癒すものであることが明らかである。もし、私が額を右手で３度叩き、グラスを机の端から端へ移動させてから水を飲んだ場合、はじめの行動は乾きを癒すという全体的な目的とずれたものとなる。つまり、この行動は目的に対して冗長である。

たとえ儀礼がある特定の信仰の文脈によって説明されたとしても、行為と結果の間に直接的な関係を期待できないことがしばしばある[9]。言い換えるなら、人々は一連の儀礼の手順の中で特定のステップを行う理由について根拠を持っておらず、これらの行為がどのような仕方で物理法則に従って意図した結果を生み出すかについては普段、考えてもいないのである。人々が儀礼行為をある特定の方法で行う理由の説明は、しばしば曖昧で、循環的で、自己言及的で、謎に包まれ、独特なものである[10]。

ここで少し、別の惑星から来たエイリアンに対して、普段している挨拶などの慣習的な行為についてどのように正当化できるかを考えてみよう。エイリアンが、あなたに「なぜ人と会ったら手を伸ばすのか？」と尋ねたとする。あなたは、誰かがこの行動を説明できると考えて「なぜ人は会ったら握手をするのか？」とグーグル検索するかもしれない。あなたは、「いつもこのようにしているのであり、先祖もこうしてきたので、私もそうする」と答えるかもしれないし、「誰かに会った喜びを表すため」だと答えるかもしれない。次に、エイリアンは「なぜ手を握るのか、なぜ他の行動ではないのか？」と尋ねるだろう。そのとき、あなたは唖然としてしまうかもしれないし、その場でもっともらしい答えをでっちあげるかもしれない。儀礼行動の背後にある動機の明確な根拠が欠如しているため、認知科学者は専ら儀礼行為の局所的な意味を読み解くことだけに多くの時間を割くことはないのである。

一見すると、物理的・因果的なメカニズムや根拠が欠如していることは、私たちが日々行っている行動がどのような結果を生み出すのか知らないのと同じであり、儀礼が特別なことではないように思えるかもしれない。例えば、私たちは正確な仕組みを知らずとも、トイレの水を流すことや学校まで運転することができるようになる。これらの例では、これらの行動は、その影響をもたらす直接的な因果的説明ができないため、因果関係は不透明である[11]。私たちは、どのようにしてレバーを下げることで水が流れるのか、どのようにしてイグニッション（エンジンの点火装置）に鍵を回すことでエンジンが動くのかについて正確に知らない。しかし、日常の機器がどのように機能するか知らなかったとしても、私た

ちは配管工や機械工といった専門家ならば理解している物理的要因があることを想定している。儀礼的行動は因果関係が不透明だが、他の日常的な行動と異なり、物理的・因果的な理論的根拠がその手続にあると期待するのは適切ではない。むしろ、儀礼はしばしばある文化におけるファッションや社会的エチケットといった、社会的慣習と呼ばれるようなある特殊な行動のカテゴリーに属するものである。

2. 厳格、反復的、冗長で、一般的な目的から切り離された行動

　儀礼は社会的に規定された集団的慣習である[12]。人々は儀礼を行う理由として先祖が行っていたからだと答え、多くの慣習がそうであるように、儀礼を可能な限り正確に模倣しようと動機づけられている。時間とともに変化する癖や日課と異なり、儀礼は高度に画一化されている。人々はしばしば厳格に行動の筋書きに従い[13]、こうした正統行為は多くの宗教的共同体で強化される。例えば、イスラム教徒は5回の日々の祈りの間メッカの方角を向かなくてはならず、ユダヤ人は過越の際にセデルの食器を正確に配置しなければならない。同様に、イスラム教やユダヤ教の伝統に共通する動物の儀礼的屠殺においては、非常に小さな点が省略された場合でさえ、儀礼の執行者は意図した目的が達成できなかったとして儀礼を完全に放棄することがある。

　幾人かの人類学者が指摘するように[14]、儀礼は冗長に見える繰り返しの行為に満ちており、その正確な回数は儀礼の結果にとってきわめて重要とされる。この特異性は、繰り返されることのない日常的な行為、あるいはコーヒーの粒がお湯に溶けるまでかき回す場合のような物理的な結果をもたらすために繰り返されるような日常的な行為と対照的である。他方で儀礼においてはしばしば、繰り返しの回数自体が目的となっており、儀礼の成功のために重要であると考えられている。儀礼に共通するもう1つの特徴は、必要となる特定の物品が厳格であることだ。例えば、珍しい果実の種、特定の川の水、死者の遺品などである。もし、神父が洗礼のための規定の聖水を持参し忘れ、代わりにボトルに入ったミネラルウォーターを用いたとしたら、信徒にとってそれはいかに受け入れ難いことだろうか。

3. 儀礼化された行動は、意図した結果を生み出さなかったとしてもやめることはない

儀礼は何らかの結果を生み出すために行われることが多いが、結果が生み出されないときであっても、人々が以後その儀礼を行うことをやめることはめったにない。この状況は、期待した結果が得られない場合はやめてしまうような通常の行動と大きく対照的なものである。例えば、コンピューターが起動しないときにいつまでも電源ボタンを押し続けたりはしないようなことである。研究者らは、儀礼のこの特定の特徴について長きにわたり注目してきており、最も有名な記録は、人類学者エヴァンズ＝プリチャードによる中央アフリカのアザンデ人の呪術に関する植民地時代の民族誌である[15]。

アザンデ人が過去や未来の事態を判断する標準的な方法の1つは、質問をすることであった。例えば、ある男性が病気の妻が死ぬかどうかを知りたい場合は、鶏に毒を盛り、質問を投げかけ、その後に鶏の生死を観察する。それぞれの結果が質問の答えとなる。もし鶏が死んだ場合の答えは「はい」であり、鶏が生きていた場合の答えは「いいえ」である。ただし、重要となるのは、判決は検証されない限り拘束力を持つとみなされず、手続きを繰り返す必要があったが、肯定的な答えはしばしば最初の答えと矛盾することがあるという点である。エヴァンズ＝プリチャードは、こうした矛盾に対する8つの正当化の仕方について記録しており、それらはしばしば人為的な誤りに起因するものであった。例えば、鶏の体重に対して毒の量が釣り合ったものでないなどである。こうした正当化は、神託の効力を高めるのに役立っていた。

より近年では、CSRの研究者であるクリスティン・レガーレとアンドレ・ソウザが、ブラジルのシンパティアスという禁煙・喘息・不貞といった人生に関わる問題に対応する儀礼における、儀礼の効力に関する推論について実証している。エヴァンズ＝プリチャードは儀礼の隠された論理についての洞察を民族誌的な参与観察によって得たのに対して、レガーレとソウザは問題解決を目的とする儀礼が成功したかを人々がどのように判断するのか実験的に検証することで、認知心理学的なアプローチの儀礼の認知研究への統合と適用を行った。

レガーレとソウザは、問題解決を目的とする儀礼によって意図された結果が起きない場合、儀礼の実施者が、儀礼の手続きや実施の手順が誤っていたと非難される傾向があることを実証した。例えば、実施者が十分な量の毒を使用しなかった、儀礼を正しく行わなかった、正しい順序で行わなかったといったことである。

研究者らは、儀礼に決まり事が多ければ多いほど、人々は儀礼が機能しないと結論づけるのではなく、儀礼の効力を失わせる何かがあると非難する傾向があることを実証的に示した[16]。人々は無意識的に、日常的なものごとの判断と同じ仕方で儀礼行為の効力を判断するのである。特に、より行為が特定的で、より多くの手順が含まれれば含まれるほど、たとえ結果が厳密にはどのようにもたらされるのかわからない場合においても、一連の行動が結果を生み出しうると直観的に想定する傾向がある。

これらの行為に対する推論の原理は、人々がなぜ文化的儀礼を直ちに放棄しないのか、また、なぜ儀礼が多くの特定性と手順を含んでいるのかを説明するのに役立つかもしれない。ある手続きにおける手順は、何か非日常的なことが起こるであろうことを示し、儀礼に効力がないと判断されることを防ぐ。したがって、より多くの手順を含む儀礼は、実践され続け長い間伝承されやすいのである。

CSR による儀礼行為の主要な特徴のまとめ

- 物理的・因果的なメカニズムや根拠が存在しない行為
- 厳格、反復的、冗長で、一般的な目的から切り離された行動
- 儀礼化された行動は、意図した結果を生み出さなかったとしてもやめることはない

いかに儀礼は学習されるのか

儀礼は、しばしば世代を超えて再生産され伝達される特殊な行為である。この事実は、どのように儀礼は学習されるのかという新たな疑問を抱かせる。人々は、一連の行為がどのように最終的な結果を物理的にもたらすのかを完全に理解せずに儀礼行為を模倣する。それは、儀礼が特別な種類の行動であると無意識に理解しているためだ。発達・認知科学の研究は、儀礼行為に何らかの独特な特徴があることで、それらがより再生産や伝達されやすくなることを示した。例えば、人々はある行動が伝統的な儀礼の一部だと聞いたなら、なぜその行動をすべきか明示的な説明がなかったとしても、それが「適切な」方法であると考える。また、儀礼の参加者は、儀礼を正しく行うことを望ましいとし、指導者へ服従、尊敬し、他の参加者との仲を深める。これらが組み合わさった結果、できるだけ似るように真似するような、高い忠実性を持つ模倣が行われるようになる[17]。

第 9 章　儀礼 I

実験的な研究によって、子どもがある行動を道具的に解釈するか、慣習的（すなわち儀礼行為）に解釈するかという点が、子どもが何を模倣するのか、何を他者に伝えるのか、物体の機能をどのように考えるかといった幅広いものごとに影響を及ぼすことが示されている。例えば、認知科学者であるチブラとゲルゲリは[18]、大人が手ではなく頭で電灯のスイッチを押すことを儀礼であるかのように伝えた場合には、乳児はそれを模倣することを見出した。一方で、その行為が儀礼であるという手がかりがなく繰り返された場合、乳児は手で電灯のスイッチを押した。おそらく、手で押す方が目的を達成する（スイッチを押して明かりをつける）上でより効率的であるためだろう。

別の一連の研究でも、ある行動が道具的なのか慣習的なのかを解釈する手がかりによって子どもの模倣の忠実度が変わることが示されている[19]。例えば、心理学者であるクレッグとレガーレは、ネックレスを作る活動によって子どもの模倣行為を検討した。慣習条件に配置された子どもは道具条件に配置された子どもよりも、より忠実度の高い伝達を行い、機能的固着（functional fixedness）のレベルが高いことを彼女たちは見出した[20]。逆に、これらの知見などに基づけば、伝統的な儀礼の一部に対しては、私たちはそれを再現するよう方向づけられていることが示唆される。

また、子どもや成人を対象とした実験では、因果関係の不透明さ（効果の直接的で物理的な説明を欠いていること）と行動の社会的規定が組み合わせられることで、儀礼の一部を変更しようとする個人の傾向が抑制されることが示されている。すなわち、人々は儀礼に関わる行動を正確に再現する。これは認知科学者が長期にわたる忠実な文化伝達と呼ぶものである[21]。レガーレらが主張するように、進化的な視点に基づくと、個人の経験や直観の変動性や制約、そして行動の意図と目的を推論する認知的労力を考慮するなら、自然選択は儀礼行動を可能な限り忠実に模倣するような社会的学習戦略を選好するはずである。言い換えるなら、あなたが世界について知っていることが限られていて、不確実性が高いときには、よく知っていると思う人を模倣することが穏当な戦略なのである。このようなコピー戦略は、潜在的な危険があるときなど、不確実な環境でとりわけ生まれやすい[22]。

模倣行動の忠実度は、集団から実際に排斥されている、ないしは排斥されるおそれがある場合において、より高くなる。例えば、レガーレらは、内集団から排除されている幼児は、内集団に包摂される幼児よりも、より儀礼行動を模倣する

傾向があることを示した[23]。したがって、あらゆる発達過程を通して、社会的排斥や地位の喪失は儀礼に参加する動機を高める。儀礼行動のような社会集団の慣習を実施することは、その集団に再加入しようとする努力として機能するかもしれない[24]。進化史を通して、社会的排斥は死刑宣告と同等のものだったのであり、社会的所属や個人の評判を得ることは、今日の文化的儀礼に参加する理由となる原動力の１つとなりうる[25]。もし共同体の一員が伝統的な儀礼に参加することを拒んだ場合、それがいかに有害で評判を落とす可能性があるかを想像してみればいい。例えば、米国人の父親が、不快だからといって若くして亡くなった息子の棺を担いで運ぶことを拒んだとしたら、彼の評判はどうなるだろうか。

　儀礼の特定の行動系列と意味は、学習されるものである。CSR研究者は、子どもや成人が、儀礼が特殊な行動であることを理解しているため、容易に儀礼行動を同定し、学習し、再現できると述べてきた。こうした理解は、意識的である必要はない。地面と足との間で摩擦を生み出す能力が歩行を可能にし、音を認識し発する特性が言語をもたらしたように、儀礼も基盤となる心的システムのおかげで、直接的で明示的な教えがほとんどなくても習得し参加することが可能である。

儀礼はどのように表象されるのか

　1990年代以前には、儀礼に関する説明のほとんどが、儀礼と行為による表象の間の潜在的な関係を無視していた。1990年代のはじめに、宗教学者E・トーマス・ローソンと哲学者ロバート・マコーリーがはじめてこれら２つを関連づけた。彼らの宗教儀礼に対する認知的な説明によって、CSRの始まりが告げられた[26]。ローソンとマコーリーは、儀礼行為の表象が、日常的な行為を処理する認知システムによってどのように扱われるのかを説明した。彼らは、基礎的な言語システムによって話し手が文を際限なく生成し理解できることと同様に、人は儀礼のとる形式に基づき、儀礼の多くの側面を推測していることを示した。

　この理論の発端は、1970年代はじめにE・トーマス・ローソンが古書店でノーム・チョムスキーの使い古された『統辞構造論 Syntactic Structures』を偶然見つけたことにあった。本に目を通したローソンはチョムスキーの言語についての主要な議論に説得され、儀礼研究との類似性に注目せずにはいられなかった。この本の中でチョムスキーは、どの人間であっても言語的知識に関する生得的な

第９章　儀礼 I

250

行為者	行為 (道具を使用)	被行為者

図9.1　儀礼行為の基礎的な表象

能力を持っていることを主張した。それまでの経験主義的な議論とは異なり、チョムスキーは言語は経験のみによってではなく、言語獲得のための遺伝的要因を基盤として獲得されると提唱した。この遺伝的要因は、あらゆる子どもが比較的少ない入力のみから素早く言語を獲得する方法と、諸言語が似たような統語規則を持つ傾向にある理由を説明する。ローソンはこの本を購入すると、彼の教え子であったロバート・マコーリーに見せ、2人は普遍文法の能力理論に触発され、人々が儀礼をどのように表象するのかについての理論を定式化した。

　ローソンとマコーリーは、人々は儀礼の形式に応じた暗黙の理解を持っていると主張した。チョムスキーのように、彼らはこの理解を認知に、具体的には世界のあらゆる行為を推論する際に機能する「行為表象システム」というより一般的なシステムに由来するとした[27]。文法には特定の種類の単語（名詞、動詞、形容詞）が含まれ、単語は文において異なる機能を持つ（主語、述語、目的語）。同様に、すべての行為は「スロット」、つまり意味のある行動をするための役割を持っている。具体的には、行為主体や行為者のスロット、行為の対象である被行為者や、行為に用いられる道具のスロットがある。これは彼らが「行為表象システム」と呼ぶものである。

　行為を特定の形で概念化したものが儀礼であり、儀礼において行為者は被行為者に対して「行為者」→「行為」→「被行為者」の形で行為する（図9.1参照）。つまり、ある人や行為主体（行為者）が目的志向的な行動を、他の人間や動物や物（被行為者）に対して道具（水など）を介して行為するとき、この行為を儀礼として表象しているということである。形式的なルールを意識せず言語を話すことができる能力のように、あなたは3つの要素が揃うような行為を儀礼として表象している。言語が共通の特徴を持つように、ローソンとマコーリーは儀礼が共通の特徴を持つことを確信していた。1990年に彼らは、世界中の儀礼に共通する最小限の基準についての理論を発表した[28]。言い換えるなら、ある行為を儀礼として表象する最小限の要件は、3つの要素（行為者、行為、被行為者）であるとした。彼らはこの理論を儀礼形式仮説（Ritual Form Hypothesis: RFH）と名づけた[29]。

　これまで本章では、文化的儀礼の顕著な特徴について考察してきた。ローソン

とマコーリーが提唱した儀礼形式仮説（RFH）によれば、私たちは儀礼をある特別な種類の行為であると直観的に表象している。では、宗教的儀礼を他の種類の儀礼と区別するものは何だろうか？　例えば、乳児が風呂に入れられているのか、あるいは洗礼を受けているのかということはどうやって知ることができるだろうか？　ローソンとマコーリーは、宗教的儀礼は**図 9.1** の「行為者」→「行為」→「被行為者」という基本的なシステムを精緻化したものだと主張した。とりわけ、彼らは宗教儀礼を（1）誰かが、（2）ある行動を、（3）道具を用いて、誰かまたは何かに対して、（4）非自然的な結果をもたらすために、（5）超人間的行為者に訴えて行う行為として定義した。すなわち、「行為者」→「行為」→「被行為者」→「非自然的な結果」→「超人間的行為者」という形である。

　宗教はしばしば、先祖や神といった行為者を人間より優れた存在として仮定する。RFH によれば、日常的行為と宗教的儀礼の決定的な違いは、非人間的な性質が文化的に付与された行為者（これを彼らは「文化的に仮定された超人間的行為者」（CPS 行為者：culturally postulated superhuman agents）と呼ぶ）が関わっているかどうかである。ローソンとマコーリーによれば、すべての宗教的儀礼はどこかの段階で、仮定された行為者が主な役割を果たし、宗教的世界に変化をもたらす行為を必然的に含んでいる。その他の種類の宗教的な出来事はこの構造から外れる。例えば、司祭がヤギを生け贄に捧げる行為や、巡礼者が神殿を巡回する場合などである。RFH によれば、これらの活動は宗教的儀礼の一部かもしれないが、その活動自体が宗教的儀礼を構成するものではない。

　ここで重要となるのが、本章の冒頭で提起したように、CSR がどのように儀礼を定義しているかという問題を考慮することだ。こうした認知的観点に基づけば、「儀礼」という単語は他の単語に置き換えることができ、その場合でも人々はこれらを独自のカテゴリーの出来事として表象するであろう。「言語」という名前を変えても、人々が特定の発話の構成を理解できなくなるわけではないのと同じように、重要なのは構成物であってそのラベルではない。

　儀礼形式仮説は、儀礼の頻度や効果に対する判断を儀礼の形式から説明する。この形式には、行為者、行為、被行為者が固有で反直観的な特性（S マーカー、特別要素）を持っているかどうか、その儀礼に文化的に仮定された超人間的行為者（CPS 行為者）が含まれているか、この超人間的行為者が儀礼行為の形式的構造記述のどこに適合するかという要素がある。例えば、S マーカーが行為者にあり、その行為者が権威の究極的源泉に近いと考えられている場合（神の代理とし

て行為する司祭など）、儀礼の頻度は少なくなり、儀礼の結果は永続的であるとみなされる。一方、Ｓマーカーが被行為者や道具にある場合、儀礼はより定期的に行われ、その影響もあまり永続的ではなくなる。同様に、Ｓマーカーが行為者の位置にあるか被行為者の位置にあるかで、頻度が変わってくる[30]。叙階された司祭が、これから司祭になる者に叙階するとき、前者は神の力をもって行為することを意味する（Ｓマーカーが行為者の位置にある）。一方、神へ供犠を捧げるとき、神は受け手の位置にあり、行為者の位置にない。前者の儀礼（叙階）は一度しか行われないが、後者の儀礼（供犠）は何度も行われる。

　儀礼形式仮説の成果の１つは、どのような種類の出来事を人々が儀礼として表象するのかを規定し、宗教的儀礼の基礎的な認知的構造を特徴づけることが可能となることである。またこの理論は、これらの特徴に基づく宗教儀礼に対する直観についての検証可能な予測を生む。ローソンとマコーリーは、ある儀礼についてほとんど情報がなかったとしても、私たちは宗教システムにおける儀礼について多種多様な推論を行うと主張している[31]。こうした直観は、以下のような儀礼のさまざまな側面を含んでいる。

- どの儀礼が一度しか行われず（カトリックの堅信礼など）、どれが繰り返し行われるのか（聖餐あるいは聖体拝領など）。
- どの儀礼が永続的（洗礼など）で、どの儀礼の効果が自然に消失する（ルルドへの巡礼など）のか。
- なぜ、ある儀礼は多くの刺激と強い感情を特徴とし（ヒンドゥー教の祝祭タイプ ―サムなど）、ある儀礼は単調なように見えるのか（クエーカーの祈りの会など）。
- どの儀礼が中心的で、どの儀礼が周縁的か。
- どの儀礼は代理を許可し、どの儀礼が許可しないのか。

儀礼形式仮説[32]には次のような主張が含まれている。

1. 儀礼が効果的となるためには、適格な意図を持った行為者によって行われなければならない。
2. 宗教儀礼において、いくつかの行為者、被行為者、道具（もの）は特別な力や性質（すなわちＳマーカー）を持つとして区別される。被行為者や道具が特別である儀礼とは対照的に、特別な行為者による儀礼（すなわち神が行為

者であるような CPS 儀礼）は、より永続的とみなされるため、繰り返されることはない。とりわけこの理論は、Ｓマーカーが行為者に付与されている儀礼は、事実例外的な儀礼であると主張する。例えば、神に代わって行為すると考えられている司祭といった行為者が含まれる場合、RFH によれば、これらの行為者は儀礼における究極的な宗教権威の役割を果たすため「文化的に仮定された超人間的行為者」（CPS 行為者）と呼ばれる。

3. 通常、CPS 行為者は、宗教的権威の役割を果たすことができる。なぜなら、それを可能にするような儀礼（叙階など）によってそうするための資格を得ているからである。

4. 特別な行為者による儀礼は、参加者に対して何か深淵なことが起きていると確信させる必要があるため、より感情を喚起させるような刺激（感覚的な壮麗さ）が多くなる。宗教的権威の究極的源泉やそうした権威の代理者が人間の世界で行為すると考えられている場合、その儀礼の頻度は少なく永続的なものになる傾向がある。

　これらの予測のおかげで RFH はより経験的に扱いやすい理論になるとともに、宗教的儀礼が何を意味すると人々が考えているのかについての記述を提供していた過去の人類学理論と一線を画すものとなる。さらに、ローソンとマコーリーは、他の研究者の助けを借りることでこれらの主張を検証することを試みた。主流となるさまざまな宗教的伝統から集められた参加者を対象とした研究の結果は、この理論から導かれる主要な予測を支持するものであった。そうした研究では、儀礼の結果を得るために適切な行為よりも正しい行為者（と意図）が重要である場合、感覚的壮麗さ〔派手さ〕のレベル、そして儀礼が繰り返されるか、取り消せるかどうかの判断が扱われている(33)。

儀礼はどのように学習され、表象されるのかのまとめ

● 儀礼は、あらかじめ定められた厳格で形式的で反復的な行動であり、社会的に規定された集団的慣習である。

● 儀礼には、成人や子どもが効率の悪い行動を模倣するようになる要因が含まれている。

● 儀礼は変化に対して耐性を持つ。

● 人々は行為への直観的な理解によって無意識的に儀礼を認識することができ、宗教

儀礼は特別な種類の儀礼とみなされる。
● 人々は、その特徴に基づいた儀礼の諸要素についての直観もまた生成する。

儀礼はどのように伝達されるのか

　本章ではこれまで、どのように儀礼が学習され表象されるのかについて主に考察してきた。次に、儀礼がある世代から次の世代へどのように伝達されるのかについて焦点を合わせる。記憶されなければ伝達されず、儀礼は存在しなくなるため、この問いは重要である。この問いに対する1つの答えとして、社会人類学者であるハーヴィー・ホワイトハウスによって「宗教性の二様態」理論（Modes of Religiosity; MOR）が提唱された。MOR理論は、儀礼がどのように伝達され、儀礼を実践している共同体の規模や構造とどうのように関連するのかという根源的な問いを扱ったものである。

宗教性の二様態（MOR）

　ホワイトハウスは1980年代にパプアニューギニアで行った民族誌フィールドワークによって、宗教性の二様態理論の着想を最初に得た（詳細は本章末のケーススタディを参照）。1つのグループ（ポミオ・ギヴング）において、何度も繰り返される儀礼と公的な演説を含む大規模な運動が見られた。ポミオ・キヴング内からは、小規模な分派運動が時折生まれ、それは強烈な感情と苦難を伴う儀礼からなるものだった。ホワイトハウスの理論は、世界中で、歴史を通じて儀礼集団の形成に関する一般的なパターンの集合があることを説明しようとするものだった。

　ホワイトハウスは儀礼が2つの特徴的なパターンを形成する傾向があり、これらのパターンは宗教の伝達や社会・政治的な組織にまで関連していることに気づいた[34]。ホワイトハウスはこれら2つのパターンを「宗教性の二様態」[35] と呼んだ。MOR理論の中心にあるのは、これら2つの違いは、宗教の重要な側面である記憶・伝達の方法に由来するという主張である。つまり、記憶のシステムがあらゆる宗教的共同体で見られる儀礼の型を制約しているということである。CSRアプローチの特徴として、MOR理論は人間の認知に中心的な役割を与えている。

ホワイトハウスは、儀礼の様態の１つを「教義的 (doctrinal)」と呼んでいる。主流のポミオ・キヴングのような教義的様態の儀礼は感覚的壮麗さや、参加者の感情の喚起度合いが低い。儀礼は頻繁に行われる傾向があり、教義を繰り返すことや儀礼の意味（釈義）を強調する。ホワイトハウスは、当時の心理学における記憶過程の研究に基づき、教義や釈義が顕在記憶システムに貯蔵されるとしても、これらの種類の儀礼行為は潜在的な手続き記憶システムに記銘されると述べた。例えば、車の運転や長い詩の暗唱を考えてみよう。こうした課題は最初は複雑でかなり集中が要求されるが、何度も行っていると徐々に努力の必要がなくなっていく。同様に、かしずく、十字を切る、集団での朗誦や行進などの儀礼手続きを頻繁に繰り返すことで、それらを手続き記憶に定着することが可能となる。一方、教義や物語を継続的に繰り返すことは、長期的かつ一般的な知識の一部として意味記憶で記憶することを可能とする。アイルランドでのミサを考えてみよう。アイルランド人のカトリック教徒に先週のミサで何か注目すべき出来事が起きたか尋ねても、彼らのほとんどは頭をかくだけかもしれない。しかし、彼らは努力せずとも毎週ミサで何が起こるのかを話すことができ、例えば「ロザリオの祈り」

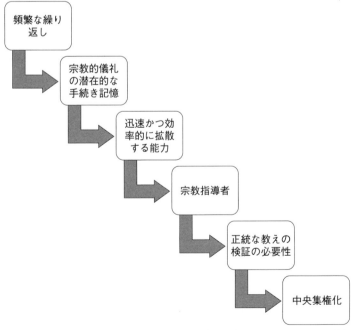

図9.2　教義的様態の儀礼の頻度が心理・社会・政治的な要素をもたらす例

第9章　儀礼Ⅰ

や「主の祈り」といった聖書の一節を容易に暗唱することができるだろう（図9.2参照）。こうしたより典型的な要素の細かい部分については、多くの宗教信奉者は意味記憶として共有していることが多い。

　こうした教義的様態の特徴は文化伝達に重要な帰結をもたらす。教義的様態は宗教の教えを口述や文書によって体系化するため、迅速かつ効率的に多くの人々へと拡散することができる。さらに、頻繁に繰り返すことによって意味記憶に貯蔵された正統な教えからの逸脱を簡単に見つけることができる。同時に、ルーティン化された儀礼の潜在的な筋書きに依拠することで、釈義内省を抑制し、革新を起こしにくくする。これらすべての要因が、均質化された地域的伝統を安定させるのに貢献している[36]。しかし、集団のアイデンティティとなるマーカーに関する意味記憶は、個人的の生きた経験と紐づいていないため、教義的集団の団結は個人の主体性にまで入り込むものではない。社会心理学者は、社会的アイデンティティの活性化によって個が目立たなくなり、個性が失われるような集団への帰属の形態を「アイデンティフィケーション（同一化）」呼んでいる[37]。

　さらに、これらの特徴を組み合わせることによって、専門的な宗教的指導者や中央集権を持つ大規模な匿名の共同体が出現することが可能になる。精緻化された教えを強調することで専門家や演説家が台頭することが促され、治安維持の必要性は、ある程度は仲間による圧力や厳格な規範によって満たされるものの、聖職者階層の出現を促進させる。図9.2はこれらの異なる要素がどのように関連しているかを示している。

　第二の様態である「写象的（imagistic）」様態は、ホワイトハウスがパプアニューギニアで観察した分派について説明するものである。この様態は、教義的様態とは異なる性質の集合によって特徴づけられている（図9.3参照）。写象的様態の儀礼の頻度は少なく、高い感覚的壮麗さによって特徴づけられる。これらの経験は参加者にとって非常に際立ったものであり、鮮明なフラッシュバルブ的エピソード記憶として保存される。子どもの誕生や結婚、悲劇のようなあなたの人生で意味深く、感情的で、めったにない出来事や、あるいはダイアナ妃がパリでの重大な自動車事故で亡くなったときや、米同時多発テロ事件の際に自分がどこにいたか思い出してみてほしい。あなたはおそらくそれらの出来事の詳細について覚えているだろうし、痛みを伴う個人的な経験の場合、その出来事は何かしらの理由があって起こったと考えていることが多いだろう。

　これらの個人的な経験は、社会的結束に重大な影響を及ぼす。ホワイトハウス

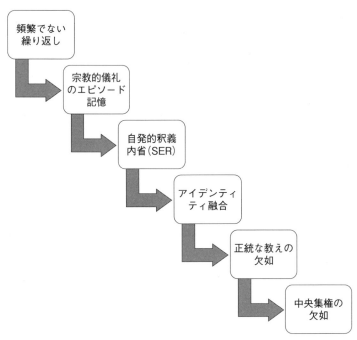

図9.3 写象的様態の儀礼の頻度が心理・社会・政治的な要素をもたらす例

らは、写象的様態は個人に顕著なエピソード記憶を確立することに関わっており、それらが本質的な自伝的自己の一部を形作ると主張している。このような記憶が集団で共有されると、個人と集団のアイデンティティが融合し、集団の結束が強まる。ホワイトハウスはさらに、こうした顕著な儀礼は、年配者や聖職者らから学ぶ精緻化された教義が伴わないと述べている。代わりに、これらはしばしば儀礼の意味を個人的経験に基づいて個別に考えさせるのだ。

ホワイトハウスは、個人が意味を生み出す過程を「自発的釈義内省（spontaneous exegetical reflection：SER）」と呼ぶ。この宗教的知識への経路は、集権的な指導者の出現を抑制し、代わりに共同で儀礼を行う小集団の人々の結束を強める。この種の儀礼の例としては、小規模な伝統的社会によく見られる、人々の社会的地位の変化を印づけるイニシエーション儀礼のような通過儀礼がある[38]。この儀礼には通常、長期間の隔離、身体にものを刺すこと、火で焼くことや、身体を傷つけることといったトラウマ的な試練が含まれる[39]。

表 9.1　宗教性の二様態理論の中心的主張の概要（主にジャスティン・バレット[40]とホワイトハウス[41]による広範な要約に基づいている）

#	教義的様態	写象的様態
1	頻繁に繰り返される教義的情報が、宗教的教義の意味記憶とルーティン化された儀礼の手順の潜在記憶を活性化させる。	あまり繰り返されず、高い感覚的壮麗さを持つ儀礼は出来事に対するエピソード記憶を生み出す。
2	儀礼の潜在記憶は、儀礼の意味についての個人的考察や革新を抑制することで、権威ある釈義（正統な教え）を受け入れやすくする。	儀礼のエピソード記憶は自発的釈義内省（SER）を生み出し、これは人々が儀礼について独自の理解を持つことを意味する。
3	参加者に要求される知識体系と宗教的指導者・権威の存在は互いに補強し合う。	儀礼の理解と意味の多様性は集権的な指導者を抑制する。
4	宗教的指導者・教師の存在は正統な教えを強化することを助ける。	集権的指導者と正統な教えの欠如は、相互に補強し合う。
5	宗教的共同体で正統な教えの確認が存在することは、権力構造の集権化を促進させる。	高い感覚的壮麗さを伴う儀礼の参加者は、強烈な社会的結束とアイデンティティ融合を経験する。
6	宗教的教義の意味記憶は匿名共同体を促進させる。	強い社会的結束と儀礼のエピソード記憶は排他的宗教共同体を促進させる。
7	宗教指導者は、他集団へ伝統の拡散を促進させる（布教活動や伝道などを通じて）。	宗教伝統は局所的に共有された儀礼の経験に基づいており、拡散が困難である。

宗教性の二様態理論（MOR）と儀礼形式仮説（RFH）

　この節で取り上げた宗教性の二様態理論（MOR）と、1つ前の節で取り上げた儀礼形成仮説（RFH）の間で、儀礼に関する主張に重なる部分があることに気づいたかもしれない。1990年代後半から2000年代初頭にかけて、これら2つの宗教儀礼に関する理論がCSRの主要な位置を占めていた。MORとRFHは多くの基本的な仮定を共有しているが、いくつかの重要な予測の点で異なっている。主な違いの1つは、宗教性の二様態理論は儀礼の多様性を理解する鍵として、儀礼を行う頻度を強調していることである。言い換えれば、儀礼は2つの形（教義的様態と写象的様態）に集束していく傾向があり、それぞれの頻度が異なるのは記憶的要因（人々がどのように宗教を記憶し、伝達する傾向があるか）に制約されるからである。

　これとは対照的に、儀礼形成仮説は儀礼の形式自体が頻度の独立変数だと主張する。特別なＳマーカーへの言及とその位置、特に儀礼の構造におけるCPS行為者の存在と位置が独立変数となる、つまりＳマーカーが頻度を決定するということである。それぞれの理論の射程においても違いがある。RFHはとりわけ

超人間的行為者が儀礼構造のどこかに関わる儀礼の表象と制約の仕方を説明するのに対し、MORは集合的儀礼の頻度と感覚性の変化が社会集団の規模と構造に及ぼす影響についての、幅広い予測を含んでいる。

ケーススタディ：宗教的伝達に関する宗教性の二様態理論

　社会人類学者ハーヴィー・ホワイトハウスは、1980年代後半にパプアニューギニアで行った2年間の民族誌的フィールドワークをもとに、「宗教性の二様態」理論を定式化した[42]。ホワイトハウスは、東ニューブリテン州の多くの村で何千もの人々が行っている宗教運動であるポミオ・キヴングには、2つの異なる種類の宗教活動と伝達方法があることに気づいた。ポミオ・キヴングの信奉者は、儀礼を執り行い、説教者が掟を繰り返し説くのを聞くために頻繁に集まっていた。一方で、約5年ごとに定期的に特定の村に出現しては解散する小さな分派も存在していた。これらの分派の儀礼は、より感情的で、しばしば不快感をもたらすものだった。

　ケンブリッジの図書館に戻ったホワイトハウスは、パプアニューギニアで観察したパターンが決して独特なものではないことに気づいた。世界の他の地域の儀礼も、2つの特徴的なパターンに合致する傾向があるようだった。これらの儀礼パターンは、宗教の伝達や社会的・政治的組織にさえ関係していた[43]。前述のように、ホワイトハウスは儀礼の要素の集まりの1つを「写象的」、もう1つを「教義的」と名づけ、これら2つの儀礼のパッケージと関連する社会的・政治的特徴を「宗教性の二様態」（MOR）と呼んだ[44]。

　社会科学における宗教と社会・政治組織に関する他の一般理論と同様、MORは野心的である。しかしMOR理論は、少なくとも次の7つの理由で、他の宗教のダイナミクスに関する広範な理論と比べて独自性を持っている。

1.　MORは儀礼というカテゴリーを、実証的に扱いやすい明確な構成要素に分解している

　他のCSRアプローチと同様に、MOR理論は儀礼というカテゴリーを、因果関係が不透明な行動や多幸的興奮、不安の発露など、通文化的に現れる明確な認知・行動パターンに分解する。これらの構成要素は、結束や協力といった特定の心理・社会的効果を持つものとして、独立して実証的に調査することができる。

2.　MORは宗教的実践の形成において、人の認知が中心的役割を果たすとしている

　他のCSR理論と同様に、MORは宗教を形成するために人間心理が重要な役割を果たすとしている。例えば、MORの核心にあるのは、儀礼および共同体の社会・政治的性質の2つの特徴的なパッケージの違いは、主に宗教の重要な側面が記憶され、

伝達される方法によってもたらされるという理論である。記憶システムは、宗教共同体全体で見られる儀礼の種類を制約する。教義的様態では、教義的情報が頻繁に繰り返されることで、宗教的教えに関する意味記憶と、ルーティン化された儀礼の手順に関する潜在記憶が活性化される。写象的様態では、あまり頻繁ではなく、高い感覚的壮麗さを持つ儀礼が、出来事に関するエピソード記憶を形成する。

3. MOR は儀礼参加と、写象的様態におけるアイデンティティの融合、および教義的様態におけるアイデンティティの同一化を結びつけるメカニズムを特定する

ほとんどの社会科学者は、集合的儀礼に参加することで社会的結束が促進されるという主張の何らかのバージョンを支持しているが、儀礼参加が、厳密にはどのように社会的連帯を生むのかという説明を欠いている。MOR 理論を後に定式化したものは、儀礼が測定可能な形の集団の連携に及ぼす影響も強調している。例えばホワイトハウスらは、感情的に激しい（痛みを伴うなど）儀礼を受けた集団のアイデンティティを共有する人々が、個人のアイデンティティと集団のアイデンティティの融合を経験し、その結果として集団との一体感を直感的に感じるようになることを示した。アイデンティティ融合は、パプアニューギニアの部族からリビアの反政府勢力、インドネシアのイスラム原理主義者まで、世界中の親族的集団で一般的に見られる特定の種類の儀礼から生まれる(45)。

これとは対照的に、儀礼実践の教義的様態は、教育を通じて共有された社会規範を促進し、意味記憶に保存され、アイデンティティの同一化に基づく共有された集団帰属意識と信頼性の直観をもたらし、集団を非個人化するものである。このような後に行われた定式化に対しては、MOR に触発された現在の研究が焦点を合わせており、次章で儀礼参加の集団レベルの効果について考察する際に、この点についてさらに詳しく触れる。

4. MOR は心理的・社会的レベルの変数間の関係についての検証可能な仮説を生み出す

多くの人類学理論と同様、MOR はホワイトハウスがパプアニューギニアで参与観察を行った生の体験に基づく民族誌的洞察から生まれたものである。しかし、ほとんどの社会人類学者とは異なり、ホワイトハウスは民族誌的観察を検証可能な仮説を立てるのに用いた。彼は心理学者などの科学者と協力し、実験的、比較的、縦断的にこれらの仮説を発展させ、検証することによって、パプアニューギニアや世界中のさまざまな場所における宗教性の多様な様態の背後にあるパターンを説明しようと試みた。

5. MOR の多くの側面は、さまざまな方法論から実証的な裏づけを得ている

ホワイトハウスをはじめとする研究者たちは、MOR 理論が予測する関係性を検証

しており、その理論の多くの面が支持されてきた。その中には、神経生理学的研究や[46]、子ども[47]や大人[48]を対象とした心理学実験から得られたデータも含まれている。その中には、感覚的壮麗さ、感情の喚起、記憶、儀礼の効果の認識との関連を扱った研究がある。例えば、大人を対象とした実験では、高い興奮を伴う儀礼は、儀礼の意味について自発的釈義内省（SER）を生じさせる傾向があることが実証されている[49]。

さまざまな形態の宗教を促進する社会・政治的条件同士の関連性についてのより広範な主張は、当然のことながら検証がより困難である。ホワイトハウスは考古学者や歴史学者に、詳細なケーススタディによって彼の理論が裏づけられるか、または反証されるかを検討するよう呼びかけた。MORと現実世界のデータとの適合性を検証するこれらの試みに対しては、主に肯定的な評価が得られている[50]。民族誌的[51]、考古学的、歴史学的な記録や[52]、コンピューターでのシミュレーションモデリングのデータからも一定の裏づけが得られている[53]。このような定量的手法によるデータの上に、理論の核となる予測に対するさらなる証拠が現れ続けている[54]。

6. MORはデータに応答して変化できる

MORが科学的理論として適格なのは、実証的知見に基づく変化に応答できるからである。研究者からのフィードバックを受け、MORは何度も明確化と修正を行ってきた。例えば、歴史的データに依拠することで、2つの様態は当初提唱されていたものよりも離散的でなく、連続的なものとされるようになっている[55]。

7. MORは進化的説明に依拠している

MORは、個人や集団レベルの進化プロセスに依拠して、宗教の繰り返し現れる特徴を説明する。そこでは選択主義的なモデルに基づいて、記憶されやすい儀式はそうでない儀式よりも生き残る可能性が高いと仮定している。進化論はMORの他の面も支えている。例えば、写象的儀礼経験におけるアイデンティティ融合に関する説明の1つは、進化した協力心理と部族的本能に焦点を合わせている。すなわち、人の脳が近親者のためなら犠牲を払う傾向を持っているために、人生の重要な出来事を共有する集団の仲間は、「心理的血縁」として認識される。この戦略は遺伝的に適応的だが、共同の儀礼経験など特定の文脈では、私たちは無意識のうちにこの戦略を非親族にも誤って適用し、遺伝的な血縁関係とは無関係に向集団行動を促進させる。

本章のまとめ

儀礼は人間のトレードマークとなるような特徴である。儀礼は宗教に特有のものではないが、とりわけ宗教的共同体において一般的である。CSR は多くの重要な問いについて光を当ててきた。そこには、儀礼がどのように他の行為と区別されるのか、人々に宗教的儀礼だと思わせるものは何か、どのような心理的・社会的な要因によって儀礼が類似または相違している理由を説明できるのかといった問いが含まれる。研究者は、儀礼がどのように学習、伝達、表象されるのかという重要な疑問にも取り組んでいる。

注

（ 1 ） Tambiah, Stanley Jeyaraja. "The magical power of words." *Man* 3, no. 2 (1968): 175-208.

（ 2 ） Stocking, George W. *After Tylor: British social anthropology, 1888-1951.* University of Wisconsin Press, 1995.

（ 3 ） Humphrey, Caroline and James Laidlaw. *The archetypal actions of ritual: A theory of ritual illustrated by the Jain rite of worship.* Oxford University Press, 1994; Rappaport, R. A. *Ritual and religion in the making of humanity.* Cambridge University Press, 1999.

（ 4 ） Liénard, Pierre and Pascal Boyer. "Whence collective rituals? A cultural selection model of ritualized behavior." *American Anthropologist* 108, no. 4 (2006): 814-827.

（ 5 ） Watson-Jones, Rachel E. and Cristine H. Legare. "The social functions of group rituals." *Current Directions in Psychological Science* 25, no. 1 (2016): 42-46; Legare, Cristine H. and Mark Nielsen. "Imitation and innovation: The dual engines of cultural learning." *Trends in Cognitive Sciences* 19, no. 11 (2015): 688-699.

（ 6 ） Whitehouse, Harvey. "The coexistence problem in psychology, anthropology, and evolutionary theory." *Human Development* 54, no. 3 (2011): 191.

（ 7 ） Legare, Cristine H. and Rachel E. Watson-Jones. "The evolution and ontogeny of ritual."In D. M. Buss (Ed.), *The handbook of evolutionary psychology: Integrations* (2nd ed., pp. 829-847). John Wiley & Sons, Inc., 2015. などを参照。

（ 8 ） Legare, Cristine H., Rachel E. Watson-Jones, and Andre L. Souza. "A cognitive psychological account of reasoning about ritual efficacy." In H. E. de Crwz and R. Nichols (Eds.), *Advances in religion, cognitive science, and experimental philosophy*, Bloomsbury USA Academic, 2016, 85.

（ 9 ） Sørensen, Jasper. *A cognitive theory of magic.* Rowman Altamira Press, 2007.

（10） Bloch, Maurice. "Symbols, song, dance, and features of articulation: Is religion an extreme form of traditional authority?" *European Journal of Sociology/Archives Européennes de Sociologie* 15, no. 1 (1974): 54-81; Boyer, Pascal. *Religion explained: The evolutionary origins of religious thought.* Basic Books, 2001. （鈴木光太郎、中村潔訳『神はなぜいるのか？』NTT 出版、2008 年）など。Sperber, Dan. *Rethinking Symbolism.* Cambridge University Press, 1975. （菅野盾樹訳『象徴表現とはなにか――一般象徴表現論の試み』紀伊國屋書店、1979 年）

（11） Legare, Cristine H. and Rachel E. Watson-Jones. "The evolution and ontogeny of ritual." In D. M. Buss (Ed.), *The handbook of evolutionary psychology: Integrations* 2nd ed. John Wiley & Sons, Inc., 2015, 829-847. などを参照。

（12） Legare, Cristine H., and André L. Souza. "Evaluating ritual efficacy: Evidence from the supernatural." *Cognition* 124, no. 1 (2012): 1-15.

(13) Herrmann, Patricia A., Cristine H. Legare, Paul L. Harris, and Harvey Whitehouse. "Stick to the script: The effect of witnessing multiple actors on children's imitation." *Cognition* 129, no. 3 (2013): 536-543.

(14) Tambiah, Stanley Jeyaraja. "A performative approach to ritual." *Proceedings of the British Academy London* 65 (1979): 113-169. など。Humphrey, Caroline and James Laidlaw. *The archetypal actions of ritual: A theory of ritual illustrated by the Jain rite of worship.* Oxford University Press, 1994. など。

(15) Evans-Pritchard, E. E. *Witchcraft, oracles, and magic among the Azande.* Clarendon Press, 1937.（向井元子訳『アザンデ人の世界──妖術・託宣・呪術』みすず書房、2001 年）

(16) Legare, Cristine H. and André L. Souza. "Evaluating ritual efficacy: Evidence from the supernatural." *Cognition* 124, no. 1 (2012): 1-15; Legare, Cristine H. and André L. Souza. "Evaluating ritual efficacy: Evidence from the supernatural." *Cognition* 124, no. 1 (2012): 1-15. からの引用。

(17) Whitehouse, Harvey. "The coexistence problem in psychology, anthropology, and evolutionary theory." *Human Development* 54 (2011): 191-199.

(18) Csibra, Gergely and György Gergely. "Natural pedagogy." *Trends in Cognitive Sciences* 13, no. 4 (2009): 148-153.

(19) Legare, Cristine H. Nicole J. Wen, Patricia A. Herrmann, and Harvey Whitehouse. "Imitative flexibility and the development of cultural learning." *Cognition* 142 (2015): 351-361.

(20) Clegg, Jennifer M. and Cristine H. Legare. "Instrumental and conventional interpretations of behavior are associated with distinct outcomes in early childhood." *Child Development* 87, no. 2 (2016): 527-542.

(21) Legare, Cristine H. and Mark Nielsen. "Imitation and innovation: The dual engines of cultural learning." *Trends in Cognitive Sciences* 19, no. 11 (2015): 688-699.

(22) Henrich, Joseph and Francisco J. Gil-White. "The evolution of prestige: Freely conferred deference as a mechanism for enhancing the benefits of cultural transmission." *Evolution and Human Behavior* 22, no. 3 (2001): 165-196.

(23) Watson-Jones, Rachel E., Harvey Whitehouse, and Cristine H. Legare. "In-group ostracism increases high-fidelity imitation in early childhood." *Psychological Science* 27, no. 1 (2016): 34-42.

(24) Watson-Jones, Rachel E., Harvey Whitehouse, and Cristine H. Legare. "In-group ostracism increases high-fidelity imitation in early childhood." *Psychological Science* 27, no. 1 (2016): 34-42; Legare, Cristine H., and Rachel E. Watson-Jones. "The evolution and ontogeny of ritual." In D. M. Buss (Ed.), *The handbook of evolutionary psychology: Integrations* 2nd ed. John Wiley & Sons, Inc., 2015, 829-847; Legare, Cristine H., Harvey Whitehouse, Nicole J. Wen, and Patricia A. Herrmann. "Imitative foundations of cultural learning." In The annual meeting of the human behavior and evolution conference, (2012) Albuquerque, NM.

(25) Gruter, Margaret, and Roger D. Masters. "Ostracism as a social and biological phenomenon: An introduction." *Ethology and Sociobiology* 7, Issues 3-4 (1986): 149-158.

(26) Lawson, E. Thomas and Robert N. McCauley. *Rethinking Religion: Connecting cognition and culture.* Cambridge University Press, 1990.

(27) Lawson, E. Thomas and Robert N. McCauley. *Rethinking Religion: Connecting cognition and culture.* Cambridge University Press, 1990.

(28) Lawson, E. Thomas and Robert N. McCauley. *Rethinking Religion: Connecting cognition and culture.* Cambridge University Press, 1990.

(29) McCauley, Robert N. and E. Thomas Lawson. *Bringing ritual to mind: Psychological foundations of cultural forms.* Cambridge University Press, 2002.

(30) Whitehouse, Harvey. *Modes of religiosity: A cognitive theory of religious transmission.* AltaMira Press, 2004; McCauley, Robert N. "Ritual, memory, and emotion: Comparing two cognitive hypotheses." In J. Andresen (Ed.), *Religion in mind: Cognitive perspectives on religious belief, ritual, and experience.* Cambridge University Press, 2001, 115-140.

(31) McCauley, Robert N. and E. Thomas Lawson. *Bringing Ritual to Mind: Psychological foundations of cultural forms.* Cambridge University Press, 2002.

(32) Barrett, Justin L. "Bringing data to mind: Empirical claims of Lawson and McCauley's theory of religious ritual." In T. Light and B. C. Wilson (Eds.), *Religion as a human capacity: A festschrift in honor of E. Thomas Lawson.* Brill, 2004.

第 9 章　儀礼 I

(33) Barrett, Justin L. "Smart gods, dumb gods, and the role of social cognition in structuring ritual intentions." *Journal of Cognition and Culture* 2 no. 3 (2002): 183-193; Barrett, Justin L., and E. Thomas Lawson. "Ritual intuitions: Cognitive contributions to judgments and ritual efficacy." *Journal of Cognition and Culture* 1, no. 2 (2001): 183-201; Malley, Brian and Barrett, Justin L. "Can ritual form be predicted from religious belief? A test of the Lawson-McCauley hypothesis." *Journal of Ritual Studies* 17, no. 2 (2003): 1-14; Sørensen, Jesper P., Pierre Liénard, and Chelsea Feeny. "Agent and instrument in judgments of ritual efficacy." *Journal of Cognition and Culture* 6, no. 3-4, (2006): 463-482.

(34) Whitehouse, H. *Arguments and icons: Divergent modes of religiosity.* Oxford University Press, 2000.

(35) Whitehouse, H. *Modes of religiosity: A cognitive theory of religious transmission.* AltaMira Press, 2004.

(36) Whitehouse, Harvey. *Arguments and icons: Divergent modes of religiosity: Divergent modes of religiosity.* Oxford University Press, 2000.

(37) Whitehouse, Harvey and Jonathan A. Lanman "The ties that bind us: Ritual, fusion, and identification." *Current Anthropology* 55, no. 6 (2014): 679-695.

(38) Van Gennep, Arnold. *The rites of passage.* Translated by Monika B. Vizedom and Gabrielle L. Caffee, et al. Routledge & Kegan, Paul, 1960. (綾部恒雄、綾部裕子訳『通過儀礼』岩波書店、2012年)

(39) さらなる例については、Whitehouse, Harvey. "Rites of terror: Emotion, metaphor, and memory in Melanesian initiation cults." *Journal of the Royal Anthropological Institute* 2, no. 4 (1996): 703-715. を参照。

(40) Barrett, Justin L. "In the empirical mode: Evidence needed for the modes of religiosity theory." In H. Whitehouse and R. N. McCauley (Eds.), *Mind and religion: Psychological and cognitive foundations of religiosity.* AltaMira Press, 2005, 109-126.

(41) Whitehouse, Harvey. *Modes of religiosity: A cognitive theory of religious transmission.* Rowman Altamira, 2004, 66-70.

(42) Whitehouse, Harvey. *Inside the cult: religious innovation and transmission in Papua New Guinea.* Oxford University Press, 1995.

(43) Whitehouse, Harvey. *Arguments and icons: Divergent modes of religiosity.* Oxford University Press, 2000.

(44) Whitehouse, Harvey. *Modes of religiosity: A cognitive theory of religious transmission.* AltaMira Press, 2004.

(45) Whitehouse, Harvey. "Dying for the group: Towards a general theory of extreme self-sacrifice." *Behavioral and Brain Sciences* 41 (2018): e192.

(46) Apps, Matthew A. J., Ryan McKay, Ruben T. Azevedo, Harvey Whitehouse, and Manos Tsakiris. "Not on my team: Medial prefrontal cortex responses to ingroup fusion and unfair monetary divisions." *Brain and Behavior* 8, no. 8 (2018): e01030; Cho, Philip S., Nicolas Escoffier, Yinan Mao, April Ching, Christopher Green, Jonathan Jong, and Harvey Whitehouse. "Groups and emotional arousal mediate neural synchrony and perceived ritual efficacy." *Frontiers in Psychology* 9 (2018): 2071.

(47) Watson-Jones, Rachel E., Cristine H. Legare, Harvey Whitehouse, and Jennifer M. Clegg. "Task-specific effects of ostracism on imitative fidelity in early childhood." *Evolution and Human Behavior* 35, no. 3 (2014): 204-210; Watson-Jones, Rachel E., Harvey Whitehouse, and Cristine H. Legare. "In-group ostracism increases high-fidelity imitation in early childhood." *Psychological Science* 27, no. 1 (2016): 34-42; Legare, Cristine H., Nicole J. Wen, Patricia A. Herrmann, and Harvey Whitehouse. "Imitative flexibility and the development of cultural learning." *Cognition* 142 (2015): 351-361.

(48) Kapitány, Rohan, Christopher Kavanagh, Harvey Whitehouse, and Mark Nielsen. "Examining memory for ritualized gesture in complex causal sequences." *Cognition* 181 (2018): 46-57.

(49) Richert, Rebekah, Harvey Whitehouse, and Emma Stewart eds. *Memory and analogical thinking in high-arousal rituals.* AltaMira Press, 2005.

(50) Whitehouse, Harvey, Luther H. Martin eds. *Theorizing religions past: Historical and archaeological perspectives.* AltaMira Press, 2004; Whitehouse, Harvey, and James Laidlaw, eds. *Ritual and memory: Toward a comparative anthropology of religion.* Rowman Altamira, 2004.

(51) Atkinson, Quentin D. and Harvey Whitehouse. "The cultural morphospace of ritual form: Examining modes of religiosity cross-culturally." *Evolution and Human Behavior* 32, no. 1 (2011): 50-62.

(52) Hodder, Ian, ed. *Religion in the emergence of civilization: Çatalhöyük as a case study.* Cambridge Universi-

ty Press, 2010; Whitehouse, Harvey, Camilla Mazzucato, Ian Hodder, and Quentin D. Atkinson. "Modes of religiosity and the evolution of social complexity at Çatalhöyük." In I. Hodder (Ed.), *Religion at work in a Neolithic society,* Cambridge University Press, 2014, 134-158; Gantley, Michael, Harvey Whitehouse, and Amy Bogaard. "Material Correlates Analysis (MCA): an innovative way of examining questions in archaeology using ethnographic data." *Advances in Archaeological Practice* 6, no. 4 (2018): 328-341; Whitehouse, Harvey Luther H. Martin eds. Theorizing religions past: Historical and archaeological perspectives. AltaMira Press.

(53)　Whitehouse, Harvey, Ken Kahn, Michael E. Hochberg, and Joanna J. Bryson. "The role for simulations in theory construction for the social sciences: Case studies concerning divergent modes of religiosity." *Religion, Brain & Behavior* 2, no. 3 (2012): 182-201; Whitehouse, Harvey, Jonathan Jong, Michael D. Buhrmester, Ángel Gómez, Brock Bastian, Christopher M. Kavanagh, Martha Newson et al. "The evolution of extreme cooperation via shared dysphoric experiences." *Scientific Reports* 7 (2017): 44292.

(54)　Gantley, Michael, Harvey Whitehouse, and Amy Bogaard. "Material correlates analysis (MCA): An innovative way of examining questions in archaeology using ethnographic data." *Advances in Archaeological Practice* 6, no. 4 (2018): 328-341; Whitehouse, Harvey, Pieter François, Patrick E. Savage, Thomas E. Currie, Kevin C. Feeney, Enrico Cioni, Rosalind Purcell, et al. "Complex societies precede moralizing gods throughout world history." *Nature* 568, no. 7751 (2019): 226.

(55)　Whitehouse, Harvey and James Laidlaw, eds. *Ritual and memory: Toward a comparative anthropology of religion.* Rowman Altamira, 2004.

第 9 章　儀礼 I

第10章 儀礼 II──儀礼の機能

儀礼は人間行動の不可解な側面である。なぜなら、世代を超えてほとんど変化することなく続き、強い感情やコミットメントを引き起こすにもかかわらず、なぜ儀礼を行うのかという理由は、たとえ文脈的情報があったとしても明白ではないためである。例えば、パプア北部のオロカイバ人のイニシエーションシステムを考えてみよう。そこでは、参加者は7年間にもわたって隔離される。この間、参加者は幽閉されている場所以外で目撃されたり、聞かれたりされてはならず、それを破ると死刑に処される。この儀礼の他の側面では、フードによって目隠しされ、村に集められ、年長者によって暴力的に襲われることがある[1]。この種の儀礼行動はどのように説明できるのか？ こうした儀礼に何らかの機能があるとしたら、それは人間社会集団においてどのように働いているのか？

人類学や社会学の文献における長い研究の伝統は、コストがかかるにもかかわらず儀礼が存続する理由として、不安軽減、信念共有の促進、社会的結束の創出といった個人や社会にとって重要な役割を持つためだと論じていた。しかしながら、儀礼への参加と社会的結束や協力とを関連づける厳密で検証可能な仮説は欠如していた[2]。宗教認知科学（CSR）は、これまでの儀礼行為に関する機能主義的説明を基礎に、それを拡張、洗練させている。CSR研究者はしばしば、儀礼行為を形成する進化的、生物学的、心理学的、そして文化的な力について研究する。幾人かの研究者らは、儀礼参加とその影響との関係を媒介する基礎的な機序を提案し、特定さえしている。彼らは、多様な道具をさまざまな文脈で用いて、これらの影響の観察と測定を行っている。それは例えば、実験室実験や、世界中のフィールドにおいて地域の人々の生理指標を測定することなどである。

本章では、認知・進化科学の研究を中心に、機能主義的観点から儀礼の利点について考察する。本章で取り扱う儀礼の機能は2つの型に分けることができる。それは個人への影響と集団への影響である。現実においては、これら2つの利点は互いに排他的でない。儀礼はある人に対して個人として影響を与えるのみならず、集団の成員として影響を与えることができる。本章でこの区分を用いるのは、

社会科学者が用いるさまざまな種類の理論を説明するのに役立つからである。

儀礼は個人のために何をするのか

個人はしばしば儀礼的行動について独自のやり方を持つ。例えばカジノでは、人々は賭け事に関する厳格なルーティンを行う。ある特定の座席に座り、スロットマシーンにコインを入れる前にキスするといった恣意的に見える行為が行われることさえある。個人が独自の儀礼的行動を取るまた別の領域がスポーツである。ある選手は試合前には決まった食べ物のみを食べ、決まった服を着て寝たり、決まった下着をつけたりする。こうした行動は、プロ選手の間でも見られる。多くの世界的に有名な選手は試合前に儀礼を行う。例えば、現在では引退したメジャーリーガーであるノマー・ガルシアパーラは、試合前にグローブの紐をしつこく締め直していた[3]。観察研究によれば、興味深いことに成績が良い選手ほど、より多くの儀礼的行動を示す傾向が示唆されている[4]。

こうした儀礼的な行動は、大部分は、たとえ人々が意識していなかったとしても、大抵はその効果のために続けられる。儀礼は、不確実性に直面した際の不安を軽減する、感情を制御する、より一般的には心のウェルビーイングを高めるといった重要な心理的機能を果たす。特に、賭かっているものが大きく、結果が不確実な場合に、儀礼行動は周囲の環境を制御しているという感覚を人々に与える。

不安をもたらす不確実性と儀礼の関連についての最初期の記述の1つは、20世紀の人類学者であるブロニスワフ・マリノフスキーが1900年代初頭に行ったメラネシアのトロブリアンド諸島における漁撈行動の観察である。マリノフスキーは、トロブリアンドの漁師がどの程度儀礼を行うかは、その地域の予測不能性と魚を獲得できる見込みに関連していることを見出した。穏やかなラグーンの水域で漁をするときには、彼らは儀礼を行うことはなかった。しかし、サメの出没する荒れた水域で漁をする場合や、魚を獲得できる見込みが非常に不確かな場合、彼らは安全と防衛のために儀礼を行った。マリノフスキーは、結果が人間によって制御できず[5]重要であるとき、不確実性に対する不安を低減する機能を儀礼が果たすと主張した。

マリノフスキーの研究は、儀礼行動の不安軽減理論の基礎であり続けている。しかし、比較的最近まで、これらの推測に関する定量的証拠は少なかった。心理科学における研究は、こうした主張を支持しはじめている。例えば、アスリート

や漁師が儀礼を行う程度と、その人の仕事の予測不能性との間に関連があることが見出されている[6]。心理学者はまた、愛する人の死について書く課題を行った後に、一連の儀礼的行動を行うことで制御感が高まり、悲しみが低減する一方で、黙って座っているだけではこうした効果が得られないことを報告している[7]。別の研究者は、制御不能な状況に直面すると、多様な集団において儀礼が出現することを報告している。これらの集団には、ギャンブラー、消費者、試験を受ける学生、戦争の標的、パズルを解く人々、アスリートなどが含まれる[8]。別の研究では、動物や幼児の研究により、環境の予測不能性を導入すると儀礼行動が自然発生的に出現することが見出されている[9]。

　人類学者であるパスカル・ボイヤーとピエール・リエナールは、儀礼化された行動に関わる認知メカニズムを考慮することで、不安軽減理論を大いに補強した。彼らは人々が儀礼化されていると直観的に認識する特徴について、次のように説明している[10]。

● 強迫観念：何か行動しないと危険である。
● 硬直性：ある特定の行動の仕方に固執する。
● 目標の格下げ：行われる動作系列が一般的な目標から乖離される。
● 内的反復と冗長性：同じ儀礼の中で、同一の動作系列を繰り返し実行する。
● 限られた範囲のテーマ：穢れと浄化、危機と防衛、秩序、境界など。

　ボイヤーとリエナールの儀礼的行動のモデルは、幼少期に見られる行動や強迫性障害（OCD）の特徴、そして多くの集合的文化行動を説明するものである。彼らは、知覚された脅威（心理的苦痛や汚染など）が心的防衛システムを活性化させることで、安全確保と関連した行動を引き起こすと主張した[11]。ボイヤーとリエナールの理論は、多くのCSR理論と同様に、進化的考察を含んでいる。特に、推測された適応度への脅威を検出し、反応するように調整された「危機警戒システム（Hazard Precaution System）」を働かせることで、儀礼的行動が自発的に起こると彼らは主張している。人類史を通して、捕食者、見知らぬ者の侵入、汚染、伝染病、社会的犯罪、子孫への危害といった生存に関わる脅威は至るところに存在した。規定された行為を通して主観的に抑制することで、不安は低減される。とりわけ、儀礼は小さなステップに分けられる場合がある。参加者は行動の目的ではなく今行っている活動に集中することでワーキングメモリが圧迫され

るため、正確に行動を行うことへ直ちに注意が向けられる。こうした行動は不要な思考を取り除く。この効果は少なくとも一時的であるので、不安を軽減するために何度も繰り返される。

ボイヤーとリエナールは、儀礼化された行動は、周囲の環境における知覚された危険に反応する（危険の警戒など）ために作動するシステムが活性化することの副産物であると主張している。彼らの説明によれば、人はとりわけこの警戒システムが活性化されたときに儀礼を行うのであり、儀礼は一時的に不安を軽減する効果があるために説得力を持つのである。さらに、彼らは文化的儀礼の拡散に対する進化的説明も述べている。他の条件が同じであれば、危機警戒システムを活性化させるような儀礼は他のタイプの儀礼よりも注意を惹きつけ、説得力があるため、伝達されやすい傾向があると主張されている[12]。

CSRの実験研究および観察研究は、危機警戒システム理論の不安軽減に関する側面を支持している。例えば、宗教学者マーティン・ラングらは、儀礼が不安への自然な反応であるという、不安低減プロセスの最初の重要なステップを支持する結果を見出した。具体的には、不安の度合いが物体を清掃する際の動作数を有意に予測することを見出した。この課題では物体の清掃を扱い、清掃に費やした時間が記録されていた[13]。ラングらは、これらの知見を儀礼のエントロピー低減モデルの観点から説明した。すなわち、参加者は不確実性に対処するため、馴染み深く予測可能な行動系列を採用し繰り返し行うことで、状況の予測可能感と制御感覚を得ようとしたということである。

進化人類学者であるリチャード・ソーシスらによる、2006年のレバノン侵攻の最中におけるイスラエルの宗教的女性を対象とした自然研究でも、こうした儀礼と不安の関係についての主張を支持する結果が得られている[14]。ソーシスらは、戦争中に北部に残り戦争による不確実性に直面した女性たちの間で、〔聖書の〕詩篇を朗唱することが不安低減と関連することを見出した。彼らはまた、戦争地域外に転居し、新たな学校を見つけるといった制御可能なストレス要因を持つ女性の間では、朗唱儀礼とストレスの間に関連が見られないことを示した。ソーシスらは、戦争といった制御できない状況では詩篇の朗唱は不安を低減させるが、より平凡で制御可能なストレス要因に対処するには効果がないと述べた。つまり、これらの説明によれば、儀礼化された行動は、潜在的な脅威に対して制御感覚を取り戻す、不安を抑制するという結果をもたらすものである。

より最近では、モーリシャスのマラーティ・ヒンドゥーの共同体における統制

されたフィールド研究により、クシガラタスらは儀礼が実際に不安を低減させることを示した(15)。この研究においては、75名の参加者が人前でスピーチするという不安が誘発されるような経験をした。参加者は、地元の寺院で習慣的な儀礼を行うか（儀礼条件）、座ってリラックスする（統制条件）ように求められた。結果、儀礼条件の参加者は、儀礼を行う実験操作後、知覚された不安が低くなったと報告した。また、重要な点として、彼らの心拍数の変動として測定される生理的な不安も低かった。この研究は、マリノフスキーの逸話的な知見を実験によって立証するものであり、ソーシスによる儀礼的行動と不安低減の相関関係についての証拠を提供するものである。一方で他の研究者らは、儀礼は社会集団に対しても同様の機能を持つと主張しているため、次に集団レベルでの機能主義的理論について焦点を合わせよう。

儀礼は個人のために何をするのかのまとめ

- 儀礼的行動は、実行者に無意識的な影響を与えるため、存続することが多い。
- 儀礼は、不確実性に直面した際の不安軽減など、重要な心理的機能を持つ。
- 危機警戒理論は、心が周囲の環境の脅威を知覚した際に、儀礼化された行動が生まれると主張する。習慣的行動を繰り返し行うことで、人々は状況に対する制御感覚を得る。
- 危機警戒理論によれば、儀礼化された行動は脅威検出システムの副産物である。

儀礼は集団のために何をするのか

人類学者は長きにわたって、儀礼が社会集団に具体的な利益を与えることを指摘してきた。重要なのは、これらの利益はそのコストを上回るということであり、これは時間・手間・費用がかかることをなぜ行うのかを説明するのに役立つ。儀礼の利益として想定されるものには、社会秩序の再確認、集団の中核となる価値の強化、社会的不確実性や変化の際に社会関係を再定義することなどが含まれる(16)。しかし、これらの機能主義的理論には限界がある。その根拠のほとんどは観察研究で占められ、主に民族誌的な事例研究に依拠しており、こうした効果を促進させるメカニズムは特定されていない。例えば、儀礼が団結を促進させるという理論はあるが、どのようにそうするかは特定されていない。他の人類学的

儀礼理論は、特定の文脈に埋め込まれた儀礼の局所的な詳細に焦点を合わせて説明するものであるため、他の文脈での儀礼の効果を説明する手段としてあまり効果的でない。

宗教認知科学者は、人はなぜ文化的儀礼を行うのか説明するため、しばしば進化的なアプローチを採用する。行動生態学と呼ばれる進化的観点に基づくと、儀礼行動は一見すると非常に不可解である。行動生態学者は、ヒトや他の動物の資源は有限だと指摘する。ある活動を行うために時間やエネルギーを費やすことは、食料や配偶者の獲得といった生存に貢献する活動を含めた他の可能な活動の妨げになる。しかし、集団生活もまた適応上の問題である。人類の歴史を通して、集団生活は生存するために必須であった。私たちの祖先の時代は、小さな放浪集団で生活していたのであり、そこでは各成員の生存は互いに完全に依存していた。いくつか例を挙げると、集団生活によって捕食者を防ぎ、子どもの世話や食料の収集の調整を可能にし、技術革新が促進された。しかし、集団生活には多くの課題もあった。

一方では、集団生活の利益を得るためには協力が必要である。しかし、誰を信頼すればよいのだろうか？　集団の成員はしばしば不正を働き、社会的手抜きをする。そうした人々は、集団の利益を得ながら、相応の貢献をしないフリーライダーである。例として、グループプロジェクトでほとんど何もしなかったのにあなたと同じ成績を取った学生のことを考えてみよう。進化史を通して、集団に忠実で協力的な成員を持つことは生存にとってきわめて重要であった。幾人かのCSR理論の研究者は、誰を信頼すべきかという問題を解決するために儀礼は進化したと主張している。彼らは具体的には、儀礼は集団の成員を識別し、集団の価値にコミットすることを示し、集団の成員間の協力を促進し、集団の結束を強めると述べた[17]。

社会的結束

信頼を増す方法の１つは、集団の人々の間で社会的結束を促進させることである。周知の通り、社会学者エミール・デュルケムは集合的儀礼が帰属感や同化感を生じさせ、集合的一体感を生み出すと主張し[18]、彼はこれを「集合的沸騰」と呼んだ。

キリスト教福音派のメガチャーチでの礼拝や信仰治療の儀礼、政治集会を考えてほしい。こうした儀礼において生み出される強い興奮や高揚感の類が、デュル

ケムが集合的沸騰と呼ぶものである。デュルケムの主張は社会科学において多数の研究を呼び起こした。多くの研究は、集団儀礼への参加と、社会的結束や協力といった肯定的な社会的結果との間に関連があることを示している[19]。これらの関連は儀礼の参加が社会的結束の原因となることを示唆するが、証明するものではない。さらに、デュルケムの理論は、集合的沸騰がどのようなメカニズムを通じて起こるのかについてあまり言及されていない。近年のCSR研究者は、この理論を洗練するための重要なデータを提供している。

　前章で取り扱った宗教性の二様態理論を再び考えてみよう。その要点をまとめると、社会人類学者ハーヴィー・ホワイトハウスは、パプアニューギニアでのフィールドワークで二種類の儀礼に遭遇し、観察したパターンが世界のさまざまな文脈で当てはまると主張した。そのうちの1つは、写象的様態である。この様態は、低頻度の儀礼、高い感覚的壮麗さ、感情の喚起、エピソード記憶の再生、強い社会的結束を特徴とする。このタイプの儀礼の例として、通過儀礼が挙げられる。例えば、社会的地位の変化を印づけるイニシエーションは小規模の伝統社会で一般的であり[20]、本章の冒頭で述べた北パプアのオロカイバ人のイニシエーションシステムもこの一例である。これらの儀礼は、典型的に、長期間の隔離や、身体に物を刺すこと、火で焼くこと、身体を傷つけることといったトラウマ的な試練が含まれる[21]。

　ホワイトハウスは近年、写象的儀礼のある側面の詳細な理解に注意を向けている。彼は、どのようにして写象的儀礼が集団内の成員の強い関係的絆を促進するのかを理解することに特に関心を持っている。ホワイトハウスらは社会心理学の理論に基づき、強烈で刺激的な集団儀礼には、本質的な自伝的自己の一部を形成するような個人的で顕著なエピソード記憶の確立が関わっていると主張した。言い換えるなら、個人と集団のアイデンティティの境界が曖昧になるということである。例えば、アイデンティティの融合した革命反乱軍にとって、その部隊をアピールすることは、個人的なアイデンティティを活性化させることにつながる。

　ホワイトハウスは、こうした写象的儀礼は親族と融合する傾向を利用していると述べる[22]。親族とのつながりを感じ、親族を守ることは、自分の遺伝子を存続させるための妥当な適応的戦略である。これらの親族とのつながりの一部は、家族との経験の共有に基づくものである。儀礼は、共有された生理的経験の一部として、強烈な感情を生み出し、同様の意味を与える。これにより、短期間で遺伝的つながりのない他者との間に血縁の感覚が再構築される（図10.1を参照）。

第10章　儀礼II

図10.1　集団との融合への経路[23]

　この個人と集団のアイデンティティの融合は、集団の結束に重大な影響を与える。例えば、ある集団の成員が脅かされたときに、自分への攻撃や血縁者への攻撃と同じ反応によって防衛するようになる。高度に融合された個々人は、単に集団の一成員であるというアイデンティティを持つ個人よりも、集団のために戦い、自らを犠牲にし、命を捧げやすい傾向にある[24]。

　この見方と合致するように、融合状態にある人に、自国民の中核的な共通特徴に注目するよう促すことで、国のために極端な犠牲を払うことへの賛同が増加することが一連の研究によって示された。この結果は、中国、インド、米国、スペインといった参加者の国籍を問わないものだった[25]。

　ホワイトハウスらは、写象的様態に関して融合が起こる経路についての検証も行っている。彼らは、統制された心理学実験、民族誌、考古学、歴史学のデータ[26]を用いて、武術の実践者[27]、サッカーのファン[28]、北アイルランドの宗派主義者[29]、ボストン爆弾テロ事件の被害者[30]といった幅広い集団の社会的結束のダイナミクスを説明した。例えばある研究では、2011年に、カダフィ政権と戦ったリビア革命軍の大隊に対して調査を行った。彼らは市民から戦闘員に転じた人々が仲間の戦闘員に対して非常に強く融合していることを見出した[31]。さらに、多くの前線の戦闘員は、家族よりも自分の大隊に対してより強く融合していると感じたことを報告した。この知見の1つの解釈は、ともに戦うことや前線での戦闘などの強い感情的な経験が、集団内での融合を促進させたというものである。ホワイトハウスらは、彼らのアイデンティティ融合理論によって、自爆テロ、ギャング関連の暴力やその他の集団のための過激行為[32]といった、他の形態の自己犠牲も説明できると主張している。

　人類学者ディミトリス・クシガラタスらの儀礼に関する研究は、儀礼と社会的結束の関連についての理解をさらに洗練させた。クシガラタスの研究はその方法において独特だった。心理学者は定量的実験を実験室で行うことが多いが、現実世界への応用性に欠けると批判されている。人類学者は、ある地理的関心領域で質的研究を行うが、研究において統制が欠けている点や、儀礼研究においては人々がなぜ儀礼を行うのか理解していると仮定している点で批判されている。ク

シガラタスは、自然なフィールドの状況で準実験的研究（quasi-experiment research）を行うことによって、これら2つの手法の長所を組み合わせた。つまり、時間を費やして人々と知り合い信頼を得た後に、彼が理解したいと思っている参加者のもとに実験室と装置を持ち込んだ。この方法論には、神聖な祭儀をビデオで録画すること、儀礼のピークとなる出来事の前後で質問票を配布することが含まれ、そして彼らのチームは村の共同体から心拍数のモニター、動作検出、ヘルスモニターを行う許可すら得たのである。

クシガラタスの多くの研究は、火渡りやボディピアスといった過激な儀礼に焦点を合わせている[33]。こうした儀礼は数日間続くことが多く、これには自傷行為、身体に鉤を突き刺す、口に大きなものを挿入するなどの血なまぐさい試練が含まれる。これらの儀礼への参加中にストレスや痛みの指標となる極度に高い生理的な覚醒が記録されるため、クシガラタスらはこうした儀礼を過激な不快性儀礼（extreme dysphoric ritual）と呼んでいる[34]。

過激な儀礼は、その時間で他のことができるにもかかわらず、人々がこのような痛みとコストを伴う儀礼に従事している点で興味深い。クシガラタスらはある一連の研究で、より強烈なヒンドゥー教の儀礼に参加した者は、あまり強烈でない儀礼に参加した者よりも多くの金額を寺院に寄付することを見出した。さらに、経験した痛みのレベルは、寄付する金額と相関していた[35]。これらの知見は、苦痛を与える儀礼は、集団との結束感を高めることを示唆するものである。

マラソンにおけるランナーズハイの経験のように、儀礼の参加者は「火渡りハイ」を経験するとクシガラタスらは主張している[36]。この状況は、痛みを和らげるのみならず、多幸感を与え、恍惚させ、仲間との絆を深めやすくするような生理的変化（オピオイドの内因的分泌）を特徴としている。実際に、疲れ果てるような儀礼的試練に参加する人々は、マラソンランナーのような幸福感や至福感を感じることを報告している。では、共同体の儀礼に参加はせずに見物する人はどうだろう？　何か利益を得られるのだろうか？

クシガラタスは別の一連の研究で、スペインの毎年行われる儀礼において人々の心拍数を測定した。サン・ペドロ・マンリケの農村では、夏至の深夜に火渡りの祭事が行われる。祭事のために村の人口の6倍である3000人の観客を収容する特別なエリアが設置される。祭事の前に、火渡りをする人たちは村人に連れられ村中を進む。祭事は火渡りにおいて最高潮に達し、それは30分ほど続く。参加者は、一人ずつ、大抵は愛する人を背負い、7mにわたり敷き詰められた赤熱

した炭（表面温度は 677℃ にも及ぶ）の上を歩いていく。

クシガラタスのチームは、参加者の心拍数がきわめて高い（大抵は危険なほど高い）ことを見出した。そしてさらに印象的なのは、参加者と関係のある観客の心拍が同期（シンクロ）していた（関係者でない人はそうではなかった）ことであった。研究者がその地域の社会的ネットワークを可視化すると、社会的な近接性によって生理的同期が予測できることが見出された。すなわち、儀礼の最中には友人や親族に対して、たとえ直接的な交流をしていなくても、より強く同期していた。儀礼は生理的状態を共有することで、絆を強める傾向があるようだ。この効果は、すでに友好関係を持つ人の間で最も強力だったが、見知らぬ人にまでは広がっていなかった[37]。

発達・比較文化心理学者であるレガーレらによる研究は、内集団の成員、儀礼的行為、社会的結束の関係について、前述の解釈を支持するものであった。前章ではこの研究の一部を取り上げている[38]。例えばある一連の研究では、儀礼とその他の活動に参加することが子どもの内集団・外集団への帰属意識について与える影響が検証された[39]。研究は、集団の活動に参加することではなく、儀礼に参加することによって内集団への帰属意識が高まることを示した。この研究は、内集団の成員への選好が早期に発達するという知見を提供し、儀礼が内集団の結束を高めるという仮説と合致するものである。また、集団への帰属意識を高める手段として儀礼を行うような心理学的基盤がヒトに備わっていることも示唆している。CSR の他の理論はさらにこの知見を拡張している。

コストリーシグナル

コストリーシグナル理論（costly signaling theory）は、人間の社会集団における儀礼化された行動の機能を説明できるかもしれない。この理論の出発点は、多くの儀礼にはコストのかかる行動が含まれるという見解である。こうしたコストは、カロリー、時間、痛み、お金といったさまざまな形をとる。コストリーシグナル理論は、コストのかかる行為、とりわけ信頼性があり偽ることが困難な付加的特性を持つ行為を、受け手にメッセージを送るものとして理解する。このメッセージには、シグナルの信頼性（正直さ）や集団の成員の信頼を向上させる情報が含まれ、究極的には集団の協力や生存を促進させる。

いくつかの形態をとるコストリーシグナル理論は、多くの領域における信頼性があり偽ることが困難なシグナル行動を説明するもので、これには市場経済での

顕示的消費〔他の人にはできない仕方でお金や時間を浪費し、自らの社会的地位を示すこと〕や動物行動などが含まれる。後者の最も有名な例は、クジャクの尾である。雌のクジャクは、雄の遺伝子の質を直接的に判断することができないため、雄が発するシグナルに注目する。雄は自身の遺伝的な状態を鮮やかな羽と長く派手な尾によって宣伝する。こうした特徴は、エネルギー的にも作り出し維持するコストが高く、より捕食者から発見されやすくなるという点でコストがかかるが、この高いコストが信頼性を保証するのだ。

　他によくコストリーシグナルの例として行動生態学で引用されるのは、ライオンなどの捕食者が近づいたときにガゼルが行うストッティング行動（継続的に高く飛び跳ねる）である。この行動は捕食者に対して、その動物の持つスピードとエネルギーに関するシグナルを送る。ガゼルはライオンに対して「私を追うことで時間を無駄にするな、私は逃げられるぞ」と効率的に示しているのである。この行動により、捕食者にはストッティングしない標的を選択させ、その見返りにガゼルは捕食者に追跡されるという負担から逃れられる。

　進化人類学者と考古学者は、人間においても高コストな行動は正直なシグナリングのメカニズムとして機能するため、自然選択によって保存されてきたと主張してきた。偽りのシグナルを送るコストが高くつく文化では、受信者はコストのかかる行動を正直なシグナルであると判断する傾向がある。例えば、豪華な宴会といった社会的イベントを運営するには調整に大規模な労力が要求されるため、宴会を成功させることは主催者の社会的支援と地位の証拠となりうる。

　ソーシスはコストリーシグナル理論を、人間社会集団の儀礼化された行動の持つ機能を説明するために拡張した。儀礼化された行動には、この理論が当てはまる例が多数存在する。例えば、エルサレムの嘆きの壁で一日の多くの時間を礼拝に費やす超正統派ユダヤ人、聖人の戦死を悼むため背中を鎖で叩くイラクのカルバラーのシーア派イスラム教徒、神現祭の月曜日を祝うために凍てつく水の中に飛び込み十字を切るブルガリアのキリスト教徒の青年などである。ソーシスは多くの儀礼行動が、参加者の時間・エネルギー・コミットメントを浪費するものであり、偽ることが困難でコストがかかる行動であると指摘する[40]。こうした行動は、実践者が本物の協力者であり、信頼できる集団成員であるというコミュニケーションのシグナルとして役立つかもしれない。つまり、儀礼の中には、偽るにはコストが高すぎる行動を成員に対して要求することで、社会的結束を促進させるものがある。また、これによって集団にフリーライダーが加わるのを防ぐこ

ともできる。

　ソーシスは、コストリーシグナル理論のさまざまな側面を自然的、歴史的、実験的に支持するデータを提供してきた。例えば、19世紀の宗教的共同体のように、より多くのコミットメント（儀礼への参加や資源の共有など）を成員に対して要求する共同体は、責務の少ない共同体よりも集団の成員同士がより高い信頼を持っている傾向があった。そうした共同体は、より長続きする傾向もあった[41]。ソーシスはこれと同様のパターンを、イスラエルに現存するコミューン（農業などに従事し共同生活を行う集団）であるキブツの間でも見出した。そこでは宗教的キブツでは世俗的キブツよりも、成員間により強い信頼と協力が見られた[42]。

　同様に、人類学者モンセラート・ソレールの研究は、儀礼が他の集団の成員との協力意欲を予測するという主張を支持している。ソレールは、主に北東ブラジルの低所得の都市部に位置し、信徒らによって自律的に組織されるアフリカ由来の宗教分派であるカンドンブレの信者を研究した。彼女は、宗教への高いコミットメントを報告する参加者は、公共財ゲームにおいてより協力的に振る舞い、また所属する宗教的共同体に対しても協力的であった[43]。地位の低い人々は、よりコストのかかる形態の儀礼に参加しようとすることを見出した研究者もいる。例えば、彼らはより多くの針を体に刺し[44]、コストのかかる儀礼に従事する人は、より多くの協力による利益を得ていた[45]。

　コストリーシグナル理論は、なぜ多くの宗教的共同体で多くの人がコストのかかる行動に参加するのかを説明する力を持つ。しかし、シグナルのシステムは複雑でもある。すべてのシグナルが正直ではなく、また偽るのが困難でもない、そして正直で欺くのが困難なシグナルのすべてにコストがかかるわけでもない。したがって、シグナルの機能を把握するためには、文脈、シグナルの発信者の属性、受け手の解釈や反応、シグナルのコストといった状況を理解する必要がある[46]。儀礼のシグナルの機能を研究するためにはそれぞれの文化の専門知識が必要であり、人類学者がこれを提供するのに特に適している。

信憑性強化ディスプレイ（CREDs）

　進化人類学者であるジョセフ・ヘンリックは、儀礼参加が提供するさらなる集団レベルでの機能を提唱した。それは、儀礼参加が儀礼実践者の信憑性を高めることで、集団の考えや行動がより拡散、存続しやすくなるという機能である[47]。ヘンリックは、次のような問題から出発している。それは、人々には集団内で名

声を持つ人物の考えや活動を模範とするようなバイアスがあるが、その人物が誠実な信念に基づき発言していることをどうやって知ることができるかという問題である。ある考えに基づいて行為すること、行為を起こさないことは、他者にとってその人が真の信念を持っているかの重要な目印となる。例えば、もし私が青いキノコに毒はないと言いながらも、儀礼においてそのキノコを食べなかったとしたら、その行動によってあなたは私が誠実な信念を持っていることを疑うであろう。

　逆に、もし私がその青いキノコを食べたのなら、あなたはキノコに毒がないことをより受け入れやすくなるだろう。私たちは、聖書の十戒のような宗教的信念を心から信じていると言う場合は特に、信念の信憑性を高めるために非常にコストがかかる行為をする。アルカイダ、ハマス、ヒズボラといった宗教的伝統における自爆攻撃や殉教について考えてみてほしい。信念のために死ぬという行為は、信仰へのコミットメントや死後の世界の信念の強さを伝えるものである。こうした行動は影響力のあるコミュニケーション行為である。つまり、行動は言葉よりもものを言うのである。この意味で、コストのかかる儀礼は、集団の価値や考えにコミットすることの信憑性強化ディスプレイ（credibility enhancing displays: CREDs）である。

　集団力学の歴史は、人々が団結する際には、誰を信頼すべきか懐疑的になるのがつきものだということを示してきた。集団の歴史は、宗教指導者によるものを含むスキャンダルによって損なわれてきた。例として、2017年にルワンダのペンテコステ派の教会指導者たちが教会資金の不正管理で逮捕されたことを考えてみよう[48]。対照的に、寄付を行い謙虚に生きる禁欲的な指導者についても考えてみよう。両者が社会的責任について説教した場合、もちろんあなたは「行動で示す」人の信念体系を信じて伝達するであろう。例えば、人類学者であるマンヴィル・シンとジョセフ・ヘンリックは、コストのかかる禁忌を遵守するシャーマンは他者よりも協力的で、信仰心が篤く、超自然的な力を持つとみなされることを見出した[49]。

　CSRの研究者は、宗教的偽善を察知した際に、その人の信仰に何が起こるのかについても検討した。社会人類学者のジョン・ランマンらは、表明された信仰に沿わない行為や、信仰に反する行為は、信憑性毀損ディスプレイ（credibility undermining displays: CRUDs）であると述べた。ランマンはこうした毀損ディスプレイは、宗教を拒否する理由となると主張した[50]。しかし、宗教からの離脱

は、個人がどの程度その信念体系に固執していたかなどの、その他の要因にも依存するだろう[51]。米国のカトリック聖職者による虐待のスキャンダルに関する最近の研究は、この主張を支持するものである。例えば、そのスキャンダルが起きた地域の郵便番号の範囲では、宗教参加が長期にわたり有意に低下し、全般的にカトリック教会への慈善寄付を減少させた[52]。

CREDs 理論は、コストリーシグナル理論に関連しているが、両者には違いもある。コストのかかるシグナルは、すでに存在しているもの（価値観へのコミットなど）を、断食、禁欲、痛みを伴う儀礼への参加などを通じて伝達する。時間がかかり手の込んだ儀礼の参加は、参加者の信憑性を高めるディスプレイとして機能する。これは、コミットメントが顕著に行動として表出されるものであり、コミットメントの他者への文化伝達を促進させる[53]。もし私が信念に基づき何か行動するのであれば、あなたもその行動を模倣しやすくなり、より私の信仰が真であると受け入れやすくなるのである。

社会的複雑性

CSR 研究者らは、宗教のいくつかの機能が社会の急速な拡大と複雑性の向上を可能にすると述べてきた[54]。この説明の 1 つは、「道徳神（moralizing gods）」仮説として知られている。この仮説は、大規模社会において見知らぬ人同士の協力を促進するために、道徳に関心を持つ超自然的行為者への信念が文化進化したと主張している。ここで主張されている効果の一部は「監視された人々は良い人々である」という原則から生まれる。神が人々を監視していると信じられているとき、人は規範的規則に違反しない傾向にある[55]。道徳神仮説に対する 1 つの異論はホワイトハウスらによるものである。彼らは、神への信念の内容ではなく、儀礼が社会の複雑性や拡張を促進する重要な変数だとみなしている。

前章で取り上げた宗教性の二様態理論（MOR）を考えてみよう。この理論の核心は、儀礼の実施と、古代の人間集団の規模、構造、結束といった社会形態の特徴との間に因果関係があるという主張である。ホワイトハウスらは近年、教義的様態（高頻度の儀礼、低い感覚的壮麗さ、意味記憶によって特徴づけられる様態）の儀礼の実施と社会的複雑性の進化との因果関係について世界の考古学的・歴史的データを体系的に比較することで検討した。

ホワイトハウスらは、道徳神仮説に異議を唱えている。というのも彼らは、道徳を課す神は社会的複雑性に先立って出現するのではなく、社会的複雑性がある

程度増加してから出現すると主張しているためである[56]。ホワイトハウスらは、教義的儀礼が大規模集団間の宗教的伝統を標準化することにより、農耕の発展や大規模な文明の初期出現に対して重要な役割を果たしていたと主張した[57]。彼らの研究結果は、たとえ道徳を課す神がその出現後に大規模な帝国の繁栄と拡大を助けたとしても、社会的複雑性の初期発展において、儀礼の実践が道徳を課す神よりも重要であることを示唆するものである。道徳神仮説と宗教性の二様態仮説はどちらも、近代的な社会を出現させ維持する上で、宗教が中心的な役割を果たしていたという点については一致している。

儀礼は集団のために何をするのかのまとめ

- 儀礼は、不安の低減、共有信念の促進、集団内の社会的結束を生み出すといった重要な社会的機能を果たす。
- 人間には、内集団の連携手段として儀礼に従事するような心理的基盤が備わっている。
- 儀礼への参加は、さまざまな方法で集合的一体感を生み出す。
- コストのかかる行動は、集団へのコミットメントを示し、信頼を高める。
- 儀礼行為は実行者の信憑性を高める。
- 儀礼に参加しない者は、社会集団から追放されるリスクがある。
- 教義的儀礼が社会的複雑性を生み出し拡大させると主張する研究者もいる。

ケーススタディ：葬送儀礼

　葬送儀礼は、人類の文化伝統の最も普遍的な特徴の1つであり、人が儀礼的な行動にどれほど携わってきたかを浮き彫りにしている。旧石器時代の初期現生人類でさえ、死者をただ廃棄するのではなく、意図的に地中深く埋葬し、花や道具、その他の副葬品を添えて、遺体を特定の場所に配置した。民族誌の記録は、共同体の成員が死去したときに行われる慣習の数々を示している。葬送実践の多さや多様さは、遺体を埋葬する前の処置にも表れている。遺体は洗われ、油を塗られ、解剖され、服を着せられ、包まれる。その周囲には、遺体を抱く人、泣き叫ぶ人、踊る人などがいる。これらの行為をどう理解すればよいだろうか？

　人類学者は長きにわたり、葬送実践について豊富な記録を残してきた。彼らは伝統的に、特定の地域で儀礼がどのように行われているかに注目し、死のプロセスや死者のアイデンティティ、死後の世界に関する共有された考えなど、人々に対して儀礼が

持つ意味の観点から、葬送儀礼の独自な側面を説明する傾向にある。古典的な人類学理論では、葬送儀礼は、自己、死のプロセス、死後の世界における死者のアイデンティティ、生者のアイデンティティに関する共有された洞察の産物であると主張する。研究者はそれらの意味を解読することを目的としている。しかし、葬送実践は機能的に不透明である。つまり、行為と目的との間に物理的な因果関係が明白に存在するわけではない。他の儀礼と同じように、誰かの死の後で行われる行動に対する人々の説明は曖昧なことが多い。ほとんどの集合的儀礼と同様、符号化されて伝わる意味は曖昧なもののみである。例えば、遺体埋葬に関する考古学的・通文化的な発見があるにもかかわらず、死後の世界の信念と儀礼とがどの程度関係しているのかについては、ほとんど意見の一致が見られない。

人々がなぜ葬送儀礼を行うのかについての別の説明では、歴史と文化を超えて繰り返される葬送儀礼を説明するために、地域的信念体系の細部に幅広く目を向けている。私たちは人類学者ダニエル・フェスラーやマヤ・マリンとともに、世界規模のデータベースにおける葬送実践の民族誌的記述を体系的に比較した。これは、リサーチ・アシスタントにデータベースから個々の儀礼の抜粋を取り出してもらうことで行った。その後、データを定量化し、統計的分析を可能とするために、他の研究者がそれぞれの儀礼の持つ要素についての質問に答えた。

そこには、共通点があることがわかった。例えば、遺体の前処置には遺族（親族など）が参加することが多かった。彼らは遺体と適度に親密な接触（遺体を見るまたは触れる）をする傾向があり、共同体の既存の成員は儀礼に参加するが、他の共同体の人々は参加しない。これらの知見と、遺体を見たり触れたりすることが、その人が亡くなったことを実感する最も効果的な手段であることを示唆している進化的な洞察と臨床研究を踏まえ、最近死別を経験した人々に一連のインタビューを行った。そこでは、遺体を見た人は、葬送儀礼に参加したのと同じように、その人物を死者として認知的に処理しているため、その人がまだ生きているのを誤って見たり、聞いたりしづらいのではないかという可能性を調査した。

この研究は、儀礼が集団の成員の死後に、個人と集団にとって重要な機能を果たすとみなす機能主義的理論を支持し、拡張するものである。私たちは自らの研究に基づき、遺族が遺体に触れることで、葬送儀礼は個人に利益をもたらしていると主張した。具体的には、葬送儀礼は悲嘆に起因する無気力の期間を短縮および制御し、心理的脅威（つまり苦痛）と実際の脅威（遺体がもたらす汚染の危険）の両方に直面した際に、制御感覚を与えるのである。一般に共同的なものであり、しばしば高価なものである儀礼は、重要な社会的機能を果たしてもいる。儀礼は、集団の成員のうち誰が自分たちを支えてくれるのかということを遺族が判別するのに役立つ。

加えて、遺族や他の人々（とりわけ遺体に接する人々）は、コストのかかるシグナルによって集団へのコミットメントを示すことができる。また、心理的なウェルビーイング（および過去の時代の生存）に不可欠な新たな社会的絆の形成も促進する。この研究は、葬送儀礼は死者のためにあるのではなく、生者のためにあることを示唆している。

本章のまとめ

　なぜ人は儀礼を行うのかという重要な問題に、研究者たちは取り組んできた。この章では、儀礼が果たすいくつかの機能を取り上げたが、その多くは進化的な考察に基づいている。その中には、儀礼がどのように社会集団を促進する役割を果たすかについての理論も含まれており、それは私たちが種として生き残るために不可欠なものであった。総じて、CSR の研究と理論は、儀礼が無知な人や狂信者のためにあるのではなく、儀礼行動は人間であることの産物だという点を示すことができるものである。

注
（ 1 ） Whitehouse, Harvey. "Rites of terror: Emotion, metaphor and memory in Melanesian initiation cults." *Journal of the Royal Anthropological Institute* 2, no. 4 (1996): 703-715.
（ 2 ） Whitehouse, Harvey, Jonathan A. Lanman, Greg Downey, Leah A. Fredman, William B. Swann Jr, Daniel H. Lende, Robert N. McCauley et al. "The ties that bind us: Ritual, fusion, and identification." *Current Anthropology* 55, no. 6 (2014): 1-22.
（ 3 ） http://articles.latimes.com/2006/sep/30/entertainment/et-nomar30.
（ 4 ） Foster, David J., Daniel A. Weigand, and Dean Baines. "The effect of removing superstitious behavior and introducing a pre-performance routine on basketball free-throw performance." *Journal of Applied Sport Psychology* 18, no. 2 (2006): 167-171.
（ 5 ） Malinowski, Bronislaw. *Magic, science and religion and other essays,* Doubleday, 1948.（宮武公夫、高橋巌根訳『呪術・科学・宗教・神話』人文書院、1997 年）
（ 6 ） Malinowski, Bronislaw. *Magic, science and religion and other essays,* Doubleday, 1948; Whitson, Jennifer A., and Adam D. Galinsky. "Lacking control increases illusory pattern perception." *Science* 322, no. 5898 (2008): 115-117.
（ 7 ） Norton, Michael I. and Francesca Gino. "Rituals alleviate grieving for loved ones, lovers, and lotteries." *Journal of Experimental Psychology: General* 143, no. 1 (2014): 266.
（ 8 ） この研究の一覧については、Sosis, Richard and W. Penn Handwerker. "Psalms and coping with uncertainty: Religious Israeli women's responses to the 2006 Lebanon War." *American Anthropologist* 113, no. 1 (2011): 40-55. を参照。
（ 9 ） Skinner, Burrhus F. "'Superstition' in the Pigeon." *Journal of Experimental Psychology* 38 (1948): 168-172.
（10） Boyer, Pascal and Liénard, Pierre. "Why ritualized behaviour? Precaution systems and action parsing in developmental, pathological, and cultural rituals." *Behavioral and Brain Sciences* 29, (2006): 595-613; Rappa-

port, Roy A. *Ritual and religion in the making of humanity*. Cambridge University Press, 1999.

(11) Boyer, Pascal and Pierre Liénard. "Precaution systems and ritualized behavior." *Behavioral and Brain Sciences* 29, no. 6 (2006): 635-641.

(12) Liénard, Pierre and Boyer, Pascal. "Whence collective rituals? A cultural selection model of ritualized behavior." *American Anthropologist* 108, no. 4 (2006): 814-827.

(13) Lang, Martin, Jan Krátký, John H. Shaver, Danijela Jerotijević, and Dimitris Xygalatas. "Effects of anxiety on spontaneous ritualized behavior." *Current Biology* 25, no. 14 (2015): 1892-1897.

(14) Sosis, Richard and W. Penn Handwerker. "Psalms and coping with uncertainty: Religious Israeli women's responses to the 2006 Lebanon War." *American Anthropologist* 113, no. 1 (2011): 40-55.

(15) Lang, Martin, Jan Krátký, and Dimitris Xygalatas. "The role of ritual behaviour in anxiety reduction: An investigation of Marathi religious practices in Mauritius." *Philosophical Transactions of the Royal Society B* 375, no. 1805 (2020): 20190431.

(16) Durkheim, Émile. *The elementary forms of religious life*. Free Press, 1995. （山崎亮訳『宗教生活の基本形態——オーストラリアにおけるトーテム体系』筑摩書房、2014 年）; Goody, Jack. *Death, property and the ancestors: A study of the mortuary customs of the LoDagaa of West Africa*. Routledge, 2013; Hertz, Robert. "A contribution to the study of the collective representation of death." *Death and the right hand*. 1901. Reprint. R. Needham and C. Needham eds. Free Press, 1960 （吉田禎吾、内藤莞爾、板橋作美訳『右手の優越——宗教的両極性の研究』筑摩書房、2001 年）; Van Gennep, Arnold. *The rites of passage*. Translated by Monika B. Vizedom and Gabrielle L. Caffee, et al. Routledge & Kegan Paul, 1960. （綾部恒雄、綾部裕子訳『通 過 儀 礼』岩波書店、2012 年） など。

(17) Watson-Jones, Rachel E., and Cristine H. Legare. "The social functions of group rituals." *Current Directions in Psychological Science* 25, no. 1 (2016): 42-46.

(18) Durkheim, Émile. *The elementary forms of the religious life*. Free Press, 1995.

(19) Hobson, Nicholas M., Juliana Schroeder, Jane L. Risen, Dimitris Xygalatas, and Michael Inzlicht. "The psychology of rituals: An integrative review and process-based framework." *Personality and Social Psychology Review* 22, no. 3 (2017): 260-284.

(20) Van Gennep, Arnold, and Gabrielle L. Caffee. *The rites of passage*. Translated by Monika B. Vizedomand and Gabrielle L. Caffee, et al. Routledge & Kegan Paul, 1960.

(21) さらなる例については、Whitehouse, Harvey. "Rites of terror: Emotion, metaphor, and memory in Melanesian initiation cults." *Journal of the Royal Anthropological Institute* 2, no. 4 (1996): 703-715. を参照。

(22) Whitehouse, Harvey, Jonathan A. Lanman, Greg Downey, Leah A. Fredman, William B. Swann Jr, Daniel H. Lende, Robert N. McCauley et al. "The ties that bind us: Ritual, fusion, and identification." *Current Anthropology* 55, no. 6 (2014): 674-695.

(23) Whitehouse, Harvey. "Dying for the group: Towards a general theory of extreme self-sacrifice." *Behavioral and Brain Sciences* 41 (2018): 1-64. より。

(24) Whitehouse, Harvey. "Dying for the group: Towards a general theory of extreme self-sacrifice." *Behavioral and Brain Sciences* 41 (2018): 1-64.

(25) Swann Jr, William B., Michael D. Buhrmester, Angel Gomez, Jolanda Jetten, Brock Bastian, Alexandra Vazquez, Amarina Ariyanto, et al. "What makes a group worth dying for? Identity fusion fosters perception of familial ties, promoting self-sacrifice." *Journal of Personality and Social Psychology* 106, no. 6 (2014): 912-926.

(26) Whitehouse, Harvey, Jonathan A. Lanman, Greg Downey, Leah A. Fredman, William B. Swann Jr, Daniel H. Lende, Robert N. McCauley et al. "The ties that bind us: Ritual, fusion, and identification." *Current Anthropology* 55, no. 6 (2014): 674-695.

(27) Kavanagh, Christopher M., Jonathan Jong, Ryan McKay, and Harvey Whitehouse. "Positive experiences of high arousal martial arts rituals are linked to identity fusion and costly pro-group actions." *European Journal of Social Psychology* 49, no. 3 (2019): 461-481.

(28) Newson, Martha, Michael Buhrmester, and Harvey Whitehouse. "Explaining lifelong loyalty: The role of identity fusion and self-shaping group events." *PloS one* 11, no. 8 (2016): e0160427.

(29) Jong, Jonathan, Harvey Whitehouse, Christopher Kavanagh, and Justin Lane. "Shared negative experiences

lead to identity fusion via personal reflection." *PloS one* 10, no. 12 (2015): e0145611.

(30) Buhrmester, Michael D., William T. Fraser, Jonathan A. Lanman, Harvey Whitehouse, and William B. Swann Jr. "When terror hits home: Identity fused Americans who saw Boston bombing victims as 'family' provided aid." *Self and Identity* 14, no. 3 (2015): 253-270.

(31) Whitehouse, Harvey, Brian McQuinn, Michael Buhrmester, and William B. Swann. "Brothers in Arms: Libyan revolutionaries bond like family." *Proceedings of the National Academy of Sciences* 111, no. 50 (2014): 17783-17785.

(32) Whitehouse, Harvey. "Dying for the group: Towards a general theory of extreme self-sacrifice." *Behavioral and Brain Sciences* 41 (2018): 1-64.

(33) Fischer, Ronald and Dimitris Xygalatas. "Extreme rituals as social technologies." *Journal of Cognition and Culture* 14, no. 5 (2014): 345-355. など。

(34) Xygalatas, Dimitris, Uffe Schjoedt, Joseph Bulbulia, Ivana Konvalinka, Else-Marie Jegindø, Paul Reddish, Armin W. Geertz, and Andreas Roepstoff. "Autobiographical memory in a fire-walking ritual." *Journal of Cognition and Culture* 13, no. 1-2 (2013): 1-16; Xygalatas, Dimitris, Sammyh Khan, Martin Lang, Radek Kundt, Eva Kundtová-Klocová, Jan Krátky, and John Shaver. (forthcoming) "Effects of extreme ritual practices on health and well-being."

(35) Xygalatas, Dimitris, Panagiotis Mitkidis, Ronald Fischer, Paul Reddish, Joshua Skewes, Armin W. Geertz, Andreas Roepstorff, and Joseph Bulbulia. "Extreme rituals promote prosociality." *Psychological Science* 24, no. 8 (2013): 1602-1605.

(36) Fischer, Ronald, Dimitris Xygalatas, Panagiotis Mitkidis, Paul Reddish, Penny Tok, Ivana Konvalinka, and Joseph Bulbulia. "The fire-walker's high: Affect and physiological responses in an extreme collective ritual." *PloS one* 9, no. 2 (2014): e88355.

(37) Xygalatas, Dimitris, Panagiotis Mitkidis, Ronald Fischer, Paul Reddish, Joshua Skewes, Armin W. Geertz, Andreas Roepstorff, and Joseph Bulbulia. "Extreme rituals promote prosociality." *Psychological Science* 24, no. 8 (2013): 1602-1605; Fischer, Ronald, Dimitris Xygalatas, Panagiotis Mitkidis, Paul Reddish, Penny Tok, Ivana Konvalinka, and Joseph Bulbulia. "The fire walker's high: Affect and physiological responses in an extreme collective ritual." *PloS one* 9, no. 2 (2014): e88355.

(38) Watson-Jones, Rachel E., Harvey Whitehouse, and Cristine H. Legare. "In-group ostracism increases high-fidelity imitation in early childhood." *Psychological Science* 27, no. 1 (2016): 34-42; Legare, Cristine H., and Rachel E. Watson-Jones. "The evolution and ontogeny of ritual." In David M. Buss (Ed.), *The handbook of evolutionary psychology* (2015): 1-19; Legare, Cristine H., Harvey Whitehouse, Nicole J. Wen, and Patricia A. Herrmann. "Imitative foundations of cultural learning." In The annual meeting of the human behavior and evolution conference, (2012) Albuquerque, NM.

(39) Wen, Nicole J., Patricia A. Herrmann, and Cristine H. Legare. "Ritual increases children's affiliation with ingroup members." *Evolution and Human Behavior* 37, no. 1 (2016): 54-60.

(40) Sosis, Richard. "The adaptive value of religious ritual: Rituals promote group cohesion by requiring members to engage in behavior that is too costly to fake." *American Scientist* 92, no. 2 (2004): 166-172.

(41) Sosis, Richard and Eric R. Bressler. "Cooperation and commune longevity: A test of the costly signaling theory of religion." *Cross-Cultural Research* 37, no. 2 (2003): 211-239.

(42) Sosis, Richard and Bradley J. Ruffle. "Religious ritual and cooperation: Testing for a relationship on Israeli religious and secular kibbutzim." *Current Anthropology* 44, no. 5 (2003): 713-722.

(43) Soler, Montserrat. "Costly signaling, ritual, and cooperation: Evidence from Candomblé, an Afro-Brazilian religion." *Evolution and Human Behavior* 33, no. 4 (2012): 346-356.

(44) Xygalatas, Dimitris, Peter Maňo, Vladimir Bahna, Eva Kundtová-Klocová, Radek Kundt, and John Shaver. (forthcoming) "Social status and costly signaling in an extreme ritual."

(45) Bird, Rebecca Bliege and Eleanor A. Power. "Prosocial signaling and cooperation among Martu hunters." *Evolution and Human Behavior* 36, no. 5 (2015): 389-397.

(46) Barker, Jessica L., Eleanor A. Power, Stephen Heap, Mikael Puurtinen, and Richard Sosis. "Content, cost, and context: A framework for understanding human signaling systems." *Evolutionary Anthropology: Issues, News, and Reviews* 28, no. 2 (2019): 86-99.

(47) Henrich, Joseph. "The evolution of costly displays, cooperation, and religion." *Evolution and Human Behavior* 30, no. 4 (2009): 244–260.

(48) http://ktpress.rw/2017/05/pentecostal-leaders-face-jail-for-mismanaging-church-finances/.

(49) Singh, Manvir and Joseph Henrich. "Why do religious leaders observe costly prohibitions? Examining taboos on Mentawai shamans." *Evolutionary Human Sciences* 11, no. 2 (2020): e32.

(50) Lanman, Jonathan A. "The importance of religious displays for belief acquisition and secularization." *Journal of Contemporary Religion* 27, no. 1 (2012): 49–65.

(51) Turpin, Hugh, Marc Andersen, and Jonathan Lanman. "CREDs, CRUDs, and Catholic scandals: Experimentally examining the effects of religious paragon behavior on co-religionist belief." *Religion, Brain, and Behavior* 9, no. 2 (2018): 143–155.

(52) Bottan, Nicolas L. and Ricardo Perez-Truglia. "Losing my religion: The effects of religious scandals on religious participation and charitable giving." *Journal of Public Economics* 129 (2015): 106–119.

(53) Henrich, Joseph. "The evolution of costly displays, cooperation, and religion: Credibility enhancing displays and their implications for cultural evolution." *Evolution and Human Behavior* 30, no. 4 (2009): 244–260.

(54) Whitehouse, Harvey, Pieter Françis, and Peter Turchin. "The role of ritual in the evolution of social complexity: Five predictions and a drum roll." *Cliodynamics: The Journal of Quantitative History and Cultural Evolution* 6 (2015): 199–216.

(55) Norenzayan, Ara, Azim F. Shariff, Will M. Gervais, Aiyana K. Willard, Rita A. McNamara, Edward Slingerland, and Joseph Henrich. "The cultural evolution of prosocial religions." *Behavioral and Brain Sciences* 39 (2016): e1.

(56) Whitehouse, Harvey, Pieter François, Patrick E. Savage, Thomas E. Currie, Kevin C. Feeney, Enrico Cioni, Rosalind Purcell et al. "Complex societies precede moralizing gods throughout world history." *Nature* 568, no. 7751 (2019): 226–229.

(57) Hodder, Ian, ed. *Religion in the emergence of civilization: Çatalhöyük as a case study.* Cambridge University Press, 2010. など。 Atkinson, Quentin D. and Harvey Whitehouse. "The cultural morphospace of ritual form: Examining modes of religiosity cross-culturally." *Evolution and Human Behavior* 32, no. 1 (2011): 50–62.

第11章 まとめと今後の方向性

> 社会科学と人文学においては、社会的・文化的方法だけが社会的・文化的事実を説明できるということが標準的な前提となっていた。もちろん、宗教認知科学の未来は、社会的・文化的事実の認知的説明がただ可能なだけではなく、すでに実施されているということを示せるかどうかにかかっている。(1)

　宗教認知科学（CSR）は、宗教研究を「科学化」しようと意図したひと握りの学者たちから本格的に始まった。今日では、さまざまな分野の学者が宗教の科学的理解に貢献している。過去20年ほどの間に、CSR は宗教的観念と行動の認知的基盤に関する理解の面において、目覚ましい進歩を遂げてきた。その成果の例を挙げるならば次のようになる。

- 神と他の超自然的行為者
- 自然界のデザインと起源
- 前世と死後の世界
- 病気の超自然的原因に関する信念
- 自然界の起源と創造主
- 祈りの形式と機能
- 人生の出来事に対する目的論的推論
- 死後に何が存続するかについての仮定
- 霊の憑依に際しての自己と他者の表象
- 生まれ変わり後の個人のアイデンティティの継続の観念
- 宗教性と向社会性との関連
- 儀礼、儀礼行為、儀礼表象の繰り返し現れる特徴
- 都市社会の成立以前に行われていた宗教的活動

これらの発見は、学界の外部、つまり一般信徒や宗教者に対しても、次のような実践的な意味合いを有している。

- 科学と宗教に関する子どもの教育にとって何が最適か。
- 儀礼実践の個人と集団に対する肯定的な効果の例示。
- 聖なる価値、自己犠牲および宗教的対立に関する議論と政策への寄与。
- 宗教と道徳の関係性についての議論を豊かにするデータの提供。
- 宗教伝統とスピリチュアルな運動の類似性を示すことにより、宗教的寛容の実現をより容易にする。
- 宗教者は非合理であり、科学者は合理的であるというよくある誤解を解き、宗教的寛容を増す。
- 時代や文化を通して、宗教はなぜ、どのように存続してきたのかの説明。
- 無神論が普及する理由の説明。

　CSR が拡大すれば、そこに加わる学者や、その研究方法やアプローチも広がっていく。CSR とは何かを説明するために、研究者はしばしばプロジェクト単位の例を挙げている。例えば、周囲の環境に人間的な存在を検出しやすい感受性（ADD）の研究、宗教的伝達の最小反直観的（MCI）理論、即時の認知処理の際に現れる、神学的コレクトネス（ある伝統における公式の神学的教義）と、神学的インコレクトネス（公式の教義からの逸脱）の間の食い違いなどである。これらの例は、小さくはあるが重要な、CSR が提供すべきものの連続体を示している。本書が例示しているように、CSR の射程に収まるとみなせる研究の範囲は広いのである。

　今日でも、CSR への参入者は、初期の開拓者たちが有していた中心的な命題を維持し続けている。それは、宗教的観念と行動の獲得、処理、伝達において、人間の心が能動的な役割を果たしていると認めることおよび、宗教への科学的アプローチを重視することなどである。多くの理論は、CSR にとって中心的なものでさえ、新たな証拠によって疑問視され、修正されてきている。次にその例を挙げてみよう。

- 行為者検出装置（ADD、以前の HADD であり、周囲の環境に人間的な存在を検出するのに関わっているとみなされる認知的システム[2]）のような伝達バイアスに関する理論が、どの程度まで超自然的行為者の信念を説明できるか。
- 最小反直観的理論（MCI、他の条件が同じであれば、世界に関する直観的仮定に最小限に反する概念がより正確に記憶され、伝達されること）のような伝達バイアス

に関する理論が、どの程度まで超自然的行為者の信念を説明できるか[3]。

● 神学的コレクトネスと宗教の素朴概念の関係[4]。

● 死後の世界や超自然的行為者の一般的な表象における認知メカニズムと構造[5]。

　確立された CSR の理論を検証し、修正することに加え、新たな理論もまた提唱され、議論されている。例として、心理学者アラ・ノレンザヤンらによる「ビッグ・ゴッド」理論は、道徳を課す神の文化を通じての広まりと、大規模社会への移行との間に関連を見出している[6]（第8章を参照）。このような変化が、CSR の地盤を突き崩していると解釈する理論家もいる。他方で、理論が修正され続けることは弱点ではなく、むしろ宗教の真に科学的な研究の証拠だと考える人もいる。例えば、意見の相違がある場合、研究者には対立理論に対して自説を擁護し、証拠を提出する責任がある。心理学者ジャスティン・バレットが述べているように、CSR における評価の見直しは「主張の実証的な補強あるいは反証」を意味するのである[7]。

　それでも、CSR 内の文化はそれが1つの下位分野として創立された当初から変化している。初期の開拓者は、科学哲学に確固たる地盤を築いていた。彼らは仮説検証の可能性を擁護する一方で、今日参入している多くの研究者と比べれば、実験的方法の実施経験は少なかった。現在では、CSR はより厳密な方法論と、多数の実験的技術を有するようになっている。

　CSR の人員構成もまた変化している。CSR の初期の研究者は主に男性だった。それに対し今日では、女性の研究者が成果を刊行するようになり、一部の先駆者はこの偏りを是正するために努力を続けている。例えば、E・トーマス・ローソンが編集者を務める *Journal of Cognition and Culture* 誌は、「認知と文化における新たな声」という女性執筆者のみの特集号を刊行している[8]。それでも全体としては、女性の割合は低いままである。『宗教は説明されたのか？　宗教認知科学の25周年を迎えて *Religion Explained? The Cognitive Science of Religion after Twenty-Five Years*』という15章からなる論集においては、女性の共同執筆者が2名なのに対し、男性は21名であった[9]。同様に、子どもの宗教的認知の発達に関する示唆に富んだ、確固たる実証的研究の多くが女性研究者によって実施されているものの（第5章と第7章を参照）、学術雑誌や書籍における CSR の概説の多くでは、そうした研究は含まれていない。さらに、当分野で民族的マイノリ

ティに対し機会を提供し、表舞台に立ってもらうための集中的な努力もまた必要とされている。

　CSR全体の目標もまた変化してきている。認知革命により生まれ、言語学の発展に触発されたCSRは、宗教研究は自然科学と同等の予測力を持つべきであり、宗教は厳密な数学的モデルによって説明されるべきという考えを当初は抱いていた。その後CSRは進化、脳、認知、文化についての知識を統合し[10]、進化論を統一的な概念枠組みとした、よりバランスのとれた生物・文化アプローチによって宗教を説明する方向へと向かっている。

　このバランスのとれたアプローチは、CSRを大きな学際性を持つものへと変化させている。例えば、初期の研究の多くは個人の研究者によって遂行されていたが、今日ではチームによる研究パラダイムが一般的である。また、このアプローチによって場当たり的な要素が減り、特定の方法論と研究文化を統合する協調的な試みがますます反映されるようになっている。

　科学的測定の持つ価値と、文脈への敏感性を統合することにも、さらなる集中的な努力が払われている。CSRは、さまざまな方法論を持つ人文学者と科学者の協働による文化を育み続けている。CSR研究者は、研究者が現地の人々についての豊富な知識を有しているような文脈において（あるいはそのような知識を有している研究者との協力によって）、十分にデザインされた研究を、文化を超えて再現する必要がある。こうした能力は、人間行動を研究するあらゆる研究者にとって必要なことである。人類学者ディミトリス・クシガラタスが述べているように、「この過程は山を登るようなことかもしれないが、頂上からの景色は苦労するだけの価値がある」[11]。

　以下では、CSR理論は宗教一般（あるいは特定の宗教）が正しいのかどうかという疑問に答えるものなのかという問いのような、このアプローチの哲学的、神学的、実践的な意味合いについて概観する。その後、CSRについての誤解や、その長所と短所、将来の方向性を含めた、当アプローチの批判的な評価を行う。

CSRの哲学的・神学的意味合い

　1990年代以降、CSRの実証的プロジェクトの数は大幅に成長を遂げてきた。研究が増えるにつれて、このアプローチが持つ意味合いについて払わなければならない注意も増えていく。本節では、こうした意味合いについて検討する。

CSR の研究に対する哲学的・神学的疑問

　哲学者ジャスティン・マクブレイヤーは、CSR の理論と研究の結果としてしばしばもたらされる、哲学的・神学的問題について概観している[12]。彼はそれを次の3つに分類している。

1.　CSR による宗教の説明の性質とその成功

　第一の問題は、CSR による宗教の説明の性質とその成功についてのものである。この種の問題のうちいくつかは、本章や第1章においてすでに扱っている。そこには、宗教についての理論が支持されるのかどうか、どのように支持されるのかという疑問（宗教的伝達の MCI 理論は支持されるのか[13]、「ビッグ・ゴッド」への信念は適応的なのかという疑問など[14]）や、到達する結論に関しての疑問（宗教は直観的あるいは自然的だと結論することはできるのかという疑問など[15]）、宗教一般の実証的説明の性質と成功に関する疑問（宗教の還元的な説明の長所と短所は何かという疑問など[16]）が含まれる。

2.　CSR における宗教の説明の形而上学的意味合い

　第二の問題は、CSR が提供する宗教の説明の持つ形而上学的意味合いに関するものである。そこには、人類の本性や神の性質についての意味合い（研究が特定の神の概念へのバイアスを明らかにしているのかなど）が含まれる。とりわけ宗教哲学者は、この種の意味合いを詳細に検討している[17]。哲学者ヘレン・デ・クルスらは、CSR の知見を一連の重要な問題に適用している。その問題とは、宗教の性質（宗教の自然性など）を主張してきた宗教哲学者の知見と CSR の知見との両立可能性や、宗教的思考と他の信念との関係性、例えば宗教と科学理論は両立可能なのかといった疑問などである[18]。

　CSR は主に、宗教的概念の円滑な伝達を支える内容バイアスに着目してきた。デ・クルスの主張の1つは、文化を超えて普及した宗教的観念と、公式の神学的信念の間には思っている以上に連続性があるということである。それゆえ、CSR は今後探究されるべき神学的信念の獲得と伝達に対しても示唆をもたらしうることになる[19]。

3. CSRによる宗教の真実性、合理性、宗教的信念の正当化の説明が持つ意味合いについての認識論的疑問

第三の意味合いは認識論的なものである。それは、CSRによる宗教の真実性、合理性、宗教的信念の正当化の説明が持つ意味合いについての疑問、とりわけ宗教的信念は合理的なのか、正当化されるのか、保証されるのかという疑問を含んでいる[20]。この種の問題は、CSRの外部の者の関心を大いに引いてきた。例えば、哲学者ダニエル・デネット[21]や進化生物学者リチャード・ドーキンス[22]による宗教に関する有名な著作は、CSRの研究を用いて、宗教は非合理な認知的妄想の一部であり、根絶すべきだという結論を導き出している。そうした宗教への見方はCSR研究者の研究課題ではないにもかかわらずである。さらに火に油を注ぐことに、CSR研究者はしばしば、「神は偶然の産物か?」[23]「宗教は自然的である」[24]「宗教は説明された」[25]「生まれながらの信仰者」[26] といった物議を醸すようなフレーズをタイトルにして、読者を惹きつけている。こうした著作の中身は、これらの問題をより慎重に扱っているのだが、一般の読者はそのような微妙な点を消化するだけの忍耐を往々にして持っていないものである。

CSRの宗教的・神学的意味合い

CSRの研究から、少なくとも次の3つのCSRと宗教的信念一般の関係についての疑問が派生する。

1. 定型的に発達した人間はどこでも、宗教的概念や活動に関わりやすい

基本的な主張の1つは、宗教は認知的に自然的だということである。これはつまり、宗教的観念と実践を文化を超えて繰り返し現れるようにする傾向性は、ほとんど教えられることなく発生し、ひとたびそれが得られると、素早く普及するということである。この「宗教の自然性」テーゼ(ジャスティン・バレットの命名による[27])は、支持を集める宗教は人間の活動の中心に位置しており、定型的に発達した人間はどこでも、宗教的概念や活動に関わりやすいということを含意している。対照的に、無神論は人の生来のバイアスに反しているために、容易には発生しない。それが発生しても、世界についての考えの一貫性を維持するためには、より多くの認知的努力が必要となる。そのため無神論は、有神論より困難なのである[28]。将来の無神論に関する新たな研究、例えば社会学者ルイス・リーと人類学者ジョナサン・ランマンが英国で実施している「不信仰を理解する」

プログラムのような研究は、この見解をさらに発展させ、洗練させていくだろう。同様のことは、複雑で直観に大きく反する神学的概念や、多くの科学的概念についてもいえる[29]。それでも、ある観念や行動の獲得および伝達の難易度と可能性の度合いによって、それらが正しいかどうかが決まるわけではない。

2. 宗教は存続し続ける

これと関わる問題の1つが、CSRの世俗化理論との関係である。大まかに言って、世俗化理論は社会が宗教的価値と制度に密接な関わりを持つ状態から、無宗教的な価値や制度へと移行することを予測している。歴史的に見て、世俗化理論は支持されてこなかった。宗教は消滅するのではなく、むしろ変化している。例えば、米国の人々はますます、自らをスピリチュアルではあるが宗教的ではないと自認するようになっており、そうした状況では組織化された世界宗教への所属は減少している。

CSRの知見は、宗教の将来についての予測を立てる。とりわけそれは、宗教がなくなるということはありそうにないという仮説を立てている。何より、CSRにおける宗教の定義というのは「ビッグファイブ〔ユダヤ教・キリスト教・イスラム教・ヒンドゥー教・仏教のこと〕」の伝統を超えたより包括的な観念と実践を含んだものであり、組織化された宗教への所属が減少したとしても、宗教性が消滅したことにはならない。進化認知科学の観点からは、人は宗教的観念と行動に関わる心理的性向を有しているがゆえに、広い意味での宗教は存続し続けるのである。

3. CSRは宗教が正しいか誤っているかどうかの判断は行えない

CSRと宗教的信念の関係についての宗教認知科学者の第三の返答は、その宗教研究の方法論的枠組みに由来するものである。宗教認知科学者は、自然主義的観点からは宗教的観念と経験の「人間の側面」のみを扱えるとする、方法論的自然主義を遵守している。CSR研究者は、宗教とみなされる観念が正しいか誤っているかどうかの謎を解くこと（存在論的立場）ではなく、そうした観念に対し人がなぜ、どのように反応するのかを理解することに関心を持っている。

研究者は、宗教への関わりや、好みを自然に持っているものである。CSRにおいては、この方向性は多様なものとなっている。著書において宗教の実在性についての個人的な意見を述べる研究者もいるが、だからといってCSR全体がそ

の意見を支持しているということにはならない。さらに重要なことに、研究者が研究を遂行する際には、このような個人的意見は脇に置いている。CSR 研究は、宗教以外の領域の研究に対して用いられているのと概ね同様の、科学的方法によって進められている。宗教の科学的研究は、常に宗教的関心の影響を受けざるをえないということを懸念する人もいるが[30]、CSR における非教派的で科学的な宗教研究はただ可能なだけではなく、すでに実施されていると述べる人もいる[31]。

宗教が正しいかどうかに関する CSR の一般的な姿勢

CSR は特定の宗教ないし教義を支持することはない。このアプローチが宗教に対して中立であることは、宗教を否定しようとする人や、自らの信念の科学的支持を提供しようと望んでいる人を失望させるかもしれない。今日まで、一次研究に従事するほとんどの CSR の研究者は、たとえその資格があったとしても、自らの理論と発見が宗教の真理性に対してどのように関係するかについての議論に広範に加わってはこなかった（もちろん例外もあるが[32]）。宗教認知科学者はしばしば、その研究の目標は人を宗教に方向づける傾向性の解明にあるとしてきた。しかし、その傾向性は超自然的行為者のような宗教現象の実在を否定するものではないし、それらの現象が実在する証拠でもない。例えばバレットは、認知的に自然な信念は「認識論的には推定無罪」[33]、つまり誤りが証明されるまでは正しいとみなせると述べている。同様に、進化理論は宗教の適応的機能の疑問に答えるものであり、それは宗教現象の実在性の疑問とは別であるということを明らかにする研究者もいる。

1. 神経科学と進化学における論争

神経科学と進化学の研究者は、宗教的認知の自然的説明が、宗教的信念の認識論的地位に影響を与えるのかという疑問に取り組んできた。宗教は「すべて心の中にある」がゆえに認知的妄想か迷信であるということを、神経科学的な知見が意味していると誤解する研究者もいる。宗教の自然的説明が超自然的なものの存在を余分とするために、CSR は本質的に「宗教を説明し尽くす」と考え（そして恐れ）る研究者もいる[34]。また別の研究者は、宗教は自然的であり、進化的な由来があるという考えが、宗教は正しいということを意味していると解釈している。人類学者パスカル・ボイヤーが述べているように、「信仰者の中には、信念

を支えるプロセスの理解が、信念を突き崩すことを恐れている人もいる。進化的な由来があるものは、善いもの、正しいもの、必要なもの、不可避なものであると解釈できることを懸念している人もいる」[35]。

　このような解釈は、宗教学者の研究をセンセーショナルに説明することによって、しばしば助長される。その１つが、「神経神学」と呼ばれるものである[36]。有名なものでは、脳には「神のスポット」と呼ばれる宗教経験のための特別な部位があり（マイケル・パーシンガーのヘルメットによる研究に基づいている）[37]、宗教経験の源が見つかれば、他のいかなる説明も不要になるという考えがある。神経心理学者ウーフェ・シュットが述べているように、宗教的行動は非常に幅広い思考と実践を含んでいるために、それぞれは別々の内容を有しており、別々の脳の対応があると考えなければならない。シュットが正しく指摘するように、神経科学的な研究の目的は、神の居場所を特定することではなく、参加者が宗教的実践で用いる基礎的神経プロセスを記述することである[38]。バレットも述べているが、そのような研究は宗教的信念が保証されるか否かということについてはほとんど何も語らないのだ[39]。

　CSR 研究者は、その研究を有神論的あるいは反有神論的に解釈しうることを認めてはいるが、そのような解釈を行うためには、大雑把な一般化よりもはるかに緻密で洗練された研究が必要なのである。肝心なのは、心についての理論と、宗教の進化的由来と機能に関するアプローチは多様であるために、そこから CSR 全体の見解を定め、CSR が宗教的信念の実在性を支持するか、あるいは否定する根拠を提供すると結論づけることは事実上不可能だということである。それでも、CSR における認知的・進化的諸理論を取り上げ、その潜在的な意味合いを比較対照することは可能である。この種の比較は、厳密さと洞察をもってはじめて達成できることであり、将来の学術的研究の焦点となるだろう。

CSR の哲学的・神学的意味合いのまとめ

　CSR の理論と研究の結果として生じる哲学的・神学的問題には次の３種がある。
1. CSR による宗教の説明の性質とその正しさ。
2. 人間の本性と神の性質についての含意のような、CSR における宗教の説明の形而上学的意味合い。
3. CSR による宗教の真実性、合理性、宗教的信念の正当化の説明が持つ意味合いについての認識論的疑問。

第 11 章　まとめと今後の方向性

CSRと宗教的信念一般の関係についての疑問に対しては、CSRからは少なくとも以下の2つの回答が行える。

● 標準的に発達した人間はどこでも、宗教的概念や活動に関わりやすい。
● CSRは宗教が正しいか誤っているかどうかの判断は行えない。

　CSRは特定の宗教ないし教義を支持することはない。このアプローチは宗教に対して中立である。神経科学や進化学の研究はとりわけ、宗教的認知の自然的説明が宗教的信念の認識論的地位に影響するのではないかという疑問に悩まされてきた。このような解釈は、宗教学者の研究をセンセーショナルに説明することによって、しばしば助長される。それでもCSRの研究者は、その研究を有神論的および反有神論的に解釈しうることを認めてはいる。この種の研究は、将来の学術的研究の焦点となるだろう。

評価と意味合い、将来の方向性

　過去20年ほどの間に、CSRは宗教研究の分野において大きな進歩を遂げてきた。しかし、宗教に関する多くの重要な疑問が残されたままにある。以下では、このアプローチの長所と限界、およびこのアプローチが取りうる将来の方向性について検討しよう。

宗教における進化の役割
　第1章で述べたように、進化的なプロセスは究極的なメカニズムを把握するものである。現在の科学者の多くは、宗教のより包括的な説明を発展させるためには、進化的プロセスを説明することが必要だと考えている。それでも、宗教への進化的アプローチは比較的新しいものにとどまっている。それが宗教への認知的アプローチに影響を及ぼしはじめたのは、進化学者バーコウ、トゥービーおよびコスミデスによる1992年の『適応した心』[40] の刊行以後のことである。ほとんどの研究者は、進化学は宗教現象の認知的説明にとって必須であるし、そうあるべきとみなし、宗教的観念と行動の起源となる進化的由来を理解することは、宗教全体をよりよく説明することになると考えている。その表れとして、「国際宗教認知科学会（IACSR）」の2020年度の運営委員会は、同学会の名称を「国際宗教認知・進化学会（IACESR）」に変更することに同意している。

1. 進化的説明における選択の単位と文化的変化のメカニズムに関する不一致

　宗教認知科学者の間では、宗教的観念と行動の進化的起源に関する理論と研究のうち、どれを支持するかで意見が分かれている。例えば、選択の単位が遺伝子か、個体か、集団かについてや、文化的変化のメカニズムについてをめぐって不一致がある。

　近年では、CSR を既存の文化進化の枠組みの中に、より確かに位置づけることが提案されている。この枠組みは、人間の思考と行動は遺伝子と文化の双方の継承によって強く形作られるということを強調している（「二重継承理論」[41] あるいは遺伝子・文化共進化説として知られる）。

　この理論の要点は、（進化的遺産と現代の環境により形作られる）認知バイアスのみでは、宗教的観念と行動の広がりを説明することはできないということである。その際には、（こちらも進化的遺産と現代の環境により形作られた）文脈バイアスも考慮に入れなくてはならない。つまり、人の認知は遺伝子進化と文化進化の流れの相互作用から二重に継承されたものの結果だということである。宗教研究の枠組みとしての二重継承理論の強みの1つは、認知的現象と文化的現象のより複雑な相互作用を扱っている点である。とはいえ、それはより多様な可能性の考慮を必要とするために、研究デザインにコストがかかることもまた事実である。

2. 宗教の進化的起源、機能、役割についての不一致

　宗教的観念と行動の進化的起源と機能および厳密な役割に関する議論、とりわけ宗教が生存に寄与したかどうかという議論も進行中である。当分野でこれまで支配的だった姿勢は、宗教的信念と行動は、他の目的のために進化した認知プロセスと行動の副産物だというものである[42]。しかし近年では、ますます多くの研究者がこの見方に異議を唱えている。そこでは、宗教的信念と行動は（過去および現在に）個人と集団に適応的利益を与えたために進化したと主張されている。そうした利益としては、人間同士の協力を拡大するといった心理的および物質的利益がある[43]。こうした議論は今後も続くものと思われる。宗教的思考と行動における進化の役割についての理論は、新たなデータに照らして明確化され、修正されていくだろう。

3. 競合する進化的説明の問題を解決することの難しさ

　進化学者が直面している問題の1つは、競合仮説と比較しての検証の難しさで

ある。進化理論を検証するための現状最も信頼のおける手段は、体系的、通文化的研究である。そうした研究においては、直観的な反応が生まれるかどうか、どうやって生まれるのかを調査することができる。直観的反応は、進化の過程を通して選択された普遍的メカニズム、制約および形質に基づいている可能性が高い。

　そうした研究結果が宗教研究にもたらす示唆は、データが西洋文化の外で採られた場合により大きくなるだろう。それは、この知見がユダヤ・キリスト教伝統あるいは WEIRD（西洋の、教育水準の高い、工業化された、裕福な、民主主義の）の伝統の産物ではないということを示している。CSR は他の行動科学と比べても、データをあまり西洋のサンプルに頼っていない。それでも、人が一般的にどのように考え、行動する傾向にあるかについての主張を行い、さまざまな文化的入力を用いてそれを比較対照するためには、依然として通文化的なデータが必要とされている[44]。今後、宗教学者エドワード・スリンガーランドらの研究[45]や、心理学者メラニー・ナイホフらの研究[46]のような、東洋の伝統の文脈における認知的バイアスの役割に関する研究が行われれば、とりわけ実りあるものとなるだろう。

4.　宗教の進化的研究の今後の可能性

　進化理論を検証する別の方法としては、シミュレーションモデリングがある。そうした手法を用いる研究者は、過去と現在の宗教的ダイナミクスを予測し説明するために、大規模な行為者ベースのモデルを発展させている（宗教生物学・文化学研究所による「宗教モデリングプロジェクト」やチェコ・マサリク大学の「宗教の生成的歴史記述プロジェクト」など）。別の有望な展開としては、認知と環境、および宗教に関する疑問に答えるために整えられた新たなデータベースである「社会文化進化の歴史データベース」[47]や、歴史家などの専門家から定量化可能なデータを収集している「宗教史データベース（DRH）」[48]がある。

　将来的には、進化学と CSR の結びつきはますます緊密なものになるだろう。進化プロセスの理論と進化・文化プロセスの関係についての理論（近年の注目すべき例としては、人類学者クラーク・バレットの研究[49]やジョセフ・ヘンリックの研究[50]がある）の発展に、CSR の理論も追随してゆくだろう。見込みのある研究テーマの１つは、宗教と精神的健康についてのものである。宗教心理学は伝統的に、信念の個人差と健康への影響の問題に関心を持ってきた。しかしこの分野では、現代進化理論に沿った研究や理論はあまりない。これとは対照的に、宗教学

者ジョセフ・ブルブリアは健康とウェルビーイングに宗教的参加が及ぼす有益な影響について、（進化理論を踏まえた）研究を積み重ねている[51]。

心と認知のモデル

　第1章で触れたように、CSRは心のモジュール的な見方（心は個別の進化的機能のために確立された、生得的な神経構造ないしユニットからなっているという見方）に影響を受けた数人の研究者によって創始された。この見解は、進化学者バーコウ、トゥービー、コスミデスによる1992年の著書『適応した心』[52]に提唱されている。CSRは生得主義（観念は生まれながらに組み込まれているとするもの）や心のモジュール的な見方を支持している点で批判されてきたが、心のモジュールはあるのか、あるとすればどの程度モジュール的なのかといった、宗教的思考に関わる認知のモデルをめぐっては意見が分かれている。こうした議論は今後も続くだろう。

　哲学者ミッチ・ホッジなどの研究者は[53]、死後の世界の信念と関わる構造やメカニズムといった主題に関する実証的データから得られた、心と認知プロセスの種類についての見方に対しては、入念な考察が必要だとしている。また別の研究者は、CSR一般において認知がいかに狭く、あるいは広く解釈されているかという、より根本的な問題を検討している。認知が内的な規則と表象からなっているのか（つまり頭の中にあるのか）、あるいはそれは身体化され（身体内にあるのか）、拡張・分散されたものとみなせる、より幅広い概念なのか（状況的認知あるいは分散的認知と呼ばれるように、複数の心の間にまたがって存在しているのか）という問題である[54]。後者の定式化は、観念と行動の形成と受容の際の脳と身体・環境の相互作用に焦点を合わせている。例として、宗教学者アーミン・ギアーツはCSRが個人の心のみを扱う狭い認知観のみで見ており、身体や環境の役割を見落としてきたと述べている[55]。

　ギアーツが提案している生物と文化の双方からの宗教理論は、脳と身体につながれ、文化に依拠し、個人の心を超えて拡がり分散する認知という、拡張された認知観に依拠している[56]。例えば、宗教実践において用いられる技法は、儀礼でひざまずいたり、立ったり踊ったりすることや、薬物摂取や断食、苦行に耐えるといった身体の操作をしばしば伴うものである。ギアーツは、宗教においてどのような身体操作が行われているかや、それがいかに文化的価値をもたらし、感情状態を変え、認知的処理と相互作用しているかを理解すれば、宗教の理解がよ

第11章　まとめと今後の方向性

り豊かになると述べている。宗教は埋め込まれ、実演され、拡張され、身体化されたものなのであり、CSR研究者はこうした側面のそれぞれを研究しようと試みている。

CSRにおける認知と文化の射程を拡張することを提案している研究者は、ギアーツだけではない。人類学者ベンジャミン・プルジキは、CSRは宗教的表象を形作る文化的要因をもっと考慮に入れなければならないと論じている。彼は、個人と環境の相互作用を生態系として理解し、人々がその地域ごとの問題に直面したとき、いかに超自然的行為者を表象するかなどに着目している[57]。

宗教の科学的研究における理論と方法

伝統的な宗教研究のアプローチをとる研究者は、CSRに対してさまざまな反応を示している。その反応は、熱狂的な支持から懐疑、否定に至るまで多岐にわたっている。第1章で述べたように、CSRの成立はほとんど不可避的に、いくらかの研究者からの抵抗を呼び起こした。宗教学者E・トーマス・ローソンが述べているように、「宗教への認知的アプローチは、強い疑念を引き起こしかねないものである……人文・社会科学における標準的な前提は、社会・文化的な方法のみが社会・文化的事実を説明できるというものだった」[58]。文化決定論や文化相対主義といった、当時の宗教学では当たり前となっていた最も根本的な前提のいくつかに異議を唱えるところからCSRは始まったのである。

文化相対主義者がしばしば行う批判の1つは、CSRは宗教の特異性を「説明し尽くす」ことを意図しているというものである。つまり、これまで述べてきたように認知的アプローチが宗教的経験を心に還元してしまうという懸念である。第1章で述べた通り、宗教はしばしば研究者から唯一無二のものとみなされており、それ自身以外に還元や比較はできないものとされていた。こうした批判の核心には、還元主義への反発がある。さらに言えば、還元主義は科学的手法の基礎であるため、それは宗教の科学的アプローチへの反発である。宗教認知科学者は宗教の説明は必然的に還元的になると述べている[59]。

第1章で触れたように、CSRは宗教とは複雑なもので、多数の水準の相互作用があり、1つの説明の水準に還元できないことは認めつつ、それを研究するために複数の構成要素に分割する方法論的還元を行っている。CSRへの批判者はしばしば、CSRが存在論的還元を行っていると考えている。この種の還元が行われているかどうかは、「何々にすぎない」という表現により判断できる。宗教

は超自然的行為者に「すぎない」、超自然的行為者は心のプロセスに「すぎない」とった表現がそれである。哲学者ロバート・マコーリーのような研究者が指摘しているように[60]、このような見立てはこのアプローチを誤解している。宗教学者エドワード・スリンガーランドをはじめとする他の研究者は、こうした誤解は少なくとも部分的には、宗教が「説明し尽くされ」ることによって、科学的なもの以外の宗教研究が無要なものになるのではないかという恐れから来ているのではないかと示唆している。しかし CSR に関わる認知・進化学者はそのような否定的な見方はしていない[61]。

CSR における宗教の概念化

第 2 章で論じたように、宗教学者から時折なされる別の批判として、CSR の研究者は何が宗教に含まれ、何が含まれないのかという広範な議論に参加していないため、CSR は宗教の明確な概念化を行っていないというものがある[62]。前述の通り、宗教をどのように定義すべきかについての議論は、宗教学の成立当初からこの分野を特徴づけるものとなっているが、CSR 研究者は宗教現象を特色づけ、研究するためにボトムアップのアプローチを用いている。今日に至るまで、CSR が宗教システム内の他の繰り返し現れる特徴よりも、超自然的行為者の一般的な表象やそれへの反応の説明に最も注力してきたことは明らかである。このような焦点化は、おそらく 2 つの要因の産物であろう。

第一の要因は、人類学者スチュアート・ガスリーのような研究者の影響である。そして第二の要因は、超自然的行為者という現象の普遍性と利用可能性および、その研究が比較的容易なためである。この焦点化は、宗教を超自然的行為者への信念とみなすタイラー主義の最小限の定義を支持するものと解釈されてきた。古典的な研究者であるエドワード・タイラーは、宗教は超自然的行為者への信念であり、人々は冷静で骨の折れる思考過程によって宗教への信念を持つと主張しており、この姿勢と関連するものがタイラー主義〔主知主義ともいう〕と呼ばれる。しかし、この見方は CSR のアプローチを適切に描写しているとはいえない。まず、CSR 研究者はこれまで本書で触れてきたような、宗教のカテゴリーに当てはまるさまざまな現象を扱ってきている。実際に、主流の学者が宗教に含めないような現象、呪術[63]や無神論[64]すら研究されている。さらに、後に詳しく述べるように、CSR では宗教的観念と行動は人々が直観的にもっともらしいと感じる文化的に伝達される観念として現れるものであり、個々人がさまざまな宗教の

真理値について高度な意識的熟考を行った結果生まれるものではないと考えている。

宗教的信念

　本書でこれまで触れてきた関連する疑問として、CSR は信念を説明するのか、どこまで説明するのかというものがある。第2章で述べたように、CSR は信念を、世界に関する直観を内省的に精緻化したものとみなしている。信念は、人々が直観的にもっともらしいとみなし、生来的に魅力的だと感じた観念や行動に依拠するものもあれば、文化的に伝達されたものもある。

　CSR では、特定の伝統の内部での個々人の信念形成過程を説明することを避けてきた。他方でこのアプローチは、宗教の一般的な傾向から外れるもの（つまり統計的外れ値）や個人間の違いの説明よりも、その傾向がなぜ、どのようにして文化を超えて現れるのかを説明することにより関心を持ってきた。宗教性の個人差を説明する研究は、宗教心理学の分野ではより一般的である。それでも CSR の近年の研究は、宗教的信念を支える傾向性、例えば周囲の環境に行為者を検出する傾向についての個人的な予測因子も考慮している[65]。

　しかし伝統的には、CSR は個人差を説明するよりも、集団内の宗教的信念の獲得と伝達の説明により重点を置いてきた。この試みのためには、直観的認知プロセスの理解と、宗教に関する観念が伝達される社会・文化的、歴史的環境の理解がいずれも必要である。

　宗教的信念は、処理の流暢さに影響される事実に関する信念なのか[66]、あるいはまったく異なる種類の態度なのかといった[67]、宗教的信念の細かな性質についての議論は尽きない。心理学者クリスティン・レガーレとスーザン・ゲルマンが指摘しているように、信念がしばしば論証や反駁を逃れるものであることは明らかである[68]。人類学者ターニャ・ラーマンは、神が自らに語りかけてくるという現代の米国福音派が明示する信念などを人々がどのように信じるようになるのかを説明するためには、社会化と学習プロセスの理解が必須であると考えている[69]。ラーマンによれば、このような観念は単に情報を受け取って受容しさえすればよいのではなく、より複雑な認知的過程、この場合では神が周りにおり、信者の声を聴き会話することを望んでいることを認識するという過程を必要とする。人類学者パスカル・ボイヤーが述べているように、「信じることは大変なこと」なのである[70]。

CSR は、命題的信念と直観の区別を明瞭にしている点で、信念の理解に貢献している。CSR の初期の開拓者が述べていたように、宗教的信念は直観的内容と関連した場合に、より説得的で注意をひき、記憶されやすいものになる。世界についての直観に依拠する観念は、選択のプロセスである文化伝達において競争上の優位性を有しており、そのことがなぜそうした観念が広まるのかを説明する。しかし、このような直観的観念や反直観的観念に依拠した信念は、付随的な認知的・社会文化的要因を有する文化においては、他の考えに対して競争上の優位性を持つこともある。人類学者ハーヴィー・ホワイトハウスが「宗教性の二様態」（MOR）と呼ばれる宗教的ダイナミクスの理論で示したように（第 9 章を参照）、どれほどその観念が繰り返され、（再生を強化する）行動が実行されるか、どれほど権威ある人物（長老や宗教指導者など）がそのような観念を受け入れ、推進するかなどがそうした付随的要因に含まれる。

宗教の説明における認知と文化の役割

CSR の諸理論と研究は、宗教的観念と信念の伝達を説明するために、どれほど認知と文化を考慮に入れるかという点でそれぞれ異なっている。第 1 章で概観したように、CSR は個別的で解釈的な理解に偏っていた宗教研究の分野に、説明的・科学的調査を導入することでバランスをとり直すことを目的としている。認知学者は宗教研究を乗っ取ることを意図しているわけではなく、宗教をよりよく理解し説明するために、諸科学の研究を統合しようとしているのである。説明的アプローチを強調することで、CSR は宗教的観念と信念の形態と伝達に影響を及ぼす、社会・文化的環境や歴史的要因の役割を無視しているという風に受け取られることもあるが、これは不公平な特徴づけである。

第 1 章で述べたように、宗教認知科学者は文化を認知から離れて存在しているものと考えたり、認知を文化から独立して存在するものと考えたりはしていない。彼らは、認知バイアスが特定の社会・文化的文脈においていかに現れるかを積極的に理解しようとしてきた。このような試みは、自らの専門的知識に依拠し、しばしば長期にわたってフィールドで民族学的調査を行うことによって達成される。この種の事例は本書のいたるところで触れている。

そうした研究が示す一般理論については概説したが、紙幅の都合上、そこで記述されている文脈を踏まえた観察結果や考察の豊富さについては触れてこなかった。こうした研究では、宗教が現代の特定の伝統においていかに表現されている

第 11 章　まとめと今後の方向性

かについての、詳細な民族学的説明が行われている。第7章で取り上げた人類学者エマ・コーエンは『憑依された心』[71] で、アフリカ系ブラジル人の宗教伝統における霊の憑依を、第9章で取り上げたハーヴィー・ホワイトハウスは『儀式の内側』[72] では、パプアニューギニアでの儀礼と宗教ダイナミクスの説明を、人類学者ブライアン・マレーの著作[73]は北米の原理主義バプテスト派を、人類学者ディミトリス・クシガラタスは『燃える聖人 The Burning Saints』[74] でギリシア北部の火渡り儀礼を、それぞれ扱っている。

　CSR に対するより正当で証拠を踏まえた評価は、CSR は全体として、観念と信念を形成する社会文化的・歴史的文脈の側面よりも、それらが伝達される際の認知の役割を理解することに対してより貢献してきたというものである。CSRがそのように認知に依拠していることは、初期の開拓者が宗教の文化的説明に偏っていた文化研究のバランスをとろうと意図していたことを踏まえれば、必然的なものである。事実、CSR のもたらす最も重要な知見は、宗教は世界のあり方についての暗黙の、汎人類的な直観によって形作られ、制約されており、その直観は多くの独自の心的システムに由来するということであろう。

　第7章で論じたように、多くの宗教認知科学者は、信念の形成を説明するのに認知バイアスは必要ではあるが、十分ではないと述べている。宗教的信念をより包括的に説明するために、最小反直観的理論（MCI）のような伝達可能性の一般モデルは、文化的文脈のような文脈バイアスを考慮に入れる必要があると提案する研究者もいる。この提案に疑問を差し挟む人はほとんどいないだろう。MCIのような理論の多くは一般モデルであり、宗教的観念が伝達される文化的・歴史的文脈の理解と併せて特定の文脈に適用することで、さらなる研究を呼び起こすことを意図している。

　研究者はすでに、宗教的信念を生み出す認知バイアスがどのように相互作用し、文化的入力と関わるのかや、それがどれほど個人差によって説明されるかの特定に取り組んでいる。例えば、心理学者のアイヤナ・ウィラードとアラ・ノレンザヤンはメンタライジング、心身二元論、目的論的思考、擬人観といった認知的傾向と宗教への文化的接触が、神や超常現象の信念、人生の目的の信念をどれほど予測するかを調査している[75]。

　ウィラードとノレンザヤンの分析結果は、これらの傾向がどのように相互作用し、どのように影響し合うかについて、より正確な言葉で示している。彼らの結論は、認知バイアスが先にあって諸々の信念が後から生まれるのであり、その反

対ではないというものだった。彼らはまた、宗教参加が多いほど神への信念が増すといった、宗教の文化的説明として予測されうる結果も報告している。他方で、予想外の結果も報告されている。キリスト教と擬人観の関係においては、ある共同体にキリスト教徒が多いと、個々人の擬人化傾向が抑制される可能性が示唆された。将来的には、同様の問いと個人差、認知バイアス、文化的入力の間の相互作用を扱う研究によって、具体的な宗教の説明がますます行えるようになるだろう。

宗教的信念と行動における経験と身体、感情、動機の役割

CSR が宗教に関する信念の獲得や経験、情報処理を説明する際に、感情が果たしている役割をもっと考慮に入れるべきだと論じる研究者もいる[76]。歴史的に見て、宗教心理学の分野は感情的処理と宗教的概念（とりわけキリスト教の神）の関係について幅広く取り組んでおり、他方で最小反直観的理論（MCI）のような CSR の古典的理論のいくつかは、感情的処理をあまり考慮に入れてこなかった[77]。しかし、宗教認知科学者は人々を感情のないコンピューターのように扱っているわけではなく、CSR 理論の多くは宗教性の動機的・感情的側面にも光を当てている。その例として、超自然的懲罰の恐れが行動に及ぼす影響[78]、儀礼的ディスプレイの際に必要とされる感情的関与[79]、儀礼実践における不安の軽減の効果[80]、感情の喚起がもたらす記憶と団結への影響[81]、死後の世界の特定の描写が持つ動機づけの魅力が、伝達の成功に寄与するという研究[82]が挙げられる。

このような宗教性の動機的・感情的側面の取り扱いは、今後も続くことだろう。例えば、文化間の擬人的推論の傾向性の説明について、個人の性質や文化環境に依拠した修正を行うことが提案されている。このモデルから導かれる予測の1つは、社会的接触と所属を求める人や、（コンピューターや電子機器などの）擬人的表象に触れる文化の人は、非人間的行為者を擬人化しやすいというものである[83]。この予測を検証した研究の結果は、個人間と文化間の双方において、動機と感情が認知処理に果たす役割を明らかにするだろう。

宗教的経験の現象学

多くの宗教学の大家、とりわけウィリアム・ジェームズは、宗教的信念は宗教的経験に基づいてもいるという事実に着目していた。宗教的信念はメタ認知過程

（考えることについて考えること）であり、個々人の経験は、いかにその人が信念について考えるかに関係してくる。人類学者ターニャ・ラーマンが強調しているように、人々は特定の出来事や経験に注意を払い、意義のあるものとみなす（そして他のものはそうみなさない）が、それは部分的にはその文化的環境で一般的となっている観念の結果である[84]。信念の形成はCSR研究者が示してきたような直観の認知的基盤だけでなく、個人的経験や、有意味とみなされるものにも依拠している。であれば、CSRは経験と信念の関係について何を言うべきだろうか。

　歴史的に見て、CSRは宗教的経験の現象学にあまり触れてこなかった。それは、憑依を経験したときや、最近亡くなった親しい人が現れたと思われたときにある個人が何を感じるかについての研究である。それでも、状況は変わりつつある。一部の研究者は、宗教的経験を扱うために近年の認知科学理論を取り入れている。よく知られている事例は、宗教学者アン・テイヴスの基礎的著作『宗教的経験を再考する *Religious Experience Reconsidered*』[85] や、それに続く宗教の研究である[86]。彼女は、人類学者マイケル・キンセラや心理学者タムシン・ジャーマンおよび、カリフォルニア大学サンタバーバラ校の「宗教・経験・心ラボグループ」のメンバーらとともに、臨死体験（NDEs）と新たな社会運動の形成における共有体験の役割に関する混合研究を実施している[87]。

　ボストン大学の宗教生物学・文化学研究所による「宗教的経験の定量化プロジェクト」（哲学者・神学者ウェスリー・ウィルドマンの主導による）は、宗教的経験の理解に大きな進歩をもたらした[88]。このプロジェクトの目的は、諸文化における宗教的経験（カトリック修道女の黙想中の神の経験や、ヒンドゥー教徒のシヴァの現前の感覚など）の現象学を研究することである。重要なことに、このプロジェクトは信念の語りに依拠していない。よく知られているように、語りは諸文化における経験を比較するための基礎としては不正確である。そこで代わりに、このプロジェクトでは文化的に独立した意識のインベントリー〔特定の能力や特徴を測定するための質問群〕など認知心理学と定量的研究の最新技術を用いて、経験の比較を行う。この研究やそれに類する研究では、認知的処理の経験的次元や、人々が自らの経験に意味を付与する過程についてよりよい理解がもたらされるだろう。

　宗教的経験の理解を深めるために、将来協働が見込まれる領域の1つが、個人の経験の記述と脳活動に関する神経科学的知見との関係を扱う研究である。宗教的経験の研究のほとんどは、神経認知科学に精通した研究者によって実施されて

いる。この分野では、最新の脳イメージング技術を用いて、宗教的認知と経験の際に活性化する脳領域の把握が行われている。神経科学者の間では、儀礼やトランス、瞑想および他の変性意識状態がいかに脳機能と脳の発達に影響するかへの関心が高まりつつある。神経科学者パトリック・マクナマラは、この主題に関して一般大衆に向けた豊富な情報提供を行っている[89]。

　こうした手法を用いたCSRの研究から、いくつかの刺激的な発見がもたらされている。シュットらは、宗教的実践への参加者が用いる基本的な神経処理を明らかにしつつある。例えば彼らは、病気治しの能力で知られる著名なキリスト教徒などの言葉を聞いた際に、信仰者と非信仰者の間で脳の活動に差が見られることを発見している。キリスト教徒のみが、著名なキリスト教治療者の言葉〔と他の人物の言葉〕を聞いた際に脳活動の違いを示し、とりわけその治療者をカリスマ的だと評価したキリスト教徒は、そうでない人より脳の活性化が少なかった。つまり、その指導者をカリスマ的だと考えれば考えるほど、その人の言葉を受動的に聞いていたということである。シュットらは、参加者は信頼を寄せる人物に対しては批判的な能力を停止するか、手放すと結論している。さらに、この脳領域における神経活動の下方制御〔ホルモンや神経伝達物質に多くさらされた際に、それらへの感受性が低下すること〕の停止は、信者がカリスマ的権威を受け入れやすいことの徴候かもしれないとされている[90]。

　第10章で言及した別の例を挙げると、人類学者ディミトリス・クシガラタスらは、スペインのサン・ペドロ・マンリケ村で行われた火渡り儀礼を研究している。彼らは、火渡りを行う人と観衆の心拍数の関係を測定した。ここでの重要な発見の1つは、人々の興奮レベルは、儀礼実践者と観衆が知り合いだった場合には同様に高まったが、実践者とよそ者の間では異なっていたことである。この発見は、宗教的儀礼を通じて興奮の同期と社会関係における共感的興奮および社会統合が行われることを示唆している。例えば、彼らは興奮の効果は主に既存の社会関係の産物であり、単にミラーリングと共感のみによるものではないことを示している。この知見は、生理学的測定と、関係性マッピング、自己報告の方法を組み合わせてはじめて可能になったものである。この研究はきわめて学際的であり、CSRにおける今後の同様の研究、つまり民族学的調査と科学的方法や技術を組み合わせた研究は、同じく示唆に富んだものになるだろう。

第11章　まとめと今後の方向性

評価と意味合い、将来の方向性の要約

1. 宗教における進化の役割

ほとんどの宗教認知科学者は、進化的アプローチは宗教現象の認知的説明にとって必須だとみなしている。他方で選択の単位や文化的変化のメカニズム、宗教の起源と機能、進化における厳密な役割については意見が分かれている。こうした議論は今後も続くだろうし、宗教的思考と行動に対して進化が果たした役割についての理論は、新たなデータに照らし合わせて明確化され、修正されるだろう。将来的には、進化学とCSRの間の連携はますます緊密なものになるはずである。

2. 心と認知のモデル

CSRは、心のモジュール的な見方に影響を受けた研究者たちによって創始された。現在では、宗教的思考と関わる認知のモデルに関する疑問、心はモジュール的なのかや、どこまでモジュール的なのかなどについては意見が分かれている。この議論は今後も続くだろう。CSR理論が含意する心の見方や認知処理の種類をめぐっては、大きな異論が唱えられてもいる。今後、宗教的思考や行動の形成において、心についての議論や、身体化・拡張された認知や生態環境を踏まえた理論がより考慮されることになるだろう。

3. 宗教の科学的研究における理論と方法

CSRは宗教が複雑であり、多数の水準の相互作用があり、1つの説明の水準に還元できないことは認めつつ、それを研究するために複数の構成要素に分割する、方法論的還元を行っている。宗教への科学的アプローチに脅威を感じている研究者や、CSRが存在論的還元を行っていると考える研究者もいる。しかし、そのような見方はこのアプローチを誤解している。

4. CSRにおける宗教の概念化

宗教学者から時折なされる別の批判として、CSRは宗教の明確な概念化を行っていないというものがある。CSR研究者は宗教一般の理論を提唱しているわけではなく、宗教現象を特色づけ、研究するためにボトムアップのアプローチを用いている。

5. 宗教的信念

関連する疑問として、CSRは信念を説明するのか、どこまで説明するのかというものがある。CSRでは、特定の伝統の内部での個々人の信念形成過程を説明することを避けてきた。他方でこのアプローチは、宗教の一般的な傾向が、その傾向から外れるものよりも、なぜ、どのようにして文化を超えて現れるのかや、個人が互いにどう異なるのかを説明することにより関心を持ってきた。CSRは、命題的信念と直観

の区別を明瞭にしている点で信念の理解に貢献している。

6. 宗教の説明における認知と文化の役割

CSR は、観念と信念を形成する社会文化的・歴史的文脈の面よりも、それらの伝達の際の認知の役割の理解の面に対してより貢献してきた。CSR 研究者は、信念の形成を説明するのに認知バイアスは必要ではあるが、十分ではないということを認めている。文脈バイアスの理解もまた必要である。将来的には、個人差、認知バイアス、文化的入力の間の相互作用を扱う研究によって、ますます具体的な宗教の説明が行えるようになるだろう。

7. 宗教的信念と行動における経験と身体、感情、動機の役割

CSR が宗教に関する信念の獲得や経験、情報処理を説明する際に、感情が果たしている役割をもっと考慮に入れるべきだと論じる研究者もいる。宗教認知科学者は人々を感情のないコンピューターのように扱っているわけではなく、CSR 理論の多くは宗教性の動機的・感情的側面にも光を当てている。このような宗教性の動機的・感情的側面の扱いは、今後も続くことだろう。

8. 宗教的経験の現象学

歴史的に見て、CSR は宗教的経験の現象学にあまり触れてこなかったが、状況は変わりつつある。新たな研究が、認知的処理の経験的次元や人々が自らの経験に意味を付与する過程についてよりよい理解をもたらすだろう。

本章のまとめ

CSR は進歩的なリサーチプログラムであり、その研究者はさまざまな宗教現象に対して、豊富で多様な理論を提唱してきた。細部に違いはあるものの、その誰もが CSR の方法と理論、およびその知見が宗教に関する新たな洞察をもたらすものと確信しているし、宗教的思考と活動は日常的な認知を援用していると考えている。宗教的観念と行動の認知的基盤の理解は大いに進歩しているものの、なすべきことはまだまだたくさんある。CSR は、科学で宗教を解明できると考えてきた。それでも、（刺激的な本のタイトルはともかく）宗教と呼びうるものすべてを徹底的に説明できるとまでは考えていないし、いかなる宗教の説明も部分的なものにすぎないことを認めている。認知科学の研究は、文化を超えて繰り返し現れる、「宗教的」とみなされるこの現象の、膨大な目録の表層をかすめてい

るにすぎない。そのため多くの点で、CSR の研究成果は宗教の説明の終着点ではなく、出発点でしかないのである。

注

（1） Lawson, E. Thomas. "Towards a cognitive science of religion." *Numen* 47, no. 3 (2000): 338-339.

（2） Willard, Aiyana K. "Agency detection is unnecessary in the explanation of religious belief." *Religion, Brain & Behavior* 9, no. 1 (2019): 96-98 など。

（3） Willard, Aiyana K., Joseph Henrich, and Ara Norenzayan. "Memory and belief in the transmission of counterintuitive content." *Human Nature* 27, no. 3 (2016): 221-243 など。

（4） De Cruz, Helen. "Cognitive science of religion and the study of theological concepts." *Topoi* 33, no. 2 (2014): 487-497 など。

（5） Hodge, K. Mitch. "Descartes' mistake: How afterlife beliefs challenge the assumption that humans are intuitive Cartesian substance dualists." *Journal of Cognition and Culture* 8, no. 3-4 (2008): 387-415 など。

（6） Baumard, Nicolas and Pascal Boyer. "Empirical problems with the notion of 'Big Gods' and of prosociality in large societies." *Religion, Brain & Behavior* 5, no. 4 (2015): 279-283 など。

（7） Barrett, Justin L. "Cognitive science of religion: Looking back, looking forward." *Journal for the Scientific Study of Religion* 50, no. 2 (2011): 232.

（8） "New Voices in Cognition and Culture." *The Journal of Cognition and Culture* 17, no. 5 (2017).

（9） Martin, Luther H. and Donald Wiebe, eds. *Religion explained? The cognitive science of religion after twenty-five years.* Bloomsbury Publishing, 2017.

（10） Xygalatas, Dimitris. "Bridging the gap: The cognitive science of religion as an integrative approach." In A. K. Petersen, I. S. Gilhus, L. H. Martin, J. S. Jensen, J. Sørensen. (Eds.), *Evolution, cognition, and the history of religion: A new synthesis,* Brill, 2018, 255-272.

（11） Xygalatas, Dimitris. "Bridging the gap: The cognitive science of religion as an integrative approach." In A. K. Petersen, I. S. Gilhus, L. H. Martin, J. S. Jensen, J. Sørensen. (Eds.), *Evolution, cognition, and the history of religion: A new synthesis,* Brill, 2018, 265.

（12） McBrayer, Justin. "Explanations of religion." In D. Pritchard (Ed.), *Oxford Bibliographies in Philosophy,* Oxford University Press, 2018.

（13） Purzycki, Benjamin and Willard, Aiyana. "MCI theory: A critical discussion." Religion, *Brain & Behavior* 6, no. 3 (2015): 207-248.

（14） Schloss, Jeffrey and Murray, Michael. "Evolutionary accounts of belief in supernatural punishment: A critical review." *Religion, Brain & Behavior* 1, no. 1 (2011): 46-99.

（15） Pyysiäinen, Ilkka. "Religion-naturally: Religion, theology, and science." In D. Evers, M. Fuller, A. Jackelén, and T. A. Smedes. (Eds.), *Is religion natural?* T&T Clark International, 2012, 67-84.

（16） Slingerland, Edward. "Who's afraid of reductionism? The study of religion in the age of cognitive science." *Journal of the American Academy of Religion* 76, no. 2 (2008): 375-411.

（17） Van Eyghen, Hans, Rik Peels, and Gijsbert B. Van den Brink. *New developments in the cognitive science of religion: The rationality of religious belief.* Springer International, 2018 など。

（18） De Cruz, Helen and Johan De Smedt. *A natural history of natural theology: The cognitive science of theology and philosophy of religion.* MIT Press, 2014; De Cruz, Helen, Ryan Nichols, and James R. Beebe, eds. *Advances in religion, cognitive science, and experimental philosophy.* Bloomsbury Publishing, 2017.

（19） De Cruz, Helen. "Cognitive science of religion and the study of theological concepts." *Topoi* 33, no. 2 (2014): 487-497.

（20） Jong, Jonathan and Aku Visala. "Evolutionary debunking arguments against theism, reconsidered." *International Journal for Philosophy of Religion* 76 (2014): 243-258 など。

（21） Dennett, Daniel Clement. *Breaking the spell: Religion as a natural phenomenon.* Penguin, 2006.（阿部文彦訳『解明される宗教——進化論的アプローチ』青土社、2010 年）

（22） Dawkins, Richard. *The god delusion.* Houghton Mifflin Company, 2006.（垂水雄二訳『神は妄想である——

311

宗教との決別』早川書房、2007 年）

(23)　Bloom, Paul. "Is God an accident?" *Atlantic Monthly* 296, no. 5 (2005): 105.

(24)　Bloom, Paul. "Religion is natural." *Developmental Science* 10, no. 1 (2007): 147-151.

(25)　Boyer, Pascal. *Religion explained: The human instincts that fashion gods, spirits, and ancestors.* Random House, 2002.（鈴木光太郎、中村潔訳『神はなぜいるのか？』NTT 出版、2008 年）

(26)　Barrett, Justin L. *Born believers: The science of children's religious belief.* Simon and Schuster, 2012.（松島公望監修、矢吹理恵、荒川歩編訳『なぜ子どもは神を信じるのか？──人間の宗教性の心理学的研究』教文館、2023 年）

(27)　Barrett, Justin L. "Exploring the natural foundations of religion." *Trends in Cognitive Sciences* 4, no. 1 (2000): 29-34.

(28)　https://www.nature.com/articles/4551038a.

(29)　McCauley, Robert N. *Why religion is natural and science is not.* Oxford University Press, 2011 などを参照。

(30)　Martin, Luther H. and Donald Wiebe. "Religious studies as a scientific discipline: The persistence of a delusion." *Journal of the American Academy of Religion* 80, no. 3 (2012): 587-597.

(31)　Slingerland, Edward. "Back to the future: A response to Martin and Wiebe." *Journal of the American Academy of Religion* 80, no. 3 (2012): 611-617; McCauley, Robert N. "A cognitive science of religion will be difficult, expensive, complicated, radically counter-intuitive, and possible: A response to Martin and Wiebe." *Journal of the American Academy of Religion* 80, no. 3 (2012): 605-610; Taves, Ann. "A response to Martin and Wiebe." *Journal of the American Academy of Religion* 80, no. 3 (2012): 601-604 などを参照。

(32)　そのような議論を行っている研究者として、ジャスティン・バレットがとりわけ知られている。Barrett, Justin L. and Roger Trigg eds. *The roots of religion: Exploring the cognitive science of religion.* Ashgate Publishing Group, 2014 など。

(33)　Barrett, Justin L. *Cognitive science, religion, and theology: From human minds to divine minds.* Templeton Press, 2011 など。

(34)　Van Eyghen, Hans. "Two types of 'explaining away': Arguments in the cognitive science of religion." *Zygon* 51, no. 4 (2016): 966-982.

(35)　Boyer, Pascal. "Religion: bound to believe? Atheism will always be a harder sell than religion, Pascal Boyer explains, because a slew of cognitive traits predispose us to faith." *Nature* 455, no. 7216 (2008): 1038.

(36)　Ratcliffe, Matthew. "Neurotheology: A science of what?" In P. McNamara, (Ed.), *Where God and science meet, Volume 2, The neurology of religious experience.* Praeger, 2006, 81-104.

(37)　https://www.independent.co.uk/news/science/belief-and-the-brains-god-spot-1641022.html などを参照。

(38)　Schjoedt, Uffe. "The religious brain: A general introduction to the experimental neuroscience of religion." *Method & Theory in the Study of Religion* 21, no. 3 (2009): 310-339.

(39)　Barrett, Justin L. "Is the spell really broken? Bio-psychological explanations of religion and theistic belief." *Theology and Science* 5, no. 1 (2007): 57-72.

(40)　Barkow, Jerome H., Leda Cosmides, and John Tooby, eds. *The adapted mind: Evolutionary psychology and the generation of culture.* Oxford University Press, 1992.

(41)　Henrich, Joseph, Robert Boyd, and Peter J. Richerson. "Five misunderstandings about cultural evolution." *Human Nature* 19, no. 2 (2008): 119-137; Henrich, Joseph and Richard McElreath. "Dual-inheritance theory: The evolution of human cultural capacities and cultural evolution." In L. Barrett, and R. Dunbar. (Eds.), *Oxford handbook of evolutionary psychology,* Oxford University Press, 2007, 555-570.

(42)　Boyer, Pascal. "Cognitive constraints on cultural representations: Natural ontologies and religious ideas." In L. A. Hirschfeld, and S. A. Gelman, (Eds.), *Mapping the mind: Domain specificity in cognition and culture.* Cambridge University Press, 1994, 391-411 などを参照。

(43)　Wilson, David Sloan. *Darwin's Cathedral: Evolution, religion, and the nature of society.* University of Chicago Press, 2010 などを参照。Bulbulia, Joseph. "Religious costs as adaptations that signal altruistic intention." *Evolution and Cognition* 10, no. 1 (2004): 19-38 などを参照。

(44)　Henrich, Joseph, Steven J. Heine, and A. Noranyazan. "The weirdest people in the world?" *Behavioral and Brain Sciences* 33, no. 2-3 (2010): 61-83.

(45)　Slingerland, Edward, Ryan Nichols, Kristoffer Neilbo, and Carson Logan. "The distant reading of religious

第 11 章　まとめと今後の方向性

texts: A 'big data' approach to mind-body concepts in early China." *Journal of the American Academy of Religion* 85, no. 4 (2017): 985-1016.

(46) Roazzi, Maira Monteiro, Carl N. Johnson, Melanie Nyhof, Silvia Helena Koller, and Antonio Roazzi. "Vital energy and afterlife: Implications for cognitive science of religion." *Paidéia* (Ribeirão Preto) 25, no. 61 (2015): 145-152.

(47) Turchin, Peter, Harvey Whitehouse, Pieter François, Edward Slingerland, and Mark Collard. "A historical database of sociocultural evolution." *Cliodynamics* 3, no. 2 (2012): 271-293.

(48) Slingerland, Edward and Brenton Sullivan. "Durkheim with data: The database of religious history." *Journal of the American Academy of Religion* 85, no. 2 (2017): 312-347.

(49) Barrett, H. Clark. *The shape of thought: How mental adaptations evolve.* Oxford University Press, 2014.

(50) Henrich, Joseph. *The secret of our success: How culture is driving human evolution, domesticating our species, and making us smarter.* Princeton University Press, 2015. (今西康子訳『文化がヒトを進化させた――人類の繁栄と〈文化‐遺伝子革命〉』白揚社、2019 年)

(51) Bulbulia, Joseph. "Nature's medicine: Religiosity as an adaptation for health and cooperation." In P. McNamara, (Ed.), *Where God and science meet, Volume 1, Evolution, genes, and the religious brain.* Praeger, 2006, 87-121.

(52) Barkow, Jerome H., Leda Cosmides, and John Tooby, eds. *The adapted mind: Evolutionary psychology and the generation of culture.* Oxford University Press, 1992.

(53) Hodge, Mitch K., Paulo Sousa, and Claire White (manuscript in preparation). Proposed cognitive mechanisms and representational structures of afterlife beliefs: A review.

(54) Donald, Merlin. *A mind so rare: The evolution of human consciousness.* W. W. Norton & Company, 2001; Hutchins, Edwin. *Cognition in the wild.* MIT Press, 1995 などを参照。

(55) Geertz, Armin W. "Too much mind and not enough brain, body, and culture: On what needs to be done in the cognitive science of religion." *Historia Religionum* 2, no. 2 (2010): 1000-1017.

(56) Geertz, Armin W. "Brain, body and culture: A biocultural theory of religion." *Method & Theory in the Study of Religion* 22, no. 4 (2010): 304-321.

(57) Purzycki, Benjamin G. and McNamara, Rita A. "An ecological theory of gods' minds." In H. De Cruz and R. Nichols (Eds.), *Advances in religion, cognitive science, and experimental philosophy.* Continuum, 2016, 143-167.

(58) Lawson, E. Thomas. "Towards a cognitive science of religion." *Numen* 47, no. 3 (2000): 338.

(59) Slingerland, Edward. "Who's afraid of reductionism? The study of religion in the age of cognitive science." *Journal of the American Academy of Religion* 76, no. 2 (2008): 375-411 など。Van Slyke, James A. *The cognitive science of religion.* Routledge, 2016 も参照。

(60) McCauley, Robert N. "Explanatory pluralism and the cognitive science of religion: Or why scholars in religious studies should stop worrying about reductionism." In D. Xygalatas, and W. W. McCorkle Jr. (Eds.), *Mental culture: Classical social theory and the cognitive science of religion,* Acumen, 2013, 11-32.

(61) Slingerland, Edward. "Who's afraid of reductionism? The study of religion in the age of cognitive science." *Journal of the American Academy of Religion* 76, no. 2 (2008): 375-411.

(62) Dawes, Greg and James Maclaurin, eds. *A new science of religion.* Routledge, 2012 など。

(63) Sørensen, Jesper. *A cognitive theory of magic.* Rowman Altamira, 2007.

(64) Lanman, Jonathan. "On the non-evolution of atheism and the importance of definitions and data." *Religion, Brain & Behavior* 2, no. 1 (2012): 76-78.

(65) Barnes, Kirsten and Nicholas J. S. Gibson. "Supernatural agency: Individual difference predictors and situational correlates." *International Journal for the Psychology of Religion* 23, no. 1 (2013): 42-62.

(66) Levy, Neil. "Religious beliefs are factual beliefs: Content does not correlate with context sensitivity." *Cognition* 161 (2017): 109-116.

(67) Van Leeuwen, Neil. "Religious credence is not factual belief." *Cognition,* 133, no. 3 (2014): 698-715.

(68) Legare, Cristine H. and Susan A. Gelman. "Bewitchment, biology, or both: The co-existence of natural and supernatural explanatory frameworks across development." *Cognitive Science* 32, no. 4 (2008): 607-642.

(69) Luhrmann, Tanya M. *When God talks back: Understanding the American evangelical relationship with*

God. Vintage, 2012.

(70) Boyer, Pascal. "Why 'belief' is hard work: Implications of Tanya Luhrmann's When God talks back." *HAU: Journal of Ethnographic Theory* 3, no. 3 (2013): 349-357.

(71) Cohen, Emma. *The mind possessed: The cognition of spirit possession in an Afro-Brazilian religious tradition*. Oxford University Press, 2007.

(72) Whitehouse, Harvey. *Inside the cult: Religious innovation and transmission in Papua New Guinea*. Oxford University Press, 1995.

(73) Malley, Brian. *How the Bible works: An anthropological study of evangelical Biblicism*. Rowman Altamira, 2004.

(74) Xygalatas, Dimitris. *The burning saints: Cognition and culture in the fire-walking rituals of the Anastenaria*. Routledge, 2014.

(75) Willard, Aiyana K. and Ara Norenzayan. "Cognitive biases explain religious belief, paranormal belief, and belief in life's purpose." *Cognition* 129, no. 2 (2013): 379-391.

(76) Gibson, Nicholas J. S. "Once more, with feelings: The importance of emotion for cognitive science of religion." In J. Bulbulia, R. Sosis, E. Harris, R. Genet, C. Genet and K. Wyman (Eds.), *The evolution of religion: Studies, theories, and critiques*, The Collins Foundation Press, (2008): 271-277.

(77) Upal, M. Afzal, Lauren O. Gonce, Ryan D. Tweney, and D. Jason Slone. "Contextualizing counterintuitiveness: How context affects comprehension and memorability of counterintuitive concepts." *Cognitive Science* 31, no. 3 (2007): 415-439 などの関連研究を参照。

(78) Johnson, Dominic and Jesse Bering. "Hand of God, mind of man: Punishment and cognition in the evolution of cooperation." *Evolutionary Psychology* 4, no. 1 (2006): 219-233; Norenzayan, Ara. *Big gods: How religion transformed cooperation and conflict*. Princeton University Press, 2013（藤井修平、松島公望、荒川歩監訳『ビッグ・ゴッド──変容する宗教と協力・対立の心理学』誠信書房、2022 年）など。

(79) Atran, Scott. *In gods we trust*. Oxford University Press, 2002.

(80) Liénard, Pierre and Pascal Boyer. "Whence collective rituals? A cultural selection model of ritualized behavior." *American Anthropologist* 108, no. 4 (2006): 814-827.

(81) McCauley, Robert N. and E. Thomas Lawson. *Bringing ritual to mind: Psychological foundations of cultural forms*. Cambridge University Press, 2002; Whitehouse, Harvey. *Modes of religiosity: A cognitive theory of religious transmission*. Rowman Altamira, 2004.

(82) Nichols, Shaun. "Is religion what we want? Motivation and the cultural transmission of religious representations." *Journal of Cognition and Culture* 4, no. 2 (2004): 347-371.

(83) Epley, Nicholas, Adam Waytz, and John T. Cacioppo. "On seeing human: A three-factor theory of anthropomorphism." *Psychological Review* 114, no. 4 (2007): 864.

(84) Luhrmann, Tanya. "Talking back about When God talks back." *Journal of Ethnographic Theory* 3, no. 3 (2013): 389-398.

(85) Taves, Ann. *Religious experience reconsidered: A building-block approach to the study of religion and other special things*. Princeton University Press, 2011.

(86) Taves, Ann. *Revelatory events: Three case studies of the emergence of new spiritual paths*. Princeton University Press, 2016.

(87) 関連研究として、Kinsella, Michael. "Near-death experiences and networked spirituality: The emergence of an afterlife movement." *Journal of the American Academy of Religion* 85, no. 1 (2016): 168-198 を参照。

(88) https://www.ibcsr.org/index.php/activitites/current-activities/495-the-quantifiying-religious-experience-project を参照。

(89) McNamara, Patrick. *The neuroscience of religious experience*. Cambridge University Press, 2009 などを参照。

(90) Schjoedt, Uffe, Hans Stødkilde-Jørgensen, Armin W. Geertz, Torben E. Lund, and Andreas Roepstorff. "The power of charisma—perceived charisma inhibits the frontal executive network of believers in intercessory prayer." *Social Cognitive and Affective Neuroscience* 6, no. 1 (2010): 119-127.

訳者あとがき

藤井修平

　本書は Claire White, *An Introduction to the Cognitive Science of Religion: Connecting Evolution, Brain, Cognition, and Culture*（Routledge, 2021）の翻訳である。著者であるホワイトは米国の大学を卒業後、英国北アイルランドのクイーンズ大学で心理学を学び、2010 年に博士号を取得した後、米国カリフォルニア州立大学ノースリッジ校の准教授となった。彼女は、宗教認知科学の創立者であるE・トーマス・ローソンやハーヴィー・ホワイトハウスに教えを受けた第 2 世代の研究者であり、米国の宗教学科で初めて宗教認知科学の専門家として常勤職に就いた人物でもある。彼女が専門としているのは生まれ変わりや葬送儀礼などの死に関する信念と行動であり、その研究内容は本書第 6 章、第 10 章において紹介されている。

　宗教認知科学は、認知科学のみならず進化生物学、心理学、神経科学、人類学などによる宗教に関する多様な研究を統合し、2000 年に確立された比較的新しい分野だが、第 1 章で解説されるようにその研究拠点は西洋諸国のいたるところに設立されており、関連する研究も増加し続けている。ホワイトの指導の下、カリフォルニア州立大学ノースリッジ校では学部生にも宗教認知科学のコースが設置されているが、本書はそうした学生のための教科書として執筆されたものである。

　ホワイトは、宗教認知科学が既存の宗教研究といかに異なっており、どのような長所を有しているかについて、最初の 4 章を費やして丁寧に記述している。第 1 章「宗教認知科学とは」では、当分野が誰によって、どのような意図で成立し、どんな新しい視点を取り入れているのかについて解説される。宗教認知科学の初期の開拓者たちは、1990 年代当時の人文学において支配的だったポストモダニズム、文化決定論、極端な文化相対主義に批判的だった。その根拠は、1950 年代の認知革命に由来する、人の心に関する理解の転換である。彼らはこうした知見に依拠し、新たな認知的アプローチを打ち立てることで一致していた。第 2 章「前提となる知識」では、宗教認知科学の視点からは、「宗教」および「信念」は

どのように理解すべきかという根本的な問いが検討されている。とりわけ宗教の定義問題は長年研究者を悩ませてきたものだが、ホワイトは宗教の本質は規定せず、あくまでいくつかの特徴をもった現象を包括して呼ぶためのラベルとして、宗教という語を用いている。

　第3章「解き明かすべき問い」では、当分野がどのような問いを立て、解明を試みるかが語られる。重要なのは、神や儀礼、死後の世界など繰り返し現れる通文化的パターンを特定し、それらがなぜ信じられるのかという問いへの答えを、人類に共通の認知的傾向と、文化ごとに固有の要素の相互作用に求める姿勢である。第4章「研究方法」では、当分野の研究方法が包括的に示される。ここではさまざまな分野の研究方法が用いられている様子が明らかになるが、とりわけこれまでに実施された27の研究の方法や結果をまとめた表4.1は、宗教認知科学という分野をひと目で概観できる有用なものである。

　続く6つの章では、それぞれのテーマに関する最新の知見が紹介されている。第5章「世界のあり方」では世界は何らかの存在によって創造されたという信念や、災難や病気についての超自然的な説明、天罰のような応報的思考について解説がなされる。第6章「死後の世界」では、人々がなぜ死後に魂が存続すると考えるのかなどについて、さまざまな理論が検討されている。第7章「超自然的行為者」では、神などの宗教上の存在がどのように信じられるかについての理論が概観され、第8章「道徳」ではしばしば宗教と結びついているとみなされる道徳について、その起源や宗教との関わりが探究されている。残る2章はいずれも儀礼を扱っており、第9章は儀礼の特徴や伝達過程に関する理論、第10章は儀礼は参加者にどのようなメリットを与えるのかに関する理論をそれぞれまとめている。これらの章の内容は、神や死後の世界、儀礼といった古典的なテーマに対し、認知科学や心理学、進化生物学によって解明を試みた成果が示されている。そして最後となる第11章では、宗教認知科学の理論を受け入れると宗教は肯定されるのか、あるいは否定されるのかという哲学的な問いと、当分野に対してなされた批判、およびその批判を踏まえての今後の展望について述べられている。

　こうした内容からわかるように、本書は初学者向けの教科書に留まらず、宗教認知科学の成立過程や長所、研究手法や代表的研究を網羅した当分野の基礎的文献と言えるものである。とりわけ文献情報は非常に充実しており、本書を一読するだけでテーマごとの最新研究を把握できるだろう。他方で、そうした徹底ぶりのために原著351ページという大著となっている。また、各章には数段落ごとの

要約や、授業で使用するための問いが細かく設けられていたが、紙幅や簡潔さの面を考慮して一部は割愛し、また授業で使用するための課題と文献案内については勁草書房ウェブサイト上での掲載とさせていただいた（詳細やURLは凡例を参照）。下記のQRコードからもアクセスできる。体験課題はアクティブラーニングの例としても参考になるので、授業で用いる場合はぜひ活用していただきたい。なお、注において未刊行の論文等が引用されている場合も、原文の表記のままで記載している。引用する際はその点に注意されたい。

　本書の翻訳は、それぞれ藤井修平（第1章、第2章、第7章、第11章および序文等）、石井辰典（第3章、第6章）、中分遥（第9章、第10章）、柿沼舞花（第8章）、佐藤浩輔（第5章）、須山巨基（第4章）が担当した。本書の出版にあたり、非常に込み入った内容を丁寧に整理、校正していただいた勁草書房の関戸詳子氏、その仕事を引き継いでいただいた永田悠一氏には大変お世話になった。この場を借りてお礼を申し上げたい。

訳者あとがき

著者紹介

Claire White（クレア・ホワイト）

カリフォルニア州立大学宗教学部教授。宗教認知科学の創立者の1人であるハーヴィー・ホワイトハウスの教え子であり、米国で初めて宗教認知科学で終身雇用資格付きの職を得た。論文に、"Past Life Meditation Decreases Existential Death Anxiety and Increases Meaning in Life among Individuals Who Believe in the Paranormal"（*Journal of Cognition and Culture*, 23, 2023, 338-356）など。

訳者紹介

藤井 修平（ふじい・しゅうへい）

國學院大學研究開発推進機構助教（特別選任）。東京大学大学院人文社会系研究科基礎文化研究専攻修了、博士（文学）。専門は宗教学理論研究、宗教認知科学。著書に、『科学で宗教が解明できるか——進化生物学・認知科学に基づく宗教理論の誕生』（勁草書房、2023年）。

石井 辰典（いしい・たつのり）

日本女子大学人間社会学部心理学科准教授。2012年、上智大学総合人間科学部心理学専攻修了。博士（心理学）。東京成徳大学応用心理学部助教、早稲田大学理工学術院次席研究員を経て2022年より現職。専門は社会心理学、宗教認知科学。主論文に"Cultural transmission and religious belief: An extended replication of Gervais and Najle (2015) using data from the International Social Survey Programme"（*PLOS One*, 19(6), 2024, e0305635）など。

中分 遥（なかわけ・よう）

北陸先端科学技術大学院大学先端科学技術研究科准教授。2017年、北海道大学大学院文学研究科人間システム科学専攻修了。博士（文学）。九州大学大学院人間環境学府特任助教、高知工科大学経済・マネジメント学群助教を経て2024年より現職。専門は社会心理学、計算社会科学。主論文に"Exploring new technologies for the future generation: Exploration-exploitation trade-off in an intergenerational framework"（*Royal Society Open Science*, 11(5), 2024, 231108）など。

柿沼 舞花（かきぬま・まいか）

慶應義塾大学大学院社会学研究科教育学専攻、修士（教育学）。現在、同研究科博士後期課程在籍中。主論文に"Preference for normative information over social information: A vignette experiment testing content bias at three phases of transmission"（*Letters on Evolutionary Behavioral Science*, 14(2), 2023, 53-57）など。

佐藤 浩輔（さとう・こうすけ）

2017年、北海道大学大学院文学研究科修了。修士（文学）。明治大学研究・知財戦略機構研究技術員を経て、2021年より株式会社バンダイナムコ研究所先端技術開発部に所属。専門は社会心理学。主論文に「物語の文化進化：適応的機能と認知的基盤の観点から」（認知科学, 31(1), 2024, 110-127）など。

須山 巨基（すやま・まさき）

安田女子大学心理学部ビジネス心理学科講師。2019年、北海道大学大学院文学研究科人間システム科学専攻修了。博士（文学）。オックスフォード大学ジョン・テンプルトン財団研究補助員、明治学院大学経済学部産業経済研究員を経て2021年より現職。専門は社会心理学、文化進化論。主論文に「技術の累積的文化進化に関する実験的アプローチ：Buskellの4つのタイプと行動実験のための操作的定義」（社会心理学研究, 40(2), 2024, 83-99）など。

宗教認知科学入門
進化・脳・認知・文化をつなぐ

2025 年 4 月 23 日　第 1 版第 1 刷発行

著　者　クレア・ホワイト
訳　者　藤　井　修　平
　　　　石　井　辰　典
　　　　中　分　　　遙
　　　　柿　沼　舞　花
　　　　佐　藤　浩　輔
　　　　須　山　巨　基

発行者　井　村　寿　人

発行所　株式会社　勁　草　書　房
112-0005　東京都文京区水道 2-1-1　振替 00150-2-175253
（編集）電話 03-3815-5277／FAX 03-3814-6968
（営業）電話 03-3814-6861／FAX 03-3814-6854
三秀舎・松岳社

©FUJII Shuhei, ISHII Tatsunori, NAKAWAKE Yo, KAKINUMA Maika, SATO Kosuke, SUYAMA Masaki　2025

ISBN978-4-326-10351-5　　Printed in Japan

 ＜出版者著作権管理機構 委託出版物＞
本書の無断複製は著作権法上での例外を除き禁じられています。
複製される場合は、そのつど事前に、出版者著作権管理機構
（電話 03-5244-5088、FAX 03-5244-5089、e-mail: info@jcopy.or.jp）
の許諾を得てください。

＊落丁本・乱丁本はお取替いたします。
　ご感想・お問い合わせは小社ホームページから
　お願いいたします。

https://www.keisoshobo.co.jp

藤井修平　科学で宗教が解明できるか　進化生物学・認知科学に基づく宗教理論の誕生　A5判　四四〇〇円　10317-1

坪光生雄　受　肉　と　交　わ　り　チャールズ・テイラーの宗教論　A5判　六〇五〇円　10312-6

伊達聖伸　ライシテ、道徳、宗教学　もうひとつの一九世紀フランス宗教史　A5判　六六〇〇円　10203-7

伊達聖伸　編著　ヨーロッパの世俗と宗教　近世から現代まで　A5判　四九五〇円　10286-0

J・ボベロ
R・リオジェ
伊達聖伸・
田中浩喜訳　〈聖　な　る〉医　療　フランスにおける病院のライシテ　四六判　四〇七〇円　15473-9

中野智世
前田更子・・
渡邊千秋・
尾崎修治　編著　カトリシズムと生活世界　信仰の近代ヨーロッパ史　A5判　四九五〇円　20064-1

＊表示価格は二〇二五年四月現在。消費税は含まれております（一〇％）。
＊ISBNコードは一三桁表示です。

勁草書房刊